中等职业教育改革创新示范精品教材（汽车运用与维修专业）

汽车空调维修

主　编　郑　凯　叶文海

副主编　梁　宏　李井清

参　编　阮益品

电子工业出版社

Publishing House of Electronics Industry

北京·BEIJING

内 容 简 介

本书主要面向中等职业学校汽车运用与维修专业学生，以培养汽车维修电工和汽车机电维修工等岗位技术人才的汽车空调维修能力为目的，内容包括：汽车空调操作和制冷系统认识、暖风送风与净化系统检修、制冷系统检修、电磁离合器控制电路的故障诊断与排除、汽车自动空调检修等学习任务。

本书适用于中等职业学校汽车运用与维修专业作为教材使用。

本书也可作为农村劳动力转移培训教材或汽车使用和维修人员的自学教材。

未经许可，不得以任何方式复制或抄袭本书之部分或全部内容。
版权所有，侵权必究。

图书在版编目（CIP）数据

汽车空调维修 / 郑凯，叶文海主编. —北京：电子工业出版社，2013.9
中等职业教育改革创新示范精品教材. 汽车运用与维修专业
ISBN 978-7-121-21219-2

Ⅰ．①汽… Ⅱ．①郑… ②叶… Ⅲ．①汽车空调－车辆修理－中等专业学校－教材 Ⅳ．①U472.41

中国版本图书馆 CIP 数据核字（2013）第 186007 号

策划编辑：杨宏利
责任编辑：杨宏利
印　　刷：北京虎彩文化传播有限公司
装　　订：北京虎彩文化传播有限公司
出版发行：电子工业出版社
　　　　　北京市海淀区万寿路 173 信箱　邮编　100036
开　　本：787×1 092　1/16　印张：19.25　字数：492.8 千字
版　　次：2013 年 9 月第 1 版
印　　次：2023 年 7 月第 11 次印刷
定　　价：35.50 元

凡所购买电子工业出版社图书有缺损问题，请向购买书店调换。若书店售缺，请与本社发行部联系，联系及邮购电话：（010）88254888，88258888。
质量投诉请发邮件至 zlts@phei.com.cn，盗版侵权举报请发邮件至 dbqq@phei.com.cn。
本书咨询联系方式：（010）88254592，bain@phei.com.cn。

前言

随着我国现代化建设的深入和全面建设小康社会的逐步实现，我国的汽车产业进入了快速发展阶段，汽车保有量大幅度递增，汽车领域先进技术不断涌现，使我国的汽车维修行业迎来了新的发展机遇和挑战，这对汽车专业技能人才的数量和素质都提出了更高、更新的要求。

为了更好地满足中等职业学校汽车类专业的教学要求，适应职业教育特色，促进汽车专业人才的培养，我们一线教师和行业专家在广泛调研的基础上，编写了这本《汽车空调维修》教材。

在整个教材编写的过程中，我们力求体现以下原则：

一是以企业需求为依据，以就业为导向，以学生为主体，以培养技术应用型人才为根本任务，以汽车维修人员必备的能力和基本素质为主线；二是反映汽车专业的发展，突出表现该领域的新知识、新技术、新工艺、新方法，使学生更多地了解或掌握最新技术的发展及相关技能；三是教材体系在学习内容、教学组织、学习评价等方面为学校提供较大的选择空间，以满足各地区不同的教学需要。

基于以上原则，在坚持培养学生综合素质的同时，在内容设置方面，以国家有关职业标准为基本依据，摒弃"繁难偏旧"的内容；在结构安排方面，突出学生岗位能力的培养，不单纯强调学科体系的完整；在确定实习车型方面，兼顾汽车工业发展的现状和学校的办学条件，尽量多地介绍不同层次的车型，给学校较大的选择空间；在教材呈现形式方面，与以往教材不同，本教材采用系列维修实景照片附加文字的方式来进行操作步骤的表达，每个任务都会有几十张步骤连续的系列照片来正确规范地传授实训课中的技能要点，使学生易于接受。

本书由郑凯、叶文海任主编，由梁宏、李井清任副主编，由阮益品参编。

本书在编写过程中还得到了上汽通用五菱汽车股份有限公司、南宁市中联汽保设备销售有限公司的大力支持，特此感谢！

由于编者水平有限，书中难免有不妥之处，敬请读者批评与指正。

编　者
2013 年 9 月

目录

项目一　汽车空调操作和制冷系统认识 / 1

　　任务一　汽车空调控制面板的操作 / 1
　　任务二　汽车空调制冷系统零部件的简单介绍 / 11
　　任务三　汽车空调制冷系统工作过程 / 19
　　任务四　汽车空调制冷系统零部件深入认识 / 24
　　思考与练习 / 56

项目二　汽车空调的暖风、送风与净化系统检修 / 67

　　任务一　空调滤清器的更换和空调空气管道清洗 / 68
　　任务二　汽车空调暖风、送风与净化系统认识 / 77
　　任务三　汽车空调的暖风、送风与净化系统维修 / 86
　　思考与练习 / 95

项目三　汽车空调制冷系统检修 / 97

　　任务一　制冷剂鉴别仪的使用 / 98
　　任务二　制冷剂的排放 / 107
　　任务三　汽车空调系统压力检查 / 112
　　任务四　汽车空调制冷系统的打压检漏 / 128
　　任务五　空调电子检漏仪的使用 / 138
　　任务六　汽车空调荧光检漏 / 145
　　任务七　汽车空调制冷系统抽真空和加注冷冻机油 / 157
　　任务八　汽车空调制冷系统加注制冷剂 / 170
　　任务九　汽车空调回收充注机的使用 / 190
　　任务十　汽车空调回收充注机加注制冷剂 / 210
　　任务十一　汽车空调性能检验 / 219
　　思考与练习 / 224

项目四　汽车空调电磁离合器电路及综合故障诊断与排除 /237

　　任务一　汽车空调电磁离合器控制电路的故障诊断与排除 /238
　　任务二　汽车空调系统的常见故障诊断与分析 /260
　　思考与练习 /267

项目五　汽车自动空调检修 /274

　　任务一　自动空调基本原理 /274
　　任务二　自动空调检修 /282
　　思考与练习 /295

参考文献 /299

项目一

汽车空调操作和制冷系统认识

● **教学建议**

1. 教学环境：要求在理论实践一体化的专业教室中完成，最好能实现小班制教学。
2. 教材使用：
（1）任务引导——引导文，由学生根据"知识链接"和教师讲解在实训前完成。
（2）任务实施——实训任务，先由教师示范关键步骤，再由学生根据具体步骤完成实训任务，也可以由学生自行探索，教师在组织过程中根据需要示范和讲解。
（3）实训考核——记录实训结果，教师对学生进行考核评价，任务完成后上交。

● **知识目标**

1. 能识别汽车空调操作面板上的符号，并说出它们的名称和作用。
2. 能说出空调制冷系统的各组成部件的名称、位置和作用。

● **能力目标**

1. 能独立完成汽车空调制冷、制热和除雾的操作。
2. 能辨认空调制冷系统的各组成部件，并叙述种类、作用。
3. 能叙述空调工作过程。

● **情感目标**

1. 体验安全生产规范，遵守操作规程，感受合作与交流的乐趣。
2. 在项目学习中逐步养成自主学习知识、技术的良好习惯。
3. 在操作学习中不断积累维修经验，从个案中寻找共性。

任务一　汽车空调控制面板的操作

● **任务要求**

1. 学生能正确熟练使用汽车空调的制冷、制热和除雾功能。

2. 能说出操作空调的注意事项。

● 情境创设

老师打开汽车车门，起动发动机，询问学生汽车空调操作面板符号含义，尝试操作制冷、制热和除雾功能，检查空调操作是否正常，引导学生按汽修厂的工作过程完成空调操作检查工作。从而在完成任务的过程中学习正确操作汽车空调及了解其使用注意事项。

● 任务引导

相关知识点学习：要求学生在实训课前预习课本，独立完成。

填写图 1-1 中的名称

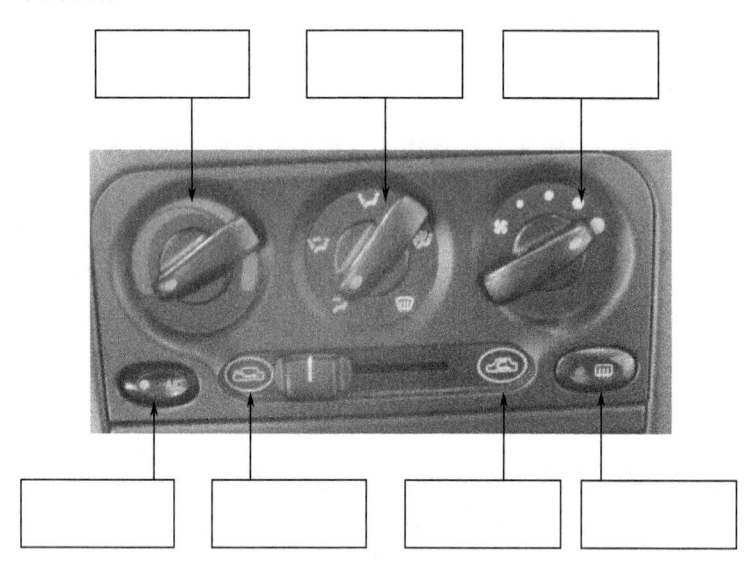

图 1-1　空调控制面板

● 任务实施

具体维修操作步骤及技术要求：

一、准备工作	
图 1-2　放三角木	1. 按要求把车泊在规定空车位，放好三角木。泊车人要持有驾驶证，如图 1-2 所示。

项目一　汽车空调操作和制冷系统认识

续表

 图 1-3　放车内五件套	2．套入方向盘套、手刹套、变速杆套、座椅套，放地板垫，如图 1-3 所示。
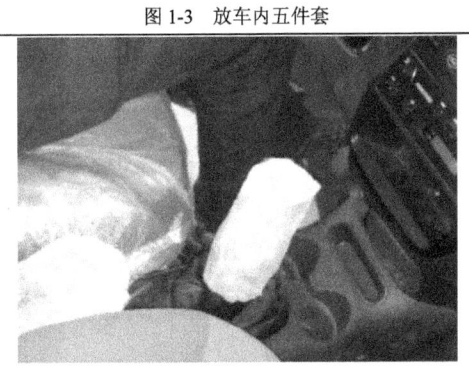 图 1-4　准备起动	3．挂入空挡，向上拉紧手刹，脚将离合器踩到底，如图 1-4 所示。
 图 1-5　起动	4．转松方向盘，拧钥匙到底起动发动机，然后慢慢放开离合器。如果感觉车身动，则迅速踩下离合器，检查挂挡是否在空挡，如图 1-5 所示。 注意：未起动发动机时，不要开鼓风机，以免蓄电池电能耗完后不能起动。

二、空调制冷操作

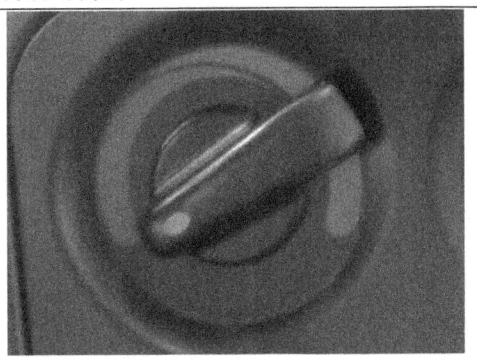 图 1-6　温度控制旋钮	1．将温度控制旋钮转到最冷，如图 1-6 所示。

3

续表

 图 1-7　送风模式旋钮	2．把送风模式旋钮转到吹头位置（也称迎面位置），如图1-7所示。
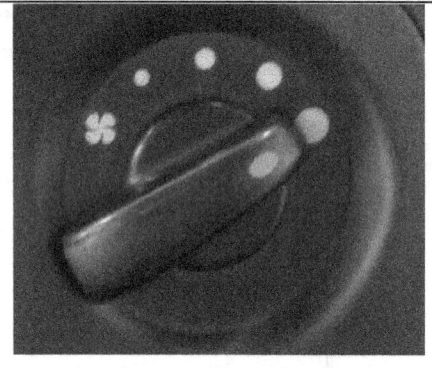 图 1-8　风速控制旋钮	3．拧风速控制旋钮（也称鼓风机开关）到最大的位置，如图1-8所示。 注意：不开制冷、制热、除雾时，也可单独开鼓风机进行通风，相当于使用电风扇。
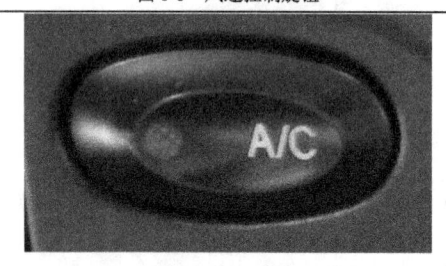 图 1-9　A/C 开关	4．按下 A/C 开关，即空调制冷开关。这时如果发动机在怠速下运转，则转速会自动提高，以防怠速熄火，如图1-9所示。
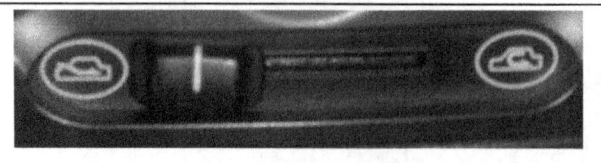 图 1-10　内、外循环开关	5．拨动内、外循环开关到外循环，将车外新鲜空气吸入，如图1-10所示。
 图 1-11　调节送风口方向	6．调节送风口方向到合适的位置，并检查各位置出风是否正常，如图1-11所示。

项目一　汽车空调操作和制冷系统认识

续表

 图 1-12　调节送风量	7. 很多汽车还可以调节送风口下面的旋钮，来调节适合各类人群的送风量，如图 1-12 所示。 提示：当一个人开车时，关闭副驾驶侧的送风口，可提高驾驶员侧的制冷效果。
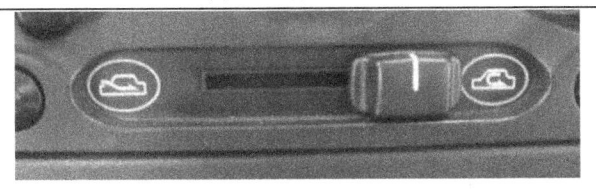 图 1-13　使用内循环，用于隔绝外界空气	8. 在多尘、多烟路面或需迅速降低车内温度时可以使用内循环，用于隔绝外界空气，如图 1-13 所示。 注意：不应长时间使用内循环，以免车内空气污浊缺氧，导致人体不适。
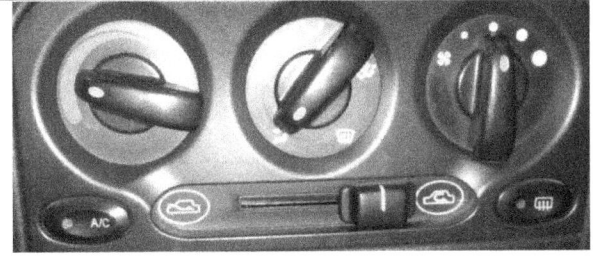 图 1-14　降低风扇转速和制冷温度	9. 当温度降到合适的温度时，可降低风扇转速和制冷温度，如图 1-14 所示。
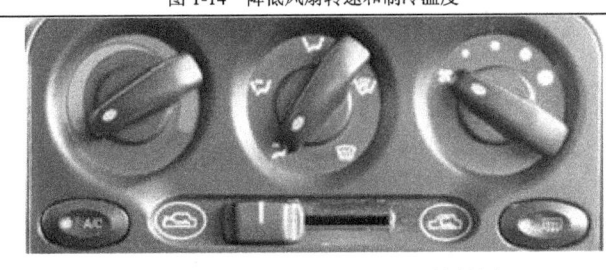 图 1-15　先关闭空调 A/C 开关和风速控制旋钮	10. 在停车熄火前，先关闭空调 A/C 开关，吹一会儿风后再关风速控制旋钮，如图 1-15 所示。 注意：在春天时，关 A/C 开关后，最好将风速控制旋钮开到最大，将空调内湿气吹干，以免产生异味。
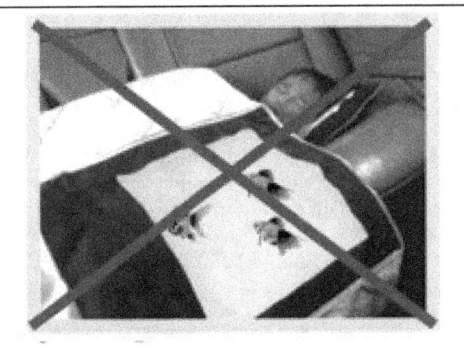 图 1-16　不要开着空调在车内长时间休息	11. 注意不要开着空调在车内长时间休息，以免吸入过多一氧化碳发生意外，如图 1-16 所示。

续表

三、空调制热操作

图	说明
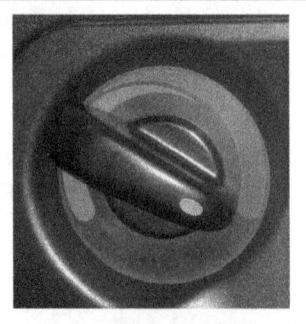 图 1-17 温度控制旋钮拧到制热	1. 等发动机热后，将温度控制旋钮拧到制热位置，如图 1-17 所示。 注意：有些车可以在冷车刚起动时靠电辅助加热，可不用等发动机冷却液热后再制热。
 图 1-18 送风模式旋钮转到吹头吹脚位置	2. 把送风模式旋钮转到吹头吹脚位置，如图 1-18 所示。 如果脚部需要特别制热，也可把送风模式旋钮转到吹脚位置 。
 图 1-19 拧风速控制旋钮到最大	3. 拧风速控制旋钮到最大的位置，如图 1-19 所示。
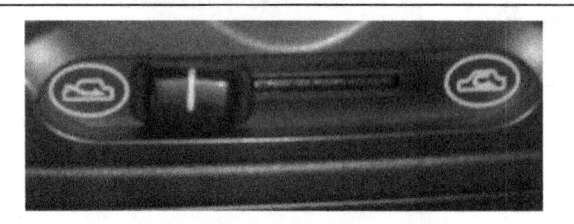 图 1-20 外循环将车外新鲜空气吸入	4. 拔动内、外循环开关到外循环，将车外新鲜空气吸入，如图 1-20 所示。 注意：制热时不用开 A/C 空调开关，因为制热是靠发动机冷却液提供热量的。
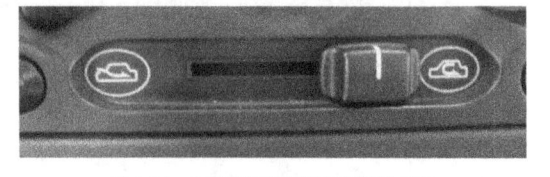 图 1-21 内循环用于隔绝外界污染空气	5. 在多尘、多烟路面或需迅速提升车内温度时可以使用内循环，用于隔绝外界空气，如图 1-21 所示。 注意：不应长时间使用内循环，以免车内缺氧。

续表

 图 1-22 降低风扇转速和制热温度	6．当温度升到合适的温度时，可降低风扇转速和制热温度，如图 1-22 所示。

四、空调除雾操作

 图 1-23 汽车前风窗雾气	汽车前风窗有雾气的原因是什么？ 这是因为车外冷，车内热，同时湿度高时，这种温差导致汽车玻璃上有雾气，如图 1-23 所示。 注意：在驾驶车辆状态时不要用毛巾擦去汽车前风窗雾气，因为容易发生交通事故。
 图 1-24 洗洁清对水防雾	比较节约且有效的除雾办法是用洗洁清按大约 1：1 比例对水喷在前挡风玻璃上，然后用毛巾擦匀即可防雾，如图 1-24 所示。 当然用汽车空调也可除雾，有以下三种方法。
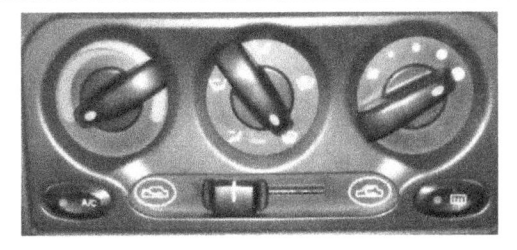 图 1-25 外循环吸入外部冷空气除雾	第一种除雾方法： 利用外循环吸入外部冷空气除雾，如图 1-25 所示。 （1）将温度控制旋钮拧到最冷。 （2）把送风模式旋钮转到吹前风窗。 （3）将风速控制旋钮开到最大。 （4）开外循环，不用开 A/C 开关。 注意：此方法较省油，但除雾慢，在雾气小时使用。
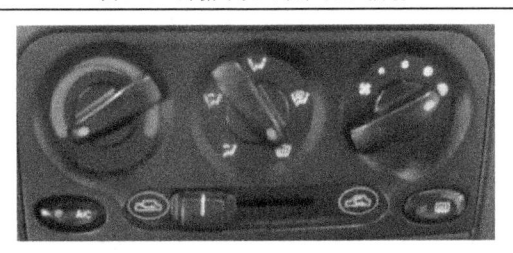 图 1-26 空调制冷除雾	第二种除雾方法： 利用空调制冷除雾，这种方法最快。一般春夏使用，如图 1-26 所示。 操作方法同上，但是最后一步要将 A/C 开关打开，利用冷气除雾，效果很好，但较费油。

续表

图 1-27 空调制热烘干雾气	第三种除雾方法： 利用空调制热烘干雾气。一般冬天使用，如图 1-27 所示。 （1）将温度控制旋钮拧到最热。 （2）把送风模式旋钮转到吹前风窗。 （3）将风速控制旋钮开到最大。 （4）开内循环，开 A/C 开关，去除湿气。 注意：用这种方法时，开始前窗会有大量雾气，为了安全，应先将汽车停放在安全地带再使用此方法。
图 1-28 后窗上加热电阻丝加热除雾	如果后窗有雾气，则按下 ![图标] 开关，利用后窗上加热电阻丝加热除雾，如图 1-28 所示。 注意：不除雾时要及时关闭此开关，以免消耗大量电能。

任务考核单 1-1 汽车空调控制面板的操作（见表 1-1）

表 1-1 考核表

班　级		姓　名		学　号	
规定考核时间				分钟	
实际考核时间					
序号	操作步骤	考核及评分记录		扣分 （每错一处扣 10 分）	
1	安装车轮挡块，打开发动机引擎盖，安装翼子板布、前格栅布				
2	安装方向盘套、手刹套、变速杆套、座椅套，放上地板垫				
3	正确起动发动机				
4	制冷操作，并说明各旋钮名称				
5	制热操作，并说明制热简单原理				
6	说明玻璃产生雾气原因，操作三种除雾方法				
7	后窗除雾方法				
	考核分数				
教师签名		考核日期		年　　月　　日	

● 阅读知识

汽车空调使用注意事项如下。

一、绝不开空调睡觉

长途跋涉后打算放平座椅，打开冷风，美美地睡上一觉？千万不要！封闭的汽车空间里，汽车尾气排放的一氧化碳无法及时排掉，极易导致有毒气体渗入车内。露天野外？同样危险！汽车排放的尾气都是在车身的下部，流通不好时，有可能从空调入风口进入到车内。

二、及时清洗很重要

天气干燥、少雨、多风沙时，会让滤清器穿上厚厚的"脏衣"。细菌滋生，霉味出来。正确做法是每年春季过后清洁或更换一次滤芯，同时冷凝器也要定时清洗。

三、控制出风口方向

根据物理知识：冷空气下沉、热空气上升的原理。汽车空调出风口原则，开冷气时将出风口向上，开暖气时将出风口向下。

四、开启时间别太长

长时间使用空调会使冷凝器压力过大，对制冷系统造成损伤。因此，如果车内温度已经让您怡然自得，不妨将空调关闭一会儿，让它也休息一会儿。

五、适当开启大风量

空调使用时会吸进很多灰尘，定期开大风能将风道内表面的浮尘吹出来，这种最简单的方法最有效。

六、高速时关窗开空调

汽车在高速上行驶时，关闭窗户打开空调要比打开窗户不开空调省油。因为打开窗户会导致汽车行驶阻力增加，增加油耗。

七、开关程序要牢记

先后顺序很重要。开机时，先开风速开关，再开压缩机开关（A/C）；关机时，先关压缩机开关（A/C），再关风扇开关。最好在高温时关掉压缩机开关后两三分钟再关风速开关，这样能让空调压缩机更好地散热。

八、内外循环要掌握

常言道，夏季最痛苦之事莫过于暴晒之后拉开车门。别着急，先把车门打开，用外循环放放热气。温度下降后，内循环模式下制冷效果更好。但内循环时间长了会有车内空气污染，别忘了定期切换内外循环模式。

九、冬天也要练练兵

寒冬中，每月别忘开开冷气。每月将空调制冷系统起动 2~3 次，每次 10min 左右，让空调系统润滑密封，这样消耗的燃油不多，还能够避免漏制冷剂，损坏压缩机，使来年夏天空调能够继续正常使用。

知识链接

一、汽车空调发展史

1．单一取暖阶段。1925 年，在美国纽约出现了第一台利用汽车冷却液通过加热器取暖的汽车，当时轰动了世界各国汽车制造商，但还没有通风系统。到 1927 年发展到具有加热器、风机和空气滤清器等比较完整的取暖系统。目前汽车空调单一取暖系统在一些寒冷地区仍然使用。

2．单一制冷阶段。1939 年由美国帕克汽车公司首先在轿车上安装由机械制冷的空调，但这项技术由于第二次世界大战而停止了发展。战后在美国经济发展迅速的背景下，单一制冷汽车空调得以迅速发展起来。到 1957 年，欧洲、日本才生产这种单一冷气的轿车。

3．冷暖一体化阶段。1954 年美国通用汽车公司首先在纳什轿车上安装了冷暖一体化的空调系统。该空调基本具有降温、除湿、通风、过滤和除霜功能。

4．自动控制阶段。自从冷暖一体化汽车空调出现后，通用汽车公司就着手研究自动控制空调，并于 1964 年首先安装在卡迪拉轿车上，紧接着通用、福特、克莱斯勒三大汽车公司先后在各自的高级轿车上安装了自动空调。

自动空调装置只要预先设定温度，就能自动地在设定的温度范围内工作。系统根据传感器检测车内、车外的温度等信息，自动指挥空调各部件工作，达到调节车内温度和其他功能的目的。

5．微电脑控制阶段。1973 年美国通用汽车公司和日本五十铃汽车公司一起联合研制由微电脑控制的汽车空调系统，1977 年安装在各自的汽车上，将汽车站空调技术推广到一个新的高度。微电脑控制的汽车空调系统具备数字化显示、冷暖通风三位一体化、自诊断系统、执行器自检和数据流传输等功能。通过了微电脑的控制，实现了空调运行的相互统一，极大提高了制冷效果并节约了燃料，从而提高了汽车的整体性能。

二、汽车空调的组成和作用

空气调节是对空气进行冷却或加热、清洁或过滤以及循环换气或反复循环的过程。此外，还要控制被调节的空气的数量和质量。

常见的汽车空调是冷热一体化空调，具有升温、降温、除湿、通风、过滤、除霜等功能。

1．制冷系统。该系统对汽车室内或由外部进入汽车站室内的新鲜空气进行冷却或除湿使车内空气变得凉爽舒适。

2．暖风系统。它主要用于取暖，对汽车室内或由外部进入汽车室内的新鲜空气进行加热达到取暖、除湿的目的。

3．送风系统。主要作用有：控制送风风量、车外新鲜空气与车内循环空气入口切换、控制出风口温度和选择送风模式。它将汽车外部的新鲜空气吸入汽车室内，起通风和换气作用，同时对于防止玻璃窗起雾也有着良好的作用。

4．空气净化系统。负责除去汽车室内空气中的尘埃、臭味、烟味及有毒气体，使车内空气变得清洁。

5．控制系统。它对制冷及暖风系统的温度及压力进行控制，同时对车内空气的温度、风量和流向进行控制，完善了空调系统的正常工作。

三、汽车空调的分类

1. 按汽车空调功能分类。

按汽车空调功能可分为单一式和组合式两种。

单一式是指制冷和暖风各自独立，自成系统，一般用于大中型客车上。

组合式是指制冷供暖合用一个鼓内机，一套操纵机构，这种结构又分制冷暖风分别工作和制冷暖风同时工作两种方式，多用于轿车上。

2. 按汽车空调驱动方式分类。

分为独立式和非独立式两种。

非独立式汽车空调压缩机由汽车发动机驱动，制冷性能受汽车发动机工况影响较大，工作稳定性差。存在低速时制冷量不足，高速时制冷量过剩，并且消耗发动机功率较大，影响发动机动力性。一般用于制冷量较小的中、小型汽车上。

独立式汽车空调压缩机由专用发动机驱动，制冷性能不受汽车工况影响，工作稳定，制冷量大，但由于加装了一台发动机，不但成本增加，而且体积和质量也大，这种类型系统多用于大中型客车。

任务二　汽车空调制冷系统零部件的简单介绍

● 任务要求

学生能正确叙述汽车空调制冷系统的零部件名称、位置和简单作用

● 情境创设

老师展示汽车空调零部件，尝试让学生说出它们的名称及作用，引导学生完成空调零件识别工作。

● 任务引导

相关知识点学习：要求学生实训课前参考课本知识独立完成。

1. 汽车空调由_____、_____、_____、_____、和_____五个系统组成。

2. 写出图1-29各元件名称。

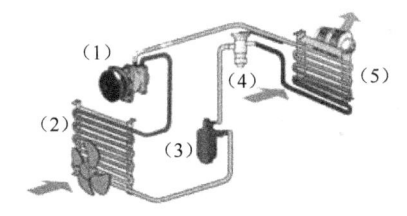

图1-29　空调系统组成

（1）_____；　　（2）_____；　　（3）_____；
（4）_____；　　（5）_____。

● 任务实施

具体维修操作步骤及技术要求如下。

一、准备工作

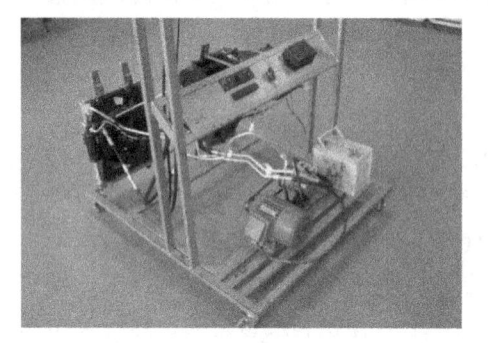

图 1-30 汽车空调台架

1. 准备好汽车空调台架及空调制冷系统零件：压缩机、冷凝器、空调储液器、膨胀阀、蒸发器、小瓶制冷剂、冷冻机油，如图 1-30 所示。

图 1-31 放三角木

2. 按要求把车泊在规定空车位，放好三角木。泊车人要持有驾驶证，如图 1-31 所示。

二、理论知识准备

汽车空调系统由五大系统组成，有制冷系统、暖风系统、送风系统、空气净化系统和控制系统，我们先认识汽车空调制冷系统零部件的名称、位置和简单作用。

三、汽车空调制冷系统零部件的名称

图 1-32 空调压缩机

空调压缩机，如图 1-32 所示。

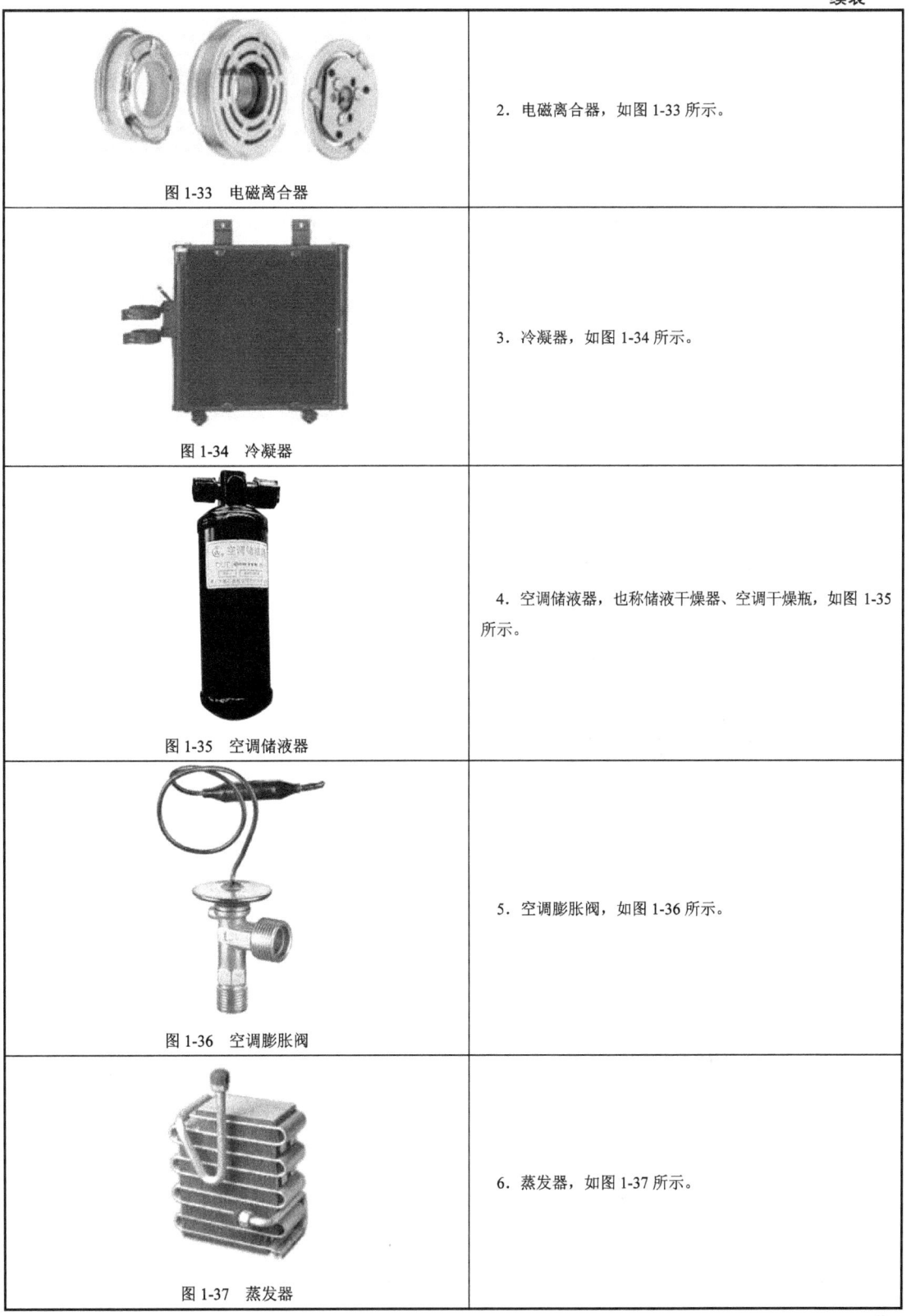

续表

图 1-33　电磁离合器	2．电磁离合器，如图 1-33 所示。
图 1-34　冷凝器	3．冷凝器，如图 1-34 所示。
图 1-35　空调储液器	4．空调储液器，也称储液干燥器、空调干燥瓶，如图 1-35 所示。
图 1-36　空调膨胀阀	5．空调膨胀阀，如图 1-36 所示。
图 1-37　蒸发器	6．蒸发器，如图 1-37 所示。

续表

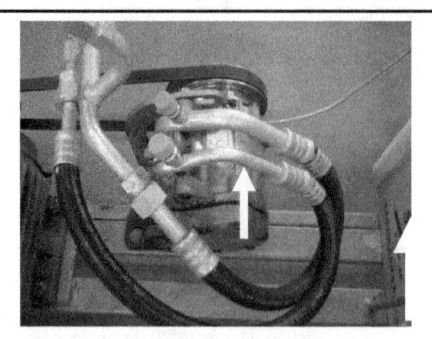 图1-38　高压管	7．高压管。比较细，从压缩机到膨胀阀之间的管路，如图1-38所示。
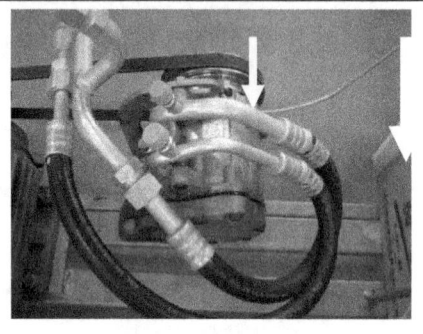 图1-39　低压管	8．低压管。比较粗，从蒸发器到压缩机之间的管路，如图1-39所示。
 图1-40　制冷剂	9．制冷剂，如图1-40所示。
 图1-41　冷冻机油	10．冷冻机油，如图1-41所示。

续表

四、汽车空调制冷系统零部件的位置	
 图 1-42　空调压缩机位置	1. 空调压缩机在发动机前面的下端。 电磁离合器在空调压缩机的前端，如图 1-42 所示。
 图 1-43　冷凝器位置	2. 冷凝器在汽车散热器的前端，汽车防撞钢梁的后面，如图 1-43 所示。
 图 1-44　空调储液器位置	3. 空调储液器在冷凝器的旁边，如图 1-44 所示。
 图 1-45　膨胀阀位置	4. 膨胀阀在蒸发器旁边，如图 1-45 所示。

续表

 图 1-46 蒸发器位置	5. 蒸发器一般在仪表台右下方，杂物箱后面，如图 1-46 所示。 注意：有些车的蒸发器在仪表台中间下方，如丰田卡罗拉。
 图 1-47 蒸发器箱	6. 拆开仪表台可见蒸发器箱，蒸发器在蒸发器箱内，如图 1-47 所示。
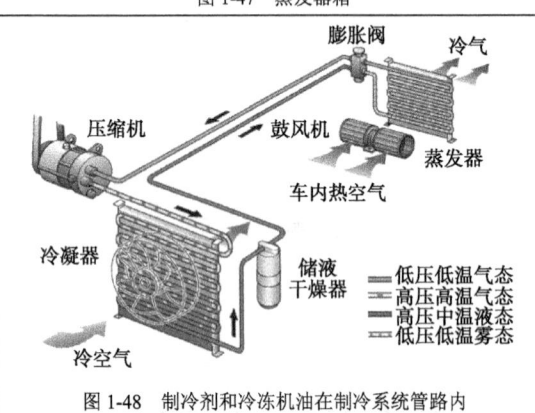 图 1-48 制冷剂和冷冻机油在制冷系统管路内	7. 制冷剂和冷冻机油在制冷系统管路和零部件内流动，如图 1-48 所示。

五、汽车空调制冷系统零部件的作用

 图 1-49 空调压缩机的作用	1. 空调压缩机的作用：抽吸、压缩和循环制冷剂，如图 1-49 所示。

续表

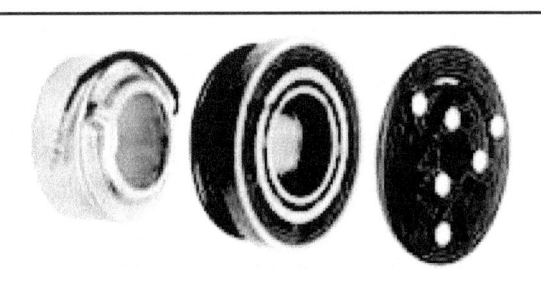 图 1-50　电磁离合器的作用	2．电磁离合器的作用：控制空调压缩机是否工作，如图 1-50 所示。
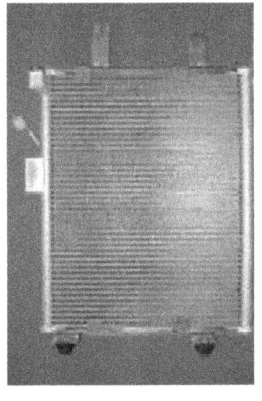 图 1-51　冷凝器的作用	3．冷凝器的作用：对制冷剂进行散热降温，如图 1-51 所示。
 图 1-52　空调储液器的作用	4．空调储液器的作用：存储多余的制冷剂，并吸收制冷剂中的水分和过滤杂质，如图 1-52 所示。
 图 1-53　膨胀阀的作用	5．膨胀阀的作用：降低制冷剂压力，调节制冷剂流量，简称降压节流，如图 1-53 所示。

续表

 图 1-54　蒸发器的作用	6．蒸发器的作用：吸热、降温、制冷，如图 1-54 所示。
 图 1-55　13.6kg 制冷剂罐	7．制冷剂的作用：吸收和释放热量的介质，如图 1-55 所示为 13.6kg 制冷剂罐。
 图 1-56　冷冻机油的作用	8．冷冻机油的作用：润滑压缩机和膨胀阀，还有密封的作用，如图 1-56 所示。

任务考核单 1-2　汽车空调制冷系统零件名称、位置、作用（见表 1-2）

表 1-2　考核表

班　级		姓　名		学　号	
规定考核时间				分钟	
实际考核时间					
序号	操作步骤		考核及评分记录		扣分（每错一处扣 10 分）
1	安放三角木等车轮挡块，打开发动机引擎盖，安装翼子板布、前格栅布				
2	安装方向盘套、手刹套、变速杆套、座椅套，放上地板垫				
3	指出压缩机安装位置，并叙述作用				
4	指出冷凝器安装位置，并叙述作用				
5	指出储液干燥器安装位置，并叙述作用				
6	指出膨胀阀安装位置，并叙述作用				
7	指出蒸发器安装位置，并叙述作用				
8	指出制冷剂循环回路				
9	指出空调高、低压管				
10	5S				
考核分数					
教师签名		考核日期		年　月　日	

任务三　汽车空调制冷系统工作过程

● 任务要求

学生能正确叙述汽车空调制冷系统的工作过程。

● 情境创设

老师展示汽车空调台架，尝试让学生说出它们的工作过程，引导学生完成认识空调工作过程的任务。

● 任务实施

相关知识点学习：要求学生实训课前参考"知识链接"独立完成。

1. 汽车空调主要工作过程是_____、_____、_____和_____四个过程组成。

2. 制冷系统高压侧是从_____到_____；低压侧是从_____到_____。

3．说出制冷剂在各元件里的物理状态（气或液）、温度和压力状态。
（1）压缩机出口＿＿＿＿＿＿＿＿、＿＿＿＿＿＿＿＿、＿＿＿＿＿＿＿＿。
（2）冷凝器出口＿＿＿＿＿＿＿＿、＿＿＿＿＿＿＿＿、＿＿＿＿＿＿＿＿。
（3）储液干燥器出口＿＿＿＿＿＿＿＿、＿＿＿＿＿＿＿＿、＿＿＿＿＿＿＿＿。
（4）膨胀阀出口＿＿＿＿＿＿＿＿、＿＿＿＿＿＿＿＿、＿＿＿＿＿＿＿＿。
（5）蒸发器出口＿＿＿＿＿＿＿＿、＿＿＿＿＿＿＿＿、＿＿＿＿＿＿＿＿。

● 任务实施

具体维修操作步骤及技术要求：

一、准备工作	
 图1-57 汽车空调台架	准备好汽车空调台架，如图1-57所示。
理论知识准备	
汽车空调制冷系统工作过程主要有四个过程：压缩过程、放热过程、节流过程和蒸发过程。	
二、汽车空调制冷系统工作过程	
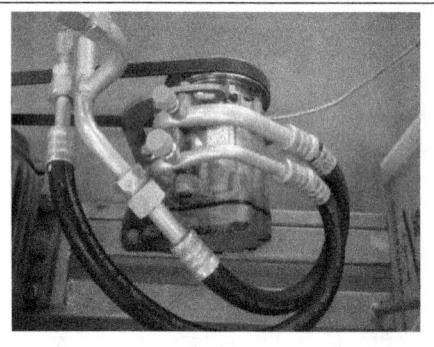 图1-58 压缩过程	1．压缩过程：低温低压气态制冷剂被吸入压缩机，压缩成高温高压气态制冷剂。 低温约10°左右，高温约70~90°。可以用手感觉一下，注意不要烫伤，如图1-58所示。
 图1-59 放热过程	2．放热过程：从压缩机来的高温高压气态制冷剂，通过冷凝器冷凝成中温高压液态制冷剂。 中温约40~50°，可以用手对比一下中、高温。 冷凝器靠冷凝风扇和行驶中的进风降温，如图1-59所示。

续表

 图 1-60 空调储液器过滤杂质和干燥水分	3. 液态制冷剂在高压下经空调储液器过滤杂质和干燥水分后流向膨胀阀，如图 1-60 所示。
 图 1-61 节流过程	4. 节流过程：高温高压液制冷剂经过膨胀阀降压后变成低温低压雾态制冷剂，如图 1-61 所示。
 图 1-62 蒸发过程	5. 蒸发过程：雾态制冷剂在蒸发器内蒸发成低温低压气态制冷剂。 然后这些制冷剂又进入压缩机进行循环。 低温约 2~8°，可以用手感觉一下，如图 1-62 所示。
图 1-63 鼓风机将车内热空气吹过蒸发器变成冷气	6. 鼓风机将车内热空气吹过蒸发器变成冷气，使车内温度降低，如图 1-63 所示。

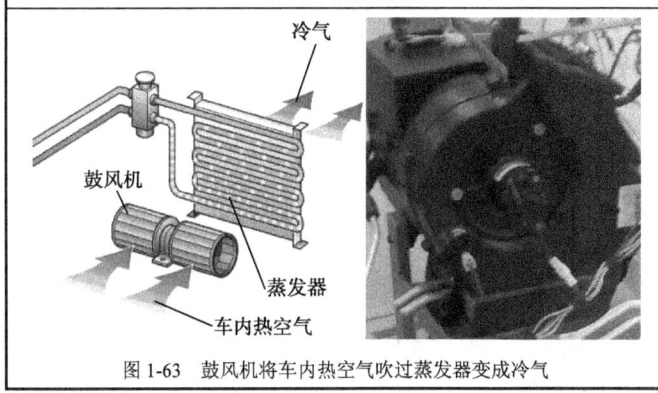

任务考核单 1-3　汽车空调制冷系统工作过程（见表 1-3）

表 1-3　考核表

班　级			姓　名		学　号	
	规定考核时间			分钟		
	实际考核时间					
序号	操作步骤		考核及评分记录		扣分（每错一处扣 10 分）	
1	指出压缩机，并说明压缩过程					
2	指出冷凝器，并说明放热过程					
3	指出空调储液器，并说明作用					
4	指出膨胀阀，并说明节流过程					
5	指出蒸发器，并说明蒸发过程					
6	指出鼓风机，并说明制冷过程					
	考核分数					
教师签名			考核日期		年　月　日	

● 知识链接

空调的基本原理如下。

一、热交换

物质由液态变为气态时要吸收热量。例如，擦在身上的酒精在挥发时皮肤会有明显的冰凉感觉，如图 1-64 所示。而由气态变为液态时则要放出热量。空调器就是利用这一基本热原理工作的。

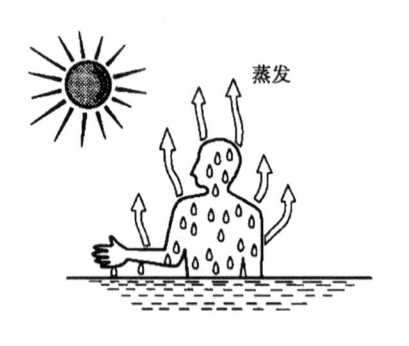

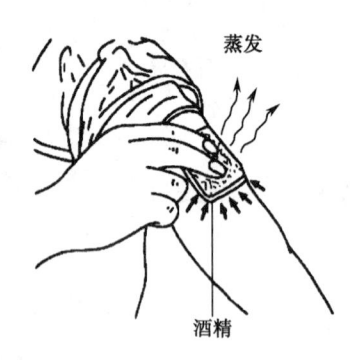

图 1-64　蒸发带走热量

二、汽车空调工作原理及设备（见图 1-65）

1. **吸热，达到降温目的**：在汽车空调装置中制冷剂由液态转化为气态的过程是在蒸发器中进行的，蒸发器位于车厢内，制冷剂在蒸发器中由液态转化为气态时，从车厢内吸收热量，使车厢内的温度降低。

2. **释热，为吸热做准备**：气态转化为液态的过程是在冷凝器中进行的，通常冷凝器位于发动机冷却系散热器的前面，将热量向汽车外部释放。

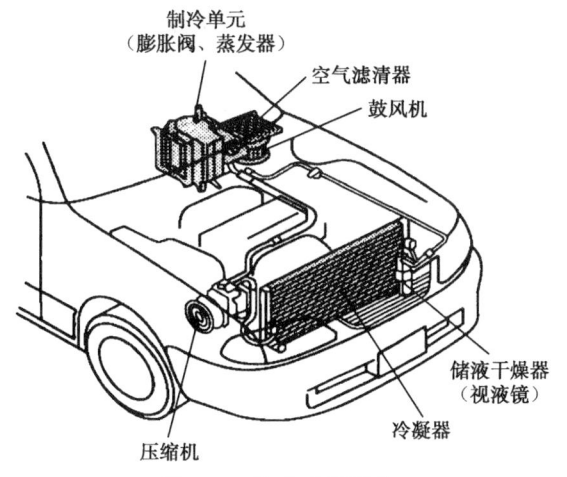

图 1-65 汽车空调设备

三、汽车空调工作过程

汽车空调的制冷循环如图 1-66 所示。

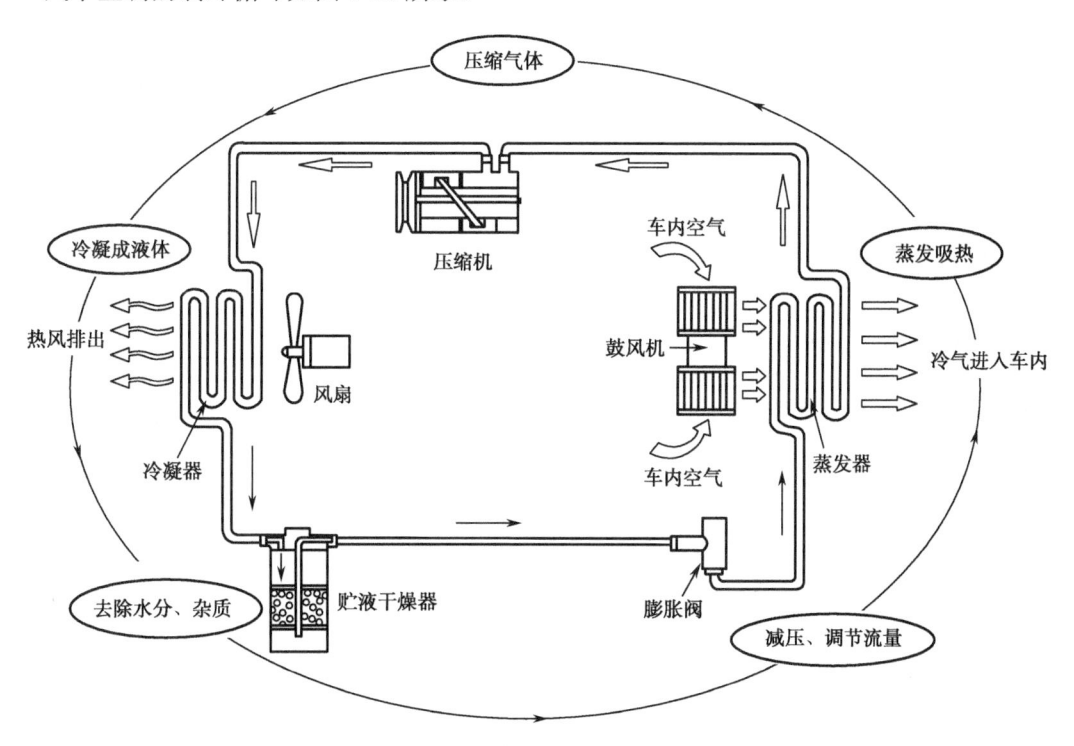

图 1-66 汽车空调的制冷循环

热的制冷剂蒸汽从蒸发器被吸入压缩机，压缩机把蒸汽压力升高后泵进冷凝器；

⇩

在冷凝器中，冷凝器周围的空气把制冷剂的热量散发掉，使蒸汽变为液体；

制冷剂放出热量后，流经贮液干燥器，在那里去水后备用；

⇩

由于压缩机连续不断地从蒸发器出口抽出制冷剂蒸汽,液态制冷剂在高压下经贮液干燥器压向膨胀阀;

⇩

经膨胀阀降压后,根据制冷要求,限量地把制冷剂送进蒸发器的入口;

⇩

液态制冷剂突然进入大容积的蒸发器螺旋管后,由于体积变大压力下降,使制冷剂蒸发,并从车厢中吸收热量;

⇩

这些带有热量的制冷剂蒸汽接着被吸进压缩机,开始了下一个制冷循环。

⇩

如此不停地往复循环,车厢中的热量被制冷剂带走,排至汽车外部的大气中,使车厢内的温度降低。

任务四　汽车空调制冷系统零部件深入认识

● **任务要求**

学生能正确叙述汽车空调制冷系统的零部件的种类、作用、注意事项,并了解其工作原理。

● **情境创设**

老师展示汽车空调制冷系统零件,尝试让学生说出它们的种类、工作原理,引导学生完成深入认识空调零部件的任务。

● **任务引导**

相关知识点学习:要求学生实训课前参考"知识链接"独立完成。

1. 压缩机的常见种类:＿＿＿＿＿＿＿＿＿＿＿＿＿＿＿＿＿＿＿＿＿＿＿＿＿＿＿。
2. 电磁离合的工作过程:＿＿＿＿＿＿＿＿＿＿＿＿＿＿＿＿＿＿＿＿＿＿＿＿＿＿
＿＿＿＿＿＿＿＿＿＿＿＿＿＿＿＿＿＿＿＿＿＿＿＿＿＿＿＿＿＿＿＿＿＿＿＿＿＿。
3. 冷凝器的种类:＿＿＿＿＿＿＿＿＿＿＿＿＿＿＿＿＿＿＿＿＿＿＿＿＿＿＿＿＿;
使用维修注意事项:＿＿＿＿＿＿＿＿＿＿＿＿＿＿＿＿＿＿＿＿＿＿＿＿＿＿＿＿。
4. 空调储液器观察窗的作用:＿＿＿＿＿＿＿＿＿＿＿＿＿＿＿＿＿＿＿＿＿＿＿＿
＿＿＿＿＿＿＿＿＿＿＿＿＿＿＿＿＿＿＿＿＿＿＿＿＿＿＿＿＿＿＿＿＿＿＿＿＿＿。
5. 膨胀阀的工作过程:＿＿＿＿＿＿＿＿＿＿＿＿＿＿＿＿＿＿＿＿＿＿＿＿＿＿＿
＿＿＿＿＿＿＿＿＿＿＿＿＿＿＿＿＿＿＿＿＿＿＿＿＿＿＿＿＿＿＿＿＿＿＿＿＿＿。
6. 蒸发器的种类:＿＿＿＿＿＿＿＿＿＿＿＿＿＿＿＿＿＿＿＿＿＿＿＿＿＿＿＿＿。

● **任务实施**

具体维修操作步骤及技术要求如下。

项目一 汽车空调操作和制冷系统认识

一、准备工作

准备好汽车空调制冷系统各种零部件：制冷剂、冷冻机油、斜盘式压缩机、涡旋式压缩机、滑片式压缩机、摇摆式压缩机、变排量压缩机、管带式冷凝器、管片式冷凝器、平行流式冷凝器、带观察窗空调储液器、卡罗拉轿车（观察制冷剂多少用）、外平衡式膨胀阀、内平衡式膨胀阀、H形膨胀阀、管带式蒸发器、层叠式蒸发器、管片式蒸发器。

二、理论知识准备

复习汽车空调制冷系统各零件的名称、位置和简单作用。

汽车空调制冷系统零部件深入认识。

三、制冷剂

图1-67 制冷剂种类	1．过去汽车空调使用的制冷剂是氟里昂12，记为F-12或R-12。它有一个致命的缺点，就是破坏大气臭氧层，对环境有害。 现在汽车都是使用R134a（也称HFC134a），不含氯，对臭氧层不会破坏。它有两种包装，一种小瓶，250~360克；另一种是大瓶，13.6kg，适合经常加注制冷剂用，如图1-67所示。
图1-68 小瓶制冷剂	2．制冷剂是危险品，使用时要戴手套和护目镜，万一溅到皮肤或眼睛必须马上用大量清水冲洗，并送医院。 使用制冷剂还必须注意在通风良好条件下使用，不要使用明火，不能使制冷剂罐放在阳光下或其他温度可能超过50°的地方。 特别注意不能混用制冷剂，必须用指定的制冷剂，如图1-68所示。

四、冷冻机油

图1-69 冷冻机油	1．现在汽车都用适合R134a的合成冷冻机油。常用有两种：PAG、POE。（PAG 聚醚类合成冷冻机油，POE 酯类合成冷冻机油），如图1-69所示。

续表

图	说明
图 1-70 冷冻机油注意事项	2．使用时注意不能用假冒伪劣的产品，不能混用不同的冷冻机油。不要多加冷冻机油，使用后必须密封，以免冷冻机油吸潮变质。 可从颜色、气味直观地判断其好坏。正常冷冻机油颜色较浅，而且无味，如图 1-70 所示。

五、空调压缩机

图	说明
 图 1-71 空调压缩机组成	1．空调压缩机由电磁离合器和压缩机体组成。 有些压缩机上有过热保护器，如箭头所指。它可以在压缩机过热时断电保护压缩机，如图 1-71 所示。
 图 1-72 空调压缩机高低压进出管	2．压缩机低压进管接口处标注有"S"字样，高压出管接口标注有"D"字样，如图 1-72 所示。
 图 1-73 空调压缩机分类	3．汽车空调压缩机按工作原理分有定排量压缩机和变排量压缩机。 定排量压缩机是指定排量，就是指压缩机的排气量固定不变。它靠电磁离合器控制压缩机的制冷量。 它噪音较大，对动力有间断性影响，油耗高，但价格便宜，一般用于低端车，如图 1-73 所示。

续表

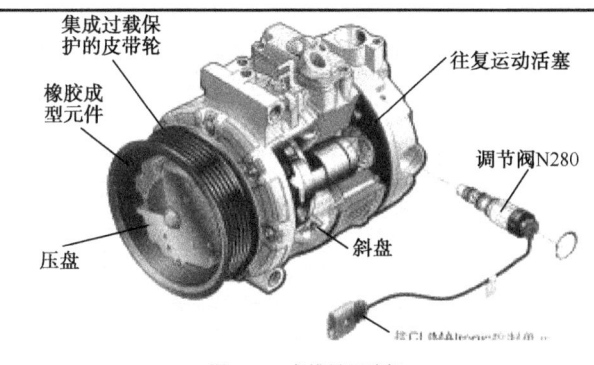 图 1-74　变排量压缩机（集成过载保护的皮带轮、橡胶成型元件、压盘、往复运动活塞、调节阀N280、斜盘）	4．变排量压缩机能根据空调系统的制冷负荷自动改变排量。 它使空调系统运行更加经济，同时减少噪声，更加舒适。一般用于中高端车，如图 1-74 所示。
 图 1-75　曲轴连杆式空调压缩机	5．空调压缩机按工作方式有往复式压缩机，分为曲轴连杆式、轴向活塞式、旋转叶片式和涡旋式。 曲轴连杆式由于大而重，一般用于大客车及卡车上，如图 1-75 所示。
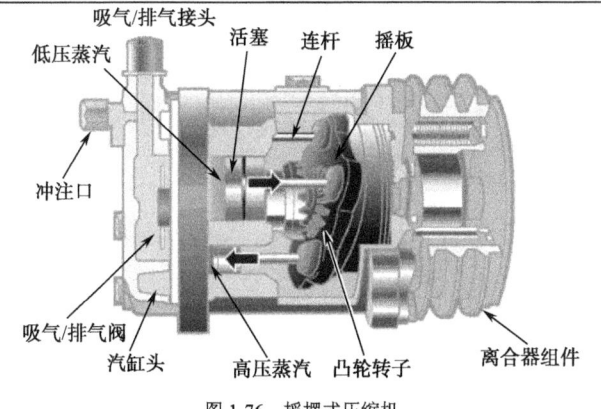 图 1-76　摇摆式压缩机（吸气/排气接头、低压蒸汽、冲注口、吸气/排气阀、汽缸头、高压蒸汽、凸轮转子、活塞、连杆、摇板、离合器组件）	6．轴向活塞式是第 2 代压缩机，有两种，一种是摇摆式压缩机，另一种是斜盘式压缩机。 图 1-76 所示是摇摆式压缩机。
 图 1-78　斜盘式压缩机	7．斜盘式压缩机，如图 1-78 所示。

续表

 图 1-79 旋转叶片式压缩机	8. 旋转叶片式压缩机是第 3 代压缩机，它体积小，重量轻，噪声低，振动小，但加工精度要求高，制造成本较高，如图 1-79 所示。
 图 1-80 涡旋式压缩机	9. 涡旋式压缩机是第 4 代压缩机，它结构紧凑，高效节能，微振低噪且极具工作可靠性，但加工要求高，是以后发展方向，如图 1-80 所示。

六、电磁离合器

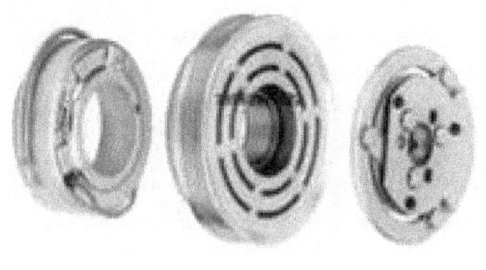 图 1-81 电磁离合器组成	1. 电磁离合器主要组件，从左向右依次为： （1）电磁线圈（不转动）； （2）皮带轮（由发动机带动）； （3）驱动盘（也称压盘，与压缩机同轴）。 如图 1-81 所示。
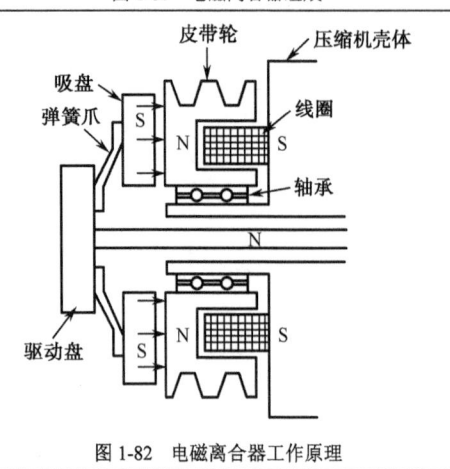 图 1-82 电磁离合器工作原理	2. 工作原理：打开空调开关，电流通过电磁离合器线圈时产生强磁场，使压缩机驱动盘和自由转动的皮带轮接合，从而驱动压缩机主轴旋转。电磁离合器一旦切断电流，磁场消失，靠弹簧爪作用，驱动盘与皮带轮脱开，压缩机停止工作，如图 1-82 所示。

续表

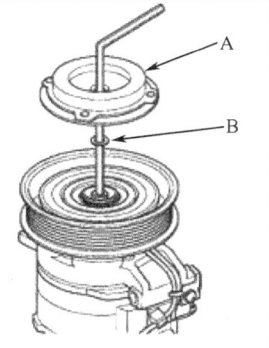

图示	说明
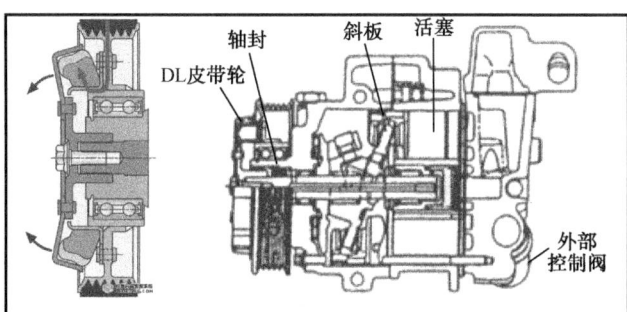 图 1-83　无电磁离合器空调压缩机（轴封、斜板、活塞、DL皮带轮、外部控制阀）	3. 有些汽车的空调压缩机没有电磁离合器，可减轻重量。如丰田系列轿车的可变排量空调压缩机。 不开空调时压缩机也一直随发动机一起运转，其排量可以最小变化到零，相当于空调不工作，如图 1-83 所示。
 图 1-84　电磁离合器压力盘与带盘间的间隙	4. 电磁离合器压力盘与带盘间的间隙，标准值为 0.3～0.6mm，如不符合规定可调整垫片，如图 1-84 所示。
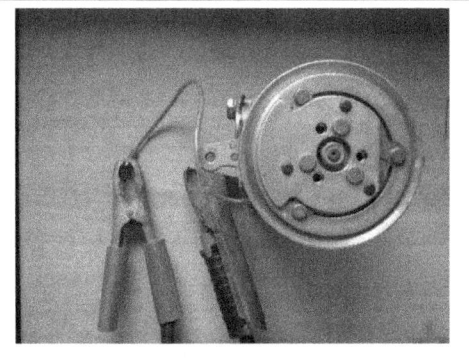 图 1-85　通电试验电磁离合器	5. 通电试验电磁离合器的动作应正常。 电磁离合器如不正常可单独拆下更换，以减少维修成本，如图 1-85 所示。

七、冷凝器

图示	说明
 图 1-86　平行流式冷凝器	1. 冷凝器主要由管路和散热片组成，有一个制冷剂的进口和一个出口。常见的冷凝器分为管片式、管带式、鳍片式和平行流式四种。 如图 1-86 所示为平行流式冷凝器，它是专为制冷剂 R134a 系统研制的新结构冷凝器，制冷剂在同一时间经多条扁管流通而进行热交换。现在一般轿车用这种冷凝器。

续表

图1-87 冷凝器的检查	2．冷凝器的检查。 应先检查外部散热片是否损坏、堵塞，接头和软管有无损伤、漏气等。如散热片较脏，应用清水冲洗，冲洗后用压缩空气进行干燥。若散热片弯曲，应用尖嘴钳或其他工具加以矫正。如发现冷凝器漏气，应进行焊补或更换，如图1-87所示。 注意：清洁时不能用高压水枪清洗，只能低压冲洗，否则会冲弯散热片，影响散热。
图1-88 冷凝器拆卸注意事项	3．冷凝器拆卸时应先排制冷剂，拆开后应及时封住管口，防止潮气进入。修理装车时应更换新O形密封圈，并应补加约50mL的冷冻机油，并对接头进行漏气试验，如图1-88所示。
图1-89 新型汽车空调冷凝器	4．目前，新型汽车空调冷凝器一般是将储液干燥器2和冷凝器1做成一体，这样可以减少部件，便于布置，降低泄漏概率，如图1-89所示。

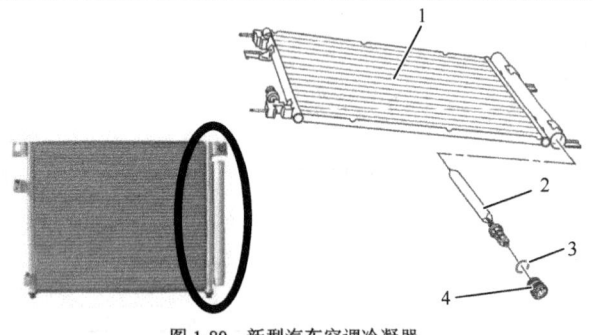

八、空调储液器

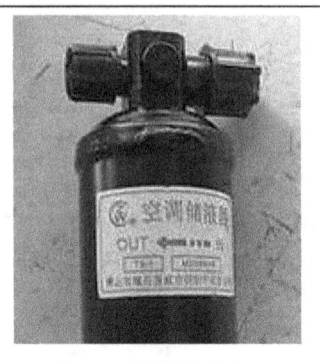

图1-90 储液器的进出口	1．在储液器的进出口端一般都打有记号，如进口端用英文字母标有"IN"或有一个"→"符号，安装时与冷凝器出口连接，不可接反，如图1-90所示。

续表

图示	说明
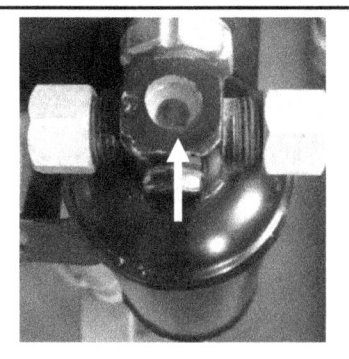 图1-91 储液器玻璃观察窗	2. 在储液器上部出口端装有一个玻璃观察窗，用于观察制冷剂在工作时的流动状态，由此可判断制冷剂量是否合适，如图1-91所示。
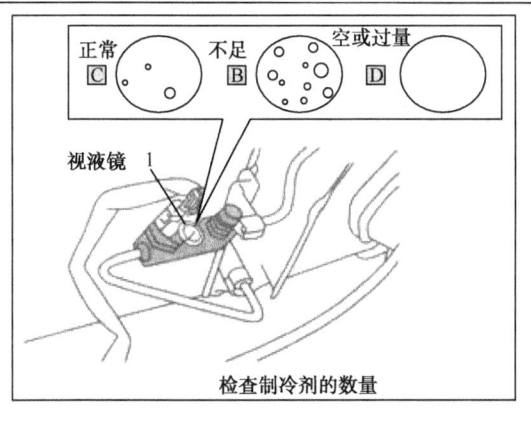 图1-92 看空调观察窗	3. 起动发动机开空调，看空调观察窗：如图1-92所示。 （1）如果气泡多说明制冷剂不足； （2）如果无气泡，说明无制冷剂或过量。无冷气则无制冷剂，有冷气，说明过量。 （3）如开、关空调开关时有少量气泡则正常。
 图1-93 安全熔塞	4. 在储液干燥器的顶部，一般还装有一个安全熔塞，孔内装填有焊锡之类的易熔材料，当温度达100~105℃（此时压力约3MPa）时，熔塞合金被熔化，从而排泄系统中的高压制冷剂，以防止系统中其他机件被损坏，如图1-93所示。
 图1-94 储液干燥器安装注意	5. 安装时，一定要垂直，倾斜度不得超过15°。在安装新的储液干燥器之前，不得过早将其进出管口的包装打开，以免湿空气侵入储液器和系统内部，使之失去除湿的作用，如图1-94所示。

续表

九、膨胀阀	
 图1-95 内平衡热力膨胀阀	1. 目前膨胀阀主要有内平衡热力膨胀阀、外平衡热力膨胀阀、H形膨胀阀、膨胀节流管（孔管）四种结构形式。 如图1-95所示为内平衡热力膨胀阀，一般用于低档车。
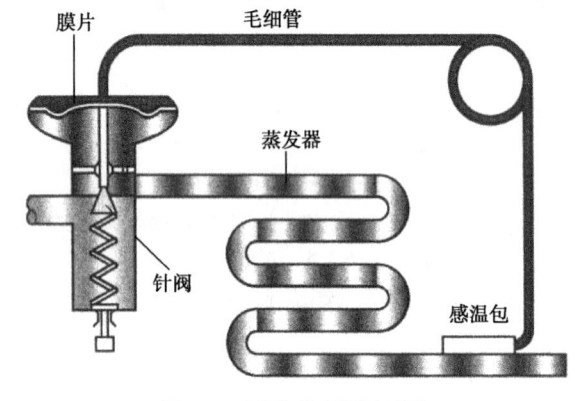 图1-96 内平衡热力膨胀阀结构	2. 内平衡热力膨胀阀结构较简单，主要由感温包、毛细管、膜片、针阀等组成，如图1-96所示。
 图1-97 密封胶包住感温包	3. 感温包和蒸发器必须紧密接触，不能和大气相通。如果接触不良，感温包就不能正确地感应蒸发器出口的温度，导致膨胀阀开度过大。所以，要用一种特殊的密封胶包住感温包，如图1-97所示。
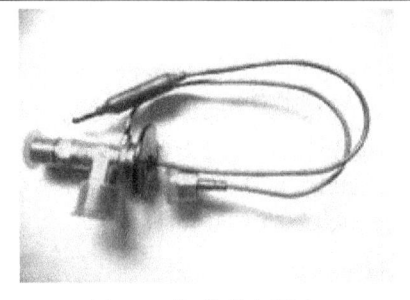 图1-98 外平衡热力膨胀阀	4. 外平衡热力膨胀阀，结构较复杂，一般大客车空调系统选用外平衡膨胀阀，如图1-98所示。

续表

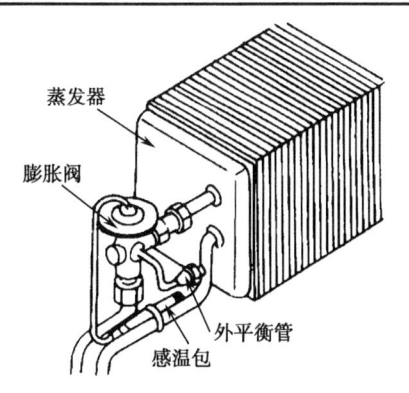 图 1-99 外平衡式膨胀阀结构	5. 外平衡式膨胀阀多了一根平衡管，膜片下方的气体压力通过平衡管与蒸发器的出口连接。 因大客车的蒸发器较大，压力损失大，所以采用外平衡式膨胀阀，如图 1-99 所示。
 图 1-100 H 形膨胀阀	6. H 形膨胀阀具有结构紧凑，使用可靠，维修简单等优点，一般用于中高档轿车，如图 1-100 所示。
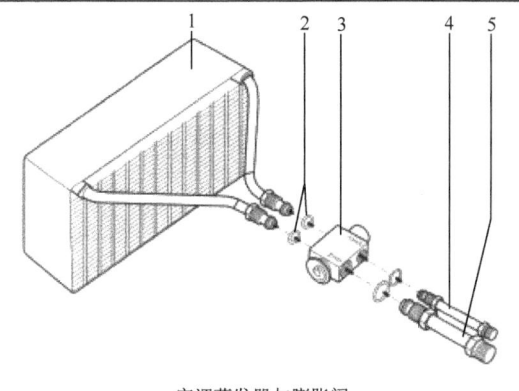 空调蒸发器与膨胀阀 1—蒸发器；3—H 形膨胀阀；4—高压管；5—低压管 图 1-101 H 形膨胀阀结构	7. H 形膨胀阀取消了外平衡膨胀阀的外平衡管和感温包，直接与蒸发器进出口相连。感应温度不受环境影响，也无需通过毛细管而造成时间滞后，调节灵敏度较高，如图 1-101 所示。

十、蒸发器

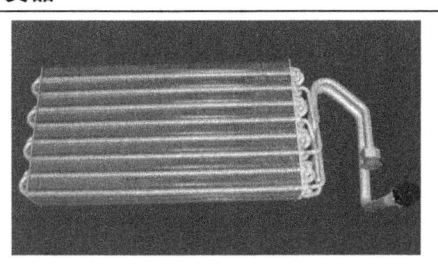 图 1-102 管片式蒸发器	1. 蒸发器有管片式、管带式和层叠式三种结构。 如图 1-102 所示为管片式，它结构简单，加工方便，但换热效率较差。

33

续表

 图 1-103　管带式蒸发器	2．管带式比管片式工艺复杂，效率可提高 10%左右，如图 1-103 所示。
 图 1-104　层叠式蒸发器	11．层叠式加工难度最大，但其换热效率也最高，结构也最紧凑。它专为 R134a 制冷剂开发，现在广泛应用在轿车空调内，如图 1-104 所示。
 图 1-105　蒸发器检查	12．蒸发器应检查散热片有无堵塞、裂纹等，如堵塞应进行清洁处理。如更换蒸发器总成，应向压缩机补注 25～50mL 的压缩机润滑油。安装完毕后，应抽真空，补加制冷剂，并对空调制冷系统进行性能试验，如图 1-105 所示。

十一、膨胀节流管空调系统

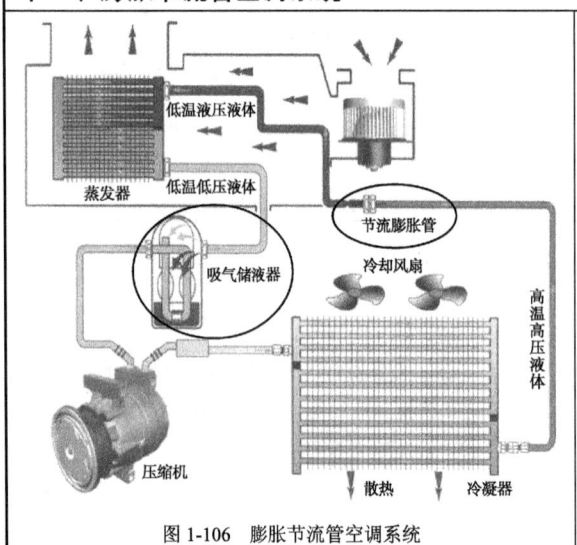 图 1-106　膨胀节流管空调系统	1．在一些高档车上还用一种膨胀节流管空调系统，如奥迪、红旗轿车。 这种空调系统不用膨胀阀和空调储液器，而是用膨胀节流管（孔管）和集液器（吸气储液器）。 膨胀节流管直接安装在冷凝器出口和蒸发器进口之间，用于将液态制冷剂节流降压，如图 1-106 所示。

项目一 汽车空调操作和制冷系统认识

续表

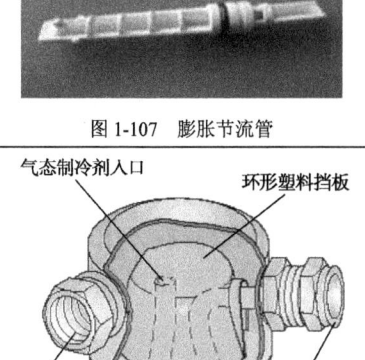

图示	说明
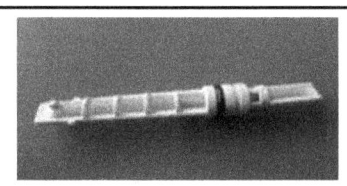 图1-107 膨胀节流管	2．膨胀节流管的节流孔径是固定的，入口和出口都有滤网。 由于膨胀节流管没有运动部件，结构简单，可靠性高，同时节省能耗，很多高级轿车都采用这种方式。缺点是制冷剂流量不能根据工况变化进行调节，如图1-107所示。
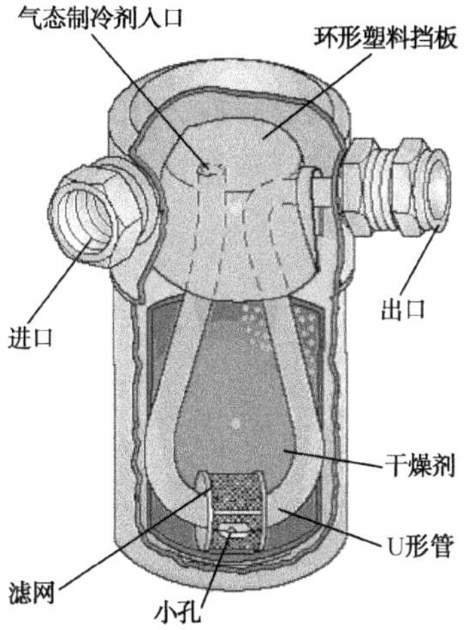 图1-108 集液器（气态制冷剂入口、环形塑料挡板、进口、出口、干燥剂、U形管、小孔、滤网）	3．由于不能调节流量，液体制冷剂很可能流出蒸发器而进入压缩机，造成压缩机液击。所以装有膨胀节流管的系统，必须同时在蒸发器出口和压缩机进口之间，安装一个集液器，实行气液分离，避免压缩机发生液击，如图1-108所示。

任务考核单1-4 汽车空调制冷系统零部件深入认识（见表1-4）

表1-4 考核表

班 级		姓 名		学 号	
规定考核时间				分钟	
实际考核时间					
序号	操作步骤		考核及评分记录		扣分 （每错一处扣10分）
1	指出制冷剂，并说明种类，注意事项				
2	指出冷冻机油，并说明种类，注意事项				
3	指出各种压缩机，并说明种类				
4	指出电磁离合器，并说明工作原理				
5	指出冷凝器，并说明种类，注意事项				
6	指出储液干燥器上入口、出口、观察窗、泄压阀、并说明作用				
7	指出各种膨胀阀，并说明内平衡式膨胀阀的组成及各组成作用				
8	指出蒸发器，并说明种类、注意事项				
9	5S				
考核分数					
教师签名		考核日期		年　月　日	

35

知识链接

一、制冷剂和冷冻机油

1．制冷剂：制冷剂在空调系统中是吸收和释放热量的介质。

过去汽车空调使用的制冷剂是氟里昂 12，记为 F-12 或 R-12。它蒸发时能吸收大量热，且易于液化，化学性能稳定，无腐蚀，不燃烧，无爆炸性，无毒，对衣服及食物无害，所以被广泛采用。这种制冷剂各方面的性能都很好，但是有一个致命的缺点，就是破坏大气环境。

R-12 能够破坏大气中的臭氧层，使太阳的紫外线直接照射到地球，对植物和动物造成伤害，如图 1-109 所示。我国目前已停止生产用 R12 作为制冷剂的汽车空调系统。

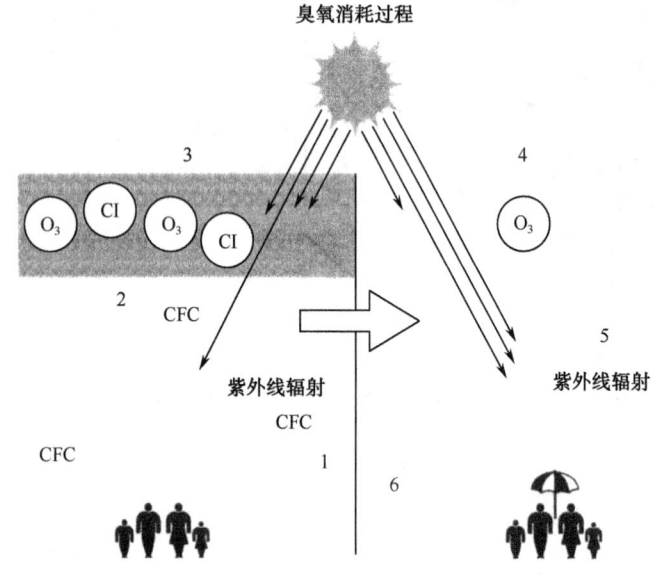

1—CFC 释放；2—CFC 上升到臭氧层；3—CFC 释放出氯原子（Cl）；4—氯原子（Cl）破坏臭氧；
5—破坏臭氧导致更多的紫外线；6—更多的紫外线导致更多的皮肤癌

图 1-109　臭氧层吸收紫外线

目前汽车上广泛采用 R12 的替代品，即 R134a。

2．制冷剂安全注意事项。

（1）一些安全操作程序必须予以遵守，请记住大多数制冷剂的性质：

① 无味。

② 数量小无法检测。

③ 无色。

④ 无污染。

（2）制冷剂一旦进溅到眼里或接触到皮肤上，就会产生伤害，因此制冷剂是危险品。必须戴适当的眼睛保护装置，以便在制冷剂飞溅时对眼睛起保护作用。如果制冷剂进入眼睛，眼睛可能被冻伤，从而导致失明。如果制冷剂进入眼睛，建议遵守下列程序：

① 不要揉擦眼睛。
② 将大量的冷水喷溅到眼里，以便提高温度。
③ 将一块无菌布带盖在眼睛上，以免尘土进入眼睛。
④ 立即去找医生或者到医院，进行专业治疗。
⑤ 不可试着自己处理。

（3）如果液体制冷剂溅到皮肤上，就可能出现冻伤。为了避免制冷剂接触皮肤产生的不良结果，可以使用为眼睛应急治疗而概括的相同的程序。

（4）在空气中的制冷剂是无害的，除非将它释放到一个密闭的空间里。在释放到密闭空间里这种情况下，制冷剂将抑制人体吸收空气中的氧，可能会引起打瞌睡，失去知觉，甚至死亡。当然，在正常情况下，不必担心汽车空调系统的安全性问题。与汽车内部的宽大空间相比，空调系统的制冷剂容量很小，也就是说污染物的浓度很低。

（5）不得使制冷剂接触到明火或者接触到炽热的金属。制冷剂遇到火焰或者炽热的金属时，会产生有毒的光和气。在高浓度时，缺氧导致窒息是真正的危险。因此，一个基本的准则就是避免呼吸这些烟雾。

（6）操作制冷剂时，必须注意下列规定：

① 在高于 54.44℃时，如果液体制冷剂完全充满制冷剂容器，会导致随着温度的升高，压力迅速升高。为了保证安全，千万不能将制冷剂罐加热到高于 51.7℃以上，即只允许制冷剂罐达到这个温度。

习惯上为了加速制冷剂的充注过程，某些维修工将制冷剂容器放到一盆温水中。这种习惯做法不应该推荐给技术不熟练的人员，并要阻止技术不熟练的人员这样做。即使那些"熟练工"有时也会因为这种习惯做法而受到伤害，因为这样可能会导致制冷剂罐爆炸。

② 千万不要用火焰直接烘烤制冷剂钢瓶或容器。
③ 千万不要使电阻型加热器靠近或者直接接触到制冷剂容器。
④ 制冷剂容器不得滥用。为了避免损坏，应使用允许的充注阀扳手来开启和关闭充注阀；在储存和为空调系统充注制冷剂时，应保证所有的制冷剂钢瓶处于竖立位置。
⑤ 在没有使用合适的眼睛保护装置的情况下，不要操作制冷剂回收设备。
⑥ 在温度超过 21℃时，往回收罐充注制冷剂不得超过容量的 80%。
⑦ 不要将不同的制冷剂混合在一起。不同的制冷剂是互不相容的，任何一种制冷剂混合物都将增加回收利用或报废处理的成本。
⑧ 不要将不同的冷冻润滑油混合在一起。矿物基的冷冻润滑油和某些新型合成润滑剂互不相容。
⑨ 对汽车空调系统，只能给系统充注被批准的纯的制冷剂和冷冻润滑油。

制冷剂的种类较多，表 1-5 为几种制冷剂的主要性质。

表 1-5　几种制冷剂的主要性质对比

项目 制冷剂代号	R12	R22	R134a
化学式	CCl2F2	CHClF2	CH2F-CF3
分子量	120.9	86.5	102.3
标准大气压下沸点（℃）	-29.8	-40.8	-26.2
临界温度（℃）	111.80	96.10	101.14
临界压力（MPa）	4.125	4.975	4.065
临界密度（kg/m³）	558	525	511
饱和液体密度（25℃）（kg/m³）	1311	1192	1206
饱和蒸汽比容（25℃）（m³/kg）	0.0271	0.0235	0.0310
汽化潜热（kJ/kg）	151.5	205.4	197.5
ODP值（臭氧破坏潜能值）	1.0		0.1

3．R134a 制冷剂的压力、温度关系曲线。

如图 1-110 所示，为 R134a 制冷剂的压力、温度关系曲线，在此曲线上，你是否能找出制冷剂在冷凝器及蒸发器发生状态变化的点？

当压力保持在 1.5MPa 不变时，在封闭的容器里，使温度从 700℃下降到 600℃时，制冷剂发生了什么变化？这种状况在制冷循环系统中会在哪个元件上发生？

当压力下降到 0.18MPa 时，即便温度在 0℃以下，制冷剂也会由液态变为气态，这种状况在制冷循环系统中会在哪个元件上发生？

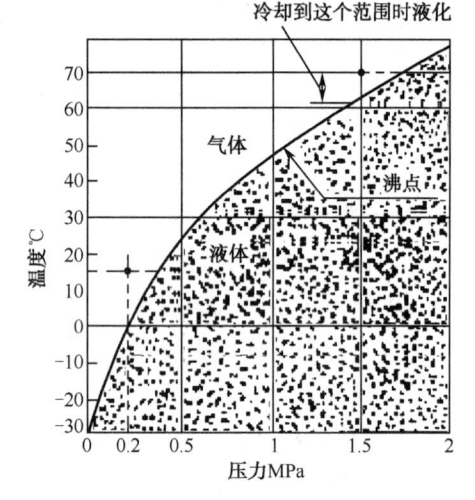

图 1-110　R134a 制冷剂的压力、温度关系曲线

4．冷冻机油。

也称压缩机油、冷冻油，作用是压缩机在工作期间，其运动部件必须获得润滑，以防损坏。为与制冷剂一起使用而专门配制的冷冻润滑油就能用在这些运动部件和密封件以及衬垫上。此外，有少量的润滑油与制冷剂混合一起，在系统内进行循环。这种制冷剂与润滑油的混合物有助于使恒温膨胀阀和其他系统内的运动部件保持在正常工作状态下。

汽车空调系统必须使用专用润滑油（冷冻润滑油）。适用于 R134a 的润滑油只有两大类：PAG（聚烯基乙二醇）和 POE（聚酯油）。

冷冻机油变质的主要原因：

（1）混入水分。由于制冷系统中渗入空气，空气中的水分与冷冻机油接触后混合进去；制冷剂中含水量较多时，也会使水分混入冷冻机油。冷冻机油中混入水分后，黏度降低，对金属造成腐蚀。在氟利昂制冷系统中，还会引起"冰塞"现象。

（2）氧化冷冻机油在使用过程中，当压缩机的排气温度较高时，就有可能引起氧化变质，特别是化学稳定性差的冷冻机油，更易变质，经过一段时间，冷冻机油中会形成残渣，使轴承等处的润滑变坏。有机填料、机械杂质等混入冷冻机油中也会加速它的老化或氧化。

（3）冷冻机油混用几种不同牌号的冷冻机油混合使用时，会造成冷冻机油的黏度降低，甚至会破坏油膜的形成，使轴承受到损害；如果两种冷冻机油中，含有不同性质的抗氧化添加剂，混合在一起时，就有可能产生化学变化，形成沉淀物，使压缩机的润滑受到影响，故使用时要注意。

（4）冷冻机油中有杂质。冷冻机油的质量变化与否，应通过化验的方法得出结论，在没有化验的条件时，也可以从外观、颜色、气味直观地判断其好坏。当冷冻机油中含有水分或杂质时，其透明度会降低；当冷冻机油质量下降，其颜色会变深。因此，可用滴管将冷冻机油的抽样滴在白色吸水纸上，若油迹颜色浅而均匀，则质量尚可；若油迹呈一组同心圆健在时，则油内含有杂质；若油迹呈褪色斑点状分布，则油已变质，不能使用。

二、汽车空调系统的组成和结构类型

汽车空调制冷循环系统主要由压缩机、冷凝器、储液器（或集液器）、膨胀阀（或孔管）、蒸发器、低压管路、高压管路和制冷剂等组成，如图 1-111 所示。

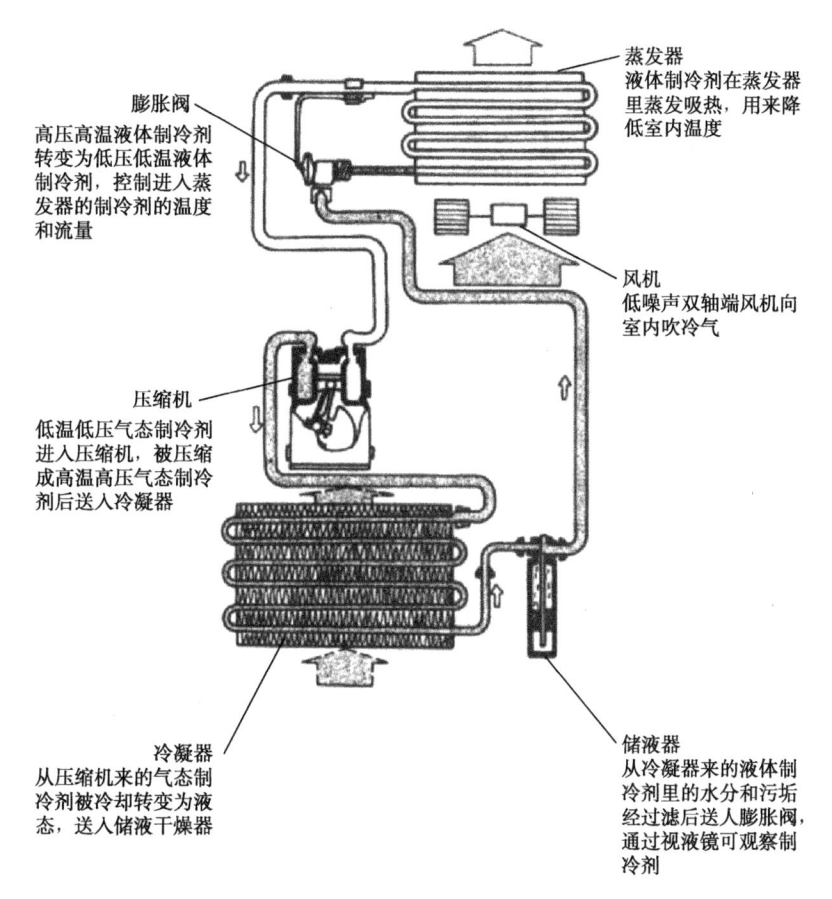

图 1-111 汽车空调制冷循环系统

1．压缩机。

汽车空调压缩机的作用如下。

（1）抽吸。使蒸发器管内压力下降，制冷剂汽化并吸热，制冷剂在蒸发器里的吸热过程就是蒸发器的制冷过程。

（2）压缩。将低压低温的制冷剂蒸汽压缩成高压高温蒸汽，然后将高压高温蒸汽送到冷凝器进行快速降温，降温过程就是冷凝器的制热过程。

（3）循环。使制冷剂在系统中不断循环，进行吸热和放热。

2．汽车空调压缩机的常见类型。

根据工作原理的不同，空调压缩机可以分为定排量压缩机和变排量压缩机。

根据工作方式的不同，压缩机一般可以分为往复式和旋转式，常见的往复式压缩机包括曲轴式、斜盘式、摇板式。常见旋转式压缩机有旋叶式、涡旋式。

压缩机的发展历史：由曲轴型→旋转型斜盘式→旋转型、旋叶式（有变排量）→旋转型、涡旋式（有变排量）。市场需求量由单一的制冷能力向更轻量再到更紧凑更静音发展到更节能和舒适。现在，为了满足节能及舒适度的需求，越来越多汽车空调采用可变排量压缩机。

3．定排量压缩机。

定排量压缩机的排气量随着发动机的转速的提高而成比例的提高，它不能根据制冷的需求而自动改变功率输出，而且对发动机油耗的影响比较大。它的控制一般通过采集蒸发器出风口的温度信号，当温度达到设定的温度，压缩机电磁离合器松开，压缩机停止工作。当温度升高后，电磁离合器结合，压缩机开始工作。定排量压缩机也受空调系统压力的控制，当管路内压力过高时，压缩机停止工作。

4．变排量空调压缩机。

变排量压缩机可以根据设定的温度自动调节功率输出。空调控制系统不采集蒸发器出风口的温度信号，而是根据空调管路内压力的变化信号控制压缩机的压缩比来自动调节出风口温度。在制冷的全过程中，压缩机始终是工作的，制冷强度的调节完全依赖装在压缩机内部的压力调节阀来控制。当空调管路内高压端的压力过高时，压力调节阀缩短压缩机内活塞行程以减小压缩比，这样就会降低制冷强度。当高压端压力下降到一定程度，低压端压力上升到一定程度时，压力调节阀则增大活塞行程以提高制冷强度。

变排量压缩机，能根据空调系统的制冷负荷自动改变排量，使空调系统运行更加经济。

目前，在大、中型客车上以曲轴式压缩机应用较多，而在中、小型车上，则以摇板式和斜盘式压缩机为主。

5．典型压缩机的结构和原理。

（1）曲轴连杆活塞式压缩机的结构和工作过程如图1-112所示。

（2）摇板式压缩机结构如图1-113所示。

摇板式压缩机的各汽缸以压缩机的轴线为中心，五角均匀分布（5缸），连杆连接活塞和摇板，两头用球形万向节，使摇板的摆动和活塞移动协调而不发生于涉。摇板中心用钢球作支承中心，并用一对固定圆锥齿轮限制摇板只能摇动而不能转动，主轴和斜板固定在一起，旋转的斜板迫使摇板像跷跷板一样来回左右移动，带动活塞做往复运动。

（3）斜盘式压缩机是往复双向活塞结构，结构如图1-114所示。

主要零件是一根主轴，和用花键与主轴固定在一起的斜盘。主轴转动，斜盘也转动，驱动活塞做往复运动。三个双头活塞相当于6个汽缸在工作，这种压缩机结构紧凑，排气量大。是目前汽车空调中使用量最大的一种。斜盘式压缩机工作过程如图1-115所示。

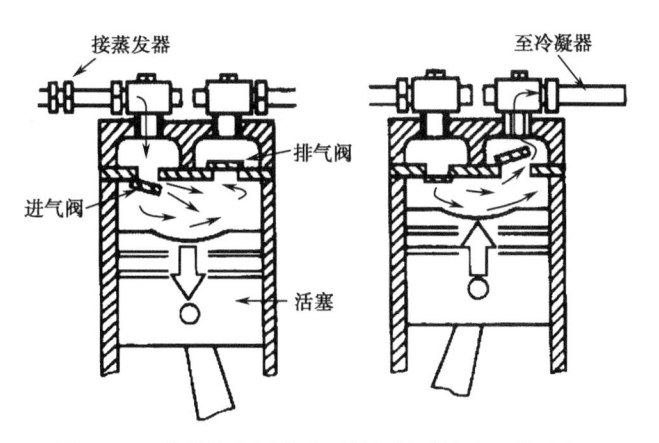

图 1-112 曲轴连杆活塞式压缩机的结构和工作过程

图 1-113 摇板式压缩机的结构

图 1-114 斜盘式压缩机结构

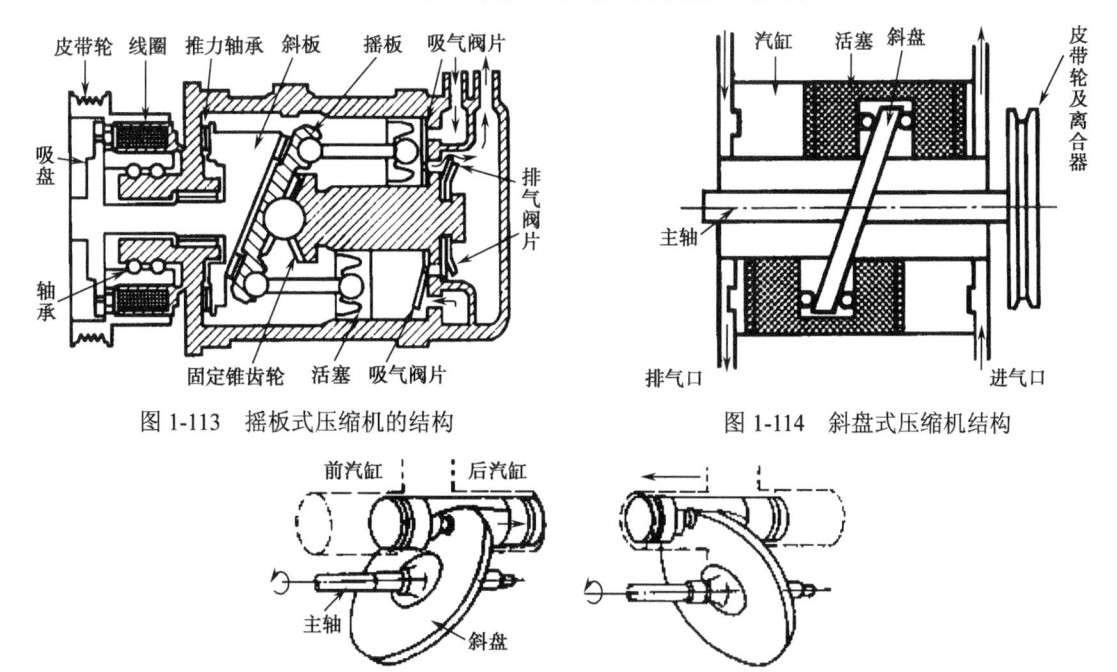

图 1-115 斜盘式压缩机工作过程

(4) 旋叶式压缩机结构和工作原理。

如图 1-116 所示,转子上的叶片将汽缸分成几个空间,当主轴带动转子旋转一周时,这些空间的容积不断发生变化,制冷剂蒸汽在这些空间内也发生体积和温度上的变化。旋转叶式压缩机没有吸气阀,因为叶片能完成吸入和压缩制冷剂的任务。如果有 2 个叶片,则主轴旋转一周有 2 次排气过程。叶片越多,压缩机的排气波动就越小。

(5) 涡旋压缩机结构和工作原理。

如图 1-117 所示,涡旋压缩机结构主要分为动静式和双公转式两种。目前动静式应用最为普遍,它的工作部件主要由动涡轮与静涡轮组成,动、静涡轮的结构十分相似,都是由端板和由端板上伸出的渐开线型涡旋齿组成,两者偏心配置且相差 180°,静涡轮静止不动,而动涡轮在专门的防转机构的约束下,由曲柄轴带动做偏心回转平动,即无自转,只有公转。

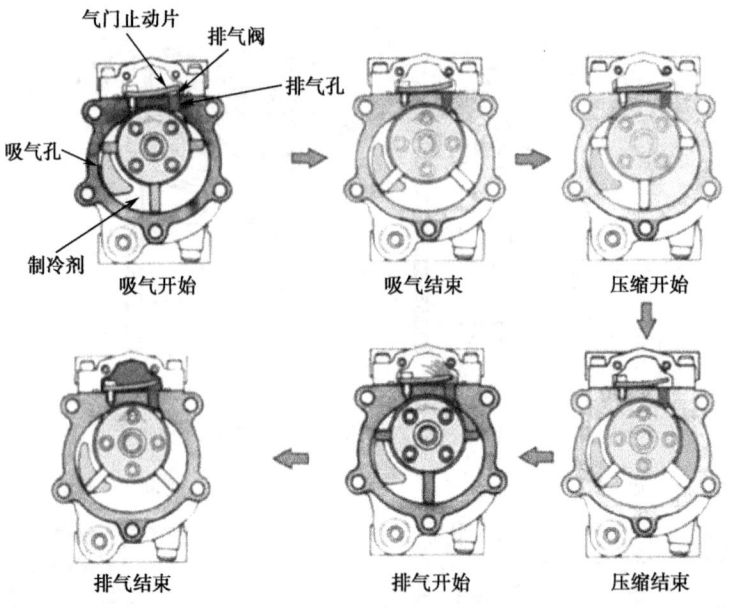

图 1-116 旋叶式压缩机结构

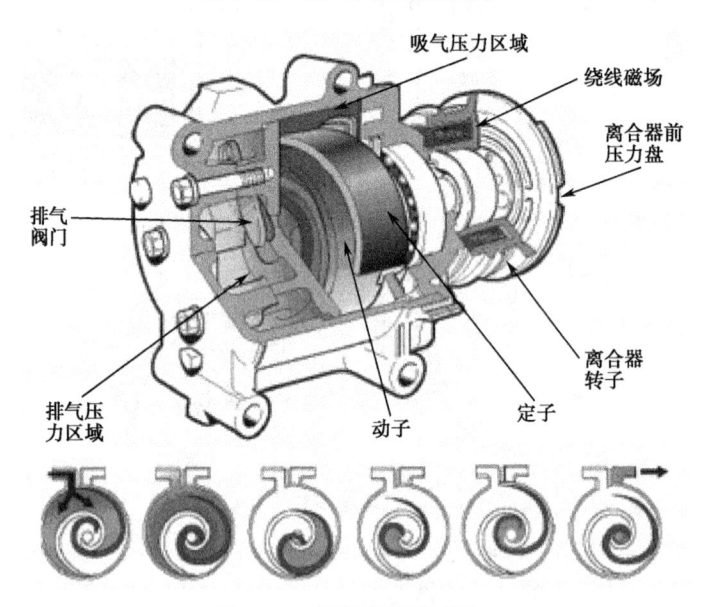

图 1-117 涡旋压缩机结构

（6）变排量压缩机。

变排量压缩机可分为机械可变排量压缩机和电控可变排量压缩机，电控可变排量压缩机应用越来越多。

机械可变排量压缩机以常见的别克君威、红旗、金杯、中华、别克、赛欧、海南马自达的 V5 变排量压缩机为例来进行介绍。V5 变排量压缩机由一个可变角度的摇板和 5 个轴向定位的汽缸组成，其外形如图 1-118 所示，控制阀结构如图 1-119 所示。压缩机容积控制中心是一个波纹管式操纵控制阀，装在压缩机的后端，可检测压缩机吸气腔的压力，锥阀控制摇板箱与吸气腔（波纹管室）之间的通道，球阀控制排气腔与摇板箱之间的通道，排量的改变

项目一 汽车空调操作和制冷系统认识

是依靠摇板箱压力的改变来实现的。摇板箱压力降低，作用在活塞上的反作用力就使摇板倾斜一定角度，这就增加了活塞行程（即增加了压缩机排量）；反之，摇板箱压力增加，就增加了作用在活塞背面的作用力，使摇板往回移动，减小了倾角，即减小了活塞行程（也就减少了压缩机排量），排气压力影响控制阀的控制点的变化，排气压力升高，控制点降低。当空调容量要求大时，吸气压力将高于控制点，控制阀的锥阀打开并保持从摇板箱吸入气体至吸气腔。如果没有摇板箱——吸气腔间压力差，压缩机将有最大的容积。通常压缩机的排气压力比曲轴箱的压力大得多，曲轴压力高于或等于压缩机的吸气压力。在最大排量时，摇板箱的压力才等于吸气压力，在其他情况下，摇板箱的压力大于吸气压力。当空调容量要求小时，吸气压力达到控制点，控制阀打开球阀将排气腔的气体引至摇板箱，并通过锥阀关闭从摇板箱到吸气腔的强制通风的通道。

图 1-118 V5 变排量压缩机外形

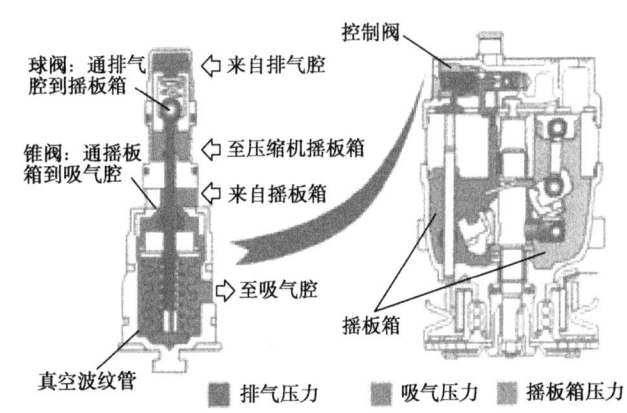

图 1-119 V5 变排量压缩机结构

摇板的角度由 5 个活塞的平衡力来控制，摇板箱——吸气管间压力差的微小提高将会产生一个力，引起摇板轴销的运动，从而减小摇板的角度，压力差越大摇板的角度越小，排量越小。

V5 变排量压缩机根据空调系统蒸发器压力的变化改变空调系统的制冷量，改变了传统压缩机通过离合器启闭的调节方式，实现了系统平稳连续运行，避免了对发动机的冲击。

该空调系统仍保留了电磁离合器，但该离合器的作用与传统压缩机有本质的不同。离合器在如下情况起作用：①在汽车空调系统停止使用时，离合器脱离可以使压缩机停止运转；②车辆在超速挡运行时，离合器脱离可以使压缩机停止运转。

汽车技术的发展，汽车空调制冷压缩机已经由最初纯机械压缩机外部控制，发展到机械可变排量内部控制，再到目前的电控可变排量压缩机技术。电控可变排量压缩机适应性更广，只要更改控制程序便可适应多种车型，并可实现排量从无到有的无级调节，更加节油且无冲击。目前该项技术在国内车型上应用得越来越多。

电控可变排量压缩机结构（见图 1-120 和图 1-121）和工作原理与机械变排量压缩机都是相似的，不同之处在于电控可变排量压缩机的调节阀具有一电磁单元，操纵和显示单元从蒸发器出风温度传感器获得信号作为输入信息，从而对压缩机的功率进行无级调节，控制阀由机械元件和电磁单元组成。机械元件按照低压侧的压力关系借助于一个位于控制阀低压区的压力敏感元件来控制调节过程。电磁单元由操纵和显示单元通过 500Hz 的通断频率进行控制。

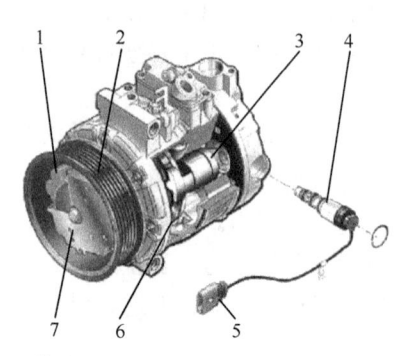

1—橡胶成型元件；2—集成过载保护的胶带轮；
3—往复运动活塞；4—调节阀 N280；
5—线束插头；6—斜盘；7—压盘

图 1-120 电控可变排量压缩机

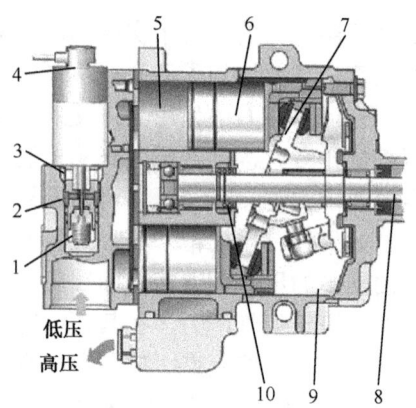

1—进气压力；2—高压；3—曲轴箱压力；
4—空调压缩机调节阀 N280；5—压缩室；6—空心活塞；
7—斜盘；8—驱动轴；9—曲轴箱；10—回位弹簧

图 1-121 电控可变排量压缩机结构

电控可变排量压缩机在无电流的状态下，调节阀阀门开启，压缩机的高压腔和压缩机曲轴箱相通，高压腔的压力和曲轴箱的压力达到平衡。满负荷时，阀门关闭，曲轴箱和高压腔之间的通道被隔断，曲轴箱的压力下降，斜盘的倾斜角度加大直至排量达到 100%；关掉空调或所需的制冷量较低时，阀门开启，曲轴箱和高压腔之间的通道被打开，斜盘的倾斜角度减小直至排量低于 2%。当系统的低压较高时，真空膜盒被压缩，阀门挺杆被松开，继续向下移动，使得高压腔和曲轴箱被进一步隔离，从而使压缩机达到 100%的排量。当系统的吸气压力特别低时，压力元件被释放，使挺杆的调节行程受到限制，这就意味着高压腔和曲轴箱不再能完全被隔断，从而使压缩机的排量变小。

电控可变排量压缩机取消了电磁离合器，采用了新结构皮带轮，如图 1-122 所示。

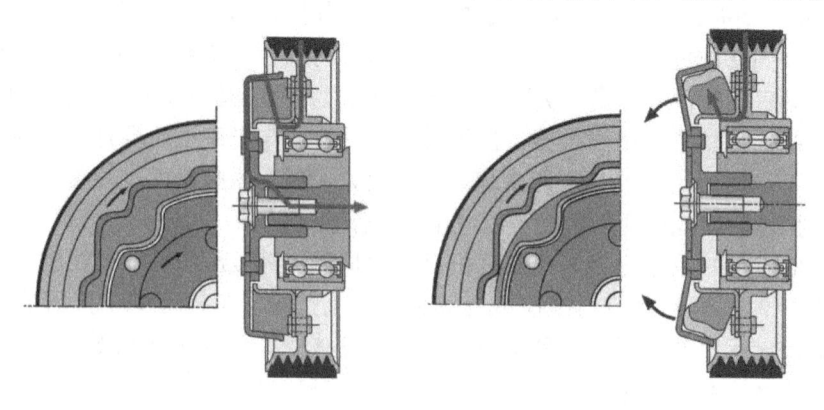

（a）压缩机正常工作时　　　　　　（b）压缩机过载时

图 1-122 新结构皮带轮

皮带盘由皮带轮和随动轮组成，通过一橡胶元件将皮带轮和随动轮有力地连接起来。当压缩机因损坏而卡死时，随动轮和皮带轮之间的橡胶元件的传递力急剧增大，皮带轮在旋转方向将橡胶元件挤压到卡死的随动轮上，橡胶元件产生变形，对随动轮产生的压力增大，随动轮随之产生变形直至随动轮和皮带轮之间脱离连接，从而避免了皮带传动的损坏。

随动轮的变形量取决于橡胶元件的弹性，橡胶元件的弹性取决于结构件的温度，由于橡胶元件和随动轮的形变，避免了发动机皮带传动的损坏，同时防止了诸如水泵和发电机的损坏，起到了过载保护的作用。

电控可变排量压缩机的优点：压缩机一直运转，无接合冲击，提高了舒适性；通过调节蒸发器的温度使制冷量和热负荷及能量消耗完美匹配，减少了再加热过程，使出风口的温度、湿度恒定调节；压缩机的功率消耗下降，燃油消耗下降；新结构的皮带轮用于皮带传动和空调压缩机之间力的传递，消除了转矩波动并同时起到过载保护的作用。

6．电磁离合器。

（1）拆装一个电磁离合器，观察它的结构及其与压缩机的连接关系。拆装注意：

① 拆卸线圈时，使用专用工具固定离合器固定板，拆下固定螺栓，用拉力器拉下驱动板，拆下卡环和盖圈。用拉力器拆下带轮，把线圈的固定螺栓拆掉，取下线圈。

② 电磁离合器的压盘和压缩机转子不能有磨损，驱动轴应无漏油，转动无噪声，轴承无明显的松旷，滑脂不渗漏。线圈电阻值应符合各自的标准值，否则应对其进行修理或更换。

③ 装配后应测量电磁离合器压力盘与带盘间的间隙，标准值为 0.3～0.6mm。间隙不当时应用不同厚度的垫片调整。

（2）通电试验电磁离合器的动作情况，同时验证装配效果。

电磁离合器主要组件：

① 装在轴承上的皮带轮；

② 和压缩机主轴花键连接的驱动盘（盘状衔铁）；

③ 不转动的电磁线圈。

电磁离合器的工作原理：打开空调开关，电流通过离合器电磁线圈时产生强磁场，使压缩机驱动盘和自由转动的皮带轮接合，从而驱动压缩机主轴旋转。空调控制器一旦切断电流，磁场消失，靠弹簧爪作用，驱动盘与皮带轮脱开，压缩机停止工作。

磁离合器由三大部件组成：带轮组件、衔铁组件、线圈组件，如图 1-123 所示。带轮由轴承支撑，可以绕主轴自由转动，其侧面平整，开有条形槽孔，表面粗糙，以便衔铁吸合后有较大的摩擦力。带槽有单槽、双槽和齿形槽等。带轮以冲压件居多，以使它的另一侧有一定空间可嵌入线圈绕组。线圈绕组是用于产生电磁场的，有固定式和转动式两种。固定式线圈被固定在压缩机壳体上，有引线引出供接电源使用。衔铁组件由驱动盘、摩擦板、复位弹簧等组成，整个组件靠花键与压缩机主轴连接。

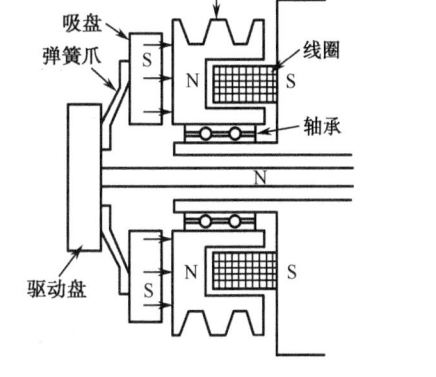

图 1-123　电磁离合器的结构组成与原理图

7．冷凝器。

（1）冷凝器的作用。

冷凝器是一个热交换器。它将制冷剂在车内吸收的热量通过冷凝器散发到大气当中。冷凝器将压缩机送来的高温、高压的气态制冷剂转变为液态制冷剂，使制冷剂在冷凝器中散热而发生状态的改变。

（2）冷凝器的安装位置。

小型汽车的冷凝器通常安装在汽车的前面（一般安装在散热器前），通过风扇进行冷却（冷凝器风扇一般与散热器风扇共用，也有车型采用专用的冷凝器风扇）。

（3）冷凝器结构及分类。

冷凝器主要由管路和散热片组成，有一个制冷剂的进口和一个出口。常见的冷凝器分为管带式、管片式、鳍片式和平行流式四种，其结构如表1-6所示。

（4）冷凝器的检查。

应先检查外部散热片是否损坏、堵塞，接头和软管有无损伤、漏气等。如散热片堵塞，应用清水冲洗，冲洗后用压缩空气进行干燥。若散热片弯曲，应用尖嘴钳或其他工具加以矫正。如发现冷凝器漏气，应进行焊补或更换。

（5）冷凝器的拆卸。

应按照制冷剂排出方法缓慢地从冷凝器中排出制冷剂，拆开连接管后应及时封住管口，防止潮气进入。冷凝器修理装车后，制冷系统应补加 50mL 的制冷剂，并对接头进行漏气试验。

表1-6　各种类型冷凝器比较表

类　型	各种冷凝器结构图	结构特点
管片式冷凝器	图1-124　管片式冷凝器结构图	管片式冷凝器的结构如图 1-124 所示，其制造工艺简单，是用胀管法将板状散热片紧固在管道外，这种冷凝器的热效率较低。
管带式冷凝器	图1-125　管带式冷凝器结构图	管带式冷凝器的结构如图 1-125 所示，管道是一种连续的铝合金材料挤压成多孔通道的扁管，通过整体钎焊法将波状散热片连接在管道外。传热效率比管片式提高 15%～20%。

续表

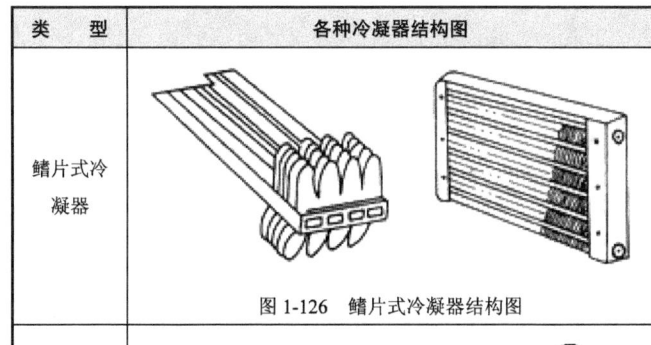

类　型	各种冷凝器结构图	结 构 特 点
鳍片式冷凝器	图 1-126　鳍片式冷凝器结构图	鳍片式冷凝器的结构如图 1-126 所示，是在多孔管表面焊接出鳍片状散热鳍片，然后装配而成，由于鳍片与管子为一整体，抗振性和散热性能好，是目前较先进的汽车空调冷凝器。
平行流式冷凝器	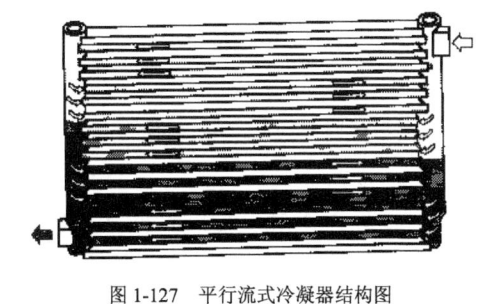 图 1-127　平行流式冷凝器结构图	平行流式冷凝器的结构如图 1-127 所示，它是专为 R134a 系统研制的新结构冷凝器，两条集流管间有多条扁管相连，制冷剂在同一时间经多条扁管流通而进行热交换。现在车辆一般使用平行流式冷凝器。

拆装冷凝器要用专用工具，在安装新的冷凝器时，拆下的 O 形密封圈不能再使用，否则会出现制冷剂泄漏。在连接冷凝器管接头时，要注意分清冷凝器的进口和出口。从压缩机输出的高压气态制冷剂，必须从冷凝器的上端口进入，再流动到下部管道，冷凝成液态制冷剂沿下方出口流出，如果接反会引起制冷系统压力升高，造成冷凝器和压缩机胀裂的严重事故。

8．蒸发器。

（1）蒸发器的作用。

蒸发器和冷凝器一样，也是一种热交换器，也称冷却器，是制冷循环中获得冷气的直接器件。外形近似冷凝器，但比冷凝器窄、小、厚。它的作用是让膨胀阀喷出雾状的低温、低压液态制冷剂在其管道中吸热并蒸发，吸收蒸发器外围空气中的热量，使其降温，达到制冷的目的。使蒸发器和周围空气的温度降低，从而在鼓风机的风力通过它时，能输出更多的冷气。在降温的同时，溶解在空气中的水分也会由于温度降低凝结出来，蒸发器还要将凝结的水分排出车外。

（2）蒸发器的安装位置。

蒸发器安装在驾驶室仪表台的后面。

（3）蒸发器的结构。

蒸发器结构如图 1-128 所示，主要由管路和散热片组成。在蒸发器的下方还有接水盘和排水管。

（4）蒸发器的工作过程。

空调制冷系统工作时，鼓风机的风扇将空气吹过蒸发器，空气和蒸发器内的制冷剂进行热交换，制冷剂汽化，空气降温，同时空气中的水分凝结在蒸发器的散热片上，并通过接水盘和排水管排出车外。

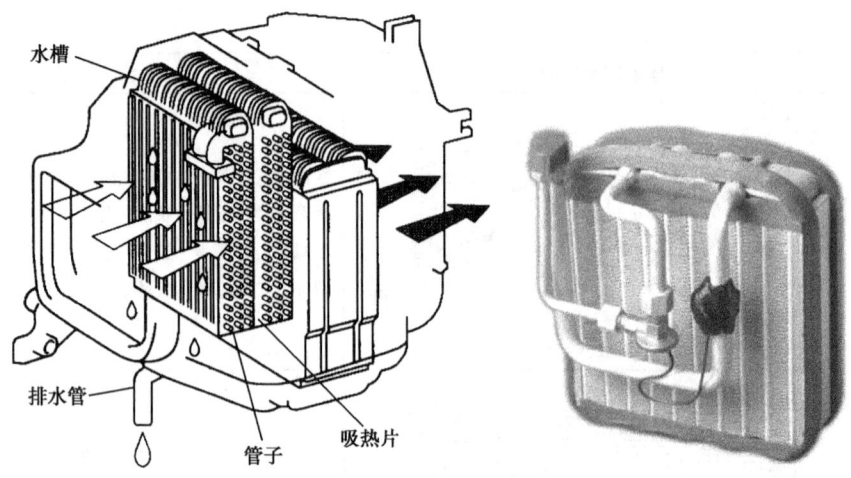

图 1-128 蒸发器结构

(5) 蒸发器的拆卸。

先拆除外部装饰件，并拆下蓄电池接地线。需要拆下蒸发器时，应缓慢排出制冷剂，并及时封住拆卸的管口。在蒸发器上一般安装有压力开关和膨胀阀，拆卸时应注意保护。

(6) 蒸发器的检查。

检查散热片有无堵塞、裂纹等，如堵塞应进行清洁处理。如更换蒸发器总成，应向压缩机补注 40～50mL 的压缩机润滑油。安装完毕后，应抽真空，补加制冷剂，并对空调制冷系统进行性能试验。

(7) 蒸发器的类型。

蒸发器有管片式、管带式和层叠式三种结构。管片式结构简单，加工方便，但换热效率较差，如图 1-129 所示。管带式比管片式工艺复杂，效率可提高 10%左右，如图 1-130 所示。层叠式加工难度最大，但其换热效率也最高，结构也最紧凑，如图 1-131 所示。

9. 储液干燥器。

储液干燥器简称储液器，作用有两个方面。首先采用它的目的是为了防止过多的液态制冷剂贮存在冷凝器里，使冷凝器的传热面积减小而使散热效率降低，另一方面还可滤除制冷剂中的杂质，吸收制冷剂中的水分，防止制冷系统管路脏堵和冰塞，保护设备部件不受侵蚀，从而保证制冷系统的正常工作。

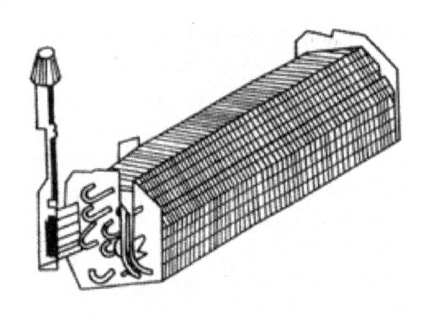

图 1-129 管片式蒸发器　　　　图 1-130 管带式蒸发器

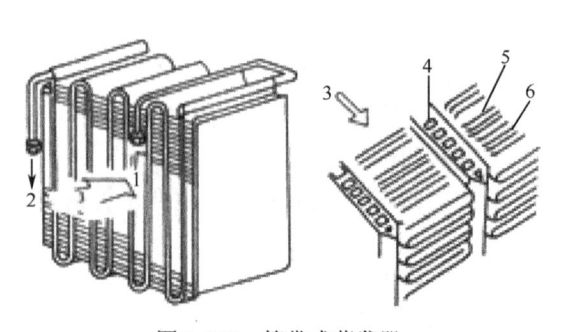

进口
低压液体

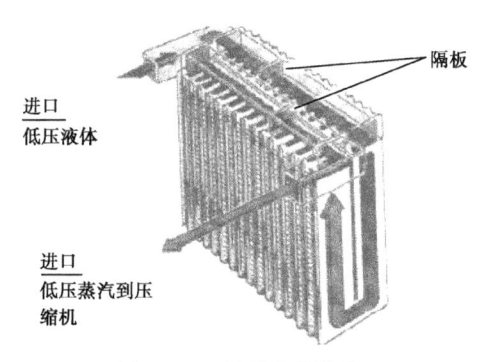

隔板

进口
低压蒸汽到压缩机

图 1-131 层叠式蒸发器

它用于以膨胀阀为节流装置的系统中，安装在冷凝器和膨胀阀之间，当含有蒸汽的液态制冷剂进入储液器后，使液态和气态的制冷剂分离。液态制冷剂通过膨胀阀进入蒸发箱（吸热箱），多余制冷剂可暂时储存在储液罐中。在制冷负荷变动时，及时补充和调整供给热力膨胀阀的液态制冷剂量，以保证制冷剂流动的连续和稳定性。同时，由于水分与制冷剂结合会生成酸或结冰，因此储液器中的干燥剂可用来吸收制冷剂中的水分，防止机件腐蚀或冰块堵塞膨胀阀。滤网用于过滤制冷剂中的杂质，防止膨胀阀堵塞。

储液干燥器中一般采用硅胶之类的袋装或粒状脱水剂，用于吸附制冷剂中的少量水分。

储液干燥器安装在冷凝器和膨胀阀之间，安装前一定要先搞清楚储液器的进、出口端，在储液器的进、出口端一般都打有记号，如进口端用英文字母标有"IN"或有一个"→"符号，安装时与冷凝器出口连接不可接反。

储液干燥器主要由玻璃视镜、吸取管（又称拾液管）、粗过滤网、干燥剂、过滤器及外壳和安全熔塞等组成，在储液器上部出口端装有一个玻璃视液镜，用于观察制冷剂在工作时的流动状态，由此可判断制冷剂量是否合适。对直立式储液器而言，安装时，一定要垂直，倾斜度不得超过 15°。在安装新的储液干燥器之前，不得过早将其进出管口的包装打开，以免湿空气侵入储液器和系统内部，使之失去除湿的作用。

储液干燥器结构如图 1-132 所示。

A向

观察窗　安全熔塞
来自冷凝器　　　至膨胀阀

安全熔塞

滤网
干燥剂

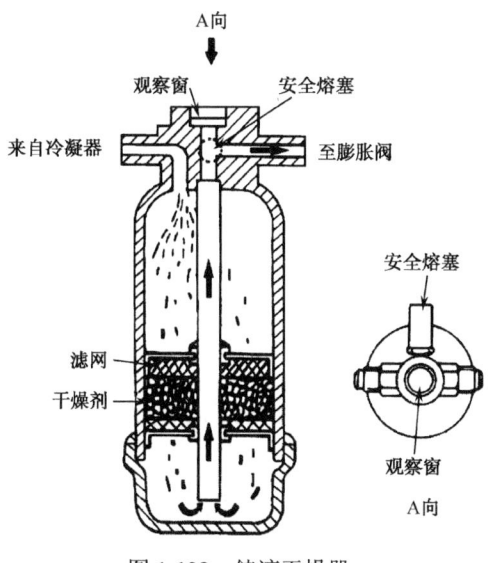

观察窗
A向

图 1-132 储液干燥器

玻璃视镜安装在储液器上部,用以观察制冷剂在工作时的流动状态,由此判断制冷剂的填充量以及制冷系统的工作情况。如图 1-133 所示。

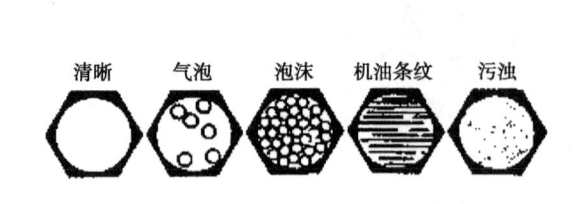

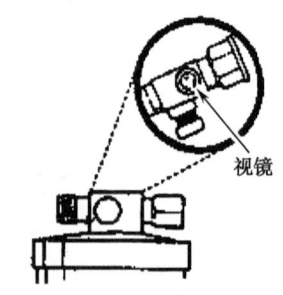

(a) 视镜迹象　　　　(b) 玻璃视镜安装在储液器上部

图 1-133　观察制冷剂在工作时的流动状态

(1) 清晰、无气泡,说明制冷剂适量、过多或完全漏光。可用交替开关空调机的办法检查。若开、关空调机的瞬间制冷剂起泡沫,接着就变澄清,说明制冷剂适量;如果开、关空调机从视镜内看不到动静,而且出风口不冷,压缩机进、出口之间没有温差,说明制冷剂漏光;若出风口不够冷,而且关闭压缩机后气无气泡、无流动,说明制冷剂过多。

(2) 偶尔出现气泡,并且时而伴有膨胀阀结霜,说明系统中有水分。若无膨胀阀结霜现象,可能是制冷剂缺少或有空气。

(3) 有气泡、泡沫不断流过,说明制冷剂不足。如果泡沫很多,可能有空气。若判断为制冷剂不足,则要查明原因,不要随便补充制冷剂。由于胶管内制冷剂存在自然泄漏,若是使用两年后方发现制冷剂不足,可以判断为胶管自然泄漏。

(4) 有长串油纹,观察孔的玻璃上有条纹状的油渍,说明冷冻机油量过多。此时应想办法从系统内释放一些冷冻机油,再加入适量的制冷剂。若玻璃上留下的油渍是黑色的或有其他杂物,则说明系统内的冷冻机油变质、污浊,必须清洗制冷系统。

安全熔塞在储液干燥器的顶部,孔内装填有焊锡之类的易熔材料,当温度达 100～105℃(此时压力约 3MPa)时,熔塞合金被熔化,从而排泄系统中的高压制冷剂,以防止系统中其他机件被损坏。

10. 膨胀阀。

(1) 膨胀阀作用。

节流:将空调系统高压侧和低压侧分开,即高压液态进,低压液态出(少量制冷剂因压力差而汽化)。

调节:调节阀门位置可以适应不同的热负载,以保证流入适量的制冷剂。

控制:根据负载和热变化自动控制流入蒸发器液体流量,以保证在变化的热负载条件下流入适量的制冷剂。

降压:膨胀阀是制冷循环系统中高压侧和低压侧的分界点。制冷剂经过膨胀阀节流后,进入空间较大的蒸发器,压力下降,以利于制冷剂完全蒸发。

(2) 膨胀阀的安装位置。

膨胀阀的感温包装在蒸发器出口处,便于感测蒸发器出口处温度,如图 1-134 所示。

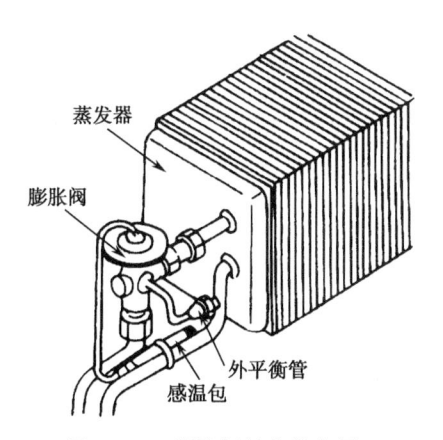

图 1-134 膨胀阀的安装位置

（3）膨胀阀结构类型及工作原理。

膨胀阀也称节流阀，它是一种感压和感温阀，是汽车空调制冷系统中的一个主要部件。目前膨胀阀主要有内平衡热力膨胀阀、外平衡热力膨胀阀、H 形膨胀阀、膨胀节流管（孔管）四种结构形式。

内平衡式膨胀阀如图 1-135（a）、（b）所示：

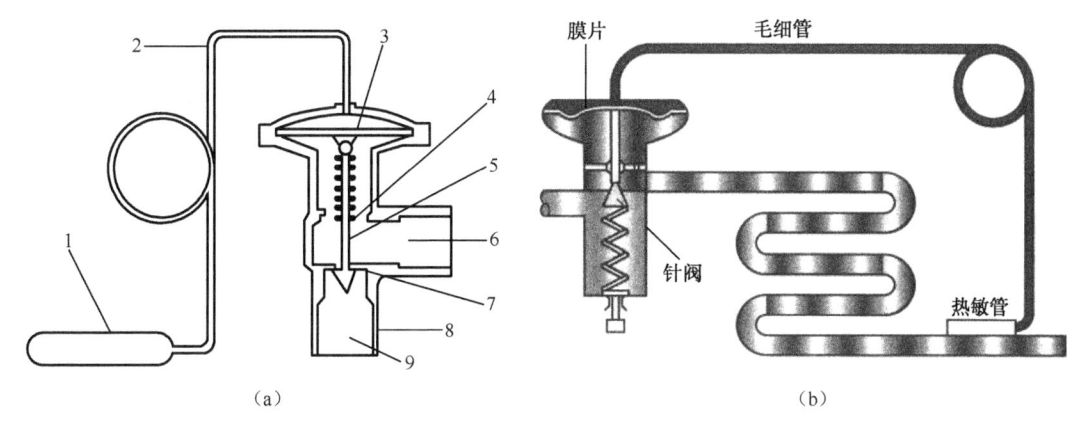

1—感温包；2—毛细管；3—膜片；4—弹簧；5—顶杆；6—出口；7—节流孔；8—进口接头；9—进口

图 1-135 内平衡式膨胀阀

内平衡热力膨胀阀对来自储液干燥器的高压液态制冷剂节流降压，即将液态高压制冷剂从其出口 6 中喷出，急剧膨胀，变成低压雾状体，以便吸热汽化。此外，它还调节和控制进入蒸发器中的液态制冷剂量，使之适应制冷负荷的变化，同时防止压缩机发生液击现象和蒸发器出口蒸汽异常过热。利用装在蒸发器出口处的感温包来感知制冷剂蒸汽的过热度，由此来调节膨胀阀开度的大小，从而控制进入蒸发器的液态制冷剂流量。感温包和蒸发器出口管接触，蒸发器出口温度降低时，感温包 1、毛细管 2 和膜片 3 腔内的易挥发物质（制冷剂）体积收缩，压力降低，阀口将闭合，限制制冷剂进入蒸发器。相反孔口开启，制冷剂流入蒸发器。

随着针阀开启，较多的制冷剂进入蒸发器，蒸发器内压力上升，回气温度降低，膜片下侧压力增加，阀门关闭。由于膜片上、下侧压力处于不平衡状态，因此孔口不断地开启和闭合，使制冷装置与负载相匹配。

感温包和蒸发器必须紧密接触，不能和大气相通。如果接触不良，感温包就不能正确地感应蒸发器出口的温度。如果密封不严，感应的温度是大气温度。所以，要用一种特殊的空调胶带，捆扎和密封感温包。

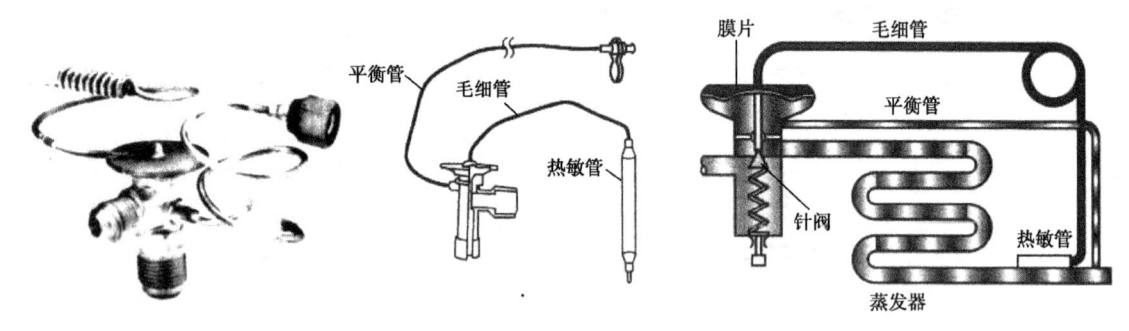

（4）外平衡式膨胀阀。

外平衡式膨胀阀结构与内平衡式膨胀阀的结构大同小异，如图 1-136 所示。平衡式膨胀阀多了一根平衡管，膜片下方的气体压力通过平衡管与蒸发器的出口连接。外平衡式膨胀阀的工作过程与内平衡式膨胀阀的工作过程完全相同。

外平衡和内平衡膨胀阀的结构是大同小异的，内平衡式膜片下方的压力是蒸发器进口压力，而外平衡式膜片下方的压力是蒸发器出口的压力。由于蒸发器内部会产生压力损失，蒸发器出口压力要小于进口压力。要达到同样的阀门开度，外平衡式需要的过热度小些，蒸发器容积效率可以提高。一般情况下，制冷剂在蒸发器内流动时产生的压力损失不大的，可采用内平衡式膨胀阀，其结构简单，价格便宜。如果制冷剂在蒸发器内流动时产生的压力损失大，造成压降大，一般经验，进出口压力差超过 0.014MPa 时，则应采用外平衡式膨胀阀。如大客车空调系统选用外平衡膨胀阀。这种阀结构比较复杂，制造和安装都比较麻烦，且价格较贵。

图 1-136　外平衡式膨胀阀

（5）H 形膨胀阀。

采用内、外平衡式膨胀阀的制冷系统，其蒸发器的出口和入口不在一起，因此需要在出口处安装感温包和管路，结构比较复杂。如果将蒸发器的出口和入口做在一起，就可以将感温包的管路去掉，这就形成了所谓的 H 形膨胀阀。如图 1-137 所示。

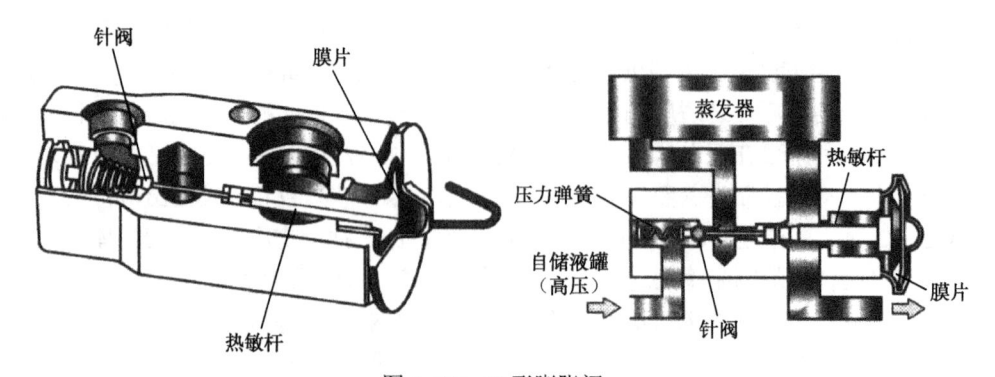

图 1-137　H 形膨胀阀

H 形膨胀阀因其内部通道形同 H 形而得名。它取消了外平衡膨胀阀的外平衡管和感温包，直接与蒸发器进出口相连。它有四个接口通往空调系统，其中两个接口和普通膨胀阀一样，一个接干燥过滤器出口，一个接蒸发器入口。另外两个接口，一个接蒸发器出口，一个接压缩机进口。感温元件处在进入压缩机的制冷剂气流中。H 形膨胀阀具有结构紧凑，使用可靠，维修简单等优点，符合汽车空调的要求。

这种膨胀阀安装在蒸发器的进出管之间，感应温度不受环境影响，也无需通过毛细管而造成时间滞后，调节灵敏度较高。由于无感温包、毛细管和外平衡管，不会因汽车颠簸使充注系统断裂外漏以及感温包包扎松动而影响膨胀阀的正常工作。

H 形膨胀阀的工作原理与内外平衡式膨胀阀基本上是一样的，如图 1-138 所示。不同的是其感温元件在膨胀阀里面，处于制冷剂的气流当中，故灵敏度较高。当蒸发器的制冷剂较多时，一方面会造成压力升高，会产生一个使膜片向上的力 F_1；另一方面制冷剂较多，温度下降，感温元件及膜片里的易挥发物质（制冷剂）体积收缩，导致膜片向下的压力 F_2 减小，弹簧的弹力 F_3 与 F_1 的合力大于 F_2，使膜片带动与感温元件连在一起的顶杆上移，阀门开度减小或关闭，导致进入蒸发器的制冷剂减少，压力下降，温度升高，致使 F_2 大于 F_3 与 F_1 的合力，膜片带动顶杆向下打开或增加阀门开度。

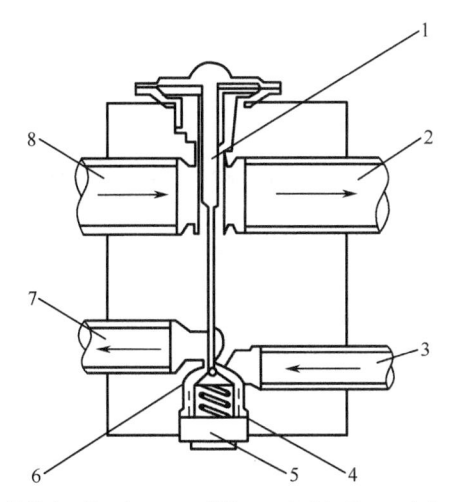

1—感温元件；2—接压缩机入口；3—接储液干燥器出口；4—弹簧；5—调节螺丝；6—阀门；7—接蒸发器入口；8—接蒸发器出口

图 1-138 H 形膨胀阀结构与原理

● 阅读知识

根据所用部件不同，制冷系统又分为循环离合器膨胀阀系统 CCTXV 和循环离合器孔管系统 CCOT。

CCTXV 系统主要由：压缩机、冷凝器、贮液干燥器、膨胀阀、蒸发器、低压管路、高压管路和制冷剂等组成；一般轿车使用此系统，如图 1-139 所示。

CCOT 系统主要由：压缩机、冷凝器、集液器、孔管、蒸发器、低压管路、高压管路和制冷剂等组成。有些高档车使用此系统，如图 1-140 所示。

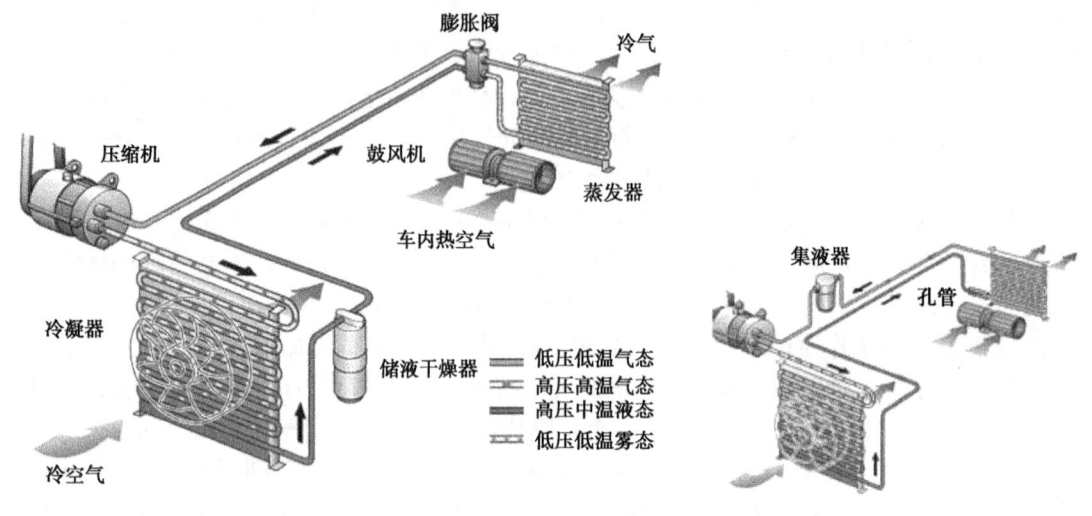

图 1-139　循环离合器膨胀阀系统　　　　　图 1-140　循环离合器孔管系统

11．膨胀管（孔管）。

膨胀管与膨胀阀的作用基本相同，只是将调节制冷剂流量的功能取消了，其结构如图 1-141 所示。膨胀管的节流孔径是固定的，入口和出口都有滤网。

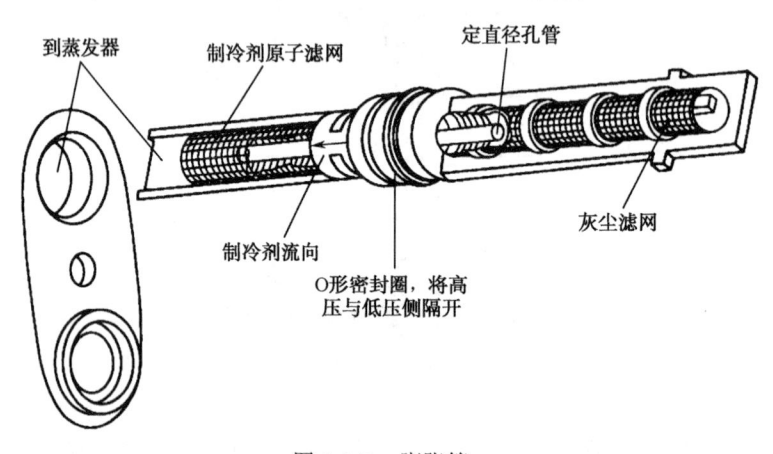

图 1-141　膨胀管

膨胀管是用于许多轿车制冷系统的一种固定孔口的节流装置。有人称它为孔管、固定孔管。膨胀管直接安装在冷凝器出口和蒸发器进口之间，用于将液态制冷剂节流降压。由于不能调节流量，液体制冷剂很可能流出蒸发器而进入压缩机，造成压缩机"液击"。所以装有膨胀管的系统，必须同时在蒸发器出口和压缩机进口之间，安装一个集液器，实行气液分离，避免压缩机发生液击。

膨胀管系统目前使用的温度控制方法有：循环离合器膨胀管系统（CCOT）、可变容积膨胀管系统（VDOT）、固定膨胀管离合器系统等。

膨胀管的结构如图 1-141 所示。它是一根细铜管，装在一根塑料套管内。在塑料套管外环形槽内，装有密封圈。有的还有两个外环形槽，每槽各装一个密封圈。把塑料套管连同膨胀节流管都插入蒸发器进口管中，密封圈就是密封塑料套管外径和蒸发器进口管内径间的配合间隙用的。膨胀管两端都装有滤网，以防止系统堵塞。安装使用后，系统内的污染物集聚在密封圈后面，使堵塞情况更加恶化。就是这种系统内的污染物，堵塞了孔管及其滤网。膨胀管不能维修，坏了只能更换。

由于膨胀管没有运动部件，结构简单，可靠性高，同时节省能耗，很多高级轿车都采用这种方式。缺点是制冷剂流量不能根据工况变化进行调节。

12．集液器。

集液器是膨胀管空调系统的重要部件。用膨胀管代替膨胀阀时，汽车空调制冷系统要在低压侧安装集液器，起到气液分离，防止压缩机"液击"而损坏的作用。集液器也是一种特殊形式的储液干燥器，其结构如图1-142所示。

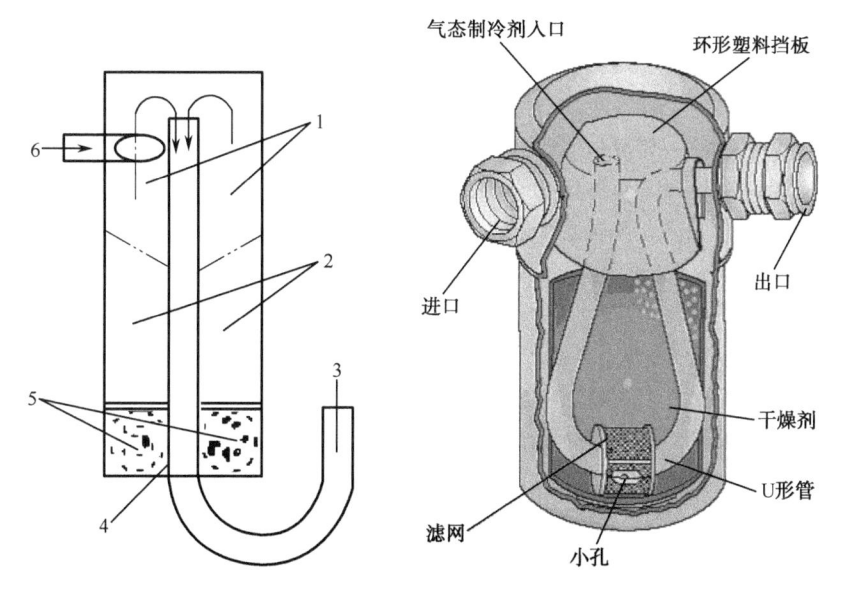

1—气态制冷剂；2—滤网及干燥剂；3—去压缩机；4—节流孔；5—液态制冷剂；6—来自蒸发器

图1-142 集液器

在一定条件下，膨胀管会将较多的液态制冷剂节流入蒸发器用以蒸发，而留在蒸发器中的多余制冷剂则会进入压缩机造成损害。为防止这一问题，应使所有留在蒸发器中的液态、蒸汽制冷剂和冷冻油进入集液器，集液器允许制冷剂蒸汽进入压缩机，而留下液态制冷剂和冷冻油。在集液器出口处（U形管底部）有一节流毛细孔，通常称其为"渗油孔"，目的是仅允许少量液态制冷剂和冷冻油随制冷剂蒸汽返回压缩机，允许进入的少量制冷剂，在进入压缩机之前汽化掉。

集液器还装有化学干燥剂，可吸附、吸收并滞留因不当操作而进入系统的湿气。干燥剂不能维修，若有迹象表明需更换干燥剂时，集液器必须整体更换。

集液器只用于有孔管做节流装置的系统中（CCOT系统），它是孔管式制冷空调系统主要特征之一。它与储液干燥器相同的一点为，都能搜集吸收因不当检修过程而进入系统的水分，过滤杂质。不同之处为，因孔管不调节制冷剂流量，它具有防止液制冷剂直接进入压缩机的作用。

思考与练习

一、判断题（对的画"√"，错的画"×"）

1.（　）储液干燥器一定要垂直安装。
2.（　）储液干燥器主要是储存制冷系统的多余制冷剂和吸收制冷剂中的水分。
3.（　）当相对湿度高时，蒸发器具有双重功能：降低空气的温度和空气湿度。由于空气中湿气冷凝的过程带走了蒸发器的大量热量，导致蒸发器可吸收空气热量的能力大大降低。
4.（　）干燥瓶上一般有安装箭头标记，在安装时箭头连进液管，箭尾连出液管。
5.（　）干燥器只起干燥作用。
6.（　）高压管路用于连接冷凝器和蒸发器。
7.（　）高压开关用于接通冷却风扇电路，使其高速运转。
8.（　）回气管路用于连接蒸发器和压缩机。
9.（　）空调不能作为汽车强制通风换气装置使用。
10.（　）空调的节流阀起到节流降压的作用，以使制冷剂在蒸发器中冷凝。
11.（　）冷凝器不是热交换器，它的作用只是将气态制冷剂变成液体制冷剂。
12.（　）冷凝器应安装在车上不易通风的地方，让制冷剂更容易液化。
13.（　）膨胀阀能控制调节制冷剂流量的大小。
14.（　）汽车空调采暖系统的热源一般来自发动机冷却水和废气。
15.（　）汽车空调的取暖系统有两大类，分别是余热式和独立式。
16.（　）汽车空调的三个重要指标分别是温度、湿度和空气清洁度。
17.（　）汽车空调蒸发器传感器一般安装在空调冷凝器前方附近。
18.（　）汽车空调制冷系统中干燥瓶和膨胀阀的作用是节流减压、过滤干燥。
19.（　）汽车空调制冷系统主要由压缩机、制冷剂、冷凝器、蒸发器和液压调节器组成。
20.（　）若在高速超车时，继续使用空调，会使车辆加速性能降低。
21.（　）为使空调热交换更好，一般汽车空调的冷凝器安装在散热器（水箱）的后面。
22.（　）压缩机从蒸发器中吸入液态制冷剂。
23.（　）压缩机用于提高制冷剂的压力，使之在系统中循环，并且压缩机将系统的低压侧和高压侧隔开。
24.（　）进入压缩机的制冷剂是低压稍有过热的气体，而离开压缩机则是高压和高过热的气体。
25.（　）蒸发器的结构与冷凝器相似，因此可以互换使用。
26.（　）蒸发器的作用是将经过节流元件节流升压后的制冷剂在蒸发器内沸腾汽化。
27.（　）低压侧压力高，高压侧压力低，此故障多数为压缩机内部有泄漏。
28.（　）电磁离合器是压缩机总成的一部分
29.（　）鼓风机的作用是加速蒸发器周围的空气流动，将冷气吹入车内，达到降温的目的。
30.（　）观察窗位于低压管路上
31.（　）观察视液镜，如视液镜清晰，肯定系统内制冷剂不足或没有。
32.（　）恒温器是用来控制电磁离合器通断的。

33．（　　）节流孔管可以自动调节进入蒸发器的制冷剂的流量。
34．（　　）节流元件可将空调系统的高压侧和低压侧隔开，通过节流效应使制冷剂压力急剧下降而蒸发。
35．（　　）进入空调系统的水分是可以被干燥器吸收的，所以不用担心水分的进入。
36．（　　）空调制冷系统运行时，若贮液干燥器出现结霜，则说明贮液干燥器堵塞或损坏。
37．（　　）冷凝器冷却不良时，可能会造成高压管路中压力过高。
38．（　　）螺杆式压缩机结构简单，机件数量少，采用了滑阀调节，可实现无级调节。
39．（　　）螺杆式压缩机是一种旋转体积式压缩机。
40．（　　）膨胀阀和孔管的作用基本相同，但膨胀阀安装在高压侧，而孔管则在低压侧。
41．（　　）膨胀管式制冷系统中的集液器应安装在冷凝器与膨胀管之间。
42．（　　）汽车环境温度开关一般安装在汽车空调装置的蒸发器旁。
43．（　　）汽车空调冷凝器安装时，从压缩机输出的气态制冷剂一定要从冷凝器下端入口进入。
44．（　　）汽车空调压缩机主要采用蒸汽容积式压缩机。
45．（　　）清洗冷凝器外面的污物时，用高压水枪更为有效。
46．（　　）热力膨胀阀在制冷负荷增大时，可自动增加制冷剂的喷出量。
47．（　　）如果汽车空调系统膨胀阀的感温包暴露在空气中，将使低压管表面结霜。
48．（　　）视液镜位于制冷系统的低压管路上。
49．（　　）通过观察窗可以看到制冷剂的流动状态，从而判断制冷系统的工作状况。
50．（　　）温控开关是用来控制温度的一种执行元件。
51．（　　）循环离合器的节流元件只能控制进入蒸发器内制冷剂流量，不能保证蒸发器不结冰。
52．（　　）压缩机的电磁离合器，是用来控制制冷剂流量的。
53．（　　）有些蒸发器内装一个负温度系数的热敏电阻，其作用是防止蒸发器结冰。
54．（　　）蒸发器的热负荷加大，将使制冷压缩机的吸气温度下降。
55．（　　）蒸发器上的负温度系数的热敏电阻，应安装在蒸发器的出风口中央。
56．（　　）只有一个冷却风扇的汽车，当冷却液温度在 80℃以下时打开空调，冷却风扇不转动属正常现象。
57．（　　）制冷剂进入冷凝器时几乎为 100%的蒸汽，离开时为 100%的液态制冷剂。
58．（　　）制冷压缩机主要采用蒸汽容积式压缩机。
59．（　　）制冷压缩机主要作用是对制冷剂进行蒸发和压缩。
60．（　　）制冷压缩机主要作用是将压缩后的高温、高压气态制冷剂排出。
61．（　　）贮液干燥器和贮液器的外观几乎相同，虽然二者的功能在一定程度上是不同的，但可以互换使用。

二、单一选择题

1．从固体变成气体时放出的热叫做（　　）。
A．蒸发潜热　　　　B．凝固潜热　　　　C．升华潜热　　　　D．熔解潜热

2．技师甲说：空调压缩机把低压气态的制冷剂转换为高压气态的制冷剂；技师乙说：节流元件将高压气态的制冷剂转换为低压气态的制冷剂，正确答案是：（　　）。
A．甲正确　　　　B．乙正确　　　　C．两人均正确　　　　D．两人都不正确

3. 轿车空调总成，具有制冷、采暖及（　　）三种功能。
A. 除湿　　　　　　　B. 除尘　　　　　　　C. 除霜　　　　　　　D. 通风

4. 空调系统中冷凝器的作用是（　　）。
A. 控制制冷剂流量　　B. 吸收车厢中的热量　C. 散发制冷剂热量　　D. 以上都不是

5. 空调系统中蒸发器的作用是（　　）。
A. 控制制冷剂流量　　B. 吸收车厢中的热量　C. 散发制冷剂热量　　D. 以上都不是

6. 空调制冷系统中不能凝结为液态的气体为非凝性气体，下列属于非凝性气体的有：（　　）。
A. 空气、冷冻机油蒸汽　　　　　　　　　　B. 制冷剂 R134a
C. 制冷剂 R12　　　　　　　　　　　　　　D. 不纯净的 R134a

7. 空调制冷系统中压缩机的作用是（　　）。
A. 控制制冷剂流量　　　　　　　　　　　　B. 完成压缩过程
C. 将制冷剂携带的热量散发至大气中　　　　D. 控制蒸发

8. 空气经过加热处理，温度升高，含湿量（　　）。
A. 增加　　　　　　　B. 下降　　　　　　　C. 不变　　　　　　　D. 为零

9. 膨胀阀的功能是将（　　）节流减压。
A. 高压制冷剂气体　　　　　　　　　　　　B. 高压制冷剂液体
C. 低压制冷剂气体　　　　　　　　　　　　D. 低压制冷剂液体

10. 汽车低速行驶时，空调压缩机有较强的制冷能力，高速行驶时，要求低（　　）。
A. 油耗　　　　　　　B. 耗能　　　　　　　C. 损耗　　　　　　　D. 污染

11. 汽车空调的布置，按（　　）方式可分为前送式、后送式、前后置式三种类型。
A. 节流　　　　　　　B. 节温　　　　　　　C. 送风　　　　　　　D. 供暖

12. 汽车空调干燥瓶安装在（　　）。
A. 低压管道上　　　　　　　　　　　　　　B. 低压或高压管道上
C. 高压管道上　　　　　　　　　　　　　　D. 以上都不是

13. 汽车空调系统的冷凝器一般安装在（　　）。
A. 乘员舱内　　　　　B. 仪表盘下面　　　　C. 发动机散热器的前面　D. 蒸发器附近

14. 汽车空调系统中贮液干燥器安装在（　　）侧。
A. 微压　　　　　　　B. 低压　　　　　　　C. 中压　　　　　　　D. 高压

15. 汽车空调系统中贮液干燥器的作用有（　　）。
A. 贮液　　　　　　　B. 吸湿　　　　　　　C. 过滤杂质　　　　　D. 以上都是

16. 汽车空调压缩机由（　　）驱动。
A. 发动机　　　　　　B. 发电机　　　　　　C. 电动机　　　　　　D. 起动机

17. 汽车空调制冷压缩机，一般来说，排气管比吸气管的直径要（　　）。
A. 大些　　　　　　　B. 一样大　　　　　　C. 小些　　　　　　　D. 大小不一定

18. 汽车水暖式采暖系统在发动机温度达到（　　）时才能正常工作。
A. 50℃　　　　　　　B. 60℃　　　　　　　C. 80℃　　　　　　　D. 90℃

19. 下列汽车空调部件中，不是热交换器的是（　　）。
A. 供暖水箱　　　　　B. 冷凝器　　　　　　C. 蒸发器　　　　　　D. 鼓风机

20. 下面哪个观点是不正确的？（　　）。
A．贮液干燥器可保证一定的制冷剂储量，并向节流元件提供连续不断的制冷剂
B．贮液器的功能是将蒸发器出来的制冷剂收集起来，并滤下制冷剂液滴，以保护压缩机
C．贮液干燥器用于将节流管作为节流元件的空调系统中，贮液器则用于将膨胀阀作为节流元件的系统中
D．贮液干燥器和贮液器都可通过内部的过滤器和干燥剂，保持制冷剂的清洁度和纯度

21. 小轿车采暖量的强度调节一般是通过（　　）进行调节的。
A．风量大小　　　　B．发动机水温　　　　C．调节暖水阀　　　　D．真空膜盒

22. 一般来说人体适宜的温度为（　　），湿度为50%~70%。
A．20~28℃　　　　B．20~18℃　　　　C．18~12℃　　　　D．12~5℃

23. 以下对变排量空调压缩机的描述，错误的是：（　　）。
A．变排量空调压缩机可采用常啮合的传动方式
B．当变排量电磁阀断电后，变排量空调压缩机会因润滑不良而损坏
C．制冷剂排量的控制与变排量空调压缩机内部的曲轴箱压力有关
D．当变排量空调压缩机出现过载或锁死故障时，其皮带轮的橡胶件能够断开，防止严重的机械故障

24. 在汽车空调装置中，冷凝器安装在（　　）。
A．发动机散热器前　　B．驾驶室内　　C．后行李厢内　　D．发动机散热器后

25. A/C正常工作时，蒸发器流动的是（　　）的制冷剂。
A．高压低温液态　　B．低压低温气态　　C．高压高温气态　　D．高压中温液态

26. 发热源直接向其周围的空间散发热量，这种热的传递方式称为（　　）。
A．传导　　　　B．对流　　　　C．辐射　　　　D．传递

27. 技师A说，车内湿度是通过调节冷空气和热空气的混合比例实现的。技师B说，一旦车内温度保持合适，湿度并不重要。谁说得对？（　　）。
A．仅技师A对　　B．仅技师B对　　C．技师A和B都对　　D．技师A和B都不对

28. 技师甲说，空气湿度对空调制冷性能有影响。技师乙说，紊乱的气流对空调制冷性能有影响。正确答案是：（　　）。
A．甲正确　　　　B．乙正确　　　　C．两人均正确　　　　D．两人都不正确

29. 技师甲说，冷凝器通过散热将高压气态的制冷剂转换为高压液态的制冷剂。技师乙说，节流元件将高压蒸汽转换成低压蒸汽。正确答案是：（　　）。
A．甲正确　　　　B．乙正确　　　　C．两人都正确　　　　D．两人都不正确

30. 空调制冷系统工作时，冷凝器进出管道应（　　）。
A．进冷出热　　B．进热出冷　　C．进出一致　　D．以上都不是

31. 空调制冷系统工作时，膨胀阀前后管道应（　　）。
A．前冷后热　　B．前热后冷　　C．前后一致　　D．以上都不是

32. 蜡从固体直接变成液体所吸收的热叫做（　　）。
A．液化潜热　　B．蒸发潜热　　C．升华潜热　　D．熔解潜热

33. 冷凝器将制冷剂热量散发到汽车外的空气中，使高温、高压的气态制冷剂冷凝成（　　）液体。
A．高压　　　　B．低压　　　　C．中压　　　　D．大气压

34. 气体和液体以它本身的流动使热量转移，这种热的传递方式称为（　　）。
A．传导　　　　B．对流　　　　C．辐射　　　　D．传递

35. 汽车 A/C 工作时，每个制冷循环包括压缩、冷凝、膨胀、（　　）四个工作过程。
   A．蒸发　　　　　　B．做功　　　　　　C．进气　　　　　　D．排气
36. 汽车空调压缩机吸入低温（　　）制冷剂蒸汽。
   A．高压　　　　　　B．低压　　　　　　C．中压　　　　　　D．大气压
37. 汽车空调正常工作时，冷凝器下部的温度应为（　　）℃。
   A．30　　　　　　　B．50　　　　　　　C．70　　　　　　　D．80
38. 汽车空调制冷循环四个工作过程的顺序是（　　）。
   A．压缩、冷凝、膨胀、蒸发　　　　　　B．压缩、膨胀、蒸发、冷凝
   C．蒸发、冷凝、压缩、膨胀　　　　　　D．蒸发、压缩、膨胀、冷凝
39. 热量将通过物体从高温点向低温点移动，这种现象就是热的（　　）。
   A．传导　　　　　　B．对流　　　　　　C．辐射　　　　　　D．漂移
40. 相对湿度是空气中水蒸气压力与同温度下（　　）之比。
   A．大气压　　　　　B．饱和蒸汽压　　　C．水蒸气浓度　　　D．空气密度
41. 压缩机将压缩后的高温、高压（　　）制冷剂送到冷凝器并向外放热。
   A．液态　　　　　　B．气态　　　　　　C．固态　　　　　　D．气液混合
42. 液体制冷剂在蒸发器中吸收被冷却对象的热量而（　　）。
   A．液化　　　　　　B．固化　　　　　　C．汽化　　　　　　D．升华
43. 在（　　）行程中，制冷剂（　　）被吸入压缩机。
   A．排气，蒸汽　　　B．排气，液态　　　C．吸气，蒸汽　　　D．吸气，液态
44. 在空调制冷装置中，冷凝器与蒸发器之间的连接部件是：（　　）。
   A．空调压缩机　　　B．压力开关　　　　C．恒温器　　　　　D．节流元件
45. 在汽车制冷循环系统中，经节流元件送往蒸发器管道中的制冷剂是（　　）状态。
   A．高温高压液体　　B．低温低压液体　　C．低温高压气体　　D．高温低压液体
46. 在制冷系统中，被压缩机压缩、冷凝器液化后的 R134a（　　）减压节流后进入蒸发器蒸发制冷。
   A．集液器　　　　　B．冷凝器　　　　　C．膨胀阀　　　　　D．干燥瓶
47. 在制冷系统中，制冷剂 R12（　　）被压缩机吸入，压缩成高压、高温蒸汽，然后再经排气管进入冷凝器。
   A．液体通过吸气管　　　　　　　　　　B．液体通过排气管
   C．气体通过吸气管　　　　　　　　　　D．气体通过排气管
48. 在制冷循环蒸发过程的后期，制冷剂应呈（　　）态，被吸入压缩机。
   A．液　　　　　　　B．气　　　　　　　C．半液半气　　　　D．固
49. 制冷剂的加注是在制冷剂贮罐与制冷装置间的压差下进行的。下列说法错误的是：（　　）。
   A．高压端加注时，应关闭发动机，防止制冷剂贮罐压力过高
   B．不建议采用低压端加注，以避免产生"液击"现象，损坏压缩机
   C．高低压同时加注提高速度
   D．低压端加注时，应起动发动机，并注意控制低压表压力不要过高
50. 54 制冷剂从节流元件进入蒸发器的瞬间是什么状态？技师甲说全部是蒸汽；技师乙说几乎全是液体但含少量蒸汽（闪气）。谁说的正确？（　　）。
   A．甲正确　　　　　B．乙正确　　　　　C．两人都正确　　　D．两人都不正确

51. 制冷剂的蒸发压力与大气压力相比（　　），否则空气会进入制冷系统。
A．高　　　　　　　B．低　　　　　　　C．相等　　　　　　D．不确定

52. 制冷剂在系统中循环顺序正确的是（　　）。
A．压缩→蒸发→降压→冷疑　　　　　　B．压缩→冷疑→蒸发→降压
C．压缩→冷疑→降压→蒸发　　　　　　D．压缩→降压→冷疑→蒸发

53. 制冷剂在蒸发器中的过程是（　　）。
A．吸热汽化过程　　　　　　　　　　　B．降温冷凝过程
C．吸热冷凝过程　　　　　　　　　　　D．降温汽化过程

54. 制冷系统正常工作时，低压侧管道里流动的是（　　）。
A．低压低温的气体　　　　　　　　　　B．低压低温的液体
C．高压高温的气体　　　　　　　　　　D．以上都不是

55. 制冷系统正常工作时，干燥瓶进出管的温度是（　　）。
A．基本一致　　　　B．进高出低　　　　C．进低出高　　　　D．温差明显

56. 制冷系统正常工作时，压缩机排气管的温度一般是（　　）。
A．70～80℃　　　　B．-5～30℃　　　　C．50～70℃　　　　D．以上都不是

57. 制冷系统中，由压缩机排气口到冷凝器入口这一段管路，温度可达（　　）。
A．40～50℃　　　　B．70～80℃　　　　C．5～10℃　　　　D．0～3℃

58. 制冷系统中刚从膨胀阀节流降压出来的制冷剂温度要求是（　　）。
A．-5℃　　　　　　B．-10℃　　　　　　C．-15℃　　　　　　D．-20℃

59. A/C工作时，从视液镜上能看到条纹，则为（　　）过多。
A．机油　　　　　　B．冷冻机油　　　　C．制冷剂　　　　　D．水分

60. 按照节流元件的不同，空调制冷系统可分两种基本构架。请问在配置有节流调节元件的空调系统中，以下哪个观点是正确的？（　　）。
A．在冷凝器与蒸发器管路之间，安装有贮液干燥器
B．在冷凝器与压缩机管路之间，安装有贮液器
C．在蒸发器与压缩机之间的管路中，安装有贮液干燥器
D．在冷凝器与蒸发器之间，安装有贮液器

61. 测量空调压缩机离合器间隙时，应用（　　）进行。
A．厚薄规　　　　　B．量规　　　　　　C．卡尺　　　　　　D．百分表

62. 储液干燥器中干燥剂饱和后，制冷系统会出现（　　）现象。
A．有时制冷，有时不制冷　　　　　　　B．冷气过量
C．不制冷　　　　　　　　　　　　　　D．高、低压侧出现高压

63. 感温式热力膨胀阀的感温头应安装在离蒸发器出口（　　）远的管道上，并用绝热材料包扎好。
A．5cm　　　　　　B．10cm　　　　　　C．20cm　　　　　　D．很难确定

64. 鼓风机（　　）电阻是调节出风量的一个辅助元件。
A．调速　　　　　　B．升速　　　　　　C．调压　　　　　　D．调流

65. 过热限制器的作用为（　　）。
A．保护冷凝器免受损坏　　　　　　　　B．保护压缩机免受损坏
C．保护蒸发器免受损坏　　　　　　　　D．保护节流器免受损坏

66. 机械式恒温器的毛细管泄漏将使空调压缩机（　　）。
   A．立即停转　　　　　　　　　　　B．电磁离合器一直吸合
   C．立即烧毁　　　　　　　　　　　D．吸气压力过高

67. 技师A说，如果恒温膨胀阀的入口滤网堵塞，可以对其清洗；技师B说，如果恒温膨胀阀的入口滤网堵塞，可以更换。谁说得对？（　　）。
   A．仅技师A对　　　　　　　　　　B．仅技师B对
   C．技师A和B都对　　　　　　　　D．技师A和B都不对

68. 技师甲说，鼓风机变阻器的作用实现无级调速；技师乙说，鼓风机变阻器作用是实现梯级速度控制。谁说的正确？（　　）。
   A．甲正确　　B．乙正确　　C．两人均正确　　D．两人都不正确

69. 技师甲说，压缩机运转时，冷凝器风扇一定运转；技师乙说，有些与发动机冷却水共用散热风扇的冷凝器风扇，在水温较高时也运转。你认为（　　）。
   A．甲正确　　B．乙正确　　C．两人均正确　　D．两人都不正确

70. 甲说：空调系统电路中可变电阻的作用是使鼓风机能无极变速；乙说：可变电阻的作用是能为鼓风机提供几个挡位的速度控制。谁正确？（　　）。
   A．甲正确　　B．乙正确　　C．两人均正确　　D．两人都不正确

71. 检修汽车空调时，技师甲说，蒸发器、冷凝器拆卸后，接口不用封起来；技师乙说，更换制冷系统部件，都无须补注冷冻机油。你认为（　　）。
   A．甲正确　　B．乙正确　　C．两人均正确　　D．两人都不正确

72. 空调继电器的作用是（　　）。
   A．减小流入控制开关的电流，延长开关的使用寿命
   B．随意加装的
   C．使用电器的电流更小，以保护用电设备
   D．以上都不是

73. 空调系统需要冲洗时，下列哪一部件不需冲洗？（　　）。
   A．冷凝器　　B．蒸发器　　C．软管和接头　　D．贮液干燥器

74. 空调系统中冷凝器的安装要求之一是（　　）。
   A．上接出液管，下接进气管　　　　B．上、下管可随便连接
   C．上接进气管，下接出液管　　　　D．上接排气管，下接吸气管

75. 空调压缩机电磁离合器的间隙一般为（　　）mm。
   A．0.1～0.3　　B．0.3～0.5　　C．0.5～1.0　　D．1.0～1.5

76. 空调与暖风系统延时继电器的作用是：（　　）。
   A．在发动机冷却液达到预定温度之前防止加热循环
   B．在发动机冷却液达到预定温度之后防止制冷循环
   C．在关闭点火钥匙后将各风门回复到原位
   D．在发动机起动后转速稳定之前延迟空调系统的起动

77. 冷凝器的传热面积与蒸发器的传热面积相比（　　）。
   A．大　　B．小　　C．相同　　D．不一定

78. 膨胀阀的感温包紧贴在何处？（　　）。
A．蒸发器表面　　　B．蒸发器内部　　　C．蒸发器入口管壁上　　D．蒸发器出口管壁上
79. 膨胀阀的感温包中填入的物质是（　　）。
A．制冷剂　　　　　B．空气　　　　　　C．水　　　　　　　　D．氧气
80. 膨胀阀毛细管没有与管路贴合，将会使空调系统（　　）。
A．低压管过冷　　　B．低压管过热　　　C．不制冷　　　　　　D．高压管过热
81. 平衡式膨胀阀中毛细管如果破裂，会造成（　　）后果。
A．冷气过量　　　　B．制冷系统压力过高　C．制冷剂不循环　　　D．蒸发器结霜
82. 汽车空调的压力开关一般安装在（　　）。
A．高、低压管道上均可　　　　　　　　B．低压管道上
C．高压管道上　　　　　　　　　　　　D．以上都不是
83. 汽车空调风量控制器，即改变（　　）的大小进行控制。
A．电阻　　　　　　B．电容　　　　　　C．电磁　　　　　　　D．电压
84. 汽车空调系统中，冷凝器散热风扇调速是由（　　）。
A．高压侧压力　　　B．高压侧温度　　　C．低压侧压力　　　　D．低压侧温度
85. 汽车空调系统中，有些储液干燥器上装有易熔塞，其作用是（　　）。
A．安全保护　　　　B．检测压力　　　　C．感温　　　　　　　D．感压
86. 汽车空调压缩机主要采用蒸汽（　　）式压缩机。
A．压力　　　　　　B．液化　　　　　　C．容积　　　　　　　D．活塞
87. 汽车空调制冷系统的冷凝器、蒸发器，统称为（　　）器。
A．换能　　　　　　B．换热　　　　　　C．交换　　　　　　　D．交流
88. 汽车空调制冷系统中，高、低压开关的作用是（　　）。
A．保护作用　　　　B．增压作用　　　　C．节流作用　　　　　D．以上都不是
89. 如何更换孔管空调制冷系统中的干燥剂？（　　）。
A．更换贮液干燥器　　　　　　　　　　B．更换贮液器
C．视情更换贮液干燥器或贮液器　　　　D．贮液干燥器和贮液器均不需要更换
90. 下列的汽车空调压缩机中，不属于往复运动的是（　　）。
A．摆盘式　　　　　B．涡旋式　　　　　C．斜盘式　　　　　　D．曲轴连杆式
91. 斜盘式压缩机采用往复式双头活塞，依靠斜盘旋转运动，使双头活塞获得（　　）的往复运动。
A．轴向　　　　　　B．径向　　　　　　C．旋转　　　　　　　D．螺旋
92. 压力式温度控制器用（　　）。
A．温包感温，将温度信号转变为电阻信号
B．温包感温，将温度信号转变为压力信号
C．热敏电阻感温，将温度信号转变为电阻信号
D．热敏电阻感温，将温度信号转变为压力信号
93. 有些汽车空调将高、低压保护开关安装在储液干燥器上，在系统工作正常的情况下，高、低压保护开关的状态（　　）：
A．高压开关闭合，低压开关断开　　　　B．低压开关闭合，高压开关断开
C．高、低压保护开关均断开　　　　　　D．高、低压保护开关均闭合

94. 在 A/C 工作时，视液镜上看到有气泡，且高、低压压力过低，则为制冷剂（　　）。
   A．过多　　　　　B．过少　　　　　C．适量　　　　　D．没有

95. 在过低的环境温度下，开空调压缩机显然是浪费的，为防止误操作，很多汽车空调电路上设置有（　　）。
   A．水温开关　　　B．除霜开关　　　C．环境温度开关　　D．过热开关

96. 在讨论蒸发器温控开关的功用时，甲认为蒸发器的出风口的温度高于规定值时，压缩机才投入工作；乙认为温控开关是对压缩机转速的高低进行控制，温度越高压缩机的转速越高。谁的说法正确？（　　）。
   A．甲正确　　　　B．乙正确　　　　C．两人均正确　　　D．两人都不正确

97. 蒸发器表面温度不应低于（　　），以防蒸发器结霜和结冰。
   A．2.2℃　　　　B．1.1℃　　　　C．0℃　　　　　D．-1.1℃

98. 蒸发器中的制冷剂充满或匮乏哪种更坏？技师甲说，制冷剂匮乏更坏，因为它导致冷却不良和产生过热现象；技师乙说，制冷剂充满更坏，因为它导致冷却不良和液体撞击压缩机。谁说的正确？（　　）。
   A．甲正确　　　　B．乙正确　　　　C．两人均正确　　　D．两人都不正确

99. 正温度系数热敏电阻随温度升高阻值（　　）。
   A．不变　　　　　B．下降　　　　　C．上升　　　　　D．不确定

100. 贮液器要竖立安装，斜度不要超过（　　），否则气液不易完全分离。
   A．90°　　　　　B．45°　　　　　C．15°　　　　　D．0°

三、多选题

1. 贮液器的作用有（　　）。
   A．吸收水分　　　B．过滤系统内杂质　　C．节流　　　　D．蒸发

2. 贮液干燥器的作用是（　　）。
   A．储液　　　　　B．干燥　　　　　C．过滤　　　　　D．降压

3. 以下（　　）是空调系统制冷剂储液罐的功能。
   A．储液　　　　　B．干燥　　　　　C．过滤　　　　　D．节流

4. 下列（　　）不是膨胀阀的作用。
   A．节流　　　　　B．膨胀　　　　　C．除湿、过滤　　　D．增压

5. 汽车空调贮液干燥器的功用是（　　）。
   A．防止系统中水分与制冷剂发生化学作用
   B．防止节流元件处结冰和堵塞
   C．随时向系统补充制冷剂
   D．提高压缩机入口压力

6. 带视液镜的贮液干燥器，其作用是（　　）。
   A．储液　　　　　B．干燥　　　　　C．过滤　　　　　D．检视

7. 液体汽化的方法有（　　）。
   A．减压　　　　　B．增压　　　　　C．升温　　　　　D．降温

8. 下述说法（　　）是正确的。
   A．蒸发速度与相对湿度无关
   B．蒸发速度取决于空气流动

C．冷空气会加快蒸发速度　　　　　　　D．冷空气会加快对流速度

9．下列属于温室气体的是（　　）。
A．CO_2　　　　　B．CH_4　　　　　C．CFC　　　　　D．HFC

10．下列有关臭氧的叙述（　　）是正确的。
A．缺少臭氧是造成温室效应的原因　　　B．缺少臭氧是造成过多紫外线辐射的原因
C．臭氧呈淡蓝色　　　　　　　　　　　D．臭氧无刺激性气味

11．位于驾驶室外的空调制冷系统部件是：（　　）。
A．蒸发器　　　　　　　　　　　　　　B．冷凝器
C．贮液干燥器　　　　　　　　　　　　D．空调压缩机

12．空调系统工作时，若蒸发器内制冷剂不足，离开蒸发器的制冷剂不会是以下（　　）状态。
A．高于正常压力，温度较低　　　　　　B．低于正常压力，温度较高
C．高于正常压力，温度较高　　　　　　D．低于正常压力，温度较低

13．制冷系统的压力安全阀可以安装在下列（　　）位置。
A．压缩机上　　　B．贮液干燥器上　　　C．贮液器上　　　D．冷凝器上

14．正常制冷情况下，贮液器的观察窗不应见到以下（　　）现象。
A．清澈透明　　　　　　　　　　　　　B．初时极少量气泡，之后没有气泡
C．持续大量气泡　　　　　　　　　　　D．初时极少量气泡，之后气泡增多

15．在修理冷凝器时，下列哪些做法是正确的？（　　）。
A．用溶剂和金属刷清洗散热片之间的灰尘　B．用梳子校直冷凝器的散热片
C．用高压水枪冲洗冷凝器外表　　　　　D．用高压水枪冲洗冷凝器管路

16．在可变排量空调压缩机中，（　　）是不可变化的。
A．缸径　　　　　B．活塞行程　　　　　C．吸气压力　　　　D．控制阀

17．以下通过视液镜检查制冷剂数量的检查条件中，正确的是（　　）。
A．空调开关打开　　　　　　　　　　　B．温度选择器为最凉
C．完全打开所有车门　　　　　　　　　D．发动机转速为800r/min

18．下列说法（　　）正确。
A．贮液干燥器位于液相管路中　　　　　B．贮液器位于吸气管路中
C．蒸发器位于系统的低压侧　　　　　　D．固定孔管是可以互换的

19．下列（　　）情况需要更换贮液干燥器。
A．贮液干燥器泄漏　　　　　　　　　　B．贮液干燥器吸足了水分
C．空调系统与大气相通2h以上　　　　　D．贮液干燥器凹陷

20．下列（　　）不是空调系统高压开关的正常状态。
A．常开、在2965kPa时关闭　　　　　　B．常开、在2344kPa时关闭
C．常闭、在2965 kPa时打开　　　　　　D．常闭、在2344 kPa时打开

21．外平衡式膨胀阀膜片下方的压力不会来自于（　　）。
A．压缩机进口　　B．压缩机出口　　　　C．蒸发器入口　　　D．蒸发器出口

22．散热器可以由下列（　　）材料制成。
A．铜　　　　　　B．铝　　　　　　　　C．镁　　　　　　　D．塑料

23．散热器的类型有以下（　　　）。

A．上流式　　　　B．下流式　　　　C．横流式　　　　D．纵流式

24．膨胀阀的形式主要有：（　　　）。

A．内平衡式　　　B．外平衡式　　　C．C型　　　　　D．H型

25．冷凝器风扇的运作由（　　　）控制？

A．冷却液温度开关　　　　　　　　B．空调压力开关

C．鼓风机开关　　　　　　　　　　D．AC开关

26．孔管式制冷系统中的贮液器不应安装在（　　　）。

A．蒸发器与压缩机之间　　　　　　B．冷凝器与膨胀管之间

C．膨胀管与蒸发器之间　　　　　　D．压缩机与冷凝器之间

27．空调运行后，（　　　）原因不会造成贮液干燥器外壳有一层白霜。

A．制冷剂过量　　B．干燥器脏堵　　C．制冷剂泄漏　　D．干燥器老化

28．关于R12制冷剂的特性，下列说法（　　　）正确。

A．R12对臭氧层有害

B．R12制冷剂与高温表面接触会产生有毒气体

C．R12制冷剂与高温表面接触会分解

D．R12制冷剂与明火接触会产生有害气体

项目二

汽车空调的暖风、送风与净化系统检修

● **教学建议**

1. 教学环境：要求在理论实践一体化的专业教室中完成，最好能实现小班制教学。
2. 教材使用：
（1）任务引导——引导文，由学生根据"知识链接"和教师讲解在实训前完成。
（2）任务实施——实训任务，先由教师示范关键步骤，再由学生根据具体步骤完成实训任务，也可以由学生自行探索，教师在组织过程中根据需要示范和讲解。
（3）实训考核——记录实训过程，进行评价，根据情况全面考核或抽考。

● **知识目标**

1. 能说出空调滤清器的常见位置、种类、检查注意事项。
2. 能叙述暖风、送风与净化系统部件名称、位置和作用。
3. 能说出暖风、送风与净化系统工作原理。

● **能力目标**

1. 能独立完成汽车空调滤清器的更换和空调异味的清除。
2. 能辨认暖风、送风与净化系统各组成部件。
3. 能排除暖风、送风与净化系统常见故障。

● **情感目标**

1. 体验安全生产规范，遵守操作规程，感受合作与交流的乐趣。
2. 在项目学习中逐步养成自主学习知识的良好习惯。
3. 在操作学习中不断积累维修经验，从个案中寻找共性。

任务一　空调滤清器的更换和空调空气管道清洗

● 任务要求

1．学生能正确熟练进行空调滤清器的更换和空调空气管道清洗。
2．能说出空调滤清器的更换和空调空气管道清洗的注意事项。

● 情境创设

到了夏季，有一台汽车的空调感觉出风风力较小，并且吹空调时有种异味，请你进行修理。

● 任务引导

相关知识点学习：要求学生实训课前预习课本，独立完成。

1．空调滤清器安装位置一般有_____、_____、_____。
2．空调滤清器有____种，分别是_____色，_____色。
3．活性炭的作用是_____。
4．更换新的空调滤清器时要注意_____。
5．安装空调滤清器时要注意_____。

● 任务实施

具体维修操作步骤及技术要求：

一、准备工作	
图 2-1　放三角木	1．按要求把车泊在规定空车位，放好三角木。泊车人要持有驾驶证，如图 2-1 所示。
图 2-2　放车内五件套	2．套入方向盘套、手刹套、变速杆套、座椅套，放上地板垫，如图 2-2 所示。

项目 二　汽车空调的暖风、送风与净化系统检修

续表

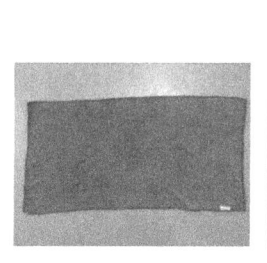

图 2-3　准备工具	3. 准备工具： 四条小毛巾或一条大毛巾、一瓶空调空气管道清洗剂、高压空气、新空调滤清器。 如图 2-3 所示。
二、理论知识准备	
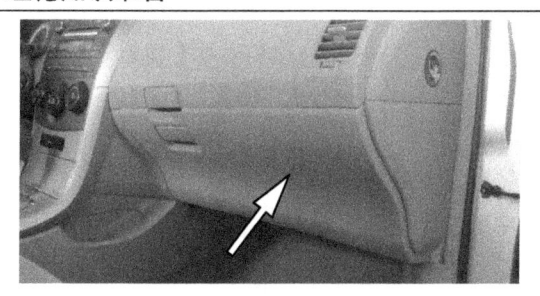 图 2-4　空调滤清器装在手套箱的后面	1. 空调滤清器安装一般有三个位置。 第一个位置： 装在手套箱的后面。一般汽车安装在此位置，如图 2-4 所示。
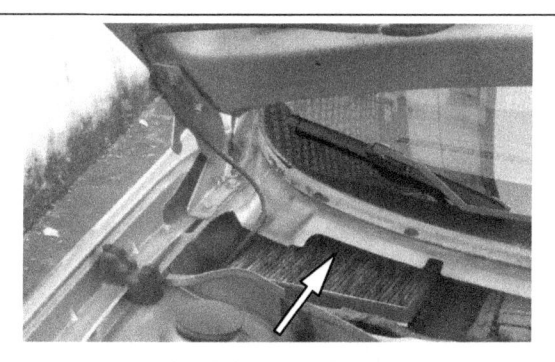 图 2-5　空调滤清器在副驾驶雨刮器的下面	2. 空调滤清器安装的第二个位置： 装在副驾驶雨刮器的下面。如中华骏捷汽车，如图 2-5 所示。
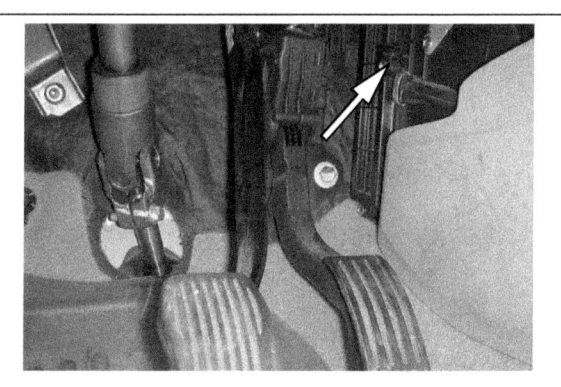 图 2-6　空调滤清器装在仪表台中间的下面	3. 空调滤清器安装的第三个位置： 装在仪表台中间的下面，油门踏板的右边。如福特福克斯汽车，如图 2-6 所示。

69

续表

 图 2-7 空调滤清器的作用	4．空调滤清器的作用是清洁汽车驾驶室内的空气灰尘、花粉、有害气体。 空调滤清器一般每 5000 公里或半年检查一次，轻微脏污时清洁，严重脏污时更换，如图 2-7 所示。 注意：如不及时更换会影响制冷效果、换气效率和车内空气质量。
三、空调滤清器的更换（以丰田卡罗拉汽车为例）	
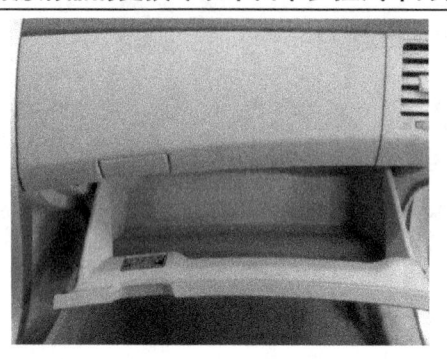 图 2-8　打开手套箱	1．打开手套箱，清理手套箱内的物品，如图 2-8 所示。
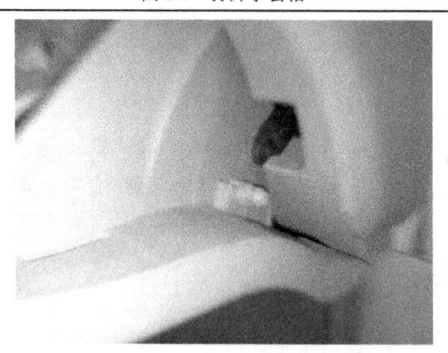 图 2-9　拆下缓冲器的一端	2．拆下缓冲器的一端，如图 2-9 所示。
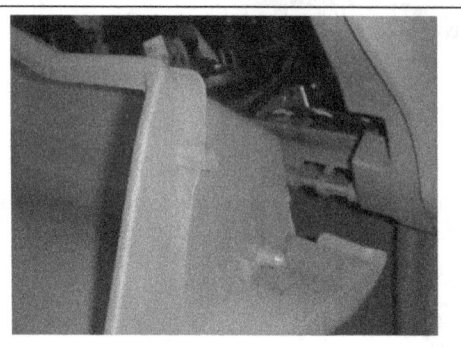 图 2-10　拔出手套箱	3．向外用力拔出手套箱，取下缓冲器，如图 2-10 所示。 注意：其他车型可能需要拆手套箱固定螺钉或插销。

项目 二　汽车空调的暖风、送风与净化系统检修

续表

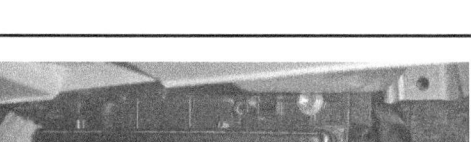

图	说明
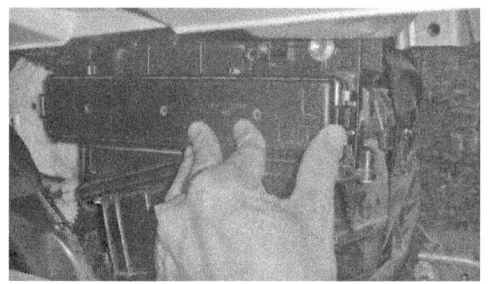 图 2-11　取下空调滤清器盖板	4．取下空调滤清器盖板，如图 2-11 所示。
 图 2-12　取出空调滤清器	5．取出空调滤清器，如图 2-12 所示。
 图 2-13　检查空调滤清器	6．检查空调滤清器，是否脏污、变形和损坏，如图 2-13 所示。
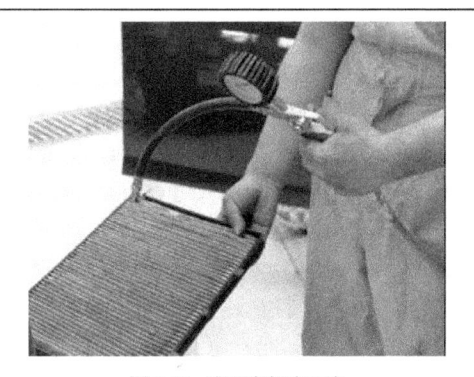 图 2-14　高压空气吹干净	7．如果轻微脏污，需要用高压空气吹干净，如图 2-14 所示。

续表

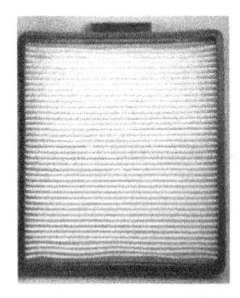

 图 2-15 严重脏污、变形的空调滤清器	8．如果严重脏污、变形和损坏，则需要更换，如图 2-15 所示。 注意：更换时应注意新空调滤清器与旧空调滤清器长宽高尺寸要一致，以免不能装入或过滤效果不好。
图 2-16 普通空调滤清器和活性炭空调滤清器	9．更换时注意如下。 空调滤清器有三种： （1）普通空调滤清器。白色，纸质，只能过滤灰尘、花粉，价格较便宜，中低档车使用。 （2）活性碳空调滤清器。灰黑色，纸质，不但能过滤灰尘和花粉，还能吸附有害气体，如苯、甲醛等，价格较贵，如图 2-16 所示。
 图 2-17 金属滤网空调滤清器	（3）金属滤网：中低档车使用，只能阻挡一些大的杂物，过滤效果较差，成本较低。如图 2-17 所示。

四、空调空气管道清洗

 图 2-18 空调空气管道清洗剂	1．如果开空调时有异味，则需要进行空调空气管道清洗，如图 2-18 所示为空调空气管道清洗剂。

项目二 汽车空调的暖风、送风与净化系统检修

续表

图	说明
 图 2-19 打开鼓风机至最高挡	2．打开鼓风机至最高挡，如图 2-19 所示。
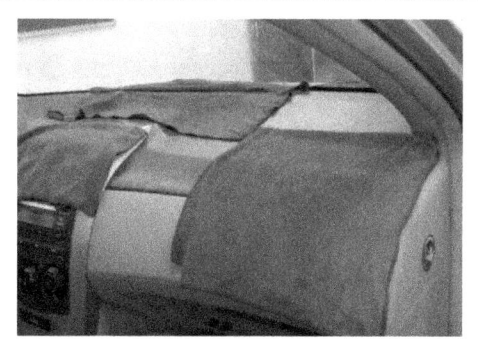 图 2-20 将各送风口盖住毛巾	3．将各送风口盖住湿毛巾，以防泡沫喷出。 注意：湿毛巾重量大，不容易被吹开，如图 2-20 所示。
 图 2-21 喷射空调空气管道清洗剂	4．将空调空气管道清洗剂摇匀后对准空调滤清器安装口喷射，如图 2-21 所示。 注意：虽然罐上写着免拆清洗，但使用前都需要先拆下空调滤清器才能喷射，以免影响清洁效果。
 图 2-22 关掉鼓风机	5．如果鼓风机不能使送风口出来泡沫，则拿开毛巾，并关掉鼓风机，如图 2-22 所示。

续表

 图 2-23 从送风口喷入泡沫	6．从送风口喷入泡沫，如图 2-23 所示。
 图 2-24 等 10 分钟泡软脏污	7．等 10 分钟，让清洗剂泡沫把空气管道中的脏污泡软并从空调出水口流到地下，如图 2-24 所示。
 图 2-25 利用热风将各空气管道吹干	8．起动发动机，预热到正常工作温度 90°，将温度控制旋钮开到最热，鼓风机开至最大，轮流开送风模式旋钮到各个位置，利用热风将各空气管道吹干，如图 2-25 所示。 注意：如果还有异味，可再用一瓶清洗剂喷入，如还不行，则需要拆仪表台下空调各箱体并手工清洁。
 图 2-26 装入空调滤清器	9．装入新的空调滤清器或清洁过的空调滤清器，注意方向，箭头向上，字面向外，如图 2-26 所示。

续表

 图 2-27 装入空调滤清器盖板	10. 装入空调滤清器盖板，如图 2-27 所示。
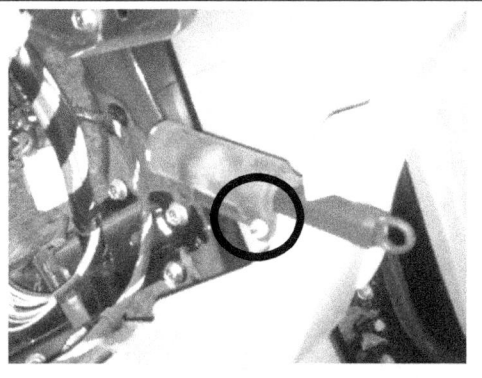 图 2-28 装缓冲器一端	11. 装缓冲器一端，如图 2-28 所示。 注意：安装孔位置不要弄错。
 图 2-29 装手套箱	12. 装手套箱，如图 2-29 所示。 注意：对齐手套箱下面开口和转轴位置安装手套箱。
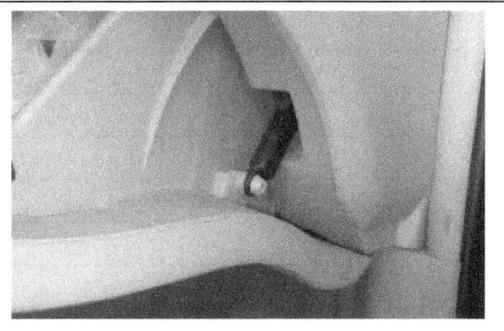 图 2-30 套入缓冲器另一端	13. 套入缓冲器另一端，如图 2-30 所示。

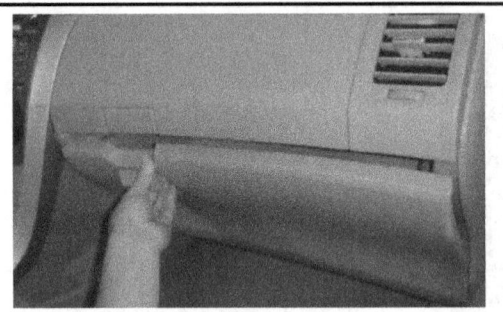

续表

	14．开关数次手套箱，确认安装牢固后，装入手套箱内原物品，如图2-31所示。
图2-31 确认安装牢固	
图2-32 开空调检查是否完全正常	15．最后开空调检查是否完全正常，正常后拆下方向盘套、手刹套、变速杆套、座椅套、地板垫交车，如图2-32所示。

任务考核单2-1　汽车空调送风系统的检查（见表2-1）

表2-1　考核表

班　级		姓　名		学　号	
规定考核时间				分钟	
实际考核时间					
序号	操作步骤		考核及评分记录		扣分 （每错一处扣10分）
1.	放好三角木，准备工具				
2.	叙述空调滤清器安装三个位置				
3.	拆手套箱				
4.	检查空调滤清器				
5.	叙述空调滤清器种类及作用				
6.	更换时注意事项				
7.	空调空气管道清洗时先打开鼓风机				
8.	盖住毛巾				
9.	清洗剂摇匀，喷入空调进气口				
10.	从送风口喷入泡沫				
11.	等10分钟				

续表

班　级		姓　名		学　号	
规定考核时间			分钟		
实际考核时间					
序号	操作步骤		考核及评分记录		扣分 （每错一处扣10分）
12.	利用热风将各空气管道吹干				
13.	装入新的空调滤清器				
14.	装手套箱				
15.	清洁设备，放回原位				
考核分数					
教师签名		考核日期		年　月　日	

任务二　　汽车空调暖风、送风与净化系统认识

● 任务要求

1．学生能辨认和叙述暖风、送风与净化系统部件名称、位置和作用。
2．能说出暖风、送风与净化系统工作原理。

● 情境创设

询问学生内外循环如何控制、暖风如何控制。展示暖风、送风系统零件，引导学生完成任务，在过程中学习知识和技能。

● 任务引导

目前市场上带空调的汽车，基本上采用冷暖一体化空调器（可同时制出冷气和暖风）。图 2-33 所示为典型通风配气系统，写出相应名称。

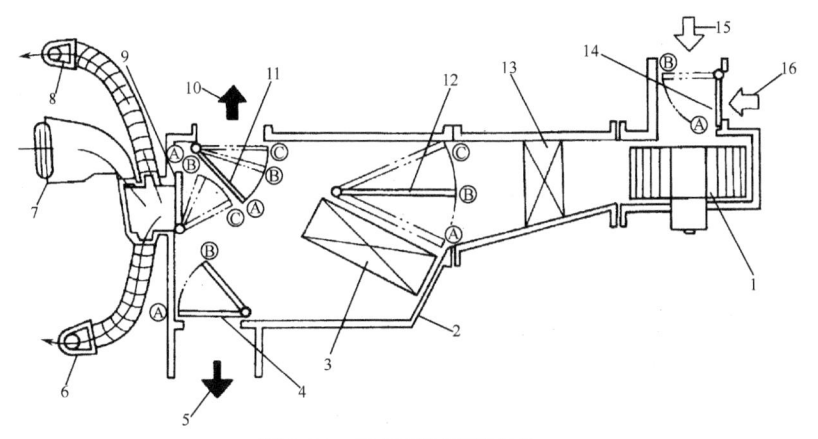

图 2-33　通风配气系统结构

1. _____；2. _____；3. _____；
4. _____；5. _____；6. _____；
7. _____；8. _____；9. _____；
10. _____；11. _____；12. _____；
13. _____；14. _____；15. _____；
16. _____。

● **任务实施**

具体维修操作步骤及技术要求：

一、准备工作	
 图 2-34　放三角木	1．按要求把车泊在规定空车位，放好三角木。泊车人要持有驾驶证，如图 2-34 所示。
 图 2-35　放车内五件套	2．套入方向盘套、手刹套、变速杆套、座椅套，放上地板垫，如图 2-35 所示。
 图 2-36　暖风、送风系统零件	3．拆下暖风、送风系统零件一套：包括鼓风机箱、鼓风机、调速电阻、蒸发器箱、蒸发器、蒸发器温度传感器、加热器芯、送风模式箱等，如图 2-36 所示。

续表

二、鼓风机箱

 图 2-37 鼓风机箱的下部鼓风机	1. 鼓风机箱，下部放鼓风机，如图 2-37 所示。
 图 2-38 外循环状态	2. 上部控制内外循环，现在为外循环。 外界空气经过空调滤清器从这里进来，如图 2-38 所示。
 图 2-39 内循环状态	3. 现在为内循环。 由内外循环控制按钮 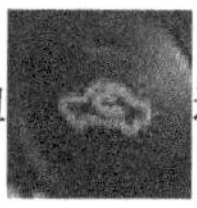 通过钢丝线控制或步进电动机控制内外循环，如图 2-39 所示。

续表

 图 2-40 内部循环进风口	4．内部循环进风口，如图 2-40 所示。
 图 2-41 钢丝线控制	5．钢丝线控制，如图 2-41 所示。 一般用于中低档车的手动空调。
 图 2-42 伺服电动机	6．伺服电动机，如图 2-42 所示。 一般用于中高档车的自动空调或中低档车的内外循环控制和风门的控制。
图 2-43 鼓风机调速装置	5．在鼓风机箱里还装有鼓风机调速装置。装在鼓风机里的目的是散热。 鼓风机调速装置有两种，一种是鼓风机调速电阻，另一种是鼓风机调速模块。 鼓风机调速电阻靠鼓风机开关控制串联电阻数量来调节鼓风机转速，电阻越大，转速越低。 如图 2-43 所示，常见有三种形式的调速电阻和鼓风机开关。电阻一般用于中低档车。

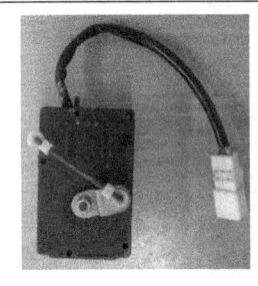

项目 二　汽车空调的暖风、送风与净化系统检修

续表

图	说明
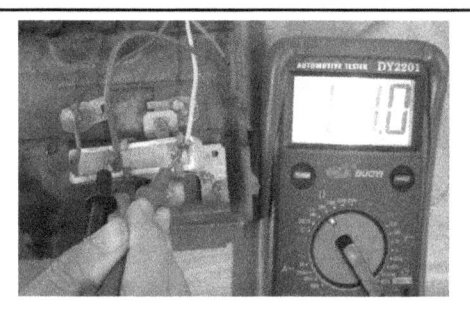 图 2-44　鼓风机调速电阻检查	6. 鼓风机调速电阻。 可以用万用表检测各个电阻，应为 1~3Ω 左右，如果为无穷大，说明电阻已损坏，如图 2-44 所示。
 图 2-45　鼓风机调速模块	7. 鼓风机调速模块。 一般有三根线。一个是电源，一个是控制线，另一个是地线。 它利用晶体管控制鼓风机电流的大小，从而控制转速，一般用于中高档车，可以无级控制转速，如图 2-45 所示。

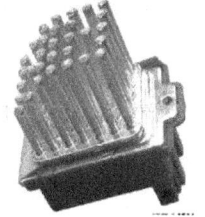

三、蒸发器箱

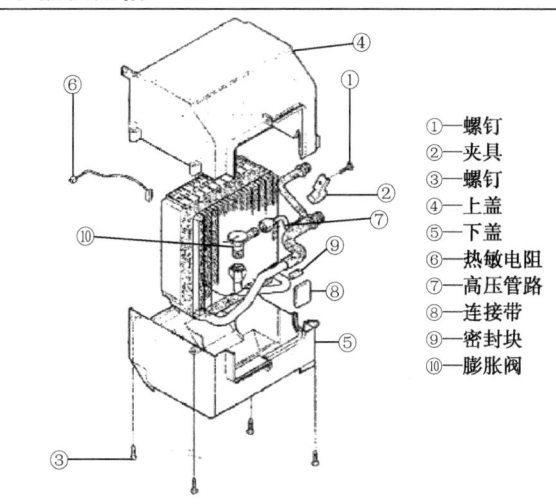 图	说明
①—螺钉 ②—夹具 ③—螺钉 ④—上盖 ⑤—下盖 ⑥—热敏电阻 ⑦—高压管路 ⑧—连接带 ⑨—密封块 ⑩—膨胀阀 图 2-46　蒸发器箱内部	1. 蒸发器箱内部有蒸发器、膨胀阀、排水孔、蒸发器温度传感器，如图 2-46 所示。
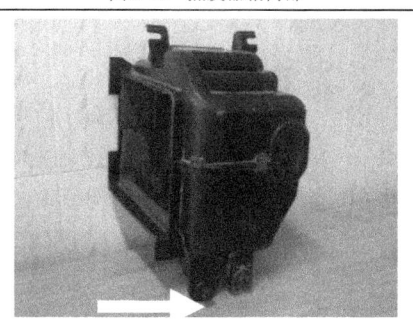 图 2-47　排水孔	2. 排水孔的作用是将蒸发器上冷凝的空气中的水排到车外。 如果此孔堵塞，会导致开空调后，驾驶室内有水，需要举升车辆后用高压空气吹开堵塞物，如不行则要拆开清理，如图 2-47 所示。

续表

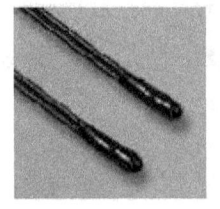

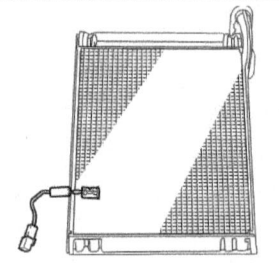 图 2-48 蒸发器温度传感器	3．在蒸发器中间有一个蒸发器温度传感器。 蒸发器温度传感器的作用是检测蒸发器的温度并传给空调电脑，防止蒸发器结冰或温度过高。 一般控制蒸发器温度在 2～8℃，如图 2-48 所示。

四、暖风装置

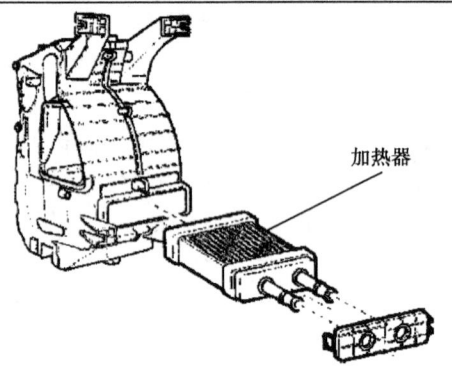 图 2-49 加热器	1．在通风管路中有一个取暖装置，称为加热器、加热器芯或暖风水箱，如图 2-49 所示。
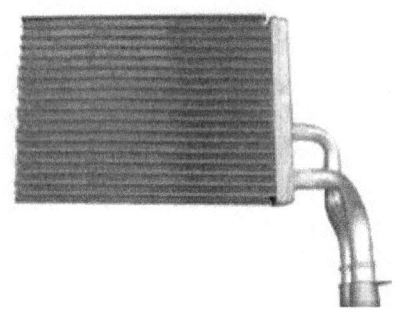 图 2-50 加热器芯结构	2．加热器芯结构与发动机水箱散热器相似，内部通发动机冷却液，一根管流进发动机冷却液，另一根管流出，形成循环，如图 2-50 所示。
图 2-51 温度气门控制	3．汽车暖风控制原理。 （1）温度气门控制（混合风门）。 在加热器芯的前面有一个温度气门控制进入加热器的风量。进入加热器的风量大，则温度高；进入加热器芯的风量小，则温度低。 如图 2-51 所示。

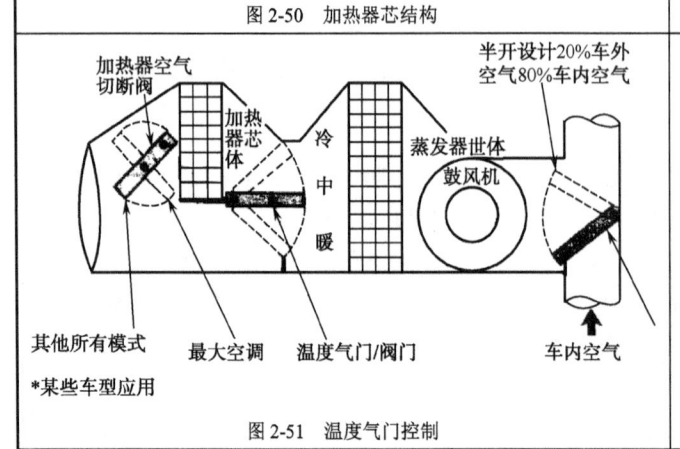

续表

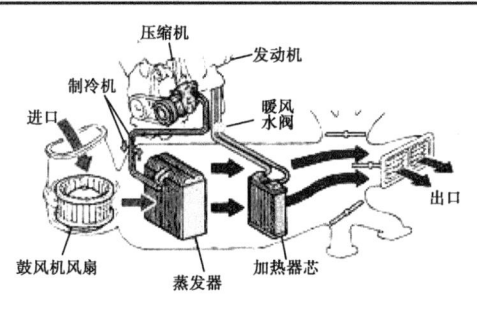 图 2-52 暖风水阀控制	（2）暖风水阀控制。 需要暖风时，控制暖风水阀打开的大小，就可以控制发动机的冷却液在加热器及管路中的循环流量。流量大，暖风热，流量小，暖风温，从而控制加热量，如图 2-52 所示。
 图 2-53 暖风水阀	4. 暖风水阀如果滴漏，会导致发动机冷却液泄漏，所以当发动机冷却液不足时，也要检查暖风水阀。 另外，开冷气时出热风，也要检查暖风水阀，因为如果暖风水阀卡死关闭不严，就会导致开冷气时出热风，如图 2-53 所示。
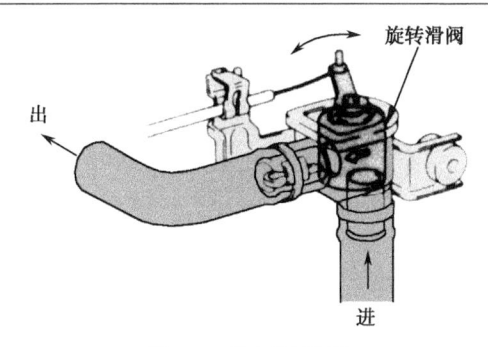 图 2-54 温度控制旋钮	5. 暖风水阀是由空调操作面板上的温度控制旋钮通过钢丝索或伺服电动机控制，如图 2-54 所示。
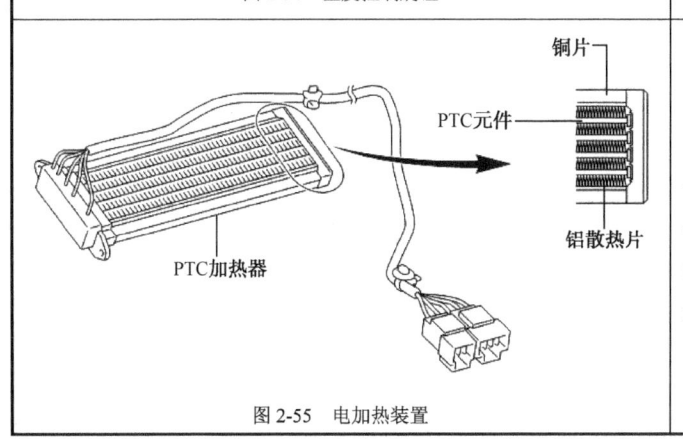 图 2-55 电加热装置	7. 有些中高级轿车为了解决刚起动时水温较低，没有暖风的问题，在加热器芯旁加装了电加热装置。当发动机冷却液温度上升到正常水温时，电加热装置逐步退出工作，如图 2-55 所示。

续表

五、送风模式控制箱	
 图 2-56 送风模式控制箱	1．送风模式控制箱由上出风口、中出风口、下出风口和控制机构组成，如图 2-56 所示。
 图 2-57 上出风口	2．上出风口。 可以将风通过风道送到吹前风窗出口和吹三角窗出口，如图 2-57 所示。
 图 2-58 中出风口	3．中出风口。 可以将风通过风道送到各迎面出风口，如图 2-58 所示。
 图 2-59 下出风口	4．下出风口。 可以将风通过风道送到两边吹脚的出风口，如图 2-59 所示。

续表

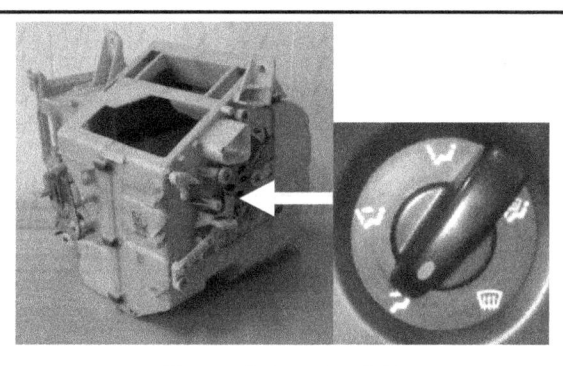 图 2-60 各出风口出风控制	5. 各出风口出风的控制都由空调操作面板的送风模式旋钮通过钢丝线或伺服电动机控制，如图 2-60 所示。

六、空调暖风、送风系统整体结构及工作原理

 图 2-61 空调暖风、送风系统	1. 鼓风机箱、蒸发器箱、暖风装置和送风模式控制箱整体结构如图 2-61 所示。
 图 2-62 实车上找到以上这些零件	2. 在实车上找到以上这些零件，如图 2-62 所示。

任务考核单 2-2　汽车空调送风系统的检查（见表 2-2）

表 2-2　考核表

班　级		姓　名		学　号	
规定考核时间				分钟	
实际考核时间					
序号	操作步骤		考核及评分记录		扣分（每错一处扣 10 分）
1.	检查车辆状况，安装车轮挡块和车内五件套				

续表

班　级		姓　名		学　号	
规定考核时间			分钟		
实际考核时间					
序号	操作步骤		考核及评分记录		扣分 （每错一处扣10分）
2.	指出并叙述鼓风机箱的组成				
3.	指出并叙述内外循环工作过程				
4.	指出并内外循环控制有几种				
5.	叙述鼓风机调速装置有几种				
6.	检测鼓风机调速电阻				
7.	指出鼓风机调速模块				
8.	蒸发器箱组成				
9.	排水孔的作用				
10.	蒸发器温度传感器作用				
11.	指出并叙述加热器芯作用				
12.	叙述汽车暖风控制原理				
13.	操作并叙述送风模式控制箱工作原理				
14.	组装空调暖风、送风系统整体结构				
15.	实车上找到以上这些零件				
考核分数					
教师签名		考核日期		年　月　日	

任务三　汽车空调的暖风、送风与净化系统维修

● 任务要求

有一辆汽车的空调不出风，也不能开外循环，并且只能吹头，不能吹前风窗，让你解决。引导学生完成任务，在过程中学习知识和技能。

● 情境创设

在学习汽车空调的暖风、送风与净化系统的维修与调试工作，独立或小组合作完成相应的故障诊断与排除工作。

● 任务引导

相关知识点学习：要求学生实训课前参考"知识链接"独立完成。

1. 空调不出风可能原因有：_____
_____。

项目 二　汽车空调的暖风、送风与净化系统检修

2．内外循环不工作原因有：_____。
3．开空调制冷却出热风的原因有：_____。
4．空调只能吹脚，不能吹头原因是：_____。

● 任务实施

 图 2-63　放三角木	1．按要求把车泊在规定空车位，放好三角木。泊车人要持有驾驶证，如图 2-63 所示。
 图 2-64　放入五件套	2．套入方向盘套、手刹套、变速杆套、座椅套，放上地板垫，如图 2-64 所示。
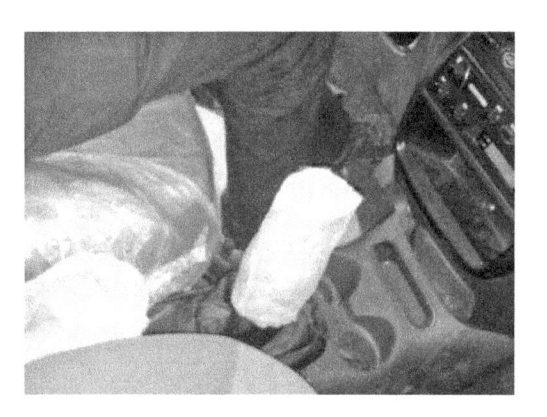 图 2-65　准备起动	3．挂入空挡，向上拉紧手刹，脚将离合器踩到底，如图 2-65 所示。

87

续表

 图 2-66 起动发动机	4．转松方向盘，拧钥匙到底起动发动机，然后慢慢放开离合器。如果感觉车身动，则迅速踩下离合器，检查挂挡是否在空挡，如图 2-67 所示。 注意：未起动发动机时，不要开鼓风机，以免蓄电池电能耗完后不能起动。
 图 2-67 检查内外循环故障	5．检查内外循环故障。 拨动内、外循环开关，检查是否正常，如图 2-67 所示。
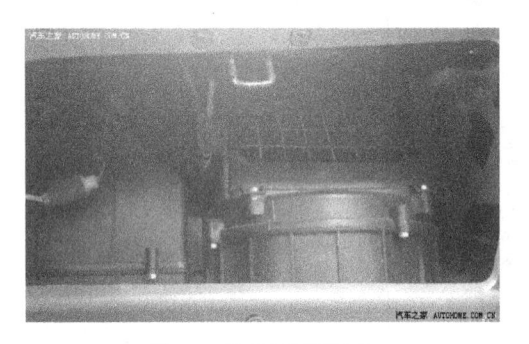 图 2-68 检查内外循环气门	6．拆下手套箱，检查内外循环气门工作是否正常，如图 2-68 所示。 外循环： □正常　　□不正常 内循环： □正常　　□不正常
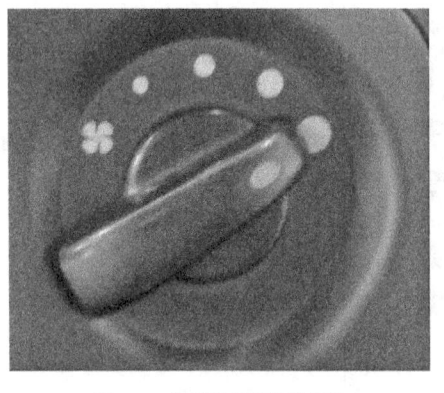 图 2-69 检查鼓风机故障情况	7．检查鼓风机故障情况。 扭动鼓风机开关各挡，检查各挡风速是否正常，如图 2-69 所示。

续表

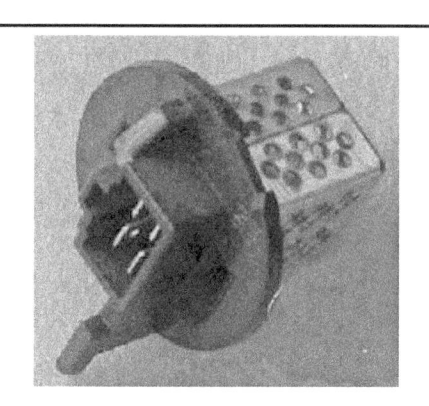 图 2-70 检查鼓风机的调速电阻	8. 若鼓风机不工作或无挡位变化,检查鼓风机的调速电阻是否损坏,如图 2-70 所示。 检查: □正常　□不正常
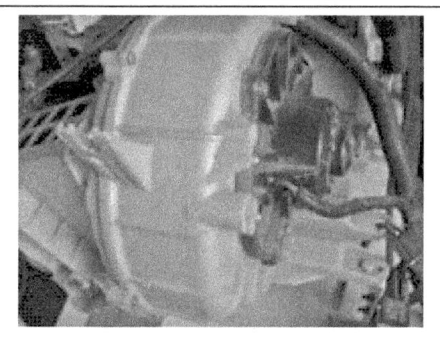 图 2-71 检查鼓风机电动机	9. 若鼓风机调速电阻正常,检查鼓风机电动机是否损坏,可用万用表测量电动机线圈或直接通电试验,如图 2-71 所示。 检查: □正常　□不正常
 图 2-72 更换风机	10. 若风机损坏,更换风机,如图 2-72 所示。
 图 2-73 检查送风模式故障情况	11. 检查送风模式故障情况。 转动送风模式开关分别在以下位置:、、、和气流向情况,如图 2-74 所示。 迎面：　□正常　□不正常 地板及迎面：□正常　□不正常 地板：　□正常　□不正常 前挡风玻璃和地板：□正常□不正常 前挡风玻璃：　□正常　□不正常

续表

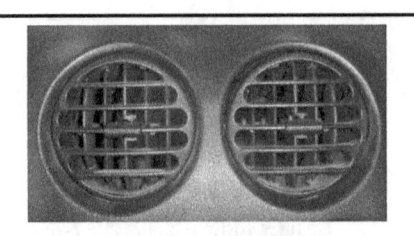 图 2-74 检查中央出风口	12．检查中央出风口，拨动出风口格栅应可以控制气流方向，如图 2-74 所示。 检查： □正常　　□不正常
 图 2-75 检查两侧出风口	13．检查两侧出风口，拨动出风口格栅应可以控制气流方向，如图 2-75 所示。 检查： □正常　　□不正常
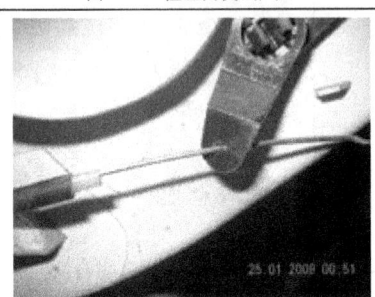 图 2-76 检查送风模式风门及拉索	14．送风模式开关在其中一位置时，气流发生异常，应检查送风模式风门及拉索是否松动、折断或卡住，如图 2-76 所示。 检查：□正常　　□不正常
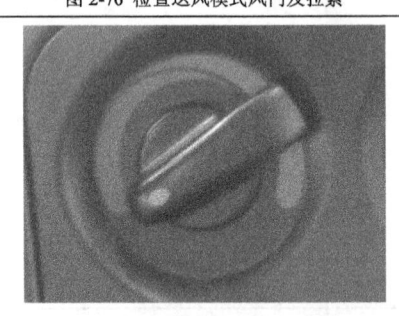 图 2-77 检查暖风与制冷故障情况	15．检查暖风与制冷故障情况。 把温度旋钮分到蓝色和红色两个位置，感觉出风的温度变化（发动机冷却液在正常工作温度），如图 2-77 所示。 检查：□有变化　　□无变化 旋钮从蓝色位置到红色位置时，会通过钢索带动混合风门逐渐关闭冷气通道而逐渐打开暖气通道，并联动打开加热器芯水阀。
 图 2-78 检查混合风门	16．若混合风门关闭不严，会影响制冷效果。不开空调只开风机的情况下，出风口会感觉到有暖风吹出，如图 2-78 所示。 检查：□正常（无暖风）□不正常（有暖风）

续表

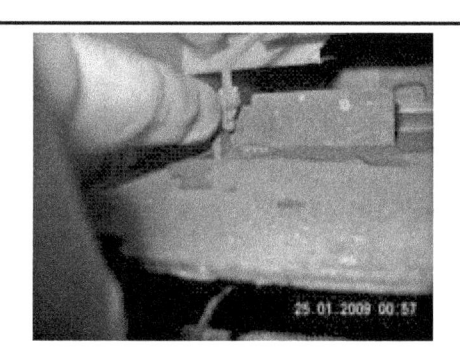

图 2-79 调整混合风门拉杆	17. 可调整混合风门拉杆，使其回到正常关闭状态，如图 2-79 所示。

任务考核单 2-3　汽车空调暖风、送风与净化系统维修（见表 2-3）

表 2-3　考核表

班　级		姓　名		学　号	
规定考核时间				分钟	
实际考核时间					
序号	操作步骤		考核及评分记录		扣分（每错一处扣 10 分）
1.	检查车辆状况，安装车轮挡块和车内五件套				
2.	检查熔丝的通断				
3.	检查风机开关				
4.	拆下调速电阻				
5.	检查调速电阻值				
6.	检查线路电压				
7.	检查风机线路通断				
8.	检查送风模式开关				
9.	检查拉索送风模式安装是否合适，以防拉索被卡住，确保拉索运动自如				
10.	拆下手套箱				
11.	检查循环模式开关				
12.	检查温度控制开关				
13.	检查温度控制拉索安装是否合适，以防拉索被卡住，确保拉索运动自如				
考核分数					
教师签名		考核日期		年　月　日	

知识链接

一、汽车空调暖风系统

对车内空气或进入车内的外部空气进行加热的装置，称为汽车暖风装置。

近代汽车空调是全年性的冷暖一体化的装置。通过冷热风的混合，人为设定冷热风量的比例，通过风门开闭和调节，满足人们对舒适性的要求。因此，暖风是汽车空调的重要组成部分。

1. 暖风系统的分类。

按所使用的热源不同可分为：

（1）水暖式暖风系统，利用发动机的冷却液热量，多用于轿车。

（2）独立热源式，装有专门的暖风装置，多用于客车和载货车。

（3）综合预热式，既利用发动机的冷却液热量，又装有燃烧预热的综合加热装置暖风，多用于大客车。

2. 暖风系统的作用。

（1）冬季天气寒冷，在运动的汽车内人们感觉更寒冷。这时，汽车空调可以向车内提供暖风，提高车室内的温度，使乘员不再感觉到寒冷。

（2）冬季或者初春，室内外温差较大，车窗玻璃会结霜或起雾，影响司机和乘客的视线，不利于安全行车，这时可以用暖风来除霜和除雾。

3. 水暖式暖风系统结构与原理。

水暖式暖风系统一般由控制开关、鼓风机、暖风水箱（又称加热器芯）、循环水控制开关及相应的管路组成，如图2-80所示。在通风管路中置入一加热器芯，结构与发动机水箱散热器相似，如图2-81所示。有进出水口，分别与发动机冷却液循环管路连接，以引入发动机循环冷却液，需要暖风时，接通控制开关，循环水控制开关也自动接通，这样发动机的冷却液开始在暖风水箱及管路中循环。鼓风机同时开始转动，冷风通过暖风水箱后变成暖风通过出风口吹向车内。

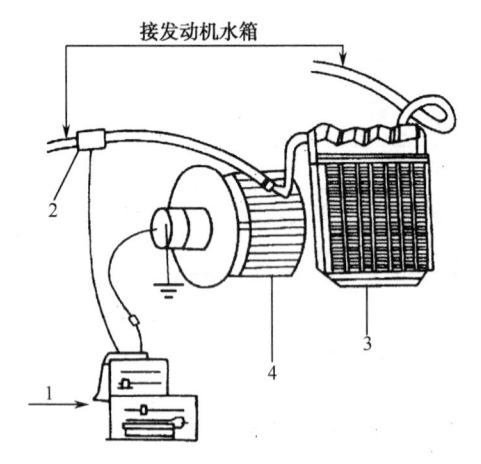

1—控制开关；2—循环水控制开关；3—加热器芯；4—鼓风机

图2-80 水暖式暖风系统

这种暖风装置结构简单、耗能少、成本低、操作维修方便，所以各种汽车一般都采用这种暖风装置。

4．电辅助加热装置。

有些中高级轿车为了解决刚起动时水温较低，没有暖风的问题，在加热器芯旁加装了电加热装置，如图 2-82 所示。当发动机冷却液温度上升到正常水温时，电加热装置逐步退出工作。

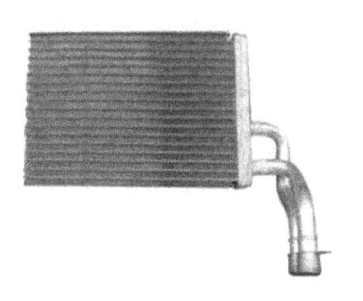

图 2-81 加热器芯

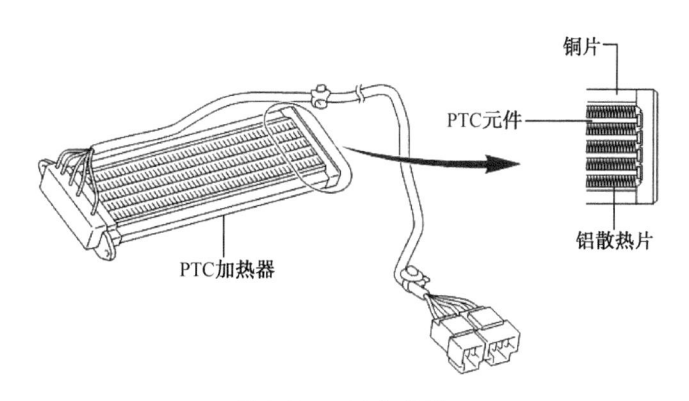

图 2-82 PTC 加热器

电加热装置一般采用 PTC 元件。PTC 加热器的位置位于空调装置的加热器芯的上方，由一个 PTC 元件、铝散热片和铜片组成。当电流施加在 PTC 元件上时，它会产生热量来加热通过装置的空气。由空调放大器根据冷却液温度、环境温度、发动机转速、空气混合设置和电气负载来控制。PTC 加热器操作次数根据水温变化规律如图 2-83 所示。

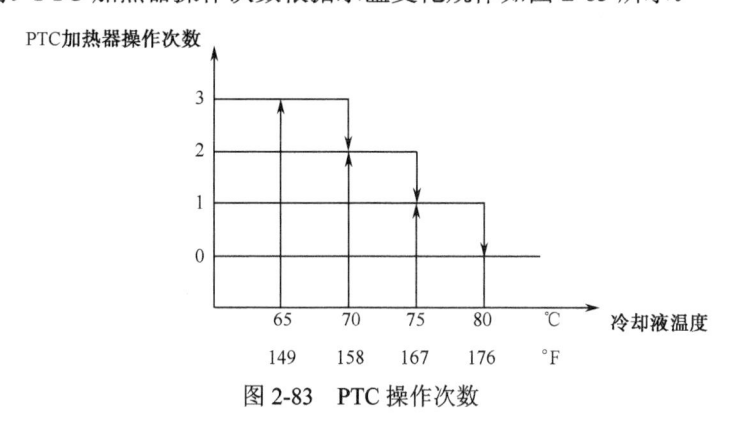

图 2-83 PTC 操作次数

● 阅读知识

PTC 是指正的温度系数，PTC 元件一般是指正温度系数热敏电阻，它是一种具有温度敏感性的半导体电阻，超过一定的温度时，它的电阻值随着温度的升高呈阶跃性的增高，使流过它的电流减少。如家庭中使用的电蚊香加热器就是使用 PTC 元件。

二、汽车空调通风与配气系统

主要是解决车室内温度、风量控制的自动化和各类通风温调方式，以提高舒适性。车室内配气即送风模式，有各种用途的吹出口，如前席、后席、侧面、冷风、暖风、除霜、除雾等出风口。吹出口风温由风门切换，所以风门布置是配气优劣的重要因素。汽车空调典型配气方式有空气混合式和全热式，如图2-84所示为典型配气方式的温度调节。

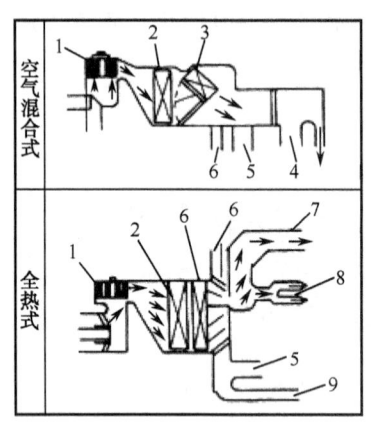

1—风机；2—蒸发器；3—加热器芯；4—冷气出口；
5—热风出口；6—除霜出口；7—中心出口；8—侧出口；9—尾部出口

图2-84 典型配气方式的温度调节

1．空气混合式。

外气+内气→进入风机 1→进入蒸发器 2 冷却→由风门调节进入加热器芯 3 加热→进入各吹出口 4、5、6。

风门顺时针旋转：进蒸发器 2（冷空气）后再进加热芯器 3 的空气量随着风门旋转而减少，即被加热的空气少，这时主要由冷气出口 4 冷风。反之，风门逆时针旋转，吹出的热风多，处理后的空气进入除霜出口 6 或热风出口 5。在这种结构中，进入加热器芯的冷却液用的是开关型水阀来控制。一般由拉索来实现打开与关闭。

2．全热式。

外气+内气→进入风机 1→进入蒸发器 2 冷却→全部进入加热芯 3→由风门调节风量后进入送风模式 5、6、7、8、9 各吹风口。在这种结构中，进入加热器芯的冷却液用的是流量型水阀来控制。一般由真空机构来驱动，以控制发动机冷却液的进入量。

从图2-83中可看出，全热式与空气混合式温度调节的最大区别是：由蒸发器 2 出来的冷空气全部直接进入加热器芯 3，两者之间不设风门进行冷热空气的混合和风量的调节。

经过配气、温度调节后上述两种方式都能达到各吹风口要求的风量和温度，绝不是全热式只出热风，而空气混合式出冷、热、温风。实质上无论那种温调方式都要进行冷却和加热处理，都要按进入车室内空气状态要求对空气进行冷却和升温处理。

除了上面介绍的空气混合式和全热式温度调节方式外，汽车空调中常用的配气温度调节方式还有几种，详见表2-4所示。其中：E 为蒸发器、H 为加热器芯。

表 2-4　汽车空调配气温度调节方式

形　式	温调方式	组　成
a	加热与冷却	→(M) E / H →
b	半空调	→ E (M) / H →
c	并联空气混合	→(M) E / H (M)→
d	全热式	→ E → H →
e	再热混合式	→ E (M) H →

三、汽车空调空气净化系统

汽车空调都设有空气净化系统。主要由空气过滤器组成，安装在鼓风机组的风扇上部，即进气口后。用来过滤空气中的花粉、灰尘及其他杂质，净化车内的再循环空气和车外进来的新鲜空气。若空气过滤器脏堵将导致空调制冷不足，因此空气过滤器需定期清洁或更换。

在手动汽车空调中，内外循风门、空气混合风门及出风口送风模式的变换都是由拉索或真空机构来实现的。

加热水阀关闭不严实、空气混合门失效及空气过滤器过脏等都会导致空调制冷不足。加热水阀关闭不严实造成空调制冷不足时，不管是否打开空调，只打开风机，送风口都会有暖风吹出，比较容易判断。空气混合门失效需要重新调整。

对暖风或送风系统进行故障诊断时，应首先进行直观检查，包括以下内容：

1．如果送风系统的壳体和通风管道有响声，应检查壳体是否有裂纹、破碎或连接松动。
2．如查真空管有响声，应检查真空管是否有脱落、损坏或弯折。
3．如果气流受阻碍，应检查模式风门是否打开，还要检查前挡风玻璃窗下面的新鲜空气入口是否有树叶或其他异物堵塞。
4．检查模式风门控制拉索是否松动、折断或卡住。

思考与练习

一、判断题（对的画"√"，错的画"×"）

1．(　　) 对车内空气加热使水充分蒸发，然后空气在产生冷气的蒸发器表面变成水滴从排水管排出，从而起到除湿作用。

2．(　　) 非独立式汽车空调的采暖系统的热源来自于发动机的冷却水或排气。

二、单一选择题

1. 汽车通风系统一般为：（　　）。
A．自然通风　　　　　　　　　　　　B．强制通风
C．自然通风和强制通风　　　　　　　D．行车通风

2. 在汽车空调装置中，蒸发箱位于（　　）。
A．发动机前　　　　　　　　　　　　B．发动机后
C．驾驶室内　　　　　　　　　　　　D．后行李厢内

3. 空调与暖风系统的暖气热量不足时，不应首先检查的项目有哪些？（　　）。
A．暖水阀是否卡住　　　　　　　　　B．空气混合阀门是否卡住
C．鼓风机转速是否过低　　　　　　　D．空调滤清器是否堵塞

三、多选题

1. 来自通风系统的发霉气味可能由下列（　　）原因引起。
A．壳体　　　　　B．霉菌　　　　　C．冷却液泄漏　　　　　D．制冷剂泄漏

项目三

汽车空调制冷系统检修

● **教学建议**

1. 教学环境：要求在理论实践一体化的专业教室中完成，最好能实现小班制教学。
2. 教材使用：
（1）任务引导——引导文，由学生根据"知识链接"和教师讲解在实训前完成。
（2）任务实施——实训任务，先由教师示范关键步骤，再由学生根据具体步骤完成实训任务，也可以由学生自行探索，教师在组织过程中根据需要示范和讲解。
（3）实训考核——记录实训结果，教师对学生进行考核评价，任务完成后上交。

● **知识目标**

1. 学生会叙述进行制冷剂鉴别的原因和合格的标准。
2. 学生能说出空调压力表的组成、读数、正确压力值、使用注意事项。
3. 学生能叙述各种常用检漏方法的优缺点。
4. 学生能说出制冷剂加注量是否合适的判断依据。

● **能力目标**

1. 学生会使用制冷剂鉴别仪。
2. 学生会对汽车空调系统压力检查。
3. 学生能对制冷剂进行排放。
4. 学生能对汽车空调制冷系统进行打压检漏、电子检漏、荧光检漏。
5. 学生会汽车空调制冷系统抽真空和加注冷冻机油。
6. 学生能对汽车空调制冷系统加注制冷剂。
7. 学生会使用汽车空调回收充注机。

● **情感目标**

1. 体验安全生产规范，遵守操作规程，感受合作与交流的乐趣。
2. 在项目学习中逐步养成自主学习新知识、新技术的良好习惯。
3. 在操作学习中不断积累维修经验，从个案中寻找共性。

任务一　制冷剂鉴别仪的使用

● 任务要求

1. 学生能正确熟练进行制冷剂鉴别仪的使用。
2. 学生能说出制冷剂鉴别仪使用的注意事项。

● 情境创设

据电视台调查，现在汽车维修市场上 90%的制冷剂是假冒伪劣产品，如果使用这些假冒伪劣的制冷剂会导致汽车空调慢慢损坏，请问你如何鉴别老师所展示的各种制冷剂是真是假。

● 任务引导

相关知识点学习：要求学生实训课前预习课本，独立完成。

1. 请填图 3-1 和图 3-2 中的内容。

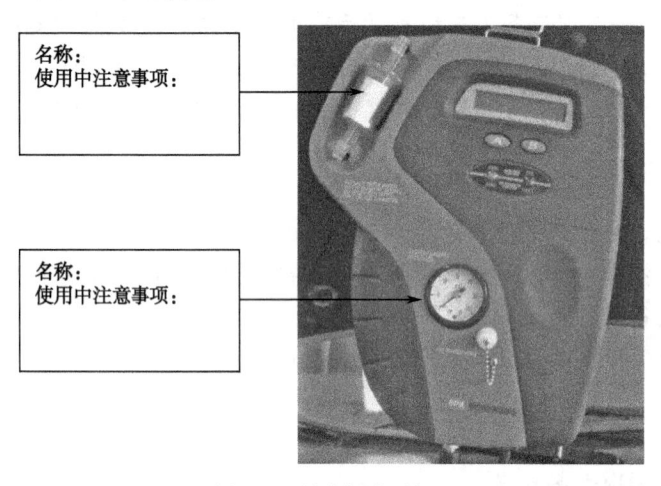

名称：
使用中注意事项：

名称：
使用中注意事项：

图 3-1　制冷剂鉴别仪

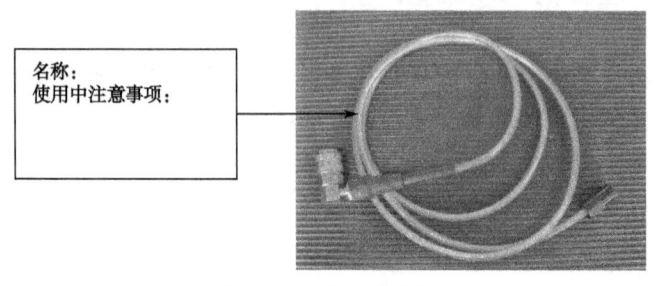

名称：
使用中注意事项：

图 3-2　R134a 采样管

2. 查找资料，写出当地的海拔高度_____米，转换为_____英尺。每米等于_____英尺。

项目 三　汽车空调制冷系统检修

● 任务实施

具体维修操作步骤及技术要求如下。

一、准备工作	
 图 3-3　放三角木	1．按要求把车泊在规定空车位，放好三角木。泊车人要持有驾驶证，如图 3-3 所示。
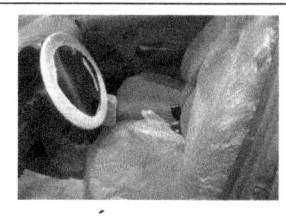 图 3-4　放车外三件套和车内五件套	2．套入方向盘套、手刹套、变速杆套、座椅套，放上地板垫。 放前格栅布和前翼子板布，如图 3-4 所示。
图 3-5　准备工具	3．准备工具：R134 采样管、制冷剂鉴别仪、橡胶手套、护目镜，如图 3-5 所示。
 图 3-6　各种真假制冷剂	4．制冷剂鉴别仪的作用。 现在汽车空调应使用 R134a 制冷剂，但汽车配件市场上 90%以上的制冷剂都是假冒伪劣产品，使用这些制冷剂会导致汽车空调压缩机等配件损坏，使空调不能正常使用。 在图 3-6 中你能分辨哪些制冷剂是纯的 R134a 吗？ 只有使用制冷剂鉴别仪才能鉴别制冷剂真假，以便确定空调故障原因和制冷剂回收重新利用，如图 3-6 所示。

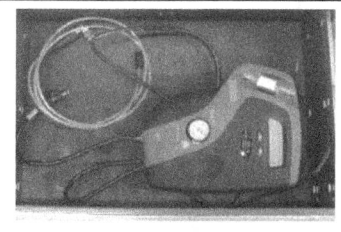

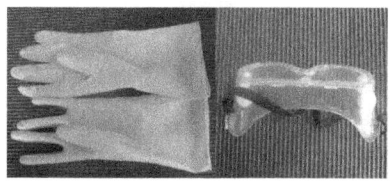

续表

二、制冷剂鉴别仪的使用

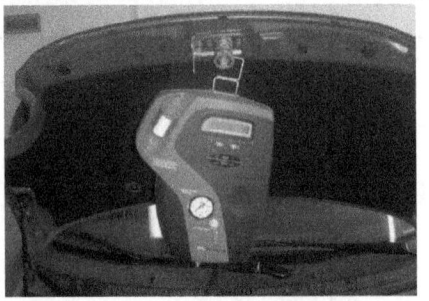 图 3-7　挂制冷剂鉴别仪	1. 打开汽车前舱盖，将制冷剂鉴别仪挂在前舱盖上，如图 3-7 所示。
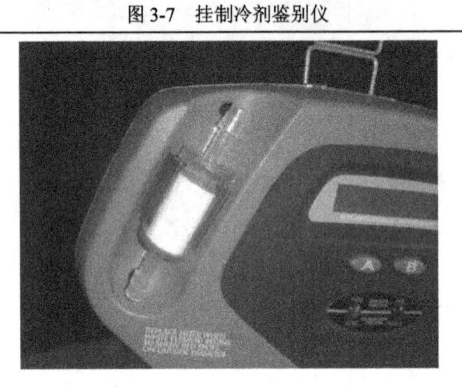 图 3-8　检查制冷剂鉴别仪的滤芯	2. 检查制冷剂鉴别仪的滤芯，如果滤芯变红，说明已失效，需要更换，如图 3-8 所示。
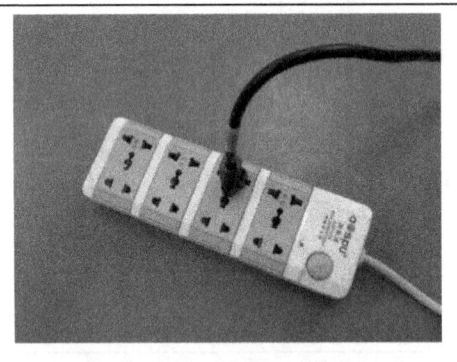 图 3-9　插上制冷剂鉴别仪电源	3. 插上制冷剂鉴别仪电源插头，鉴别仪自动通电，如图 3-9 所示。
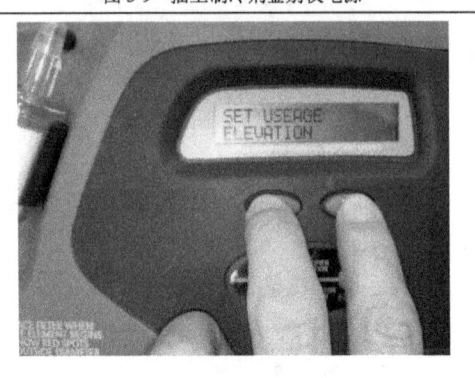 图 3-10　设定海拔高度	4. 通电后立刻用两手指同时按 A、B 键，设定海拔高度。 注意：如果通电后不立刻按 A、B 键，则用默认使用以前设置的海拔高度，如图 3-10 所示。

续表

 图 3-11 调节海拔高度	5. 每按 A 键一次可加 100 英尺，每按 B 键一次可减 100 英尺，如图 3-11 所示。
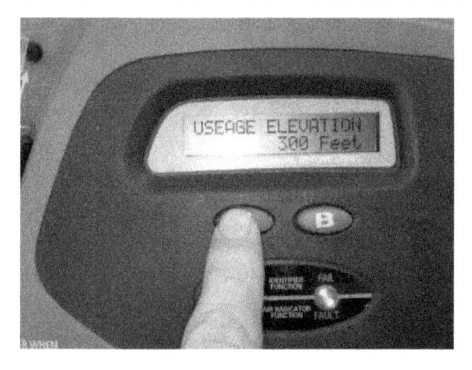 图 3-12 根据当地海拔高度设置参数	6. 根据各地海拔高度转换成英尺，并设置成 100 的整数，如图 3-12 所示。 1 米=3.2808 英尺≈3 英尺 海拔高度设置要求不严格，转换时可按 1 米≈3 英尺转换。如柳州海拔平均高度为 90 米，转换为英尺，可设为 300 英尺。 南宁平均海拔高度为 75 米，应设海拔高度多少？ 注意：设置海拔高度后，如未改变使用地区，以后可不用再设置。
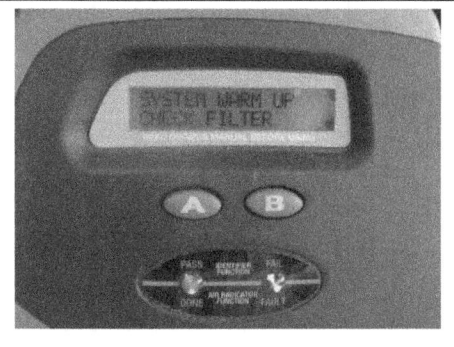 图 3-13 鉴别仪自动进行自我检测	7. 设完海拔高度后，鉴别仪自动进行自我检测，如图 3-13 所示。
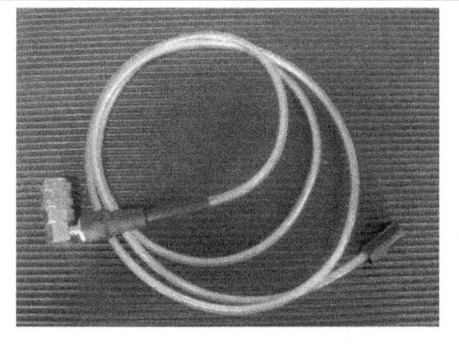 图 3-14 检查鉴别仪采样管	8. 在鉴别仪自我检测期间，可检查鉴别仪采样管是否脏污、破损、堵塞，如图 3-14 所示。

续表

 图 3-15 取下低压检修阀防尘盖	9．取下汽车上空调低压检修阀防尘盖，如图 3-15 所示。
 图 3-16 大约 2 分钟自检完成	10．等大约 2 分钟自检完成后，出现如图 3-16 所示字样，绿灯闪烁，再进行下面操作。
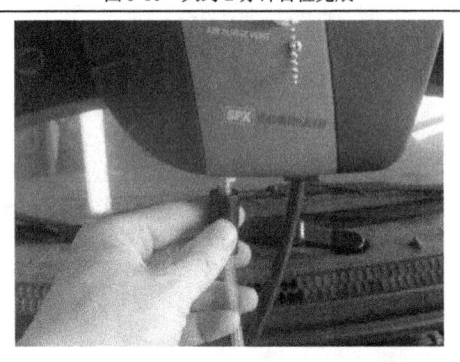 图 3-17 先接采样管一端	11．先接采样管一端到鉴别仪，如图 3-17 所示。 注意：必须等绿灯闪烁才能连接采样管。
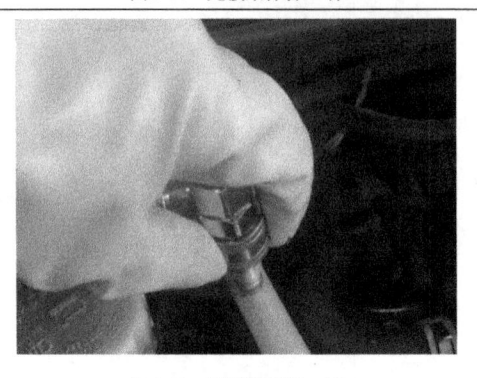 图 3-18 接采样管另一端	12．戴护目镜和橡胶手套，将采样管另一端接到汽车空调低压检修阀上，如图 3-18 所示。

续表

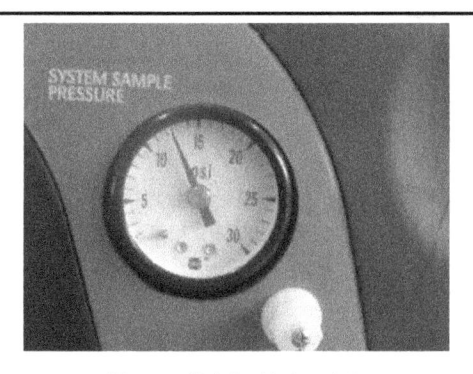 图 3-19 检查鉴别仪上压力表	13．检查鉴别仪上压力表，压力值应在 5～25Psi 才能正常检测，如图 3-19 所示。
 图 3-20 按 A 键进行制冷剂鉴别	14．这时再按 A 键，进行制冷剂鉴别，如图 3-20 所示。
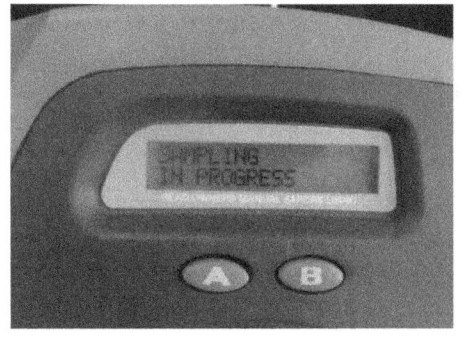 图 3-21 等制冷剂鉴别	15．等大约 20s，鉴别仪进行制冷剂鉴别，如图 3-21 所示。
 图 3-22 检测结果	16．检测结果中。 R134a:100 表示被制冷剂中 R134a 纯度为 100%； PASS 表示样品纯度达到或大于 98%，合格通过； AIR0.0 表示空气含量为 0.0%，如图 3-22 所示。 注意：要求制冷剂 R134a 纯度大于 96%，才能进行回收，否则为不合格，不能使用和回收。 请记录检测结果：_____。

续表

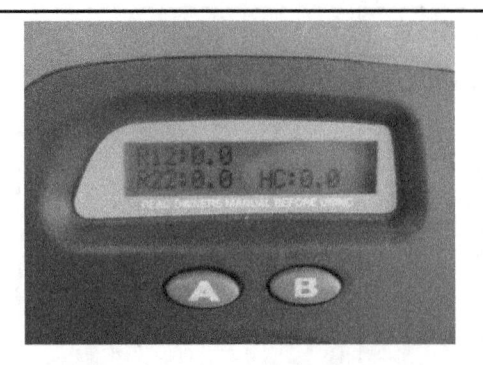 图 3-23 显示 R12、R22、HC 的含量	17．鉴别仪会轮流显示 R12、R22、HC（碳氢化合物）的含量，如图 3-23 所示。
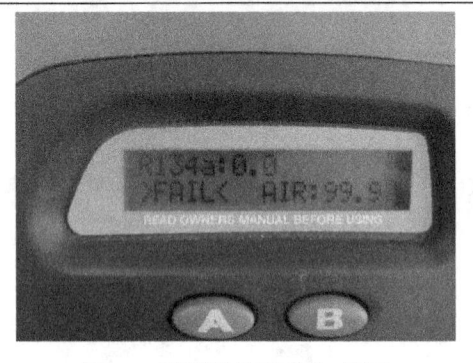 图 3-24 采样管连接不好漏气时显示	18．如果采样管连接不好，漏气，可能会显示 R134a 为 0.0%，AIR 为 99.9%。表示空气含量为 99.9%，如图 3-24 所示。
 图 3-25 按 B 键退出鉴别仪	19．按 B 键可以退出鉴别仪结果显示界面，如图 3-25 所示。
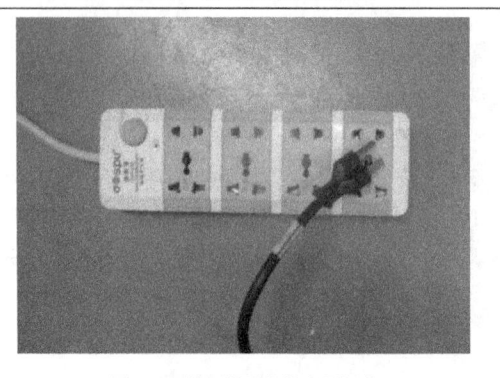 图 3-26 拔下鉴别仪的电源插头	20．鉴别完成后，先将鉴别仪的电源插头拔下，如图 3-26 所示。

续表

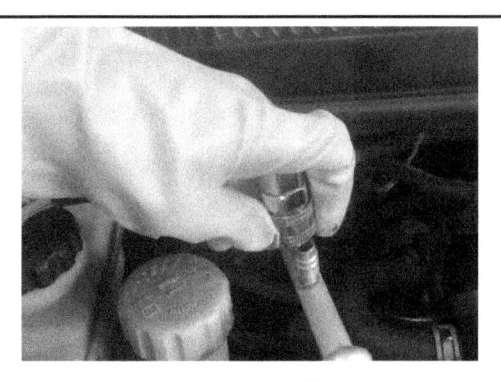 图 3-27 拔下采样管	21．戴护目镜和橡胶手套，将采样管在汽车空调低压检修阀上的一端拔下。 注意：采样管连接到检修阀上就会有制冷剂气体源源不断流出，为了避免制冷剂过多流出，记录检测结果后尽快取下采样管，如图 3-27 所示。
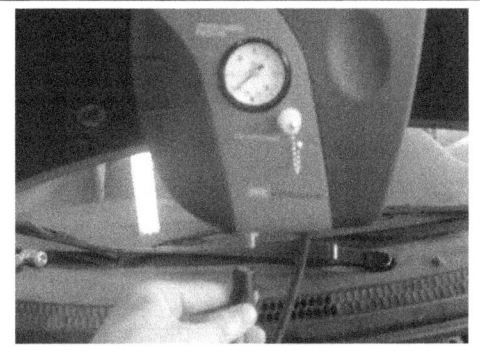 图 3-28 拧下采样管另一端	22．再拧下采样管的另一端。 注意：拆采样管顺序不要弄反，以免制冷剂泄漏造成危险，如图 3-28 所示。
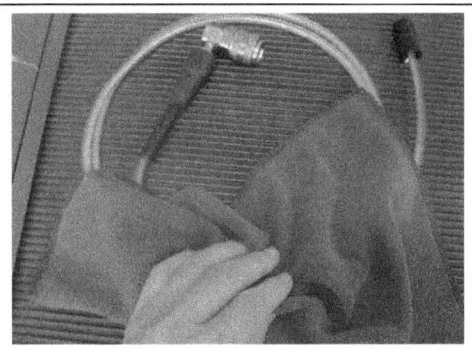 图 3-29 清洁采样管	23．清洁采样管，如图 3-29 所示。
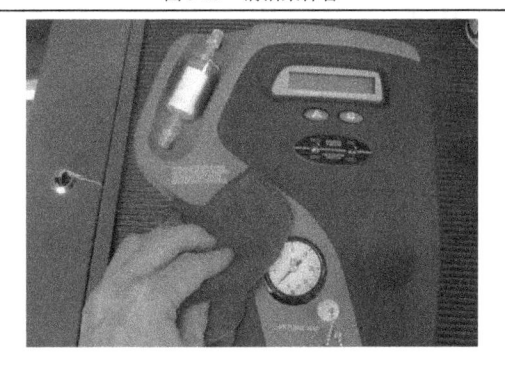 图 3-30 清洁鉴别仪	24．清洁鉴别仪，如图 3-30 所示。

续表

图	说明
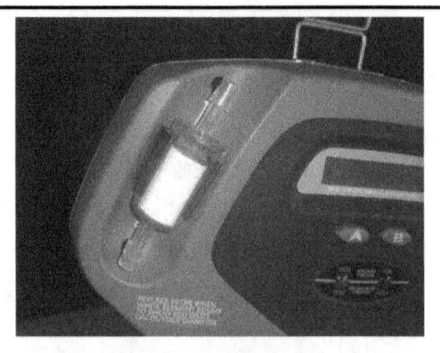 图 3-31 再次检查滤芯	25. 再次检查制冷剂鉴别仪的滤芯，如果滤芯变红，说明已失效，需要及时更换，如图 3-31 所示。
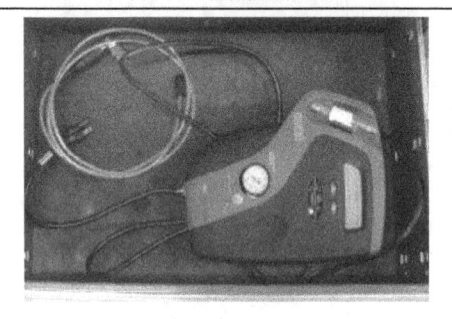 图 3-32 放回原位	26. 将鉴别仪等工具放回原位，如图 3-32 所示。
 图 3-33 用回收充注机进行回收	27. 如果被检测制冷剂合格，可用回收充注机进行回收操作或进行其他维修工作，如图 3-33 所示。 如果检测制冷剂不合格，需要将制冷剂按规定操作放掉。

任务考核单 3-1　制冷剂鉴别仪的使用（见表 3-1）

表 3-1　考核表

班　级		姓　名		学　号	
规定考核时间				分钟	
实际考核时间					
序号	操作步骤		考核及评分记录		扣分 （每错一处扣 10 分）
1.	放好三角木，准备工具：R134 采样管、制冷剂鉴别仪、橡胶手套、护目镜				

续表

班　级		姓　　名		学　号	
规定考核时间			分钟		
实际考核时间					
序号	操作步骤		考核及评分记录		扣分 （每错一处扣10分）
2.	叙述制冷剂鉴别仪的作用				
3.	将制冷剂鉴别仪挂在前舱盖上，并通电				
4.	检查制冷剂鉴别仪的滤芯				
5.	设定海拔高度				
6.	检查鉴别仪采样管是否脏污、破损、堵塞				
7.	等大约2分钟自检完成后，采样管一端先接到鉴别仪，另一端戴手套护目镜接到低压检修阀上				
8.	检查鉴别仪上压力表，压力值应在5～25Psi				
9.	再按A键，进行制冷剂鉴别				
10.	正确全面报告检测结果				
11.	叙述标准：要求制冷剂R134a纯度大于96%，才能进行回收，否则为不合格，不能使用和回收				
12.	按B键可以退出鉴别仪，将电源插头拔下				
13.	戴护目镜和橡胶手套，将采样管在汽车空调低压检修阀上的一端拔下，再取另一端				
14.	将清洁设备，放回原位				
考核分数					
教师签名		考核日期		年　月　日	

任务二　制冷剂的排放

● 任务要求

1. 能正确进行制冷剂排放。
2. 能说出制冷剂排放的注意事项。

情境创设

经过制冷剂鉴别仪鉴别判定是假冒伪劣的制冷剂,必须从管路中排放去除,如果你是维修技师,你如何排放制冷剂?

任务引导

相关知识点学习:要求学生实训课前预习课本,独立完成。

1. _____时候需要排放制冷剂。

2. 将空调压力表中间管接头拧下,并用_____将中间管接头包住,以防_____。

3. 将空调压力表的高、低压接头_____拧开,听到有_____即停止转动。注意:不能开太大,以防_____。

任务实施

具体维修操作步骤及技术要求如下。

一、准备工作	
 图 3-34 放三角木	1. 按要求把车泊在规定空车位,放好三角木。泊车人要持有驾驶证,如图 3-34 所示。
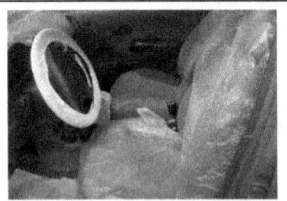 图 3-35 放车外三件套和车内五件套	2. 套入方向盘套、手刹套、变速杆套、座椅套,放上地板垫。 放前格栅布和前翼子板布,如图 3-35 所示。
图 3-36 准备工具	3. 准备工具:空调压力表、橡胶手套、护目镜、毛巾,如图 3-36 所示。

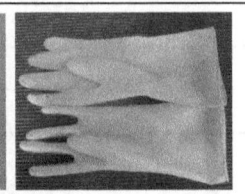

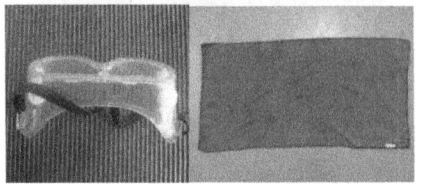

续表

二、制冷剂的排放	
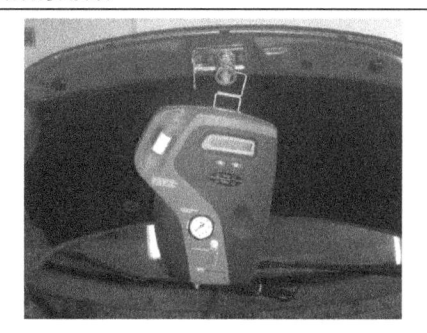 图 3-37 制冷剂鉴别仪的鉴别	1．经过制冷剂鉴别仪的鉴别，R134a 纯度小于 96%，不符合规定的制冷剂，需要进行排放，不能利用回收充注机进行回收，如图 3-37 所示。
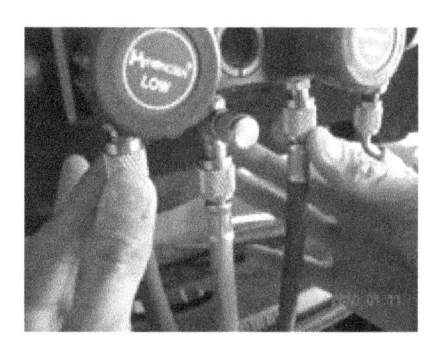 图 3-38 检查空调压力表	2．在汽车的发动机舱盖上挂上空调压力表，并首先检查： （1）指针应归零。 （2）高、低压阀开关应关闭。 （3）压力表上观察窗无破损。 （4）各管路接头拧紧。 （5）管路无破损。 （6）高、低压快速接头内部无脏污，橡胶圈无破损。 （7）高、低压快速接头的手轮逆时针拧到最高位置，如图 3-38 所示。
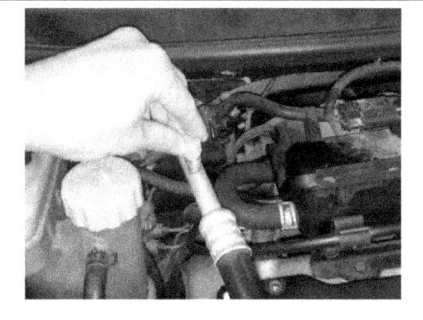 图 3-39 取下防尘盖	3．取下空调系统高、低压管维修阀的防尘盖，如图 3-39 所示。 注意：因防尘盖较小，不要把防尘盖弄掉、弄脏。
 图 3-40 接低压快速接头到低压检修阀	4．戴上护目镜和橡胶手套，将空调压力表高、低压快速接头接到高、低压检修阀上，并将高、低压手轮顺时针拧下去，如图 3-40 所示。 注意：不要将手轮拧到底，应控制距离最低位置 1mm 处，以免高、低管检修阀的针阀被顶歪，导致制冷剂喷出泄漏，并对维修人员造成危险。

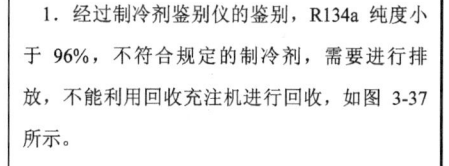

续表

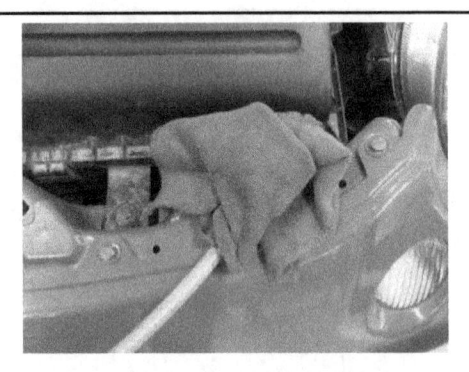 图 3-41 用毛巾将中间管接头包住	5．将空调压力表中间管接头拧下，并用毛巾将中间管接头包住，以防排放制冷剂时伤害维修人员，如图 3-41 所示。
 图 3-42 将空调压力表的高、低压接头慢慢拧开	6．将空调压力表的高、低压接头慢慢拧开，听到有泄气声即停止转动，如图 3-42 所示。 注意：不能开太大，以防冷冻机油喷出。
 图 3-43 关闭空调压力表	7．观察空调压力表指针，指针降低到零时，说明制冷剂已排完。 关闭空调压力表高、低压阀开关，如图 3-43 所示。
 图 3-44 将中间管接头拧回空调压力表上	8．将空调压力表中间管接头拧回空调压力表上，毛巾洗干净放回原位，如图 3-44 所示。

续表

图 3-45 将高、低压快速接头接回空调压力表上	9. 将高、低压快速接头的手轮逆时针拧到最高位置，并取下高、低压快速接头，接回空调压力表上，如图 3-45 所示。

任务考核单 3-2 制冷剂的排放（见表 3-2）

表 3-2 考核表

班级		姓名		学号	
规定考核时间				分钟	
实际考核时间					
序号	操作步骤		考核及评分记录		扣分（每错一处扣 10 分）
1.	安装座椅套等防护用品、车轮挡块				
2.	叙述需要进行排放的条件				
3.	检查压力表				
4.	取下空调系统高、低压管维修阀的防尘盖				
5.	将空调压力表高、低压快速接头接到高、低检修阀上				
6.	用毛巾将中间管接头包住				
7.	将空调压力表的高、低压接头慢慢拧开				
8.	观察空调压力表指针，指针降低到零时，说明制冷剂已排完				
9.	将三个接头接回空调压力表上				
考核分数					
教师签名		考核日期		年 月 日	

任务三　汽车空调系统压力检查

● 任务要求

　　1．熟练掌握歧管压力表与制冷系统的连接。
　　2．记住不同状态时的标准压力值。
　　3．熟练掌握快速维修接头与空调系统怎样接通和断开。
　　4．了解空调的压力与气候和海拔的关系。
　　5．认识静态时的压力与动态时的压力有什么不同。

● 情境创设

　　有一台汽车空调的制冷效果比较差，请你用空调压力表检测一下汽车空调的压力是否正常。

● 任务引导

　　相关知识点学习：要求学生实训课前预习课本知识独立完成。
　　1．空调压力表实物如图 3-46 所示，完成相应空格。
　　低压表及软管是_____颜色（红/黄/蓝），接头与系统低压检修阀连接。
　　高压表及软管是_____颜色（红/黄/蓝），接头与系统高压检修阀连接。
　　中间软管是_____颜色（红/黄/蓝），与真空泵或制冷剂罐相接通。

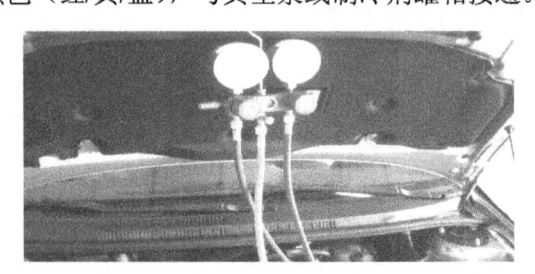

图 3-46　空调压力表外观图

　　2．请根据图 3-47、图 3-48 完成方框内容：

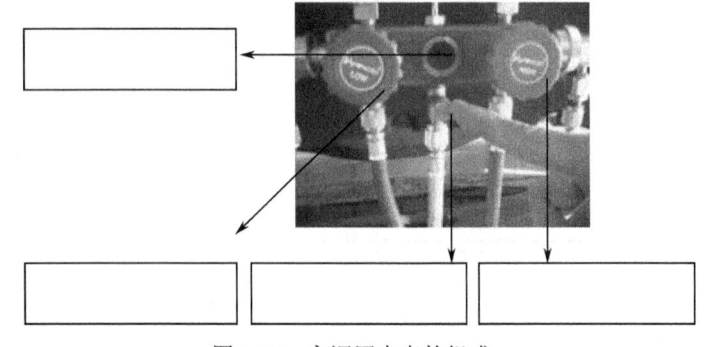

图 3-47　空调压力表的组成

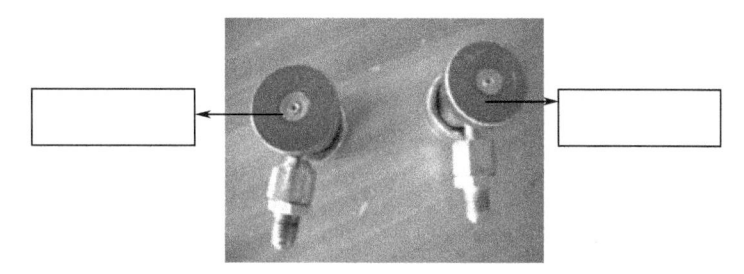

图 3-48　高、低压快速接头

3．用空调压力表检查压力时，_____（需要/不需要）打开高压和低压阀门。

4．根据图 3-49 完成表 3-3：

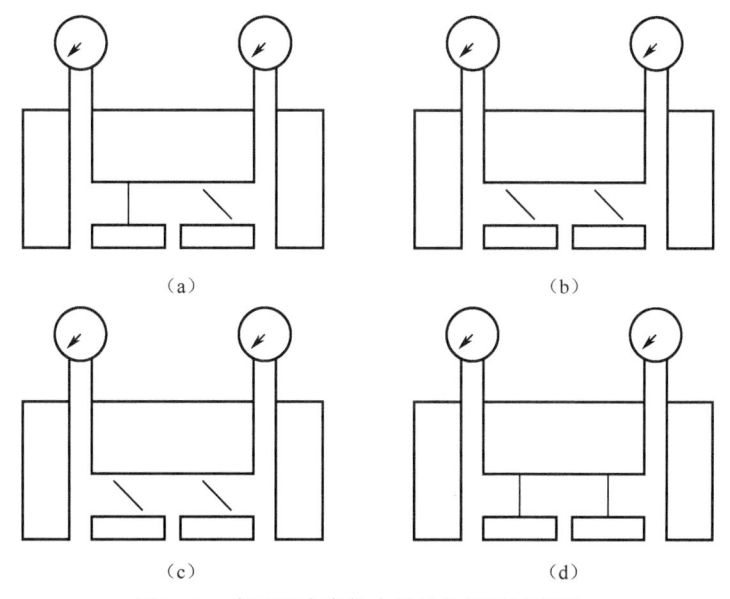

图 3-49　空调压力表的内部结构控制示意图

表 3-3　空调压力表的 4 种功能

高、低压阀门位置	功能	根据图 3-49 写出对应的图号
高、低压阀门同时关闭	制冷系统故障诊断	
低压阀门打开，高压阀门关闭	制冷系统加注制冷剂（动态时）	
低压阀门关闭，高压阀门打开	制冷系统检漏及快速加注制冷剂（静态时）或加注冷冻机油	
高、低压阀门同时打开	制冷系统抽真空	

● 任务实施

具体维修操作步骤及技术要求如下。

 图 3-50 放三角木	1．准备工作： 按要求把车泊在规定空车位，放好三角木。 泊车人要持有驾驶证，如图3-50所示。
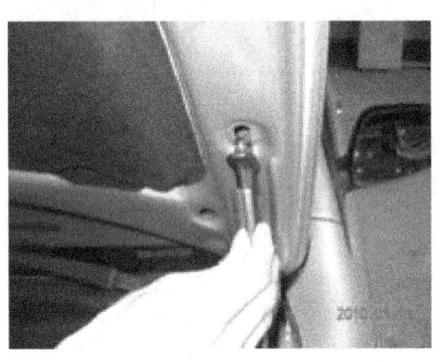 图 3-51 用挺杆顶好引擎盖	2．打开车辆引擎盖并用挺杆顶好。顶好后用手摇一摇引擎盖看是否已经确保顶好了，如图3-51所示。
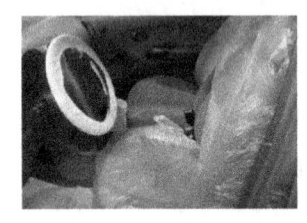 图 3-52 放车外三件套和车内五件套	3．套入方向盘套、手刹套、变速杆套、座椅套，放上地板垫。放前格栅布和前翼子板布，如图3-52所示。
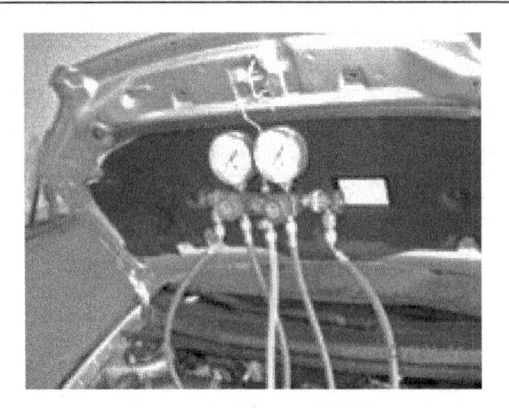 图 3-53 空调压力表放好放稳	4．把空调压力表放好放稳。注意压力表的勾子不要把车子给刮花了，如图3-53所示。

续表

图	说明
 图 3-54 检查空调压力表指针	5．检查空调压力表的完好性。各连接管无开裂、无漏洞、无磨损，表针处于零刻度线，如图 3-54 所示。
 图 3-55 检查空调压力表高压手动阀的位置	6．检查空调压力表高压手动阀的位置。高压手动阀顺时针拧到底（处于关闭位置），高压手动阀控制高压管与中间软管的通断，如图 3-55 所示。
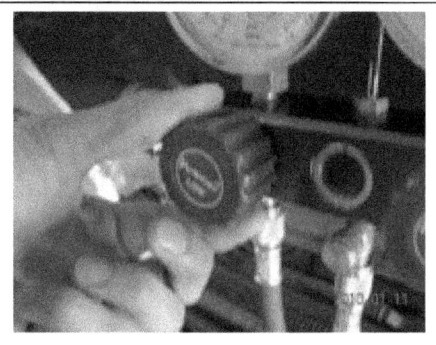 图 3-56 检查空调压力表低压手动阀的位置	7．检查空调压力表低压手动阀的位置。低压手动阀顺时针拧到底（处于关闭位置），低压手动阀控制低压管与中间软管的通断，如图 3-56 所示。
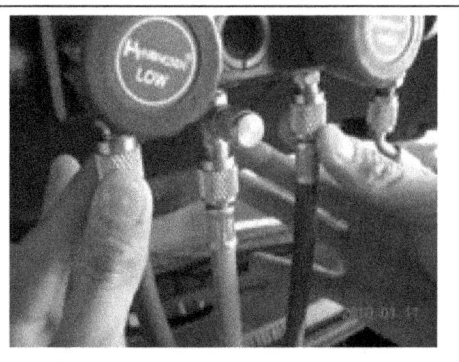 图 3-57 检查空调压力表各管路接头是否拧紧	8．检查空调压力表各管路接头是否拧紧。各管路接头应扭紧，以免接通系统后漏溅出制冷剂（顺时针方向是拧紧），如图 3-57 所示。

续表

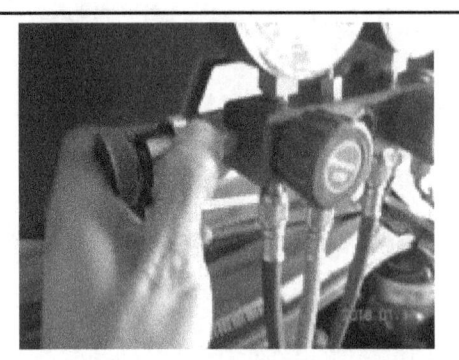 图 3-58 取下低压快速维修接头	9．从空调压力表左侧面取下低压快速维修接头。先把滑环往手轮方向移就可以取下来了，如图 3-58 所示。
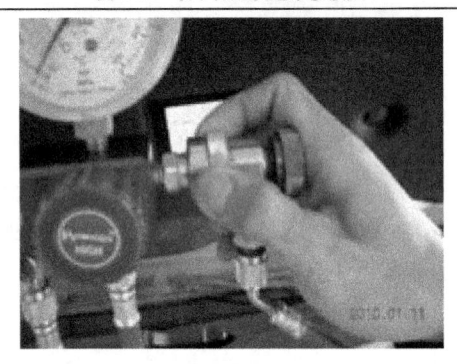 图 3-59 取下高压快速维修接头	10．从空调压力表右侧面取下高压快速维修接头。具体要求与上一步相同，如图 3-59 所示。
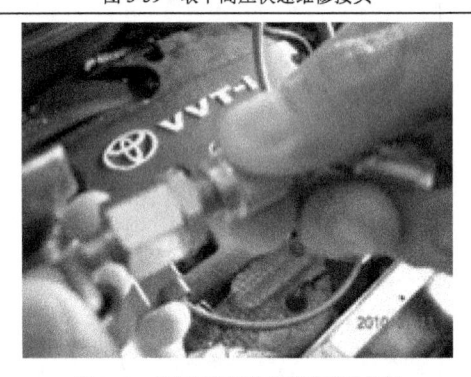 图 3-60 将低压快速维修软管接头拧紧	11．把低压快速维修接头（蓝色）的软管接头拧紧。注意软管的弯角处朝上，这样在接上空调系统时就比较好装，而不被阻碍，如图 3-60 所示。
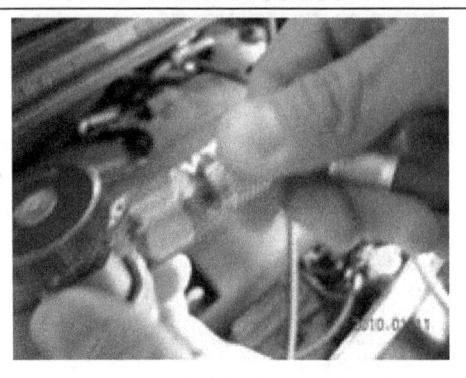 图 3-61 将高压快速维修软管接头拧紧	12．把高压快速维修接头（红色）的软管接头拧紧。具体要求与上一步相同，如图 3-61 所示。

续表

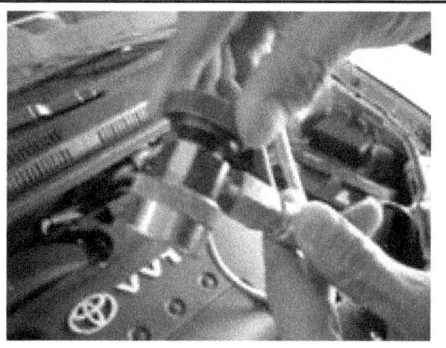 图 3-62 将低压接头手轮逆时针往上扭到顶	13．检查空调压力表低压快速维修接头手轮的位置。快速维修接头的手轮逆时针往上扭到顶，以免在接上维修接口时，还没接好快速维修接头的针阀就已把维修接口的气门针给顶开了，如图 3-62 所示。
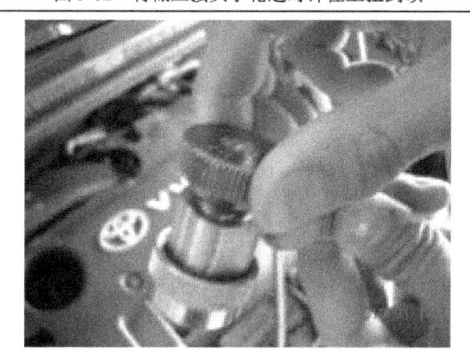 图 3-63 将高压接头手轮逆时针往上扭到顶	14．检查空调压力表高压快速维修接头手轮的位置。具体要求与前面相同，如图 3-63 所示。
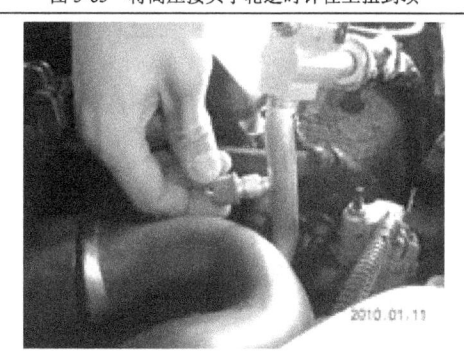 图 3-64 取下低压管维修接口的防尘盖	15．取下空调系统低压管维修接口的防尘盖（较小）并放置好。注意不要把防尘盖弄丢、弄脏，如图 3-64 所示。
 图 3-65 取下高压管维修接口的防尘盖	16．取下空调系统高压管维修接口的防尘盖（较大）并放置好。具体要求与前面相同，如图 3-65 所示。

续表

 图 3-66　使滑环往后移动	17. 戴橡胶手套，用手握紧低压快速维修接头并使滑环往后移动，如图 3-66 所示。
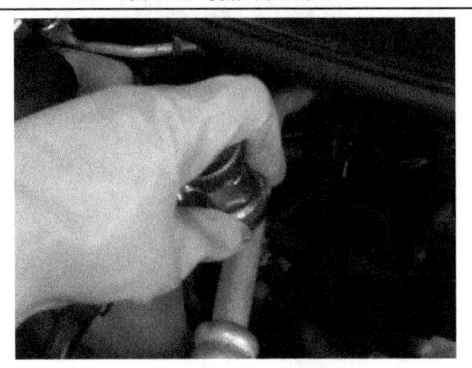 图 3-67　接上低压快速维修接口	18. 对准低压快速维修接口压进去再松开滑环，这样就可以轻松接上了。注意观察此时软管接头的弯角是不是朝上的，如图 3-67 所示。
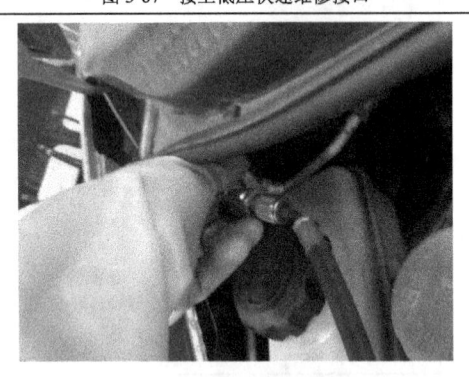 图 3-68　接上高压快速维修接头	19. 用手握紧高压快速维修接头并使滑环往后移动。径直对准快速维修接口压进去再松开滑环，这样就可以轻松接上了，如图 3-68 所示。
 图 3-69　观察此时软管的弯角	20. 把高压快速维修接头接上系统高压维修接口。注意观察此时软管的弯角是不是朝上的，如图 3-69 所示。

续表

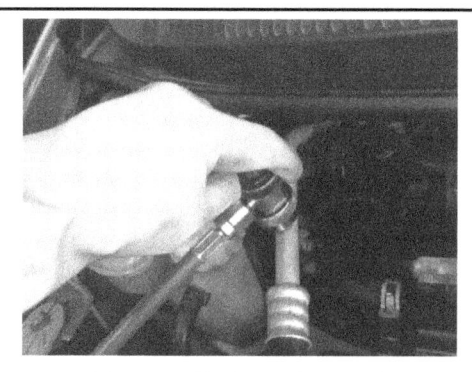 图 3-70 手轮缓慢顺时针往下旋转	21．接通系统低压侧内的压力。把快速接头手轮缓慢顺时针往下旋转，待表头里的指针转动到平稳不动后就可以了，如图 3-70 所示。 注意：不要使劲转到底，以免把维修接口气门针的回位弹簧给压歪了以致不能回位。
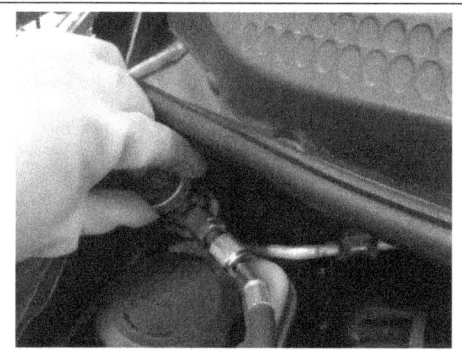 图 3-71 接通系统高压侧内的压力	22．接通系统高压侧内的压力。具体要求与上一步相同，如图 3-71 所示。
 图 3-72 观察低压表头上的压力	23．静态检测： 观察低压表头上的压力读数并记录。静态检测为制冷系统不工作情况下检查系统压力，如图 3-72 所示。 此时高、低侧压力相差不大，压力在 0.4～0.7MPa 之间。
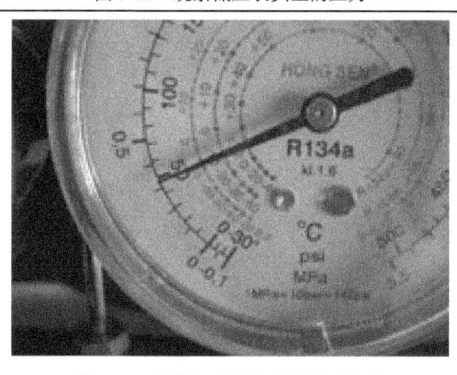 图 3-73 观察高压表头上的压力读数	24．观察高压表头上的压力读数。压力应为 0.4～0.7MPa。 观察是否在标准压力范围之内，并记录低压表压力值为_____，如图 3-73 所示。 要根据当时的气候及你所在的海拔高度这些条件来判断。

续表

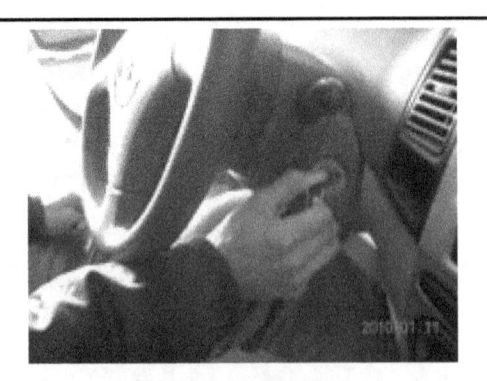 图 3-74 起动发动机	25. 动态检测： 起动发动机。如图 3-74 所示。
 图 3-75 将制冷开关置于最大制冷位置	26. 把制冷开关置于最大制冷位置，如图 3-75 所示的左边旋钮。如果不打开鼓风机，空调是不会工作的。这样是为了防止蒸发器结冰。
 图 3-76 打开鼓风机	27. 打开鼓风机。最好置于最大风挡位置；当然也可置于中间风挡位置，如图 3-76 所示。
 图 3-77 按下 A/C 开关	28. 打开（按下）A/C 开关。同时指示灯点亮，如图 3-77 所示。

续表

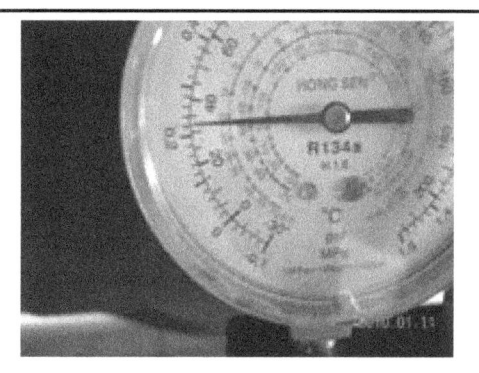 图 3-78 记录判断低压表读数	29．如图 3-78 所示，观察并记录低压表读数_____。 低侧正常压力为 0.15～0.3 MPa。 判断： 正常□，不正常□。
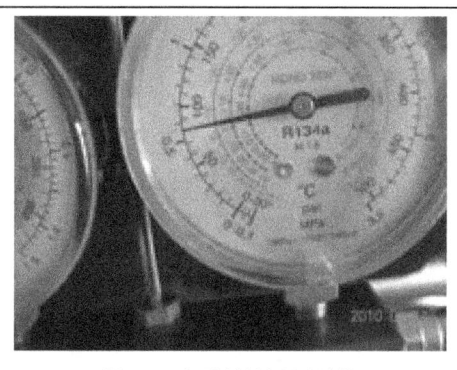 图 3-79 记录判断高压表读数	30．如图 3-79 所示，观察并记录高压表读数_____。 高压侧正常压力为 1.2～1.8MPa。 判断： 正常□，不正常□。 观察是否在标准压力范围之内。要根据当时的气候及你所在的海拔高度这些条件来判断。
 图 3-80 关空调	31．关空调 A/C 开关。同时指示灯熄灭，关鼓风机，如图 3-80 所示。
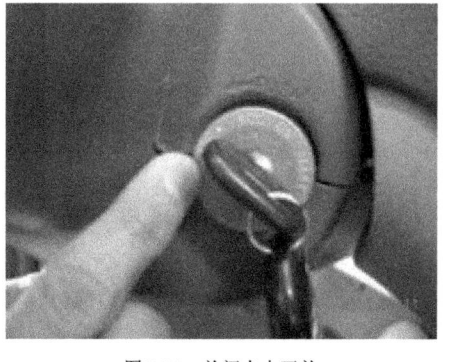 图 3-81 关闭点火开关	32．关闭点火开关。注意把钥匙关到锁止挡/lock 挡。以免接通附件电源，消耗蓄电池的电量，如图 3-81 所示。

续表

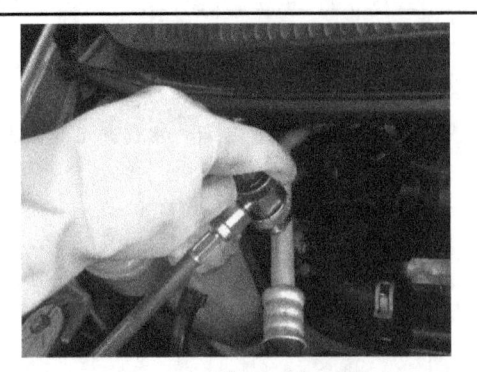 图3-82 手轮逆时针往上转到顶	33．拆卸断开快速维修接头与空调系统低压的连接。注意先把手轮逆时针往上转到顶。以免拆卸时空调系统内的制冷剂溅出冻伤皮肤，如图3-82所示。
 图3-83 取下低压快接维修接头	34．垂直取下低压快接维修阀。没有拉上滑环时不能强行拔出维修阀，如图3-83所示。
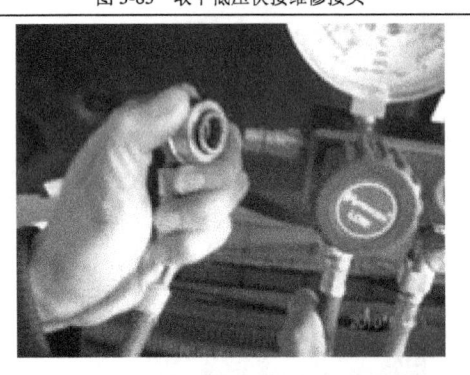 图3-84 把快速接头连接到空调压力表的侧面	35．注意把快速接头连接到空调压力表的侧面，防止污物和水气进入压力表歧管。防止接头脏污，如图3-84所示。
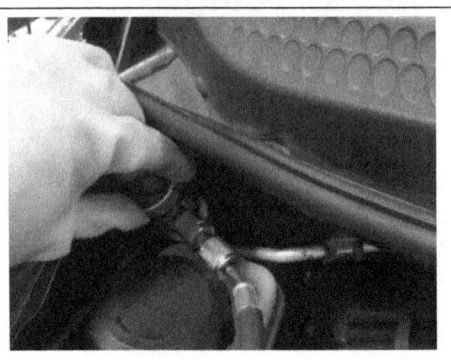 图3-85 手轮逆时针往上转到顶	36．拆卸断开快速维修接头与空调系统高压的连接。注意先把手轮逆时针往上转到顶。以免拆卸时空调系统内的制冷剂溅出冻伤皮肤，如图3-85所示。

续表

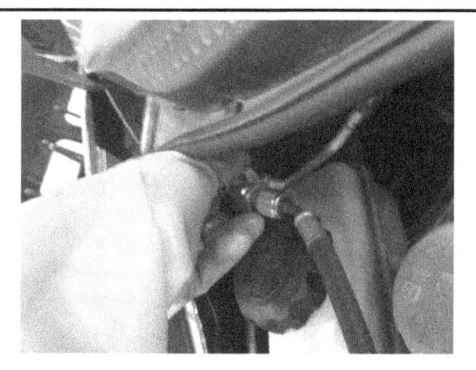 图 3-86 取下高压快接维修接头	37. 垂直取下高压快接维修接头。没有压下滑环时不能强行拔出维修阀，如图 3-86 所示。
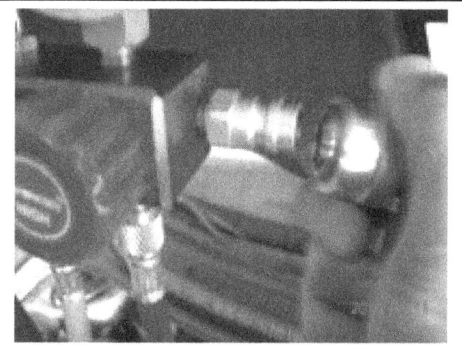 图 3-87 快速接头连接到空调压力表的侧面	38. 注意把快速接头连接到空调压力表的侧面，防止污物和水气进入压力表歧管。防止接头脏污，如图 3-87 所示。
 图 3-88 检查维修接口是否泄漏	39. 检查维修接口是否泄漏。可用冷冻机油倒在接口看是否有气泡生成或用电子检漏仪检测，如图 3-88 所示。
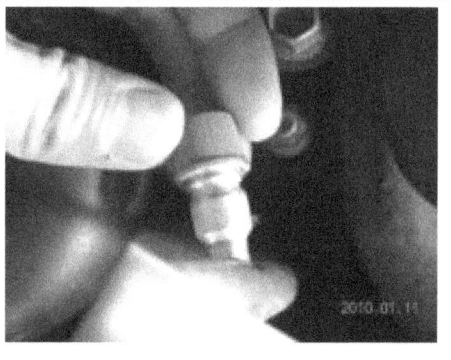 图 3-89 盖上低压防尘帽	40. 盖上低压防尘帽，防止污染，小心安装，不要损坏螺纹，如图 3-89 所示。

续表

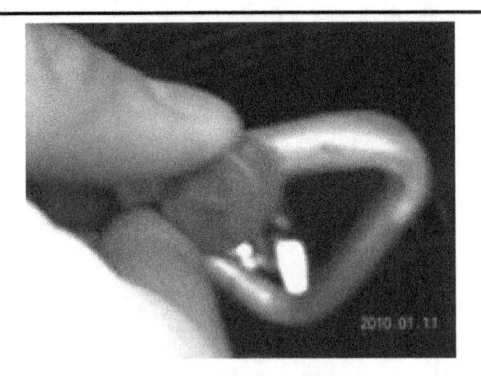 图 3-90 盖上高压防尘帽	41．盖上高压防尘帽，防止污染，小心安装，不要损坏螺纹，如图 3-90 所示。
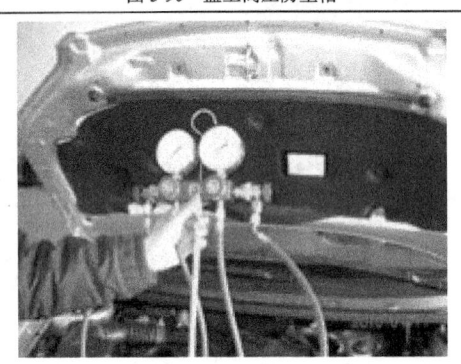 图 3-91 取下空调压力表	42．取下空调压力表放回工具房。脱钩时避免空调压力表掉落，如图 3-91 所示。
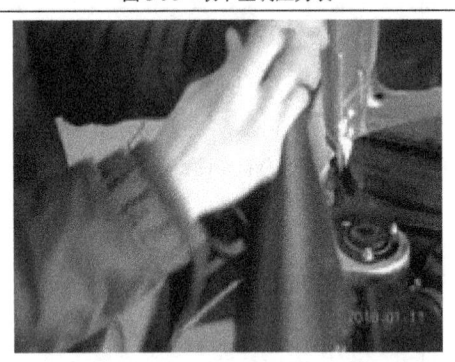 图 3-92 收拾工具	43．收拾工具，整理防护用品。如上面有污物把它清洁干净，如图 3-92 所示。
 图 3-93 叠前格栅布和前翼子板布	44．整齐的叠起来放回工具箱。要求外观整齐、干净，如图 3-93 所示。

续表

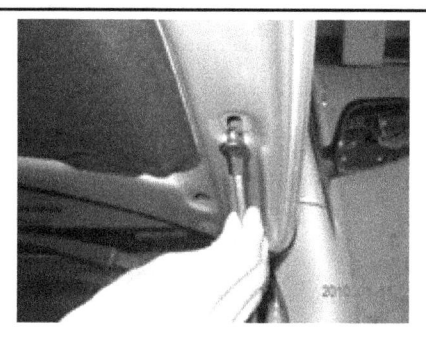

图 3-94 放下引擎盖	45. 放下引擎盖。放下引擎盖前再次检查发动机仓里是否有未完成的作业；检查是否遗漏作业工具，如图 3-94 所示。
图 3-95 做好 5S	46. 做好 5S：整理、整顿、清扫、清洁、素养，如图 3-95 所示。

任务考核单 3-3　汽车空调系统压力检查（见表 3-4）

表 3-4　考核表

班　级		姓　名		学　号	
规定考核时间			分钟		
实际考核时间					
序号	操作步骤		考核及评分记录		扣分（每错一处扣 10 分）
1.	打开发动机引擎盖，安装翼子板布、前格栅布，安装车轮挡块				
2.	检查连接管无开裂、无漏洞、无磨损，表针处于零刻线				
3.	检查空调压力表高低压手动阀的位置				
4.	检查空调压力表各管路接头				
5.	把高低压快速维修接头的软管接头拧紧。注意软管的弯角处朝上				
6.	检查空调压力表低压快速维修接头手轮的位置				
7.	取下空调系统低压管维修接口的防尘盖（较小）并放置好				

续表

班　级		姓　名		学　号	
规定考核时间				分钟	
实际考核时间					
序号	操作步骤		考核及评分记录		扣分 （每错一处扣10分）
8.	戴橡胶手套，戴护目镜，连接高低压快速维修接口				
9.	把快速接头手轮缓慢顺时针往下旋转到压力表指针上升到平稳不动时，停止手轮转动				
10.	静态检测，观察报告高低压表头上的压力读数并记录，说明正常压力值，对比读数说明是否正常				
11.	动态检测，把制冷开关置于最大制冷位置，将最大风挡位置打开并按下 A/C 开关，观察并记录高低压表读数，说明正常压力值，对比读数说明是否正常				
12.	关空调，关鼓风机，关闭点火开关				
13.	拆卸、断开快速维修接头与空调系统低压的连接				
14.	把快速接头连接到空调压力表的侧面				
15.	检查维修接口是否泄漏				
16.	盖上高、低压防尘帽				
17.	收拾工具，整理防护用品				
考核分数					
教师签名		考核日期		年　月　日	

● 知识链接

一、系统检查

1．R-12 系统软管。

（1）低压侧：蓝色。

（2）高压侧：红色。

（3）中间软管：黄色（或白色）。

2．R-134a 系统软管。

（1）低压侧：蓝色带黑镶条或黑色带蓝镶条软管。

（2）高压侧：红色带黑镶条或黑色带红镶条软管。

（3）中间软管：黄色或绿色带黑镶条或黑色带绿或黄镶条软管。

3．用于 R-134a 系统的软管不能用于 R-12 系统。

二、空调压力表组

空调压力表是专门检查空调系统压力的专用工具，有高压表、低压表、高压开关、低压开关及相应软管，通过打开或关闭开关来开或关加注软管的通道。

歧管和压力表组件及通路情况如图 3-96 所示。

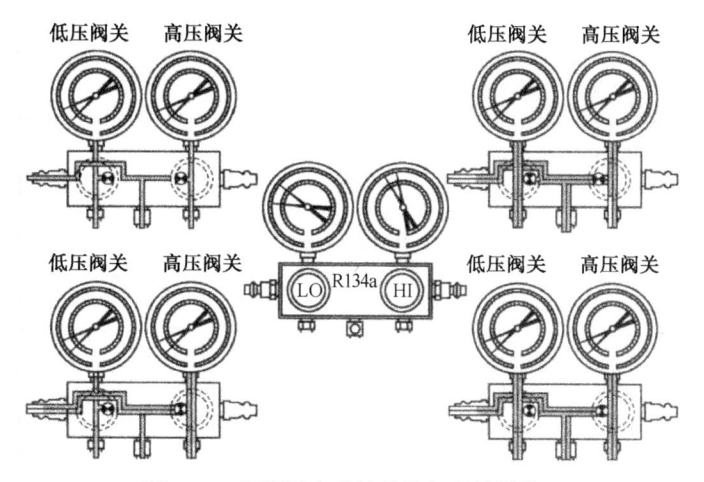

图 3-96 空调压力表的结构与开关通路

1．低压表测量系统低压侧（吸气）压力。
2．高压表测量系统高压侧（排气）压力。
3．歧管中间的软管接头用来回收、充灌、抽空或进行其他维修。

三、空调压力表的作用

空调压力表是维修汽车空调系统必不可少的重要设备，空调系统维修的基本作业，如检查系统压力、充注制冷剂、添加润滑油、系统抽真空、打压检漏这些工作都离不开空调压力表。

四、空调压力表的组成

如图 3-97 所示，空调压力表主要由表头、转换控制机构总体、高压管、低压管、中间软管、高压维修接头、低压维修接头组成。

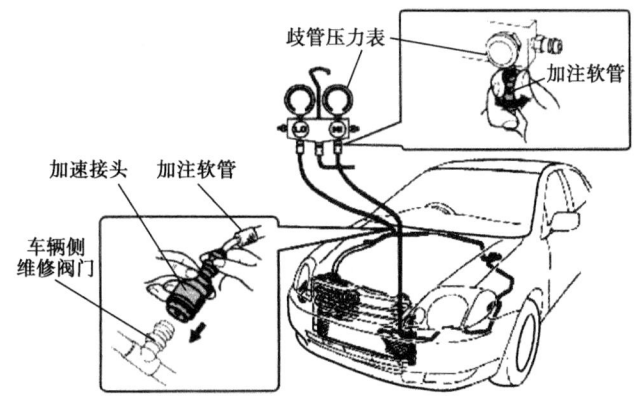

图 3-97 压力表连接

转换控制机构总体主要由高压手动阀、低压手动阀、空气清除阀、阀体组成。

高、低阀打开——是指高、低压表分别与制冷系统及中间管相通。

高、低阀关闭——是指高、低压表与中间管不相通，但分别与制冷系统相通。

五、常用的压力表单位

常用的压力表单位有 Psi、bar、kPa、MPa、kgf/cm² 几种。

1kPa=1000Pa

1MPa=1000kPa

1bar=0.1MPa=100kPa≈1kgf/cm²

1MPa=10 kgf/cm²=145Psi

七、小常识

1 标准大气压=760 毫米汞柱=76 厘米汞柱=1.013×10⁵ 帕斯卡=10.336 米水柱

1．加注软管：一端和空调压力表相连，另一端和车辆侧维修阀门相连。

2．蓝色软管：低压侧。

3．红色软管：高压侧。

● 阅读知识

空调压力表相连注意事项：

1．连接时，用手而不要用任何工具紧固加注软管。

2．如果加注软管的连接密封件损坏，则更换。

3．低压侧和高压侧的连接尺寸不同，连接软管时不要装反。

4．软管和车侧维修阀门连接时，把快速接头接到维修阀门上并滑动，直到听到"喀哒"声。

5．与多功能压力表连接时，不要弄弯管道。

（1）低压侧规定压力读数：0.15~0.3MPa（1.5~3kgf/cm²，21~45Psi）。

（2）高压侧规定压力读数：1.2~1.8MPa（12~18kgf/cm²，169~260Psi）。

任务四　汽车空调制冷系统的打压检漏

● 任务要求

1．熟练掌握汽车空调制冷系统打压检漏的操作方法。

2．叙述打压检漏的注意事项。

● 情境创设

有一辆汽车的空调加了制冷剂以后过一段时间后又不制冷了，怀疑是空调管路泄漏，请检查空调管路是什么地方泄漏。

● 任务引导

相关知识点学习：要求学生实训课前参考"知识链接"独立完成。

1．看图完成图 3-98 和图 3-99 方框中内容。

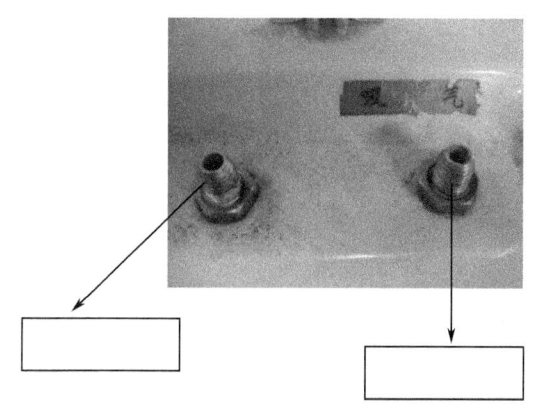

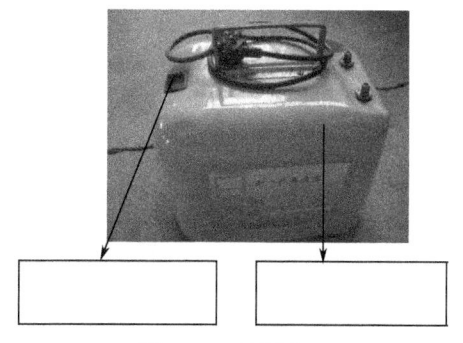

图 3-98　真空泵接头　　　　　　　　　图 3-99　真空泵

2. 把打压检漏方法的主要操作步骤填写在图 3-100 相应方框内。

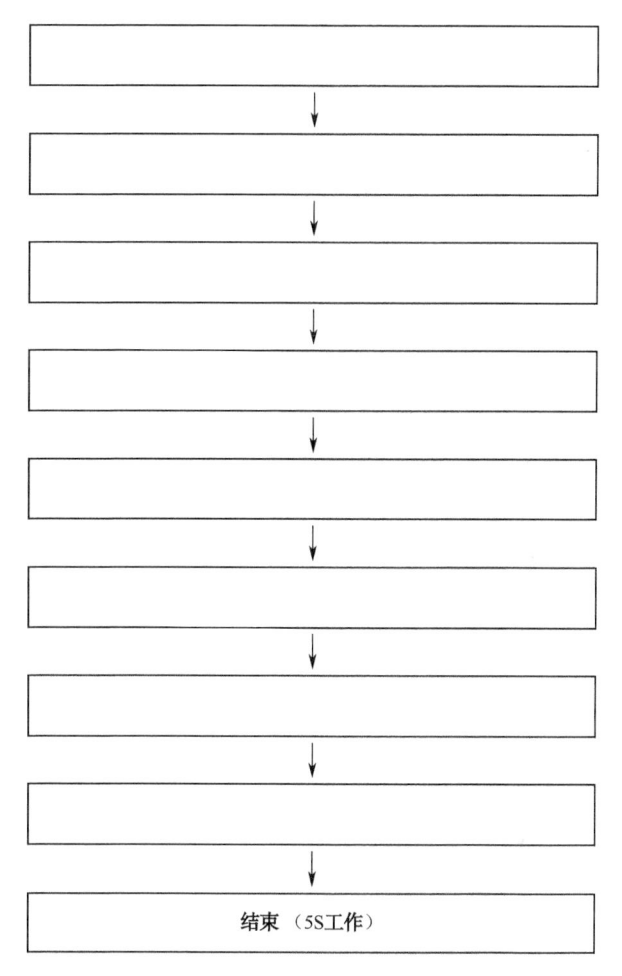

图 3-100　打压检漏流程

任务实施

维修操作及要求：

 图 3-101　放三角木	1．按要求把车泊在规定空车位，放好三角木。泊车人要持有驾驶证，如图 3-101 所示。
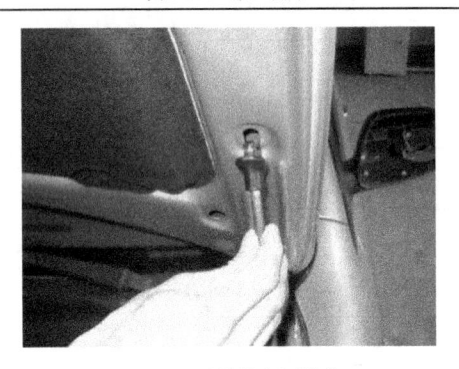 图 3-102　用挺杆挺引擎盖	2．打开车辆引擎盖并用挺杆挺好。顶好后用手摇一摇引擎盖看是否已经确保挺好了，如图 3-102 所示。
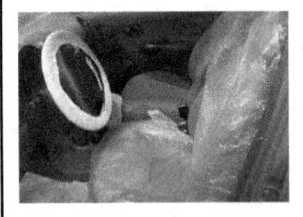 图 3-103　放车外三件套和车内五件套	3．套入方向盘套、手刹套、变速杆套、座椅套，放上地板垫。放前格栅布和前翼子板布，如图 3-103 所示。
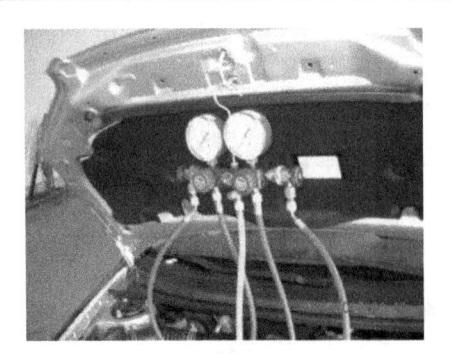 图 3-104　空调压力表勾稳放好	4．把空调压力表勾稳放好。注意压力表的钩子不要把车子给刮花了，如图 3-104 所示。

续表

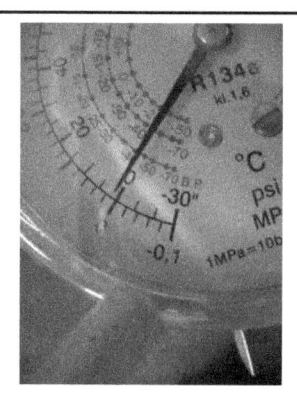 图 3-105 检查空调压力表	5. 检查空调压力表的完好性，各连接管无开裂、无漏洞、无磨损，表针处于零刻度线，如图 3-105 所示。
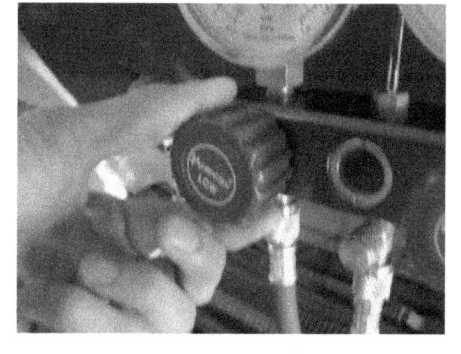 图 3-106 检查空调压力表低压手动阀	6. 检查空调压力表低压手动阀的位置，低压手动阀顺时针拧到底（处于关闭位置），低压手动阀控制低压管与中间软管的通断，如图 3-106 所示。
 图 3-107 检查空调压力表高压手动阀	7. 检查空调压力表高压手动阀的位置，高压手动阀顺时针拧到底（处于关闭位置），高压手动阀控制高压管与中间软管的通断，如图 3-107 所示。
 图 3-108 检查空调压力表各管路接头	8. 检查空调压力表各管路接头是否拧紧。各管路接头应扭紧，以免接通系统后漏溅出制冷剂（顺时针是拧紧），如图 3-108 所示。

续表

 图 3-109 取下高压快速维修接头	9．从空调压力表右侧面取下高压快速维修接头，方法同上，如图 3-109 所示。 注意：只用接高压快速维修接头，不用接低压快速维修接头。因为如果接低压快速维修接头，会因压力过高导致低压压力表损坏。
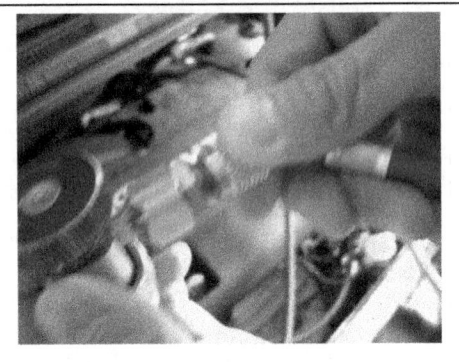 图 3-110 高压快速维修接头的软管接头拧紧	10．把高压快速维修接头的软管接头拧紧，方法同上，如图 3-110 所示。
 图 3-111 检查手轮的位置	11．检查空调压力表高压快速维修接头手轮的位置，阀针应处于最高位置，如图 3-111 所示。
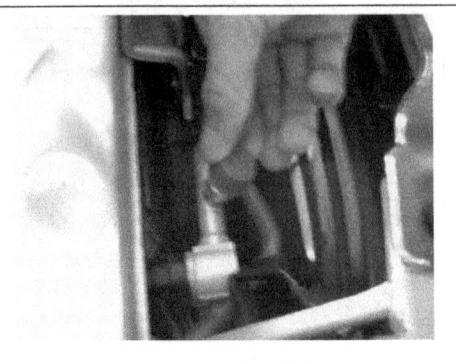 图 3-112 取下防尘盖	12．取下空调系统高压管维修接口的防尘盖并放置好，应避免弄脏，如图 3-112 所示。

续表

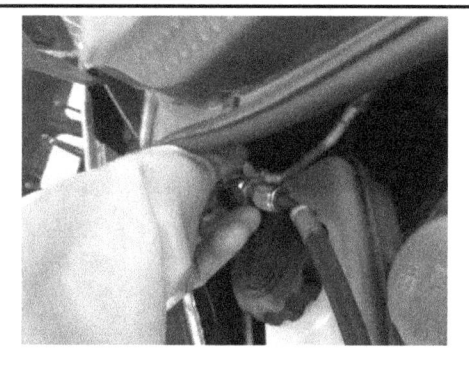 图 3-113 接上高压快速接头	13．用高压快速维修接头接上高压快速接头，如图 3-113 所示。 注意：不用接低压快速接头，以免压力过大损坏低压表。
 图 3-114 观察软管的弯角	14．注意观察此时软管的弯角是不是朝上的，如图 3-114 所示。
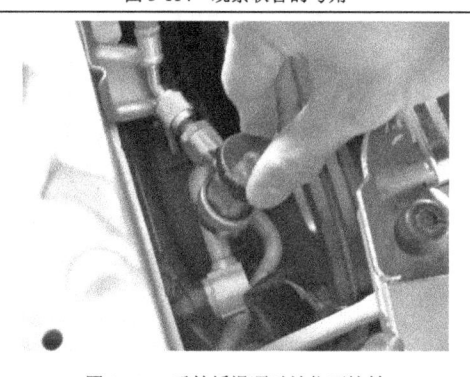 图 3-115 手轮缓慢顺时针往下旋转	15．把快速接头手轮缓慢顺时针往下旋转，如图 3-115 所示。 注意：不要使劲转到底，以免把维修接口气门针的回位弹簧给压歪了以致不能回位。
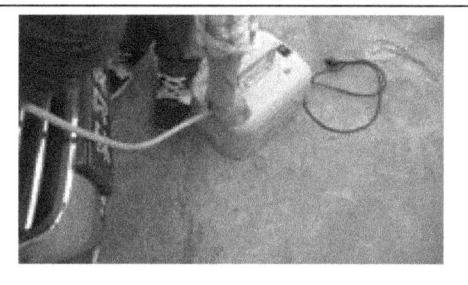 图 3-116 中间软管连接上真空泵	16．中间软管连接上真空泵，接上真空泵的充气接口，如图 3-116 所示。 注意：最好用氮气机或用氮气瓶打压，因为它们没有水气或杂质。

续表

 图 3-117　打开高压手动阀	17．打开高压手动阀，逆时针转动，如图 3-117 所示。 注意：低压阀开关不用打开，以免损坏低压表。
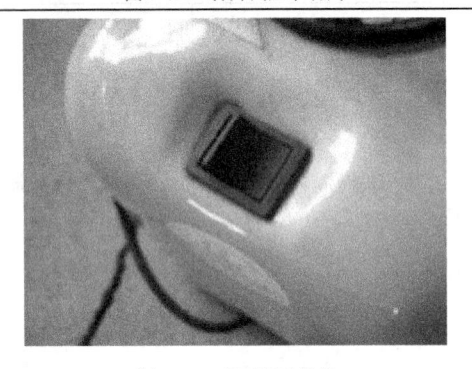 图 3-118　按下起动按钮	18．按下起动按钮，起动真空泵，如图 3-118 所示。
 图 3-119　气压打到 1.5MPa 时停止打压	19．待气压打到 1.5MPa 时停止打压，如图 3-119 所示。 注意：如果管路中制冷剂有非常慢的泄漏，打到 1.5MPa 可能检测不出泄漏点，这时可打到 2.5MPa 以便进行检漏。
 图 3-120　关闭高压手动阀	20．关闭高压手动阀，要迅速，如图 3-120 所示。

续表

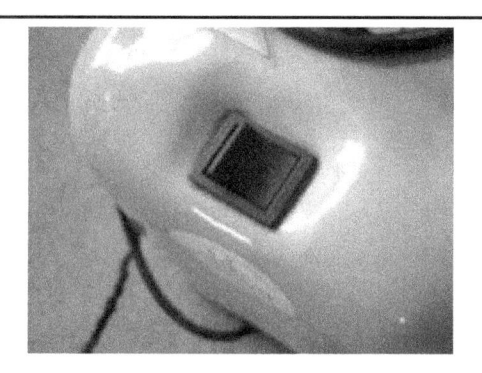 图 3-121　关闭真空泵开关	21．关闭真空泵开关，如图 3-121 所示。 注意：不能弄错关闭顺序，以免空气重新进入管路。
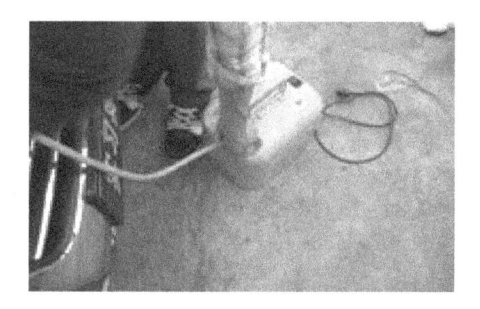 图 3-122　取下中间软管	22．从真空泵取下中间软管，如图 3-122 所示。
 图 3-123　观察空调压力表的指针	23．观察空调压力表的指针是否有下降（指针往回走）。如果有，说明有泄漏，如图 3-123 所示。
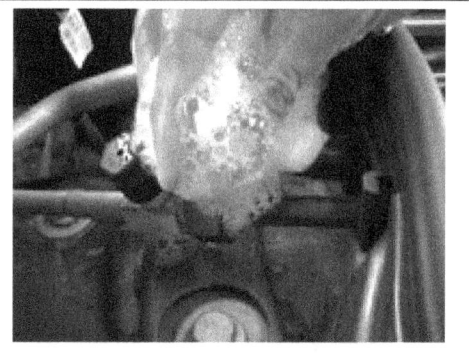 图 3-124　检查空调制冷系统各管路接头	24．检查空调制冷系统各管路接头。 用肥皂泡沫或洗衣粉泡沫等泡沫敷涂在各管路接头，如有泡泡冒起，说明此接头处有泄漏，如图 3-124 所示。

续表

 图 3-125 检查各元件的接头	25．检查各元件的接头。 用肥皂泡沫或洗衣粉泡沫等泡沫敷涂在各元件接头，如有泡泡冒起，说明此接头处有泄漏，如图 3-125 所示。
 图 3-126 用冷冻油注满阀门接口处	26．检查快速维修接口的阀门，用冷冻油注满阀门接口处，如有泡泡冒出，说明其处有漏，如图 3-126 所示。 注意：不能用肥皂水检测快速维修接口的阀门，以免水进入管路造成堵塞。
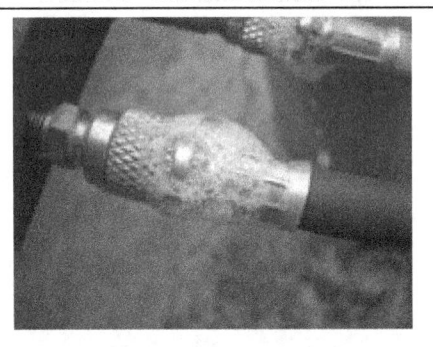 图 3-127 检查表的各管路接头	27．检查表的各管路接头及阀门处，如有泡泡冒出，说明该处有漏，如图 3-127 所示。
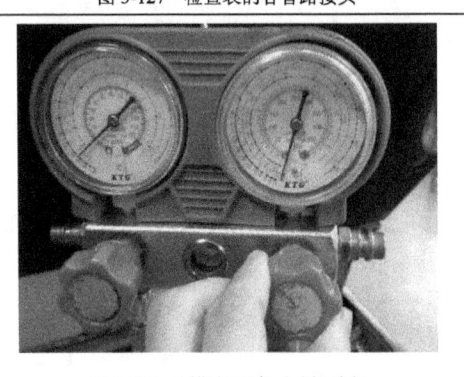 图 3-128 缓慢打开高手动阀放气	28．待找出所有泄漏点后，先把里面的气压泄气完以后再对其进行维修。打开高压手动阀（逆时针旋转，可以开得稍为小的一点，以免系统里的冷冻油被带出来），如图 3-128 所示。 结束、5S 工作。

续表

图 3-129 检修泄漏	29. 接头泄漏可能由以下原因造成： 力矩不适当。 O 形密封圈损坏。 O 形密封圈上缺润滑油。 O 形密封圈上有尘土或碎屑。 注意：棉织手套或毛巾上掉下的毛都有可能在 O 形密封圈上产生泄漏通道。 如果是接头漏，可直接用新的密封圈将其更换，更换时涂冷冻机油；如果是元件漏，可将其元件更换，如图 3-129 所示。

任务考核单 3-4　汽车空调制冷系统打压检漏（见表 3-5）

表 3-5　考核表

班　级		姓　名		学　号	
规定考核时间			分钟		
实际考核时间					
序号	操作步骤		考核及评分记录		扣分 （每错一处扣 10 分）
1.	安装座椅套等防护用品、车轮挡块				
2.	检查压力表的管子是否有破裂，表头指针的位置，手动阀位置，管路接头，手轮位置				
3.	滑环往上移，安装高压快速接头，手轮顺时针往下旋转到距底 1mm 处				
4.	打开高压手动阀				
5.	接上真空泵的打气接口				
6.	起动真空泵开关				
7.	打到规定值 1.5～2.5MPa				
8.	同时关闭高压手动阀				
9.	关闭真空泵起动开关				
10.	报告泄漏位置				
11.	手轮逆时针往上旋转到顶，滑环往上移，拆快速接头				
12.	检查维修接口是否泄漏				
13.	防护措施得当，作业过程零件清洁及最后整理到位				
	工具、零件不落地				
	考核分数				
教师签名		考核日期		年　　月　　日	

任务五　空调电子检漏仪的使用

● **任务要求**

1．能正确熟练进行空调电子检漏仪的使用。
2．能说出空调电子检漏仪使用的注意事项。

● **情境创设**

有一台汽车的空调发生泄漏，但用打压检漏法没有发现泄漏点，请你尝试用电子检漏仪检测泄漏点。

● **任务引导**

相关知识点学习：要求学生实训课前预习课本，独立完成。

1．电子式卤素检漏仪使用条件_____
_____。

2．写出图 3-130 各按键的含义。

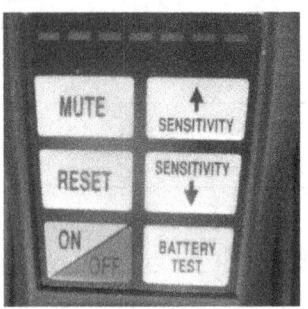

图 3-130　电子检漏仪

_____
_____。

● **任务实施**

具体维修操作步骤及技术要求如下。

一、准备工作	
图 3-131　放三角木	1．按要求把车泊在规定空车位，放好三角木。泊车人要持有驾驶证，如图 3-131 所示。

续表

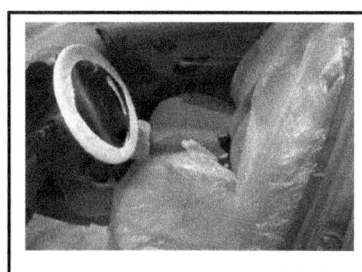 图 3-132 放车外三件套和车内五件套	2. 套入方向盘套、手刹套、变速杆套、座椅套，放上地板垫。 放前格栅布和前翼子板布，如图 3-132 所示。
 图 3-133 准备工具	3. 准备工具：电子检漏仪，如图 3-133 所示。

二、电子式卤素检漏仪的使用（以 TIFXP-1A 型号为例）

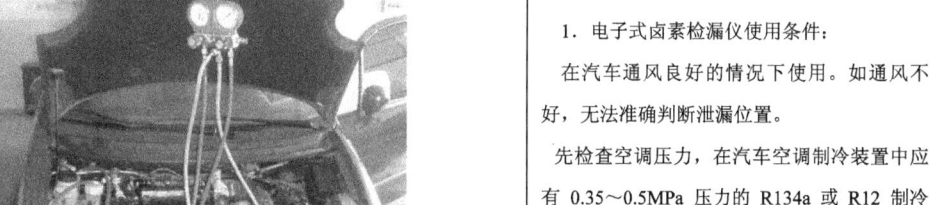

 图 3-134 电子式卤素检漏仪使用条件	1. 电子式卤素检漏仪使用条件： 在汽车通风良好的情况下使用。如通风不好，无法准确判断泄漏位置。 先检查空调压力，在汽车空调制冷装置中应有 0.35～0.5MPa 压力的 R134a 或 R12 制冷剂，如压力不够则不能准确判断检查泄漏位置，如图 3-134 所示。
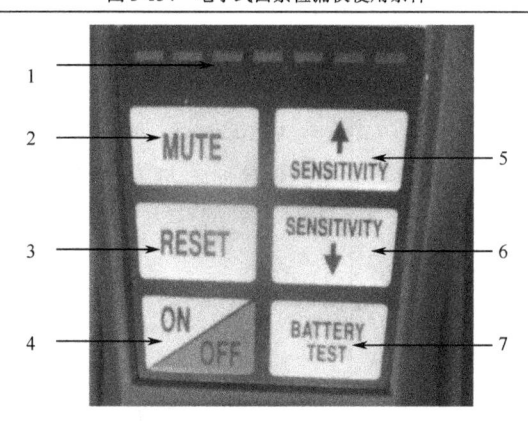 图 3-135 电子检漏仪面板	2. 电子式卤素检漏仪面板说明，如图 3-135 所示： （1）LED 灯，指示泄漏制冷剂的浓度，也可以显示检漏仪的电池容量。 （2）静音键。按下静音键不再声音报警，而是 LED 灯闪烁。声音的大小反映出泄漏的大小和强弱（浓度）。 （3）重设键。利用该键可以找到泄漏的源头。当检查到泄漏时按下该键，继续检查，直到检查到比原来浓度更大的地方才会再次报警，这样一步步进行下去即可精确地找到泄漏

续表

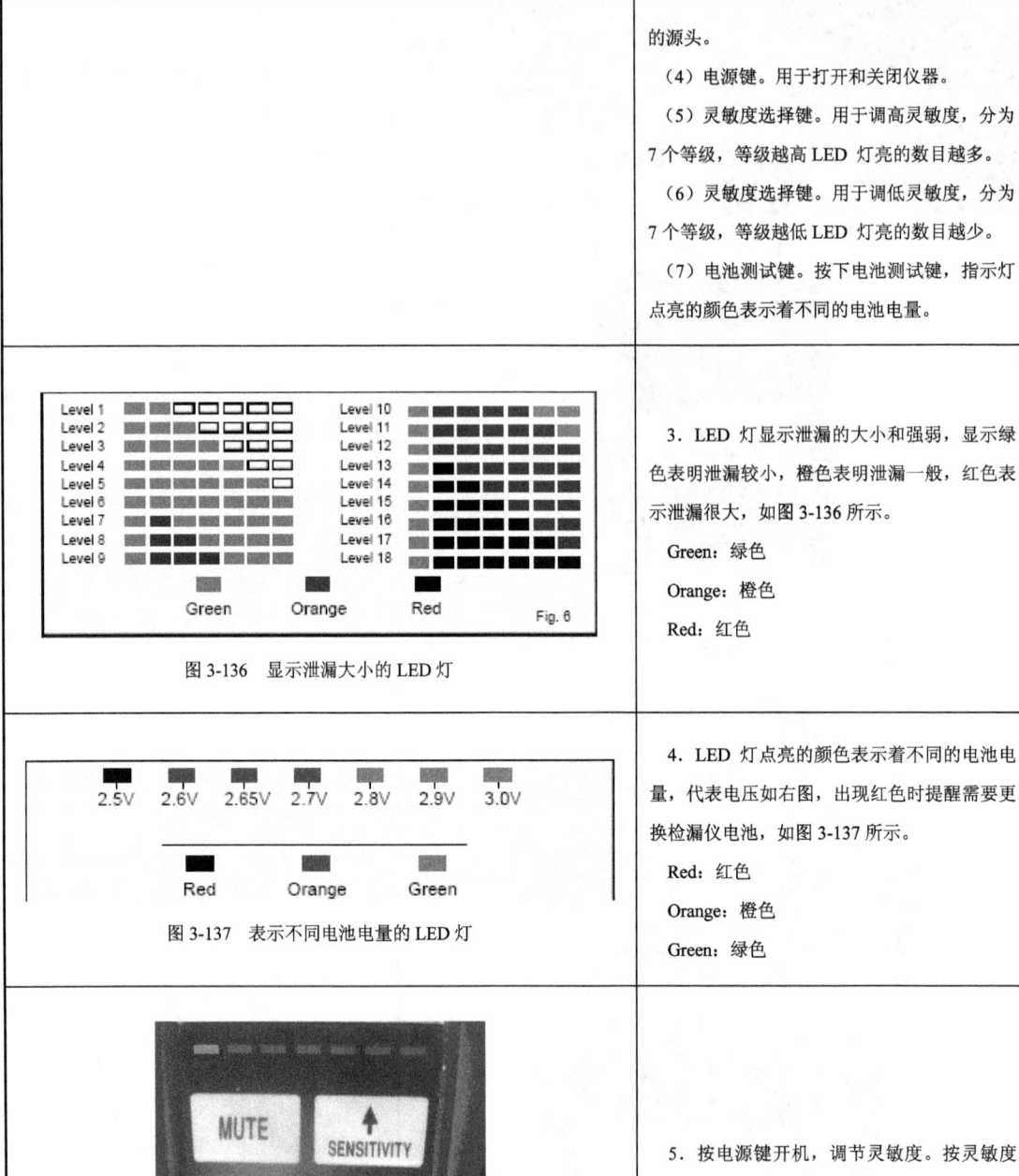

	的源头。 （4）电源键。用于打开和关闭仪器。 （5）灵敏度选择键。用于调高灵敏度，分为7个等级，等级越高 LED 灯亮的数目越多。 （6）灵敏度选择键。用于调低灵敏度，分为7个等级，等级越低 LED 灯亮的数目越少。 （7）电池测试键。按下电池测试键，指示灯点亮的颜色表示着不同的电池电量。
图3-136　显示泄漏大小的 LED 灯	3. LED 灯显示泄漏的大小和强弱，显示绿色表明泄漏较小，橙色表明泄漏一般，红色表示泄漏很大，如图3-136所示。 Green：绿色 Orange：橙色 Red：红色
图3-137　表示不同电池电量的 LED 灯	4. LED 灯点亮的颜色表示着不同的电池电量，代表电压如右图，出现红色时提醒需要更换检漏仪电池，如图3-137所示。 Red：红色 Orange：橙色 Green：绿色
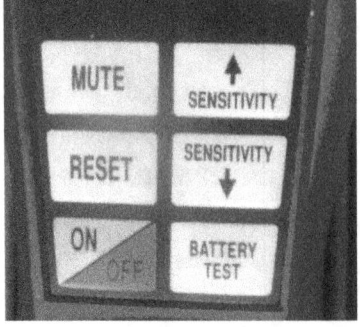 图3-138　按电源键开机	5. 按电源键开机，调节灵敏度。按灵敏度选择键，使第一个 LED 灯点亮，其他 LED 灯熄灭，仪器发出频度不高的声音，如图3-138所示。

项目 三　汽车空调制冷系统检修

续表

图示	说明
 图 3-139　将仪器的探头指向被检区域	6．将仪器的探头指向被检区域，如图 3-139 所示。 注意：不要接触探头，或让传感器吸入液体，以免损坏传感器。 若点亮的 LED 灯增多，声音频率增高，则说明有泄漏现象。
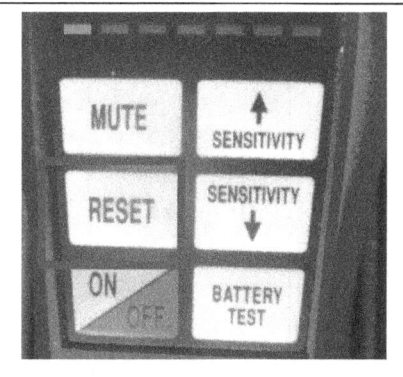 图 3-140　利用重设键可以准确地找到泄漏的源头	7．利用重设键可以准确地找到泄漏的源头。当检查到泄漏时按下该键，继续检查，直到检查到比原来浓度更大的地方才会再次报警，如图 3-140 所示。
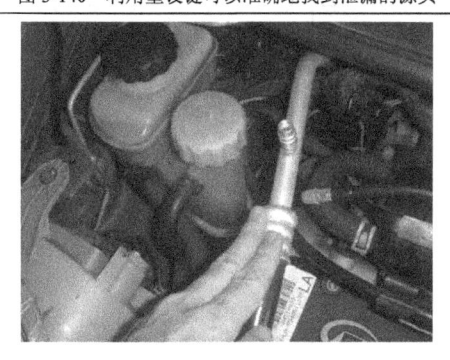 图 3-141　检测时重点检查各空调管路接头	8．检测时重点检查各空调管路接头，如图 3-141 所示。 注意： 为了更快找出泄漏点，可以用手轻拍空调管路接头。 检测头以划圆圈方式检查，但由于制冷剂比空气重，应重点检查接头下方，每个接头应停留 5s，并至少检查两遍。
 图 3-142　检查高压检修阀	9．拧下高压检修阀防尘盖，检查高压检修阀，如图 3-142 所示。

续表

 图 3-143 检查低压检修阀	10．拧下低压检修阀防尘盖，检查低压检修阀，如图3-143 所示。 注意：每次用空调压力表接高、低检修阀后都要对其进行检查，以免泄漏。就像给汽车轮胎打气后要用清水检查轮胎充气口是否泄漏的道理一样。
 图 3-144 检查膨胀阀接头	11．检查膨胀阀接头，如图3-144 所示。
 图 3-145 检查低压管接头	12．检查低压管接头，如图3-145 所示。
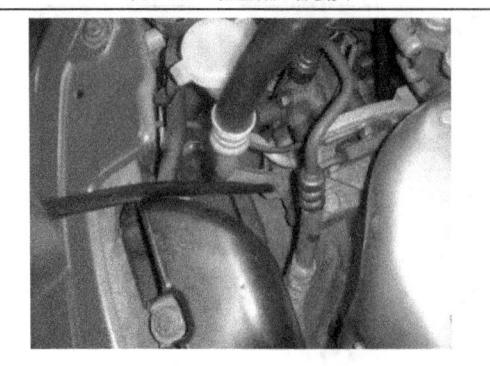 图 3-146 检查压缩机接头	13．检查压缩机接头和后盖，如图 3-146 所示。

续表

 图 3-147 检查储液干燥器接头	14．检查储液干燥器接头和压力开关，如图 3-147 所示。
 图 3-148 检查冷凝器接头	15．检查冷凝器接头，如图 3-148 所示。
 图 3-149 检查蒸发器和膨胀阀泄漏的方法	16．检查蒸发器和膨胀阀泄漏的方法： （1）起动发动机，开空调运转 10min。 （2）开鼓风机一挡，开 A/C 开关。 （3）调节送风模式到迎面方式，关闭所有送风口。 （4）轮流打开一个送风口，用电子检漏仪检测，如图 3-149 所示。
 图 3-150 每个容易泄漏点检查 2～3 次	17．注意：为了保证检测准确性，应对每个容易泄漏点检查 2～3 次，每个接头应停留 5s，如图 3-150 所示。

续表

图 3-151 盖好高、低压检修阀防尘盖	18．检查完成后，盖好高、低压检修阀防尘盖，如图3-151所示。
图 3-152 清洁电子检漏仪	19．清洁电子检漏仪，放回原位，如图3-152所示。

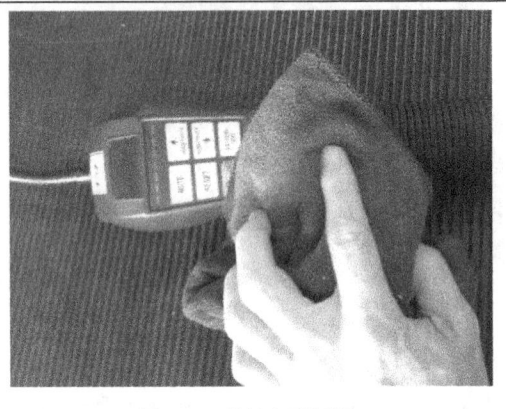

任务考核单 3-5　空调电子检漏仪的使用（见表 3-6）

表 3-6　考核表

班　级		姓　名		学　号	
规定考核时间				分钟	
实际考核时间					
序号	操作步骤	考核及评分记录		扣分（每错一处扣10分）	
1.	安装车轮挡块				
2.	叙述电子式卤素检漏仪使用条件				
3.	说明电子式卤素检漏仪面板各按键含义				
4.	按电源键开机，调节灵敏度				
5.	检查注意事项（重点检查接头 2~3 遍、停留5s、不能碰探头、轻拍接头）				

续表

班　　级		姓　　名		学　　号	
规定考核时间			分钟		
实际考核时间					
序号	操作步骤		考核及评分记录		扣分 （每错一处扣10分）
6.	检查高压检修阀				
7.	检查低压检修阀				
8.	检查膨胀阀接头				
9.	检查低压管接头				
10.	检查压缩机接头				
11.	检查储液干燥器接头				
12.	检查冷凝器接头				
13.	检查蒸发器和膨胀阀				
14.	清洁电子检漏仪，放回原位				
15.	防护措施得当，作业过程零件清洁及最后整理到位				
	工具、零件不落地				
考核分数					
教师签名		考核日期		年　　月　　日	

任务六　汽车空调荧光检漏

● 任务要求

1．能正确熟练使用空调荧光检漏设备进行检漏。
2．能说出荧光检漏设备使用的注意事项。

● 情境创设

有一辆汽车的制冷剂慢慢泄漏，用打压检漏和电子检漏都无法检查出来，请你用荧光检漏设备进行检查。

● 任务引导

相关知识点学习：要求学生实训课前预习课本，独立完成。
1．按从左到右的顺序写出图 3-153 中各设备的名称：

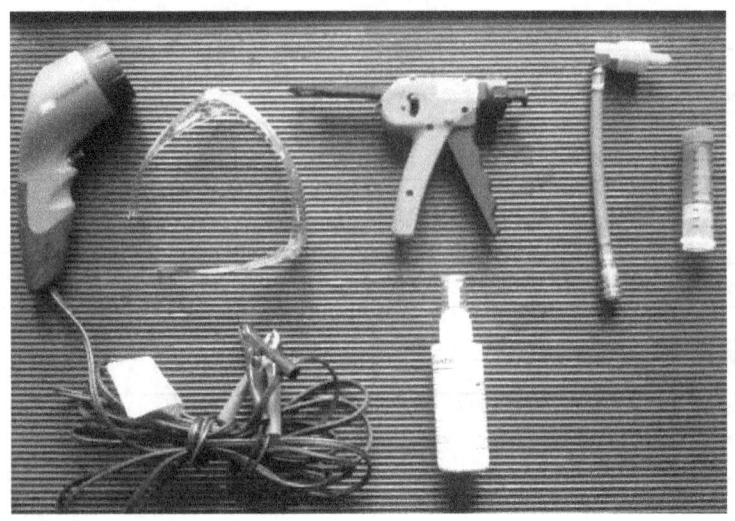

图 3-153　荧光检漏工具

_____
_____
_____。

3．用紫外线灯从 _____ 检查汽车空调内是否有荧光剂。

4．将荧光剂加注管装在汽车上的 _____ 加注阀上。

5．小型车辆加入 _____ 荧光剂，大型车辆加注 _____ 荧光剂。

6．按下紫外线灯的开关，照射各接头处，如接头处出现 _____ ，则说明该处泄漏维修后，在泄漏处用 _____ 喷射清洁。

● 任务实施

具体维修操作步骤及技术要求如下。

一、准备工作

1．按要求把车泊在规定空车位，放好三角木。泊车人要持有驾驶证，如图 3-154 所示。

图 3-154　放三角木

续表

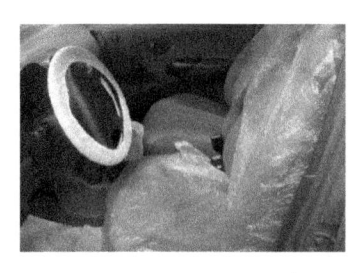 图 3-155 放车外三件套和车内五件套	2．套入方向盘套、手刹套、变速杆套、座椅套，放上地板垫。 放前格栅布和前翼子板布，如图 3-155 所示。
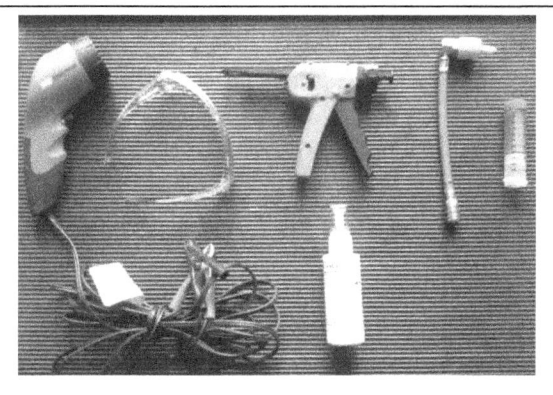 图 3-156 准备工具	3．准备工具：紫外线灯、荧光检查眼镜、荧光剂加注枪、荧光剂加注管、荧光剂加注瓶、荧光清洁剂，如图 3-156 所示。

二、理论知识准备

汽车空调荧光检漏就是将经过计量的一定数量的对紫外线敏感的染料引入到空调系统内。将空调系统运转几分钟，使染料循环。然后拿一盏紫外线灯来查找泄漏处。荧光检漏法（紫外线检漏法）快速、准确、方便，是查找微小泄漏的最有效的方法。

有些汽车制造厂家在汽车出厂前已经向空调系统内添加荧光染料（也叫"探伤液"）。如未添加，则在荧光检漏前需要向空调系统内加注荧光剂。

三、加注荧光剂

 图 3-157 检查制冷剂压力	1．首先检查制冷剂压力，判断制冷剂是否足够，如果不足，则需要加注制冷剂，以便后续荧光检漏，如图 3-157 所示。

续表

 图 3-158 用紫外线灯观察	2. 用紫外线灯从观察窗或高、低压检修阀处检查汽车空调内是否有荧光剂。如有荧光剂，会发出黄绿色荧光，如图 3-158 所示。
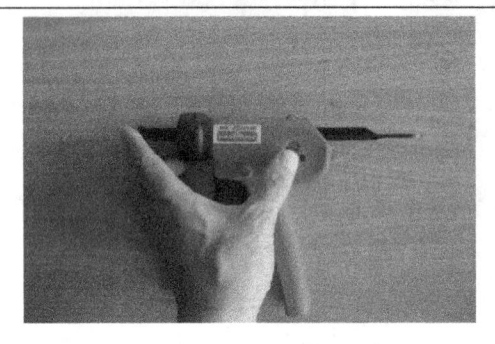 图 3-159 加注枪	3. 如果该车没有加注过荧光剂，则需要用工具加注荧光剂。 首先将加注枪的锁止钮向下扳，然后将推杆向右推到底，如图 3-159 所示。
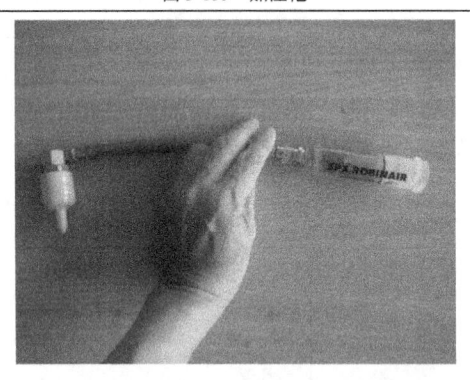 图 3-160 荧光剂加注管装配在荧光剂加注瓶上	4. 把荧光剂加注瓶的盖子拧下，再将荧光剂加注管装配在荧光剂加注瓶上，如图 3-160 所示。
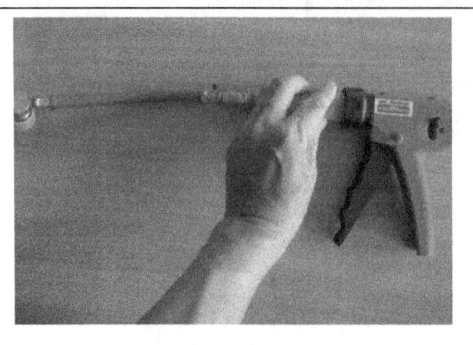 图 3-161 荧光剂加注管装配在加注枪上	4. 将荧光剂加注管装配在加注枪上，如图 3-161 所示。

续表

图	说明
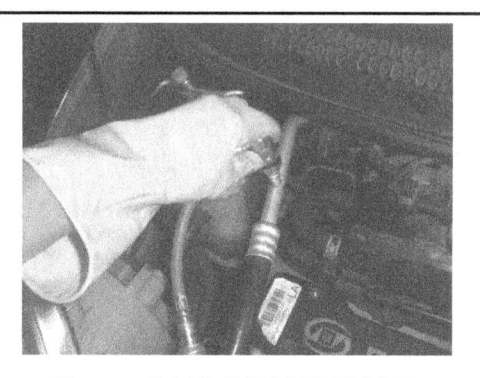 图 3-162　荧光剂加注管装在低压检修阀上	5．戴上护目镜和橡胶手套，将荧光剂加注管装在汽车上的低压检修阀上，如图 3-162 所示。
 图 3-163　向汽车空调管内加注荧光剂	6．扳动加注枪扳把，向汽车空调管内加注荧光剂，如图 3-163 所示。
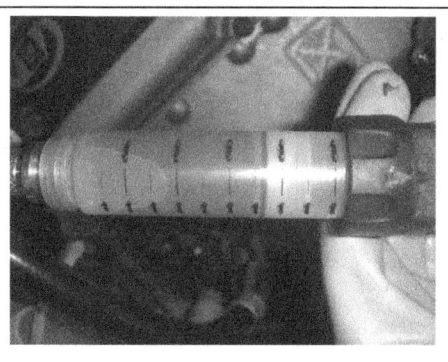 图 3-164　加入一小格或两小格荧光剂	6．小型轿车加入一小格荧光剂，大型轿车加注两小格荧光剂，如图 3-164 所示。
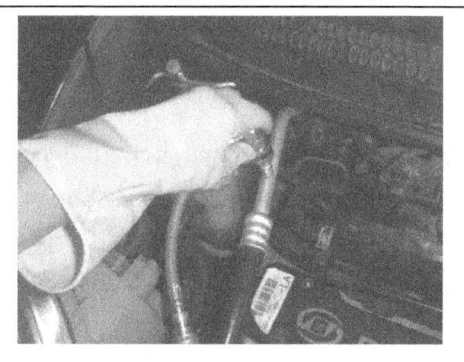 图 3-165　将加注管从低压管上取下	7．加注完成后，戴上护目镜和橡胶手套，将加注管从低压管上取下，如图 3-165 所示。

续表

 图 3-166　运行汽车空调	8．运行汽车空调 20min 后，再检查泄漏，如图 3-166 所示。 如果泄漏较慢，当时未检查出泄漏，则需要车主驾驶车辆，并运行空调 7 天至 15 天后再检查泄漏情况。

三、荧光检漏

 图 3-167　紫外线灯的正负极	1．汽车空调管路内含有荧光剂后，可以用工具进行荧光检漏。 首先，将紫外线灯的正负极正确地夹到蓄电池正负极上，如图 3-167 所示。
 图 3-168　佩戴荧光检查眼镜	2．佩戴荧光检查眼镜，按下紫外线灯的开关，照射各接头处，如接头处出现黄色荧光，则说明该处泄漏，如图 3-168 所示。 注意：不要用紫外线灯照射人，特别是不要照射眼睛，以免对人体造成伤害。
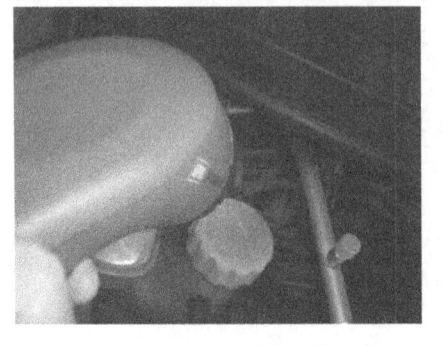 图 3-169　紫外线灯照射检查空调管路接头	3．用紫外线灯照射检查空调管路到蒸发器箱进出口接头处，如图 3-169 所示。 注意：有些接头下部可用小镜子反射进行检查。

续表

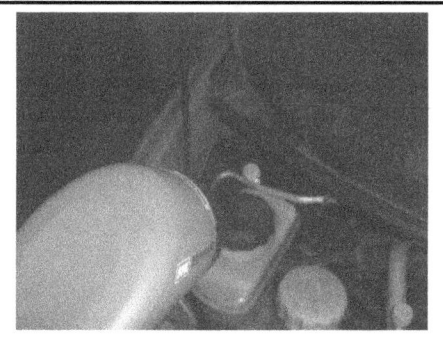 图 3-170 紫外线灯照射检查高压阀	4．用紫外线灯照射检查高压检修阀，如图 3-170 所示。
 图 3-171 紫外线灯照射检查低压检修阀	5．用紫外线灯照射检查低压检修阀，如图 3-171 所示。
 图 3-172 紫外线灯照射检查低压管路接头处	6．用紫外线灯照射检查低压管路接头处，如图 3-172 所示。
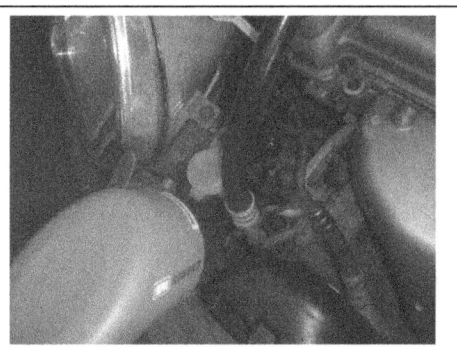 图 3-173 紫外线灯照射检查空调压缩机进出口	7．用紫外线灯照射检查空调压缩机进出口，如图 3-173 所示。

续表

 图 3-174 紫外线灯照射检查冷凝器接头	8. 用紫外线灯照射检查冷凝器和储液干燥器进出接头处，如图 3-174 所示。
 图 3-175 拆开仪表台内的蒸发器箱	9. 必要时，拆开仪表台内的蒸发器箱，检查蒸发器和膨胀阀接头处有无泄漏，如图 3-175 所示。
 图 3-176 对泄漏处进行相应维修	10. 发现有黄色荧光泄漏时，对泄漏处进行相应维修，如图 3-176 所示。
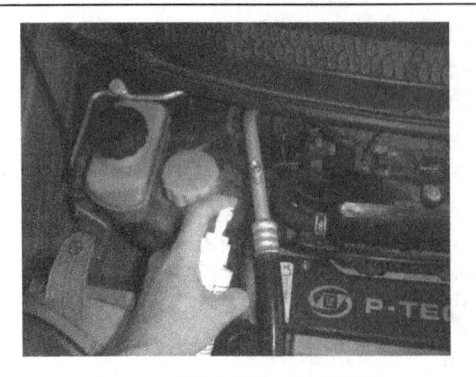 图 3-177 泄漏处用荧光清洁剂喷射	11. 维修后，在泄漏处用荧光清洁剂喷射，如图 3-177 所示。

续表

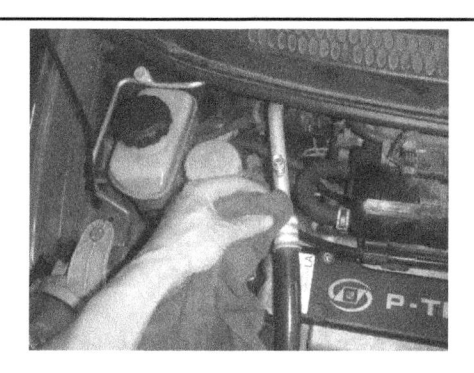 图3-178 用干净毛巾擦干净荧光清洁剂	12．再用干净毛巾擦干净荧光清洁剂，如图3-178所示。
 图3-179 再次检查	13．再次检查。 维修时如更换制冷剂，则要重新在制冷剂中加入荧光剂。 维修后再次检查，如无泄漏，检查完成；如还有泄漏，再次进行检修，如图3-179所示。
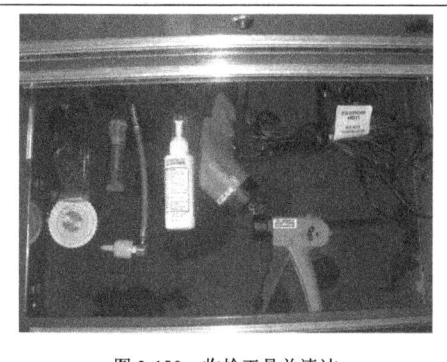 图3-180 收拾工具并清洁	14．检查完成后，收拾工具并清洁，如图3-180所示。

任务考核单 3-6　汽车空调荧光检漏（见表 3-7）

表 3-7　考核表

班　级		姓　名		学　号	
规定考核时间			分钟		
实际考核时间					
序号	操作步骤		考核及评分记录		扣分（每错一处扣10分）
1.	安装座椅套等防护用品、车轮挡块				

续表

班　级		姓　名		学　号	
规定考核时间				分钟	
实际考核时间					
序号	操作步骤		考核及评分记录		扣分（每错一处扣10分）
2.	检查制冷剂压力，判断制冷剂是否足够				
3.	用紫外线灯从观察窗或高、低压检修阀处检查汽车空调内是否有荧光剂				
4.	用工具加注荧光剂				
5.	运行汽车空调20min后，再检查泄漏（叙述即可）				
6.	将紫外线灯的正负极正确地夹到蓄电池正负极上				
7.	佩戴荧光检查眼镜，按下紫外线灯的开关，照射各接头处				
8.	接头处出现黄色荧光，汇报泄漏位置				
9.	维修后，在泄漏处用荧光清洁剂喷射				
10.	再用干净毛巾擦干净荧光清洁剂				
11.	再次检查				
12.	检查完成后，收拾工具并清洁				
13.	防护措施得当，作业过程零件清洁及最后整理到位				
	工具、零件不落地				
考核分数					
教师签名		考核日期		年　月　日	

● **知识链接**

一、检漏方法和检漏仪

制冷剂在短时间大量减少，应该进行泄漏检查。方法有多种，常有的方法有目测法、肥皂水检测法、着色剂检测法、卤族元素检漏灯检测法、荧光检测法、电子检漏仪检测法和打压检漏法等。

1．目测法。

观察管路接头处，有漏的地方一般会沾有带油的灰尘（直观有效）。

2．肥皂水检测法。

用肥皂水检测制冷剂的微小泄漏是一种简单有效的方法。将半杯肥皂粉末与水混合，形成浓肥皂液。这些肥皂液的数量应该少到刚好能用小刷刷出肥皂泡。当将肥皂水涂到怀疑有泄漏的区域时，冒出气泡的地方表明这里存在泄漏，如图3-181所示。

图3-181　肥皂水检漏

3．着色剂检测法。

在注入染色液之后，让车辆行驶几天。在泄漏处可见到染色液痕迹，这样很容易发现泄漏之处。

许多包装的检漏染色液只能用于某些空调系统，注意这一点很重要。当改装含有染色液的空调系统时，应将所有的残留染色液冲洗干净。

4．卤族元素检漏灯检测法。

卤族元素检漏灯检测法：价格便宜灵敏度高，但使用麻烦且不够安全，现很少使用。

5．荧光检漏法。

将经过计量的一定数量的对紫外线敏感的染料引入到空调系统内。将空调系统运转几分钟，使染料循环。然后拿一盏紫外线灯来查找泄漏处。荧光检漏法（紫外线检漏法）是查找微小泄漏的最有效的方法。

有些汽车制造厂家往原装空调系统内添加荧光染料（叫做"探伤液"）。

6．电子检漏仪检测法（见图3-182）。

电子检漏仪是所有检漏装置中最灵敏的且价格昂贵。由于灵敏度太高，要在通风良好的地方检测，否则难以找出准确的泄漏点。

电子检漏仪有无线式和有线式两种。

7．打压检漏法

给系统（无制冷剂）注入氮气或空气，压力不能超过系统正常高压压力值。然后用肥皂水检漏方法进行检漏。

二、用电子检漏仪及打压方法检漏操作

1．用电子检漏仪检查制冷剂的泄漏。

（1）系统至少要有100kPa制冷剂。

（2）在空气清新的地方开启电子检漏仪调整其灵敏度，空气越清新灵敏度越高，但不是

越高越好，因为灵敏度太高的话容易造成误诊。

图 3-182 电子检漏仪

（3）用电子检漏仪置于管道连接部位、空调排放软管和空调送风开口等处，检查各主要部位如图 3-183 所示。

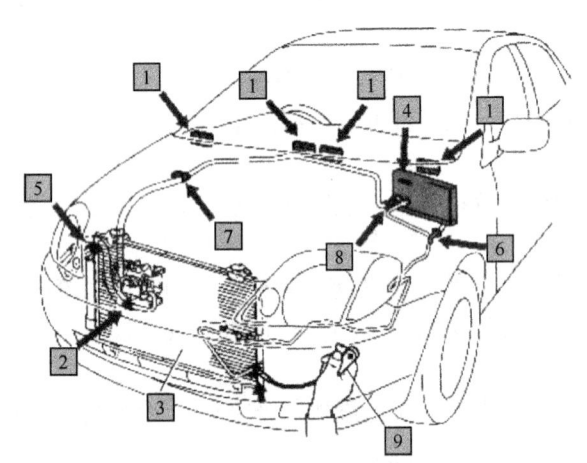

1—出风口；2—空调压缩机；3—冷凝器；4—蒸发器；5—储液/干燥器；6—排放软管；
7—管道的连接部位；8—EPR（蒸发器压力调节器）；9—漏气检测器

图 3-183 检查漏气的主要部位

（4）若有泄漏，越靠近泄漏区域，检漏仪闪光和蜂鸣的间隔越短。
（5）适当提高灵敏度将能检测到轻微的泄漏。

● 阅读知识

提示：实施检查时，发动机要停止转动。由于制冷剂比空气稍重，应把检测器置于管道较低的一侧，并随管周移动。检测时，要轻微震动管道。

任务七　汽车空调制冷系统抽真空和加注冷冻机油

● 任务要求

1. 熟练掌握空调制冷系统抽真空和加注冷冻机油的方法。
2. 记住抽真空所需要抽的最佳时间。
3. 熟练掌握真空泵的使用方法。
4. 了解抽真空不好对制冷系统有什么影响。
5. 能叙述加注冷冻机油的注意事项。

● 情境创设

有一台汽车空调已经维修完毕，经过检漏，现在准备充注制冷剂，在充注制冷剂之前必须先抽真空和加冷冻机油，请你帮忙抽真空，你如何操作。

● 任务引导

相关知识点学习：要求学生实训课前预习课本，独立完成抽真空作业流程，在图 3-184 上填上主要操作步骤。

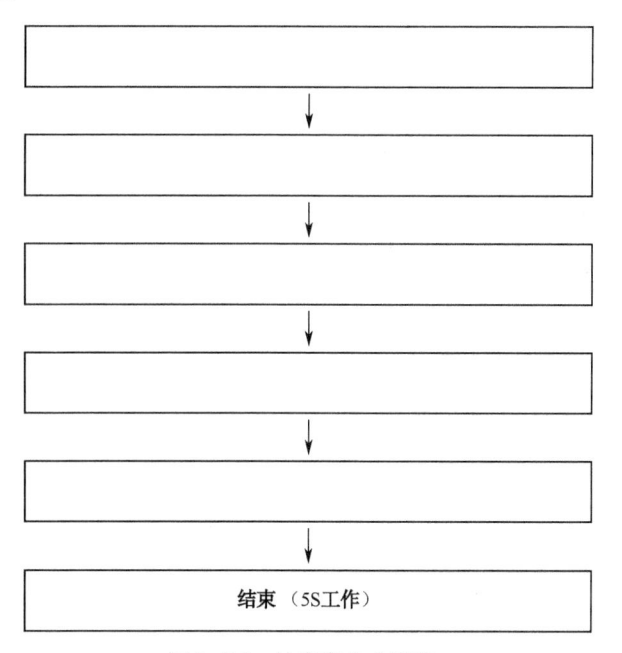

图 3-184　抽真空作业流程

● 任务实施

维修操作及要求如下。

 图 3-185 放三角木	1．按要求把车泊在规定空车位，放好三角木，泊车人要持有驾驶证，如图 3-185 所示。
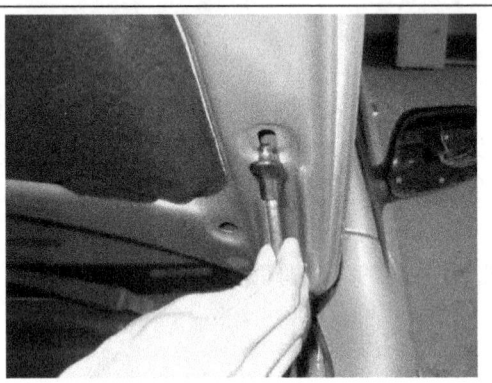 图 3-186 挺好引擎盖	2．打开车辆引擎盖并用挺杆挺好，顶好后用手摇一摇引擎盖看是否已经确保挺好了，如图 3-186 所示。
 图 3-187 放车外三件套和车内五件套	3．套入方向盘套、手刹套、变速杆套、座椅套，放上地板垫。 放前格栅布和前翼子板布，如图 3-187 所示。

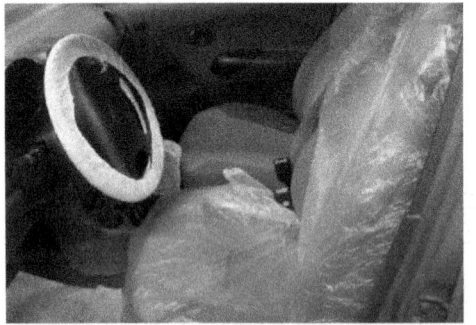

续表

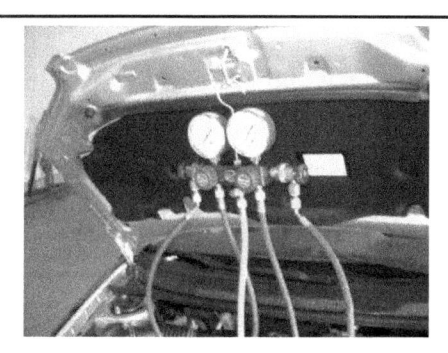 图 3-188 将空调压力表放稳放好	4．将空调压力表放稳放好，注意压力表的钩子不要把车子给刮花了，如图 3-188 所示。
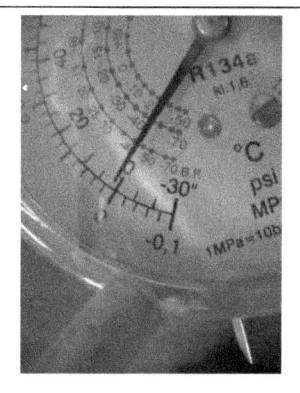 图 3-189 检查空调压力表	5．检查空调压力表的完好性，各连接管无开裂、无漏洞、无磨损，表针处于零刻线，如图 3-189 所示。
 图 3-190 检查空调压力表低压手动阀	6．检查空调压力表低压手动阀的位置，低压手动阀顺时针拧到底（处于关闭位置），低压手动阀控制低压管与中间软管的通断，如图 3-190 所示。
 图 3-191 检查空调压力表高压手动阀	7．检查空调压力表高压手动阀的位置，高压手动阀顺时针拧到底（处于关闭位置），高压手动阀控制高压管与中间软管的通断，如图 3-191 所示。

续表

 图 3-192 检查空调压力表各管路接头	8．检查空调压力表各管路接头是否拧紧。各管路接头应扭紧，以免接通系统后漏溅出制冷剂（顺时针是拧紧），如图 3-192 所示。
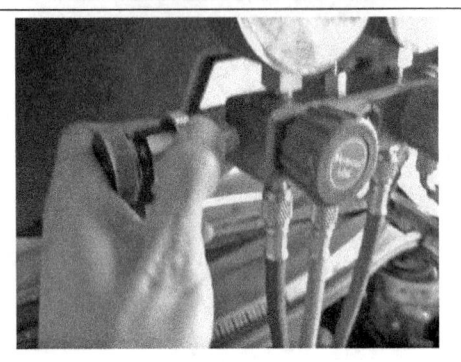 图 3-193 取下低压快速维修接头	9．从空调压力表左侧面取下低压快速维修接头，先把滑环往手轮方向移就可以取下来了，如图 3-193 所示。
 图 3-194 取下高压快速维修接头	10．从空调压力表右侧面取下高压快速维修接头，如图 3-194 所示。
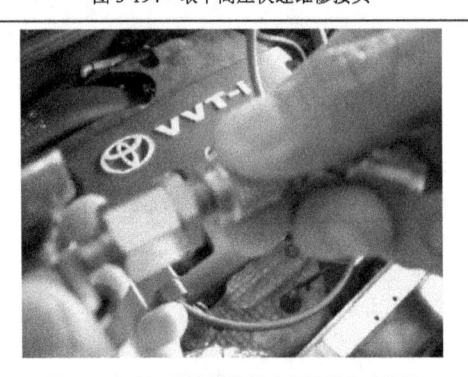 图 3-195 低压快速维修接头的软管接头拧紧	11．把低压快速维修接头的软管接头拧紧，注意软管的弯角处朝上，这样在接上空调系统时就比较好装，而不被碍着，如图 3-195 所示。

项目 三 汽车空调制冷系统检修

续表

图示	说明
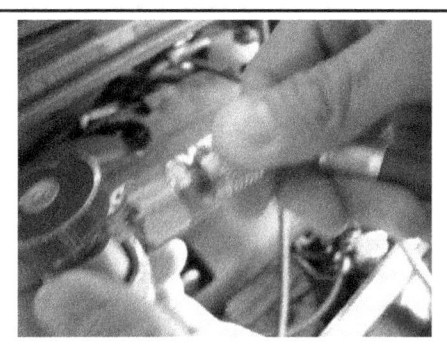 图 3-196 高压快速维修接头的软管接头拧紧	12．把高压快速维修接头的软管接头拧紧，如图 3-196 所示。
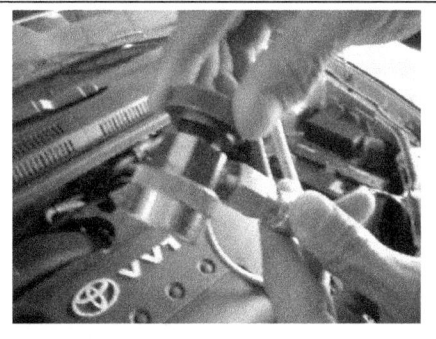 图 3-197 手轮逆时针往上扭到顶	13．检查空调压力表低压快速维修接头手轮的位置，快速维修接头的手轮逆时针往上扭到顶，以免在接上维修接口时，还没接好快速维修接头的针阀就已把维修接口的气门针给挺开了，如图 3-197 所示。
 图 3-198 阀针要处在最高位置	14．检查空调压力表高压快速维修接头手轮的位置，阀针要处在最高位置，如图 3-198 所示。
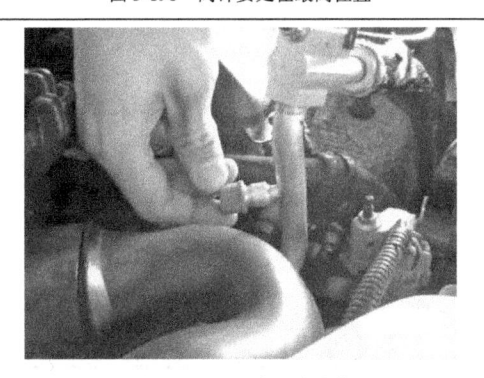 图 3-199 取下低压防尘盖	15．取下空调系统低压管维修接口的防尘盖并放置好，注意不要把防尘盖弄丢、弄脏，如图 3-199 所示。

续表

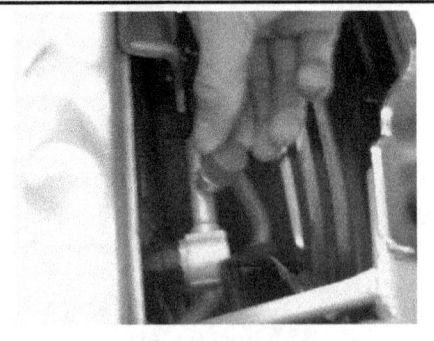 图 3-200 取下高压防尘盖	16．取下空调系统高压管维修接口的防尘盖并放置好，避免弄脏，如图 3-200 所示。
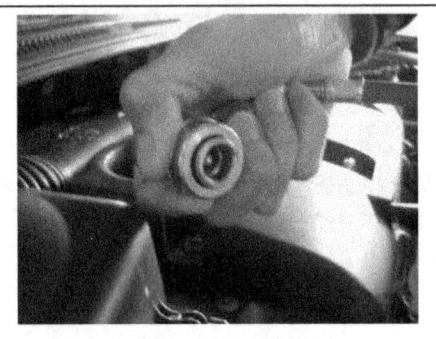 图 3-201 接上低压快速接口	17．用低压快速维修接头接上低压快速接口，快速维修接头的滑环往上移后，对准快速维修接口压进去再松开滑环，这样就可以接上了，如图 3-201 所示。
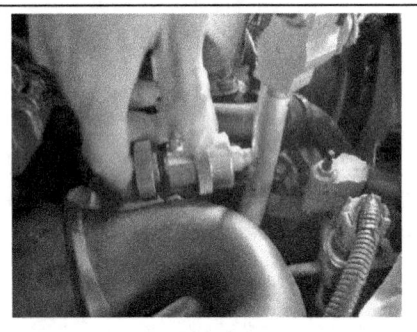 图 3-202 软管的弯角朝上	18．注意观察此时软管的弯角是不是朝上的，如图 3-202 所示。
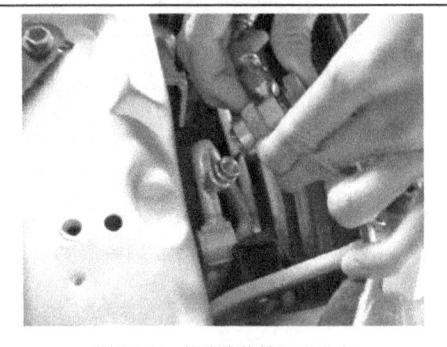 图 3-203 快速维修接口压进去	19．快速维修接头的滑环往上移后，对准快速维修接口压进去再松开滑环，这样就可以接上了，如图 3-203 所示。

续表

 图 3-204　弯角朝上	20．注意观察此时软管的弯角是不是朝上的，如图 3-204 所示。
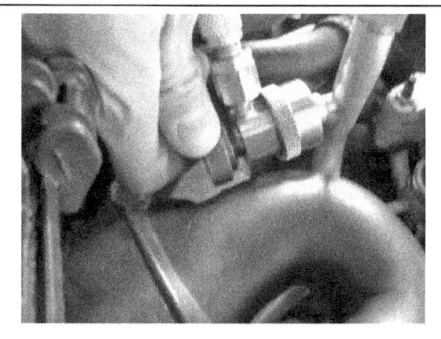 图 3-205　低压手轮缓慢顺时针往下旋转	21．接通低压侧系统内的压力，把快速接头手轮缓慢顺时针往下旋转，距离底部 1mm 时停止转动（注意不要使劲转到底，以免把维修接口气门针的回位弹簧给压歪了而不能回位），如图 3-205 所示。
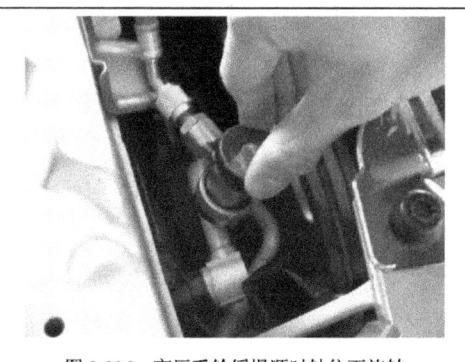 图 3-206　高压手轮缓慢顺时针往下旋转	22．接通高压侧系统内的压力，把快速接头手轮缓慢顺时针往下旋转，距离底部 1mm 时停止转动（注意不要使劲转到底，以免把维修接口气门针的回位弹簧给压歪了而不能回位），如图 3-206 所示。
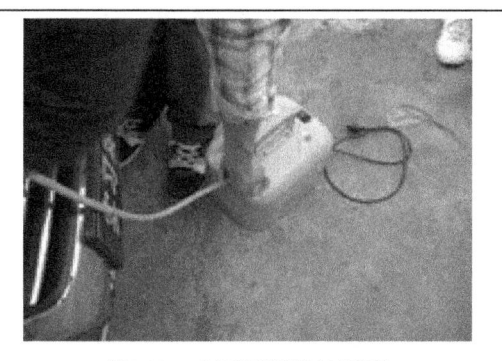 图 3-207　中间软管连接上真空泵	23．中间软管连接上真空泵，接上真空泵的吸气接口，如图 3-207 所示。

续表

 图 3-208 打开高、低压手动阀	24．打开高、低压手动阀，逆时针转，如图 3-208 所示。
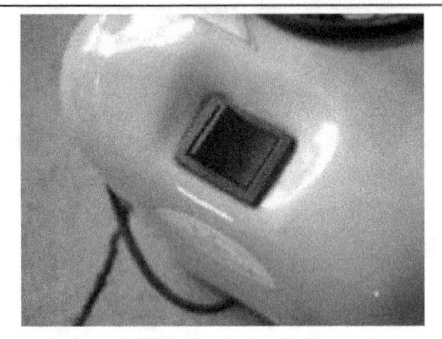 图 3-209 起动真空泵	25．按下起动按钮，起动真空泵，如图 3-209 所示。
 图 3-210 抽真空	26．对空调制冷系统进行抽真空，抽真空的最佳时间是 30min，如图 3-210 所示。
 图 3-211 关闭手动阀	27．先抽真空 15min，真空要求小于-90kPa，关闭手动阀，如图 3-211 所示。

续表

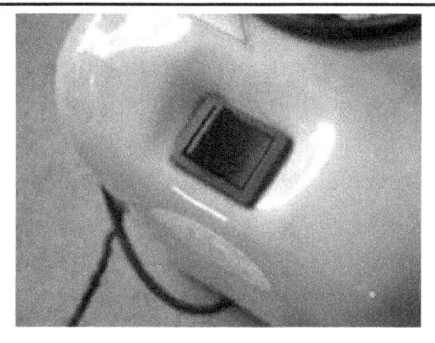 图 3-212 关闭真空泵开关	28. 关闭真空泵开关，如图 3-212 所示。
 图 3-213 真空检漏	29. 待放 5min，同时对其真空检漏，5min 表指针不得回升（如果指针往回走，说明有漏的地方），如图 3-213 所示。
 图 3-214 从压缩机加冷冻机油	30. 加冷冻机油（也称压缩机油）。 如果抽真空后管路没有泄漏，则进行冷冻机油加注。 冷冻机油加注量=排出量+20mL。 加注方法主要有两种，其中一种是从压缩机加。 当更换压缩机时，需要测量旧的压缩内的冷冻机油数量，以便在新的压缩机内加注同量的冷冻机油，如图 3-214 所示。
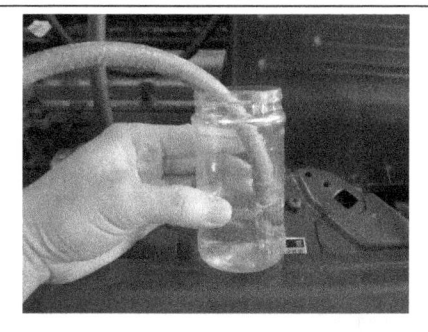 图 3-215 量杯中的冷冻机油定量吸入到管路	31. 冷冻机油的另一种加注方法。 第一次抽真空后，一般从空调压力表高压管加注。 关闭高低压阀，将空调压力表中间管接头放入量杯中，量杯尽量举高些，然后打开高压阀门，将量杯中的冷冻机油定量吸入到管路中，如图 3-215 所示。 注意：吸入时不要加入过量的冷冻机油，以免造成制冷效果变差和损坏压缩机。不要从低压阀加，以免压缩机受到液击。特别注意不要吸入空气。

续表

图 3-216 冷冻机油的使用注意事项	32．冷冻机油的使用注意事项。 （1）不同牌号冷冻油不能混合使用，否则会引起变质。在汽车发动机舱内一般有标签标示所用冷冻机油种类，如用 PAG。 （2）冷冻油极易吸水，所以使用后的冷冻油瓶应该马上拧紧，如图 3-216 所示。 （3）不能使用变质的冷冻油。 （4）更换部件时冷冻机油加注量应参考手册，以下为五菱鸿途汽车数据： | 更换的部件 | 拟添加的机油 | |---|---| | 蒸发器 | 25cc | | 冷凝器 | 15cc | | 储液干燥器 | 20cc | | 软管/硬管 | 10cc |
图 3-217 第二次抽真空	33．第二次抽真空。 当加注冷冻机油后，可以进行第二次抽真空。按下真空泵起动按钮，起动真空泵，如图 3-217 所示。
图 3-218 打开高、低压手动阀	34．打开高、低压手动阀，逆时针转，如图 3-218 所示。
图 3-219 抽真空 15min	35．对空调制冷系统进行再抽真空，彻底抽出空气、水分和杂质，如果已确定没有漏，再次对系统抽真空 15min，如图 3-219 所示。

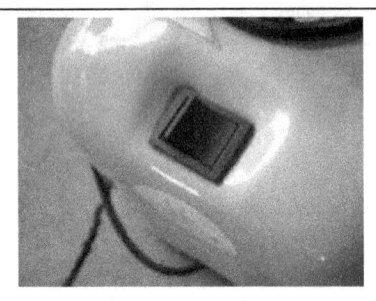

项目 三　汽车空调制冷系统检修

续表

 图 3-220　关闭手动阀	36．关闭手动阀，如图 3-220 所示。
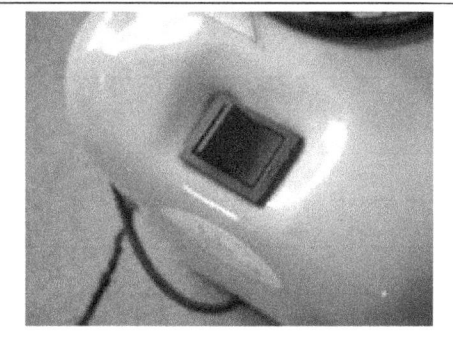 图 3-221　关闭真空泵开关	37．关闭真空泵开关，如图 3-221 所示。
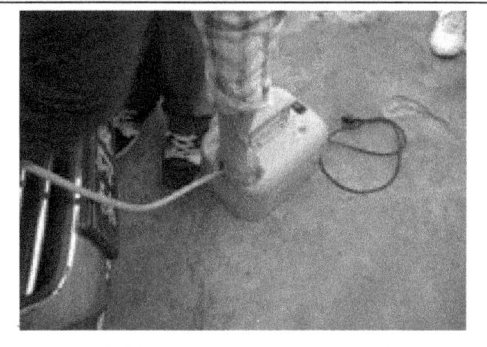 图 3-222　从真空泵取下中间软管	38．从真空泵取下中间软管，如图 3-222 所示。
 图 3-223　连接好制冷剂罐	39．连接好制冷剂罐，为下一步加注制冷剂做准备工作，如图 3-223 所示。

任务考核单 3-7　汽车空调制冷系统抽真空（见表 3-8）

表 3-8　考核表

班　级		姓　名		学　号	
规定考核时间				分钟	
实际考核时间					
序号	操作步骤		考核及评分记录		扣分（每错一处扣 10 分）
1.	安装座椅套等防护用品、车轮挡块				
2.	检查压力表的管子是否有破裂，检查表头指针的位置、手动阀位置、管路接头、手轮位置				
3.	滑环往上移，安装高、低压快速接头，手轮顺时针往下旋转到距底 1mm 处				
4.	中间软管连接上真空泵				
5.	打开高、低压手动阀				
6.	按下起动按钮，起动真空泵				
7.	对空调制冷系统进行抽真空 15min，真空为 100kPa 以下				
8.	关闭真空泵开关，保压 5min，同时对其真空检漏，5min 表指针不得回升				
9.	加冷冻机油，关闭高低压阀，将空调压力表中间管接头放入量杯中，然后打开高压阀门，将量杯中的冷冻机油定量吸入到管路中				
10.	口述：冷冻机油加注量=排出量+20mL；口述：冷冻机油的使用注意事项				
11.	第二次抽真空，15min				
12.	关闭高低压阀，关闭真空泵开关				
13.	从真空泵取下中间软管，连接好制冷剂罐				
14.	防护措施得当，作业过程零件清洁及最后整理到位				
	工具、零件不落地				
	考核分数				
教师签名		考核日期		年　月　日	

● 知识链接

一、真空泵的作用与目的

主要是排出系统中的空气水分和杂质，以及利用真空进行检漏复检，为制冷系统加注制冷剂打好基础。

空调系统打压检漏、更换元件、有"冰堵"现象及大修后等，必须进行抽真空处理，以清除系统内的空气和水分。

汽车空调维修技师通过下列一些基本规则可以预防水分进入系统。

1．总是最后安装贮液干燥器或集液器；
2．总是迅速盖上管路或附件的端口；
3．不要在水的周围、雨天在室外或很潮湿的地方工作；
4．不要把新的制冷剂和润滑油弄脏；
5．不使用时把制冷剂润滑油罐盖紧；
6．养成清洁的习惯：不要让脏物进入系统；保持所有的修理工具清洁；在确保所有空气在水分均排出系统之前，不要充注制冷剂；
7．在安装集液器或贮液干燥器之前不要打开其保护性盖。

在抽真空之前，若系统内有制冷剂，应首先进行排空或回收。建议用多功能制冷剂抽回收充注机进行回收。一方面可以避免直接排入大气造成污染，另一方面可以知道有多少冷冻油被抽出，从而向系统内加入同量的冷冻油，再就是可以在多功能制冷剂抽回收充注机上完成制冷剂回收、抽真空、检漏及充注制冷剂和冷冻油工作。多功能制冷剂抽回收充注机如图 3-224 所示。当然也可用单独的真空泵进行抽真空。

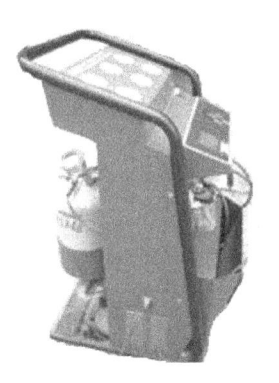

图 3-224　多功能制冷剂抽回收充注机

下面以真空泵为例进行抽真空（如图 3-225 所示）。

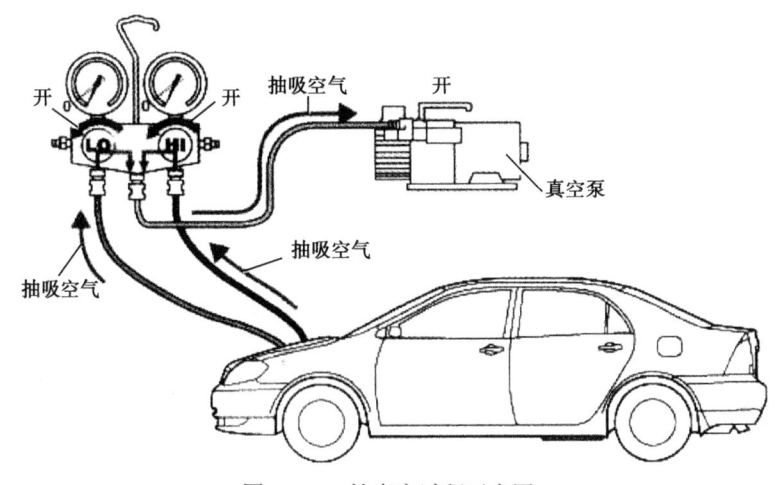

图 3-225　抽真空过程示意图

二、抽真空操作步骤

1．安装空调压力表组件：
完全关闭压力表组的高、低压侧阀门，将管压力表组件接入系统，这些前面已详细介绍。

2．打开压力表组高压侧和低压侧的阀门，开动真空泵抽真空，至少抽 15min。

3．抽真空至压力表组低压侧显示真空为-100kPa 或更高负值。

4．在低压表保持-100kPa 或更高的负值压力显示后，进行真空检漏：

（1）关闭高、低压手动阀，低压表指针在 5min 内不得有回升，若真空下降，则表明系统有泄漏，应停止抽真空，转为查漏，排除后再进行抽真空。

（2）真空没有下降并不表示系统一定没有泄漏，因为在抽真空时外面污物可能会暂时脏堵。因此可加入适当制冷剂，约 100kPa，后用电子检漏仪进行检漏。

5．继续抽真空约 15min。
6．关闭压力表组高压侧和低压侧的阀门，关闭真空泵。
7．清理、收拾工用具，结束。

任务八　汽车空调制冷系统加注制冷剂

● 任务要求

1．熟练掌握加注制冷剂的方法。
2．理解加注制冷剂的过程。
3．会懂得通过观察窗、视窗及压力分析出制冷剂量的多少。
4．了解常见车型加注制冷剂量的多少。

● 情境创设

有一辆汽车，其空调已维修好泄漏的地方，并且进行了抽真空和加注冷冻机油，下面要加注制冷剂，请问该如何操作？

● 任务引导

相关知识点学习：要求学生实训课前预习课本，独立完成。

1．制冷剂开启阀的结构如图 3-227 所示，看图完成图 3-226 所示方框内容：

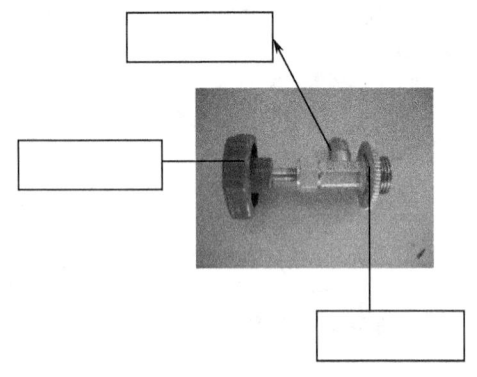

图 3-226　制冷剂开启阀

2．制冷剂开关罐的操作方法：
（1）_____旋转手柄到顶，使针阀提高。
（2）把开启阀拧入制冷剂罐后，拧紧_____，注意不要拧得过多，以免损坏制冷剂罐。
（3）制冷剂加注阀接上_____软管。
（4）_____转动开启阀，降低针阀，打开制冷剂罐上小孔。

（5）_____转动手柄，针阀提高，制冷剂经过阀流入中间软管。

（6）想要终止制冷剂的加注，_____将手柄转到底。针阀将会落下来，停止加注制冷剂。

3．看图完成方框内容，如图3-227所示。

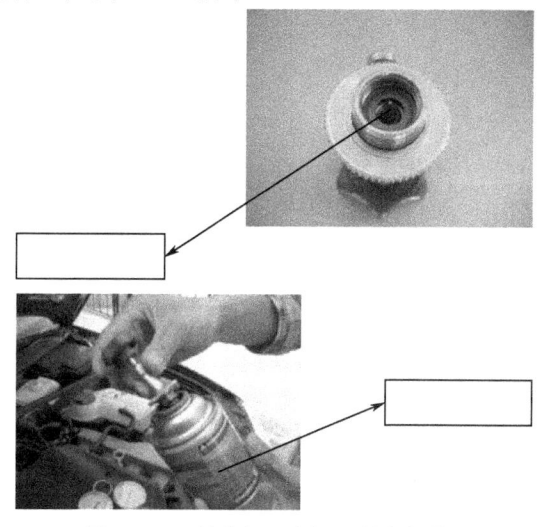

图3-227 制冷剂开启阀和制冷剂罐

任务实施

维修操作及要求如下。

一、加注制冷剂	
 图3-228 放三角木	1．按要求把车泊在规定空车位，放好三角木。泊车人要持有驾驶证，如图3-228所示。
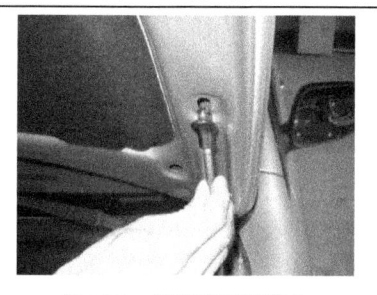 图3-229 用挺杆挺好引擎盖	2．打开车辆引擎盖并用挺杆挺好，顶好后用手摇一摇引擎盖看是否已经确保挺好了，如图3-229所示。

续表

 图 3-230 放车外三件套和车内五件套	3．套入方向盘套、手刹套、变速杆套、座椅套，放上地板垫。放前格栅布和前翼子板布，如图 3-230 所示。
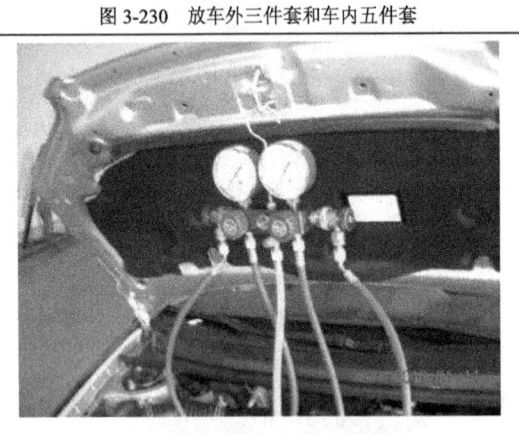 图 3-231 空调压力表勾好放稳	4．把空调压力表勾好放稳，注意压力表的钩子不要把车子给刮花了，如图 3-231 所示。
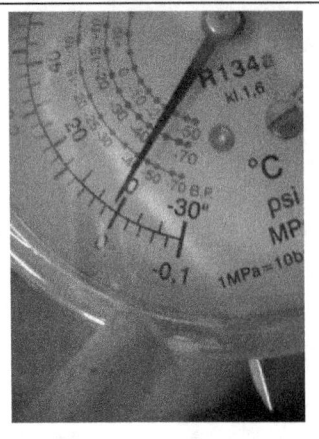 图 3-232 检查空调压力表	5．检查空调压力表的完好性，各连接管无开裂、无漏洞、无磨损，表针处于零刻度线，如图 3-232 所示。

项目三 汽车空调制冷系统检修

续表

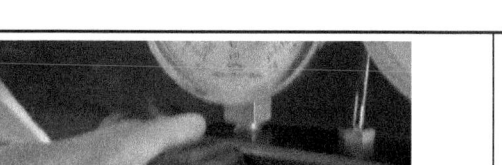

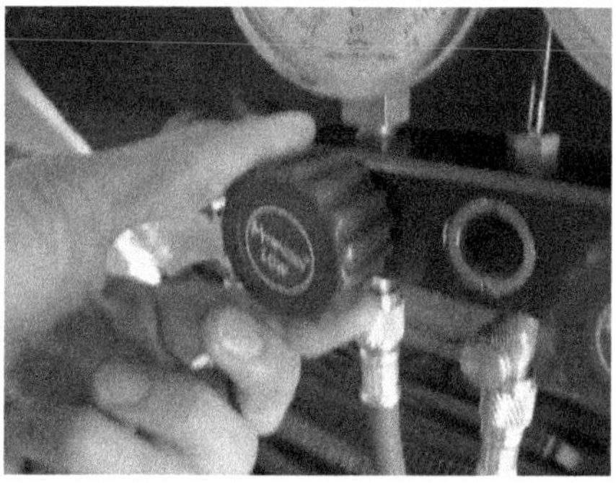 图 3-233 检查空调压力表低压手动阀	6. 检查空调压力表低压手动阀的位置，低压手动阀顺时针拧到底（处于关闭位置），低压手动阀控制低压管与中间软管的通断，如图 3-233 所示。
 图 3-234 检查空调压力表高压手动阀	7. 检查空调压力表高压手动阀的位置，高压手动阀顺时针拧到底（处于关闭位置），高压手动阀控制高压管与中间软管的通断，如图 3-234 所示。
 图 3-235 各管路接头应扭紧	8. 各管路接头应扭紧，以免接通系统后漏溅出制冷剂（顺时针是拧紧），如图 3-235 所示。
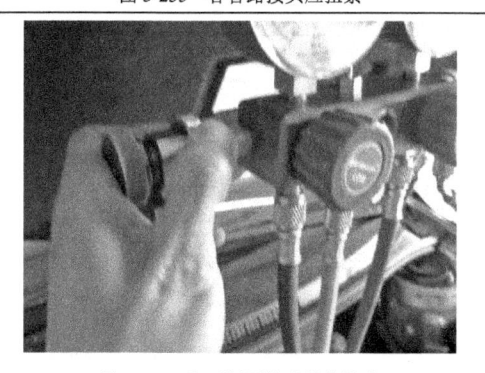 图 3-236 取下低压快速维修接头	9. 从空调压力表左侧面取下低压快速维修接头，先把滑环往手轮方向移就可以取下来了，如图 3-236 所示。

续表

 图 3-237 取下高压快速维修接头	10．从空调压力表右侧面取下高压快速维修接头，如图 3-237 所示。
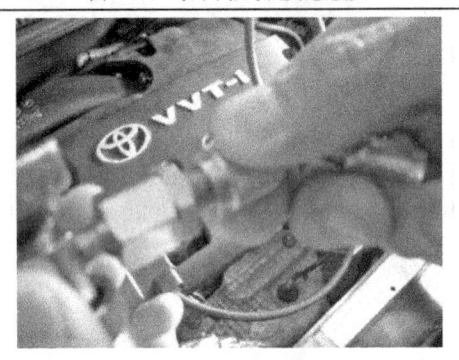 图 3-238 软管接头拧紧	11．把低压快速维修接头的软管接头拧紧，注意软管的弯角处朝上，这样在接上空调系统时就比较好装，而不被碍着，如图 3-238 所示。
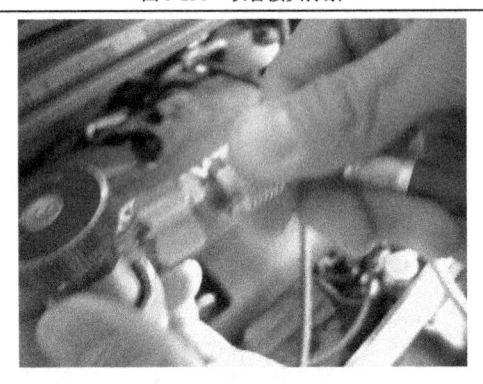 图 3-239 软管接头拧紧	12．把高压快速维修接头的软管接头拧紧，如图 3-239 所示。
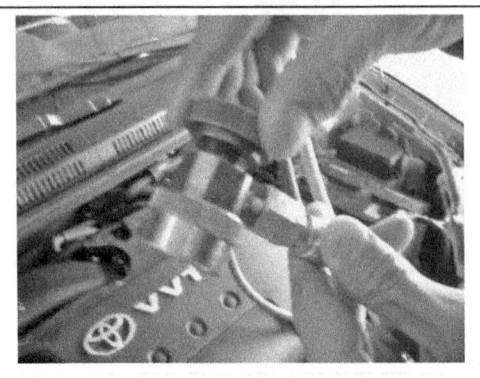 图 3-240 手轮逆时针往上扭到顶	13．检查空调压力表低压快速维修接头手轮的位置，快速维修接头的手轮逆时针往上扭到顶，以免在接上维修接口时，还没接好快速维修接头的针阀就已把维修接口的气门针给挺开了，如图 3-240 所示。

项目三 汽车空调制冷系统检修

续表

 图 3-241 手轮位置	14. 检查空调压力表高压快速维修接头手轮的位置，如图 3-241 所示。
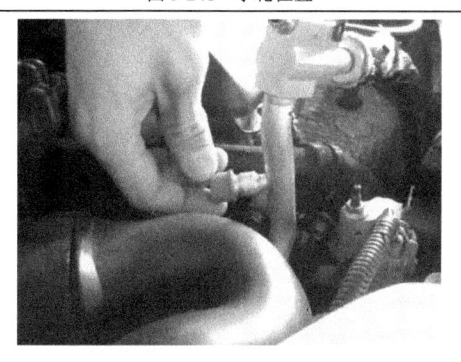 图 3-242 取下低压管防尘盖	15. 取下空调系统低压管维修接口的防尘盖并放置好，注意不要把防尘盖弄丢、弄脏，如图 3-242 所示。
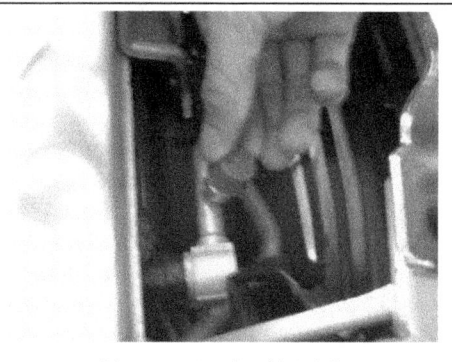 图 3-243 取下高压管防尘盖	16. 取下空调系统高压管维修接口的防尘盖并放置好，如图 3-243 所示。
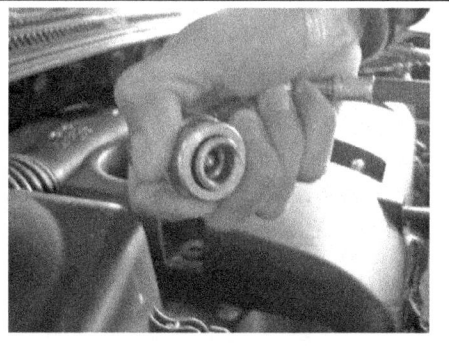 图 3-244 快速维修接头的滑环往上移	17. 快速维修接头的滑环往上移后，对准快速维修接口压进去再松开滑环，这样就可以接上了，如图 3-244 所示。

续表

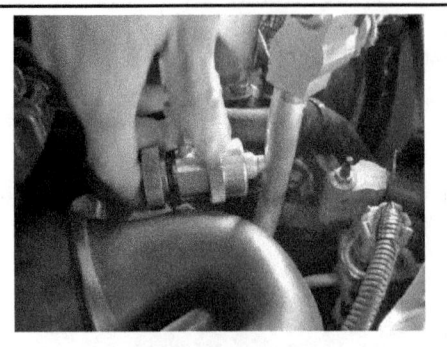 图 3-245 低压软管弯角朝上	18．注意观察此时软管的弯角是不是朝上的，如图 3-245 所示。
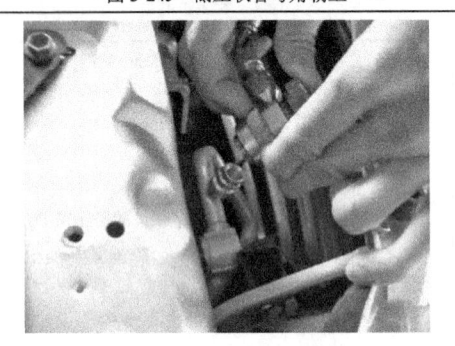 图 3-246 接上低压快速接口	19．用高压快速维修接头接上低压快速接口，如图 3-246 所示。
 图 3-247 高压软管弯角朝上	20．注意观察此时软管的弯角是不是朝上的，如图 3-247 所示。
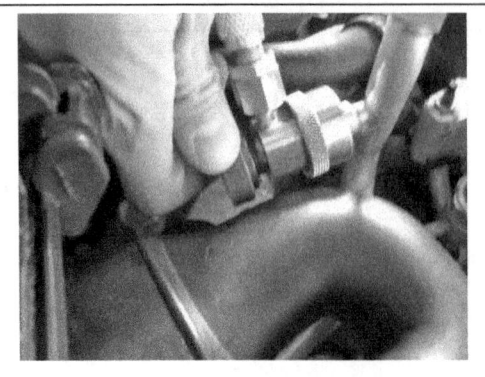 图 3-248 手轮缓慢顺时针往下旋转	21．接通低压侧系统内的压力，把快速接头手轮缓慢顺时针往下旋转，待表头里的指针开始转动就可以了（注意不要使劲转到底，以免把维修接口气门针的回位弹簧给压歪了以致不能回位），如图 3-248 所示。

续表

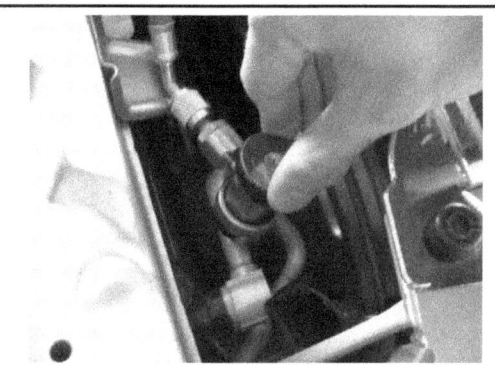 图 3-249　接通高压侧系统内的压力	22．高压快速接头顺时针向下拧，接通高压侧系统内的压力，如图 3-249 所示。
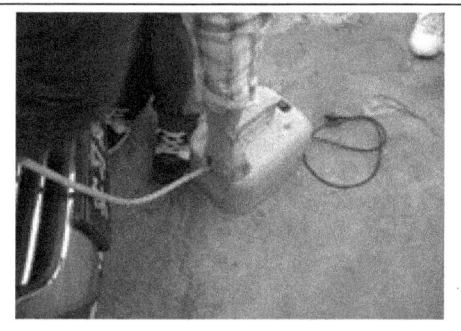 图 3-250　抽真空和加注冷冻机油	23．加注制冷剂前必须进行抽真空和适量加注冷冻机油，如图 3-250 所示。
 图 3-251　手柄往上移	24．接制冷剂开启阀。 把手柄往上移，往上移（逆时针旋转）注意手柄旋转到头就好了，不要太用力以致拧滑了，如图 3-251 所示。
 图 3-252　圆盘往上移	25．把圆盘往上移，往上移（逆时针旋转）注意旋转到头就好了，不要太用力以致拧滑了，如图 3-252 所示。

续表

 图 3-253　制冷剂开启阀接上制冷剂罐	26．制冷剂开启阀接上制冷剂罐，如图 3-253 所示。
 图 3-254　锁紧圆盘	27．锁紧圆盘，如图 3-254 所示。
 图 3-255　针阀下移	28．使针阀下移，针阀将会击穿制冷剂罐，顺时针旋转手柄到底，如图 3-255 所示。
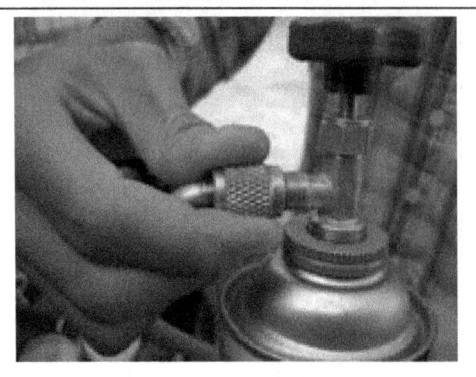 图 3-256　接上中间软管	29．接上中间软管，如图 3-256 所示。

续表

 图 3-257 针阀提高	30. 使针阀提高，让制冷剂流出来，再通过中间软管流到空调压力表，逆时针旋转手柄，如图 3-257 所示。
 图 3-258 排空气	31. 排空气（也就是中间软管这一段的空气），用毛巾包住中间管接头，然后拧松，利用制冷剂把空气排出来，如图 3-258 所示。
 图 3-259 加注制冷剂类型	32. 加注制冷剂类型有两种：第一种是抽真空后加注；第二种是补充加注。 加注方法有两种：静态加注和动态加注。 补充加注是指汽车管路中还有制冷剂，但制冷剂不足，需要补充加注，补充加注只能用动态加注，如图 3-259 所示。 抽真空后加注是指管路中已无制冷剂，需要抽真空后加注全部制冷剂，可以先静态加注然后再动态加注。
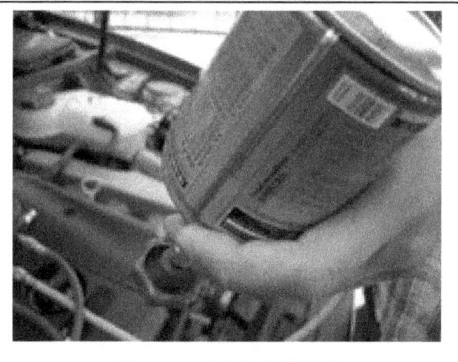 图 3-260 将制冷剂罐倒置	33. 静态加注。 将制冷剂罐倒置过来，为的是使制冷剂流过来时能是液态的形式，如图 3-260 所示。

续表

 图 3-261 打开高压手动阀	34．排完空气后，打开高压手动阀（逆时针旋转），此时是静态的加注制冷剂，如图 3-261 所示。
 图 3-262 缓慢地加注制冷剂	35．缓慢地加注制冷剂，如图 3-262 所示。
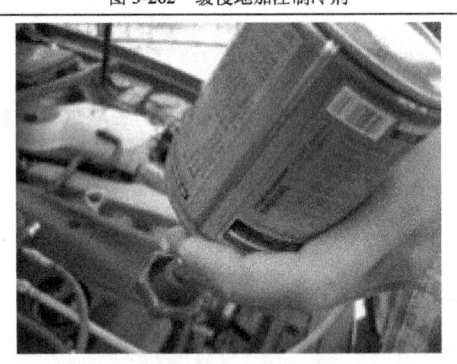 图 3-263 晃动制冷剂罐	36．制冷剂罐一正一倒的来回晃动，如图 3-263 所示。
 图 3-264 观察视窗	37．一边加注制冷剂一边观察视窗，也可以观察压力表，如图 3-264 所示。

续表

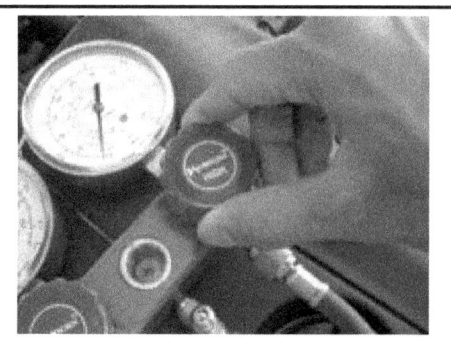 图 3-265　关闭高压手动阀	38．关闭高压手动阀（顺时针旋转），加到视窗直到没有液体流动的现象为止，或当高压表指针指示压力不再上升时，说明此时高压侧已经加不进去了，如图 3-265 所示。
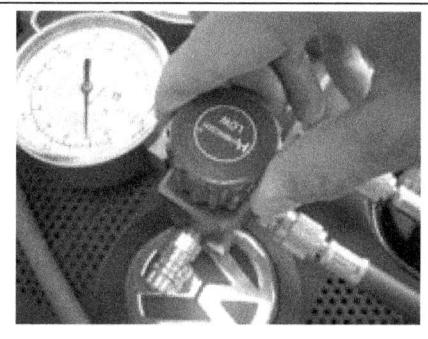 图 3-266　打开低压手动阀	39．动态加注。 需要起动发动机到 2000 转，将鼓风机开到最大和空调最冷，打开低压手动阀（逆时针旋转）从低压侧加注制冷剂，此时是动态加注，如图 3-266 所示。 注意： 动态加注时必须关闭高压阀，否则会导致制冷剂罐压力太高而发生爆炸。
 图 3-267　缓慢地加注制冷剂	40．缓慢地加注制冷剂，如图 3-267 所示。
 图 3-268　不能一直倒立冷剂罐	41．制冷剂罐可以一正一倒地来回晃动，但不能一直倒立冷剂罐，如图 3-268 所示。 注意：如果一直倒立冷剂罐，可能导致制冷剂以液态流入压缩机，造成压缩机损坏。

续表

 图 3-269 观察压力表	42．一边加注制冷剂一边观察压力表，与标准值相比较，如图 3-269 所示。
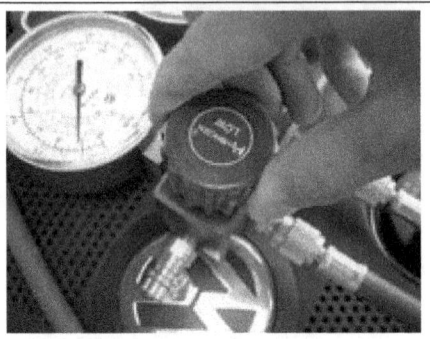 图 3-270 关闭低压手动阀	43．当加到标准压力值时，关闭低压手动阀（顺时针旋转），如图 3-270 所示。 注意：标准值各车不一样，一般范围为低压 0.15～0.3MPa，高压 1.2～1.8MPa。
 图 3-271 关闭制冷剂罐开启阀	44．关闭制冷剂罐开启阀，顺时针向下旋转，如图 3-271 所示。
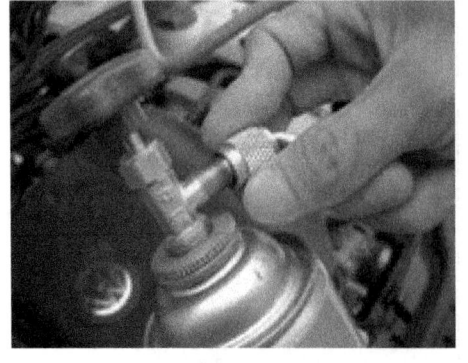 图 3-272 卸下中间软管	45．卸下中间软管，如图 3-272 所示。

续表

图	说明
 图 3-273 用冷冻油注满快速维修接口	46．用冷冻油注满快速维修接口，看没有冒泡，进行检漏，如图 3-273 所示。 注意：不能用水，以免进入管路造成冰堵。
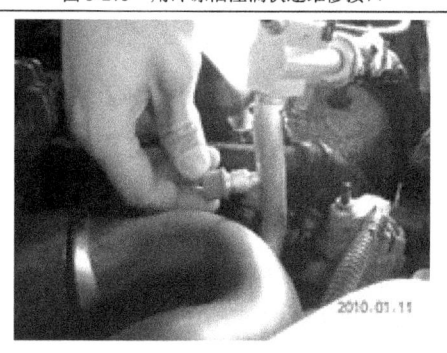 图 3-274 盖上防尘帽	47．盖上防尘帽，如图 3-274 所示。 5S 工作。

二、补充加注

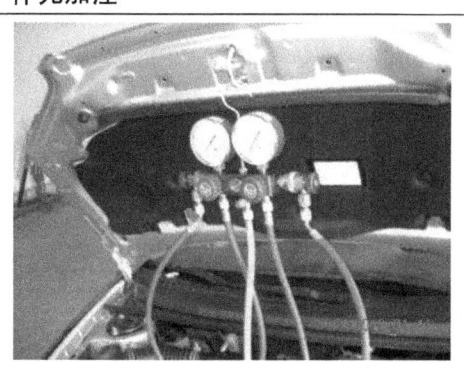

图	说明
图 3-275 补充加注	1．补充加注是指汽车管路中还有制冷剂，但制冷剂不足，需要补充加注，补充加注只能用动态加注。 先接好空调压力表，如图 3-275 所示。
 图 3-276 接好制冷剂开启阀	2．接好制冷剂开启阀，如图 3-276 所示。

续表

图示	说明
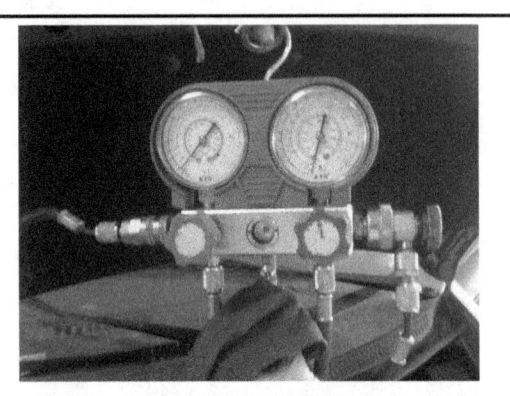 图 3-277 排除中间管空气	3. 排除中间管空气，最好用毛巾包住中间管接头拧松放气，一般放 5s 左右，如图 3-277 所示。
 图 3-278 排低压管中的空气	4. 补充加注因为没有抽真空，还需要排低压管中的空气。 排低压管中的空气方法：打开低压阀，如图 3-278 所示，用毛巾包住中间管接头，然后拧松，利用管路中制冷剂把空气排出来，排完后再拧紧低压阀。
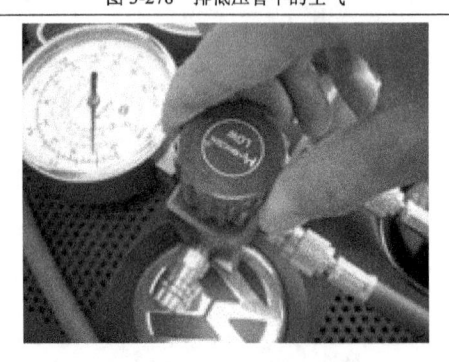 图 3-279 打开低压手动阀加注	5. 起动发动机到 2000 转，将鼓风机开到最大和空调最冷，打开低压手动阀（逆时针旋转）从低压侧加注制冷剂，此时是动态加注，如图 3-279 所示。 注意： 动态加注时必须关闭高压阀，否则会导致制冷剂罐压力太高而发生爆炸。
 图 3-280 缓慢的加注制冷剂	6. 缓慢的加注制冷剂，如图 3-280 所示。

续表

图	说明
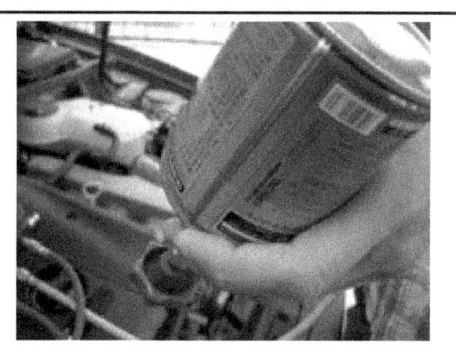 图 3-281 制冷剂罐来回晃动	7．制冷剂罐可以一正一倒地来回晃动，但不能一直倒立制冷剂罐，如图 3-281 所示。 注意：如果一直倒立冷剂罐，可能导致制冷剂以液态流入压缩机，造成压缩机损坏。
 图 3-282 观察压力表	8．一边加注制冷剂一边观察压力表，与标准值相比较，如图 3-282 所示。
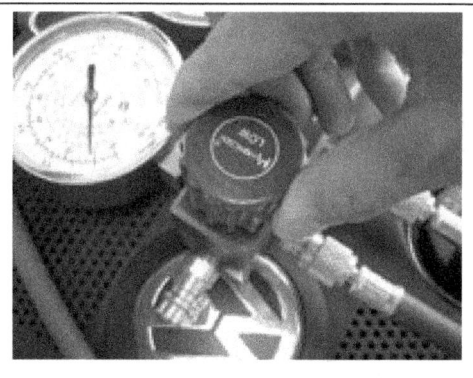 图 3-283 关闭低压手动阀	9．当加到标准压力值时，关闭低压手动阀（顺时针旋转），如图 3-283 所示。 注意：标准值各车不一样，一般范围为低压 0.15～0.3MPa，高压 1.2～1.8MPa。
 图 3-284 关闭制冷剂罐开启阀	10．关闭制冷剂罐开启阀，顺时针向下旋转，如图 3-284 所示。

续表

图	说明
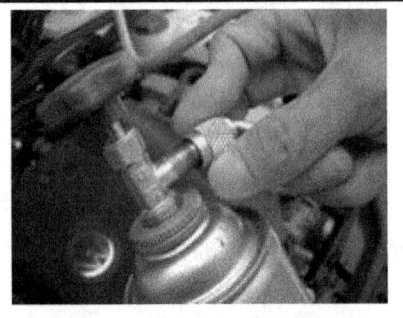 图 3-285 卸下中间软管	11. 卸下中间软管，如图 3-285 所示。
 图 3-286 用冷冻机油注满快速维修接口	12. 用冷冻机油注满快速维修接口看没有冒泡，进行检漏，如图 3-286 所示。 注意：不能用水，以免进入管路造成冰堵。
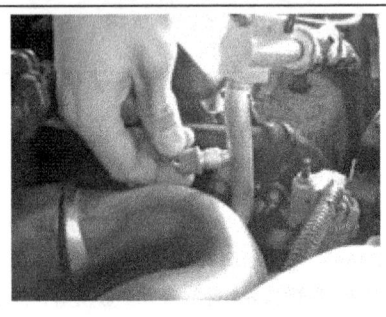 图 3-287 盖上防尘帽	13. 盖上防尘帽，如图 3-287 所示。 5S 工作。

任务考核单 3-8　汽车空调制冷系统加注制冷剂（见表 3-9）

表 3-9　考核表

班　级		姓　名		学　号	
规定考核时间				分钟	
实际考核时间					
序号	操作步骤		考核及评分记录		扣分（每错一处扣 10 分）
1.	安装座椅套等防护用品、车轮挡块，戴手套和护目镜				
2.	检查压力表的管子是否有破裂，检查表头指针的位置、手动阀位置、管路接头、手轮位置				

续表

班　级		姓　　名		学　号	
规定考核时间				分钟	
实际考核时间					
序号	操作步骤		考核及评分记录		扣分（每错一处扣10分）
3.	滑环往上移，安装快速接头，手轮顺时针往下旋转到底				
4.	进行抽真空和加注冷冻机油，准备加注				
5.	制冷剂开启阀手柄退到最高位置，锁紧圆盘也退到最高位置，接上制冷剂罐，击穿制冷剂罐				
6.	接上中间软管，击穿制冷剂罐				
7.	排中间管空气				
8.	静态加注，打开高压手动阀，制冷剂罐一正一倒地来回晃动				
9.	加到视窗那里没有液体流动的现象为止				
10.	动态加注，起动发动机到2000转，将鼓风机开到最大和空调到最冷。				
11.	打开低压手动阀（逆时针旋转）从低压侧加注制冷剂。				
12.	制冷剂罐可以一正一倒地来回晃动，但不能一直倒立制冷剂罐				
13.	当加到标准压力值时，关闭低压手动阀，关闭制冷剂罐开启阀				
14.	卸下中间软管，检漏快速维修接口，盖上防尘帽，5S工作				
15.	防护措施得当，作业过程零件清洁及最后整理到位				
	工具、零件不落地				
	考核分数				
教师签名		考核日期		年　　月　　日	

● 知识链接

汽车空调在使用过程中发现空调不够凉，并且制冷剂的量不够时，要进行制冷剂的补充。

制冷剂加注罐充注有两种方法：动态充注（发动机运行）和静态充注（发动机不运行）。

由于系统中已经有了制冷剂，具备了一定的压力，因此充注制冷剂时必须开启空调，利用压缩机的抽吸来把制冷剂补充到系统中去。这一补充制冷剂的方法叫动态充注法或低压充注法。这是从空调系统低压检修口加入制冷剂。

动态充注法充注制冷剂的步骤：发动机处于运转状态并使空调系统正常工作，然后进行下面的操作。

一、安装制冷剂罐

认识制冷剂加注阀，如图 3-288 所示。

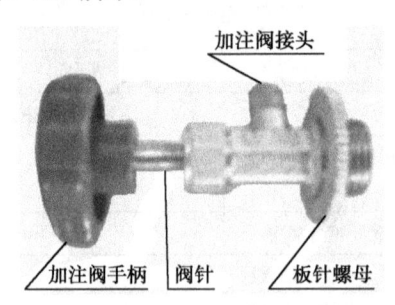

图 3-288　制冷剂加注阀

1. 连接加注阀与制冷剂罐（见图 3-289）：

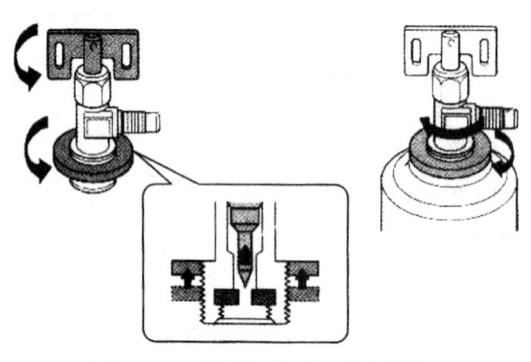

图 3-289　连接加注阀与制冷剂罐

（1）逆时针转动手柄提升阀针（避免安装时针阀插进制冷剂罐，导致制冷剂泄漏）；

（2）逆时针转动提升板状螺母；

（3）把制冷剂加注阀旋进制冷剂罐直到罐口密切贴合，然后顺时针拧板状螺母以便紧固加注阀。

2. 把制冷剂罐安装到空调压力表组上（见图 3-290）：

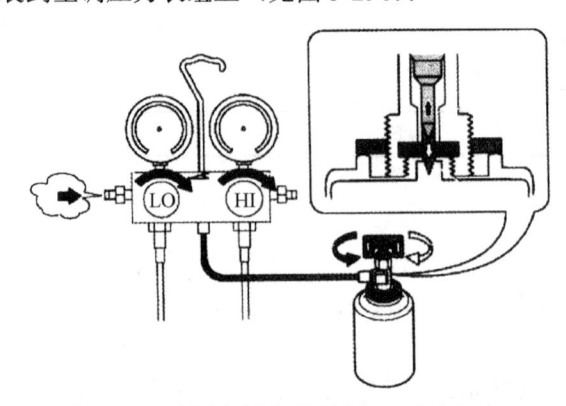

图 3-290　制冷剂罐安装到空调压力表组上

（1）完全关闭压力表组低压侧和高压侧的阀门。

（2）把空调压力表组中间的黄色软管连接到加注阀接头。

(3) 顺时针转动手柄直到阀针在加注罐上钻一个孔。
(4) 逆时针转动手柄退出阀针。

二、把压力表组与空调系统进行正确地连接

使压力表组的高、低压阀处于关闭状态,并把压力表组的高压管(红色)与空调系统的高压管连接,将压力表组的低压管(蓝色)与空调系统的低压管连接,将中间管(黄色)与制冷剂罐上的加注阀连接。

三、排掉中间管的空气

排空气有两种方法:

1. 拧松中间管与制冷剂罐的连接接头,逆时针拧松压力表组低压手动阀,制冷系统中的制冷剂就会把中间管内的空气排出(空调压力表无排气阀)。

用螺丝刀按下压力表组的空气驱除阀放出空气,直到听到"哧"的一声,制冷剂从阀门释出(空调压力表有排气阀)。

2. 用抽真空方法对空调压力表高、低压软管进行抽真空。

四、加注制冷剂(见图3-291)

1. 顺时针拧进加注罐阀的手柄,使针阀插进制冷剂罐,然后退到适当的高度;

2. 排中间管及低压管内的空气:拧松中间管与高低压表组的接头螺母,利用制冷剂罐内的制冷冲出中间管内的空气,然后拧紧螺母;打开低压手动阀,用同样方法排空低压软管里的空气。

3. 起动发动机,打开空调,使发动机处于中低转速运转,把空调的温度调节开关打到最冷的位置,风机置于最大风挡位置。

4. 打开低压快速接头上的阀门,使低压管与系统接通。

5. 使制冷剂罐处于直立状态(切勿倒立),制冷剂以气态形式进入空调系统中(在压力表组观察窗可以看到气态的制冷剂)。

这一步要特别注意:制冷剂不能以液态形式进入系统,否则会损坏压缩机。在此加注过程中,在高压快速接头上的阀门与系统接通的情况下(便于观察压力以判断加注量),不能打开空调压力表上的高压手动阀,否则可能会造成高压制冷剂回流,胀破制冷剂罐。

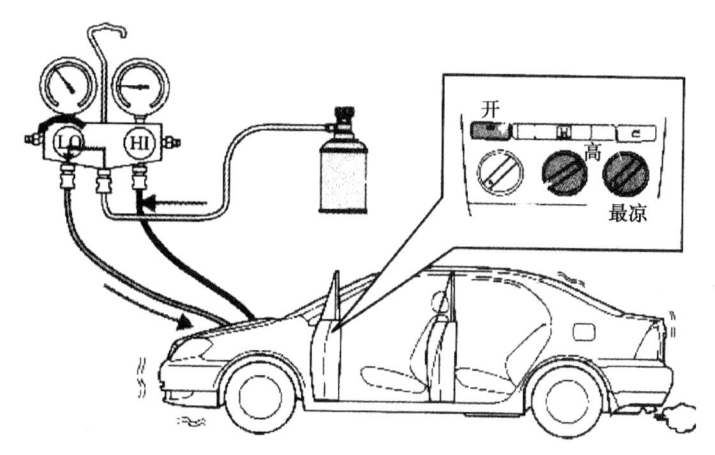

图3-291 制冷剂动态充注法

6. 在加注过程中要注意观察压力表组的高、低压表的读数和干燥储液器的观察窗,判

断制冷剂量是否已经加注合适。如果加完一罐之后，制冷剂还不够，则换一个制冷剂罐，重复上述步骤，直到制冷剂加够为止。

● **阅读知识**

汽车空调系统抽真空后充注制冷剂，可先从高压侧加入，即用静态加注法加注制冷剂，从空调系统高压检修口加入制冷剂。用这种方法加注制冷剂不用起动发动机及开空调，利用系统内的真空把液态制冷剂迅速吸入系统，加注一两罐制冷剂后，系统内已有一定压力，再用这种方法较难加进，此时应改用动态加注法加注。

一、静态加注法

1．准备工作，与动态加注法相同；
3．空调压力表接入系统，与动态加注法相同；
3．连接制冷剂加注与制冷剂罐，与动态加注法相同；
4．排空气，与动态加注法相同；
5．打开高压快速接头阀门，使高压软管与系统接通；
6．使制冷剂罐倒立，打开空调压力表高压手动阀，制冷剂以液态形式进入系统；
7．充不进时（已加一两罐后），改用动态充注法充注。

二、动态加注条件

1．发动机转速为（1500~2000）r/min；
2．送风机速度控制开关处于"高"位；
3．A/C 开关 ON；
4．温度选择器为"最凉"；
5．完全打开所有车门。

三、注意事项

1．在低压侧加注制冷剂时加注罐倒置将使空调制冷剂以液态进入压缩机。压缩液体将损坏压缩机；
2．不要加注过量，否则会导致制冷不足或加热过度；
3．更换加注罐时，关闭高低压两侧的阀门，更换后，打开驱气阀从中部的软管（黄色）和空调压力表放出空气；
4．发动机工作时不要打开高压侧的阀门，这将导致高压气回流至加注罐，造成破裂。

空调压力表所示压力随外部空气温度变化而有轻微的变化，当外部温度高，加注制冷剂困难时，可用空气和水降低冷凝器的温度；而外部温度低时，可用温水（40℃以下）加热加注罐，这样加注制冷剂时较容易。

任务九　汽车空调回收充注机的使用

● **任务要求**

1．能正确熟练进行空调回收充注机的使用。
2．能说出空调回收充注机的使用注意事项。

项目三 汽车空调制冷系统检修

● 情境创设

现在很多汽车 4S 店使用空调回收充注机，最常用的是 SPX 空调回收充注机，请你使用该仪器对汽车空调进行回收、抽真空、加冷冻机油和加注操作。

● 任务引导

相关知识点学习：要求学生实训课前预习课本，独立完成。

1. 写出下列如图 3-292、图 3-293、图 3-294 所示的名称。

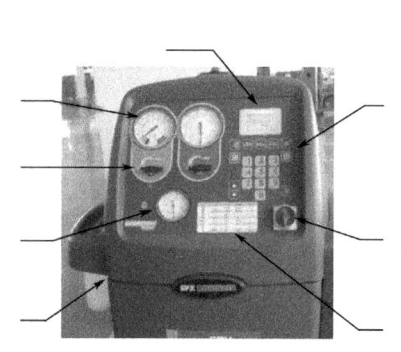

图 3-292　回收充注机操作面板　　图 3-293　回收充注机侧面　　图 3-294　回收充注机按键

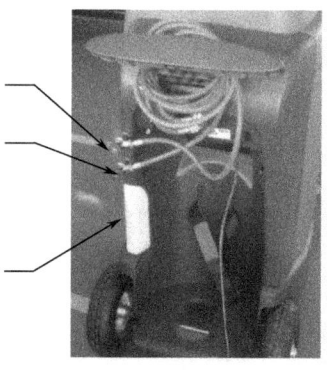

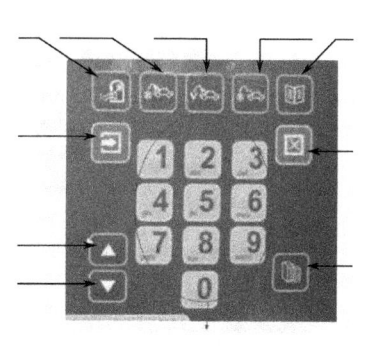

● 任务实施

具体维修操作步骤及技术要求如下。

养成合作完成工作任务的习惯，请你将工作分工与完成时间记录在表 3-10 中。

表 3-10　组员工作分工表

姓　　名	任务分工	完成时间	备　　注

一、准备工作

图 3-295　放好三角木	1. 按要求把车泊在规定空车位，放好三角木。泊车人要持有驾驶证，如图 3-295 所示。

191

续表

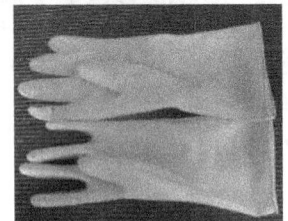

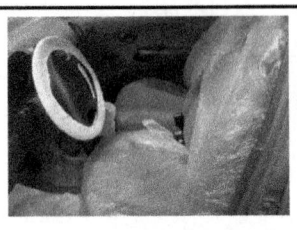 图 3-296 放车外三件套和车内五件套	2．套入方向盘套、手刹套、变速杆套、座椅套，放上地板垫。 放前格栅布和前翼子板布。 挂入空挡，向上拉紧手刹。检查机油、冷却液、蓄电池，如图 3-296 所示。
图 3-297 准备工具	3．准备工具：SPX 回收充注机（型号 AC350C）、冷冻机油、护目镜、手套，如图 3-297 所示。

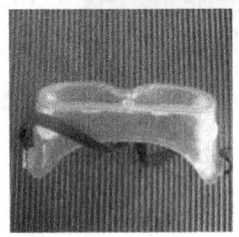

二、理论知识准备

汽车空调回收充注机一般的功能有制冷剂的回收，回收制冷剂净化，制冷系统真空检漏，制冷系统的抽真空，制冷系统加注冷冻机油，制冷系统加注制冷剂等。在汽车维修 4S 店常用的品牌是 SPX 回收充注机，以下用 SPX 回收充注机为例介绍该机的使用方法。

AC350C操作流程

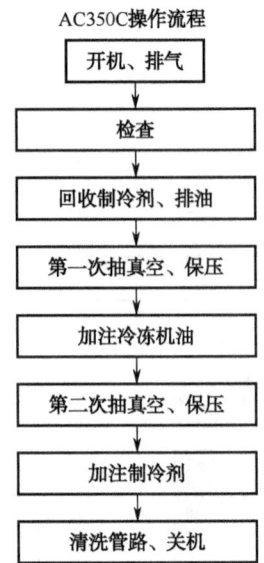

开机、排气 → 检查 → 回收制冷剂、排油 → 第一次抽真空、保压 → 加注冷冻机油 → 第二次抽真空、保压 → 加注制冷剂 → 清洗管路、关机

续表

三、回收充注机的组成	
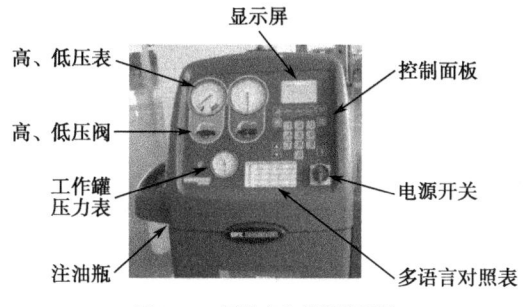 图 3-298 回收充注机操作面板 （标注：高、低压表；显示屏；控制面板；高、低压阀；工作罐压力表；电源开关；注油瓶；多语言对照表）	1. 回收充注机操作面板组成。 注意：蓝色为低压阀开关，红色为高压阀开关，如图 3-298 所示。
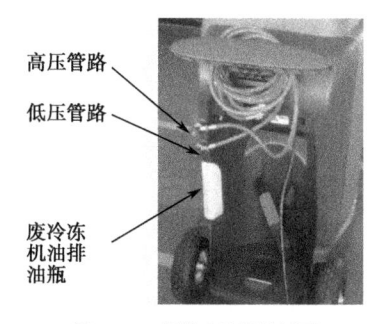 图 3-299 回收充注机的侧面 （标注：高压管路；低压管路；废冷冻机油排油瓶）	2. 回收充注机的侧面。 注意：高、低压管路的快速接头不用时应及时安装回原位，以免接头内部脏污，如图 3-299 所示。
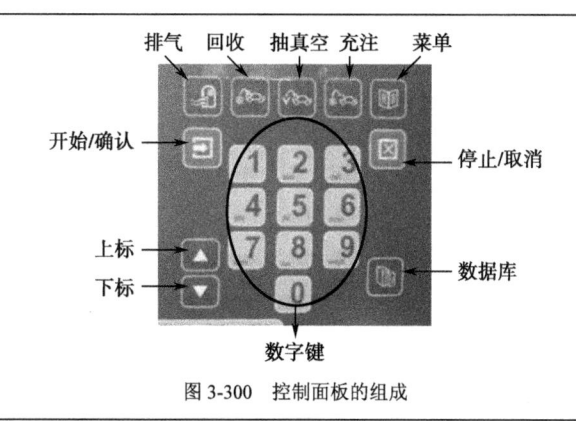 图 3-300 控制面板的组成 （标注：排气；回收；抽真空；充注；菜单；开始/确认；停止/取消；上标；下标；数据库；数字键）	3. 控制面板的组成，如图 3-300 所示。

四、汽车空调回收充注机使用前检查及开机操作（以 SPX 汽车空调回收充注机为例）

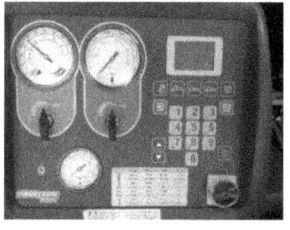

 图 3-301 检查车轮已锁止，开关已关闭	1. 检查车轮已锁止，高、低压阀门开关已关闭，电源开关已关闭，如图 3-301 所示。

续表

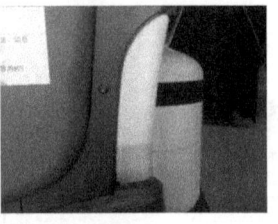

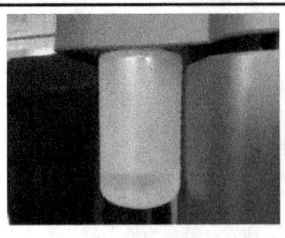 图 3-302 冷冻机油加注瓶和排油瓶	2．冷冻机油加注瓶已有冷冻机油，并拧紧；排油瓶液面较低，如较高，需将废油倒入指定废油收集罐中，如图 3-302 所示。
 图 3-303 管路检查	3．管路无破损、无裂纹；管路接头无脏污、无松动，如图 3-303 所示。
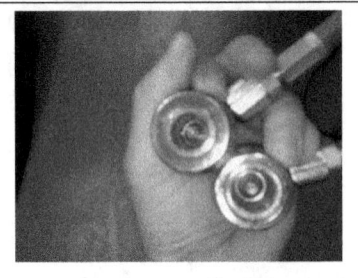 图 3-304 快速接头检查	4．手轮拧到最高位置，快速接头内无脏污，密封胶圈无损坏，如图 3-304 所示。
 图 3-305 打开电源开关	5．检查电源线无破损，插上电源线，打开电源开关，如图 3-305 所示。
 图 3-306 排气	6．如果罐内压力大于 5bar，则进行排气，如图 3-306 所示。

续表

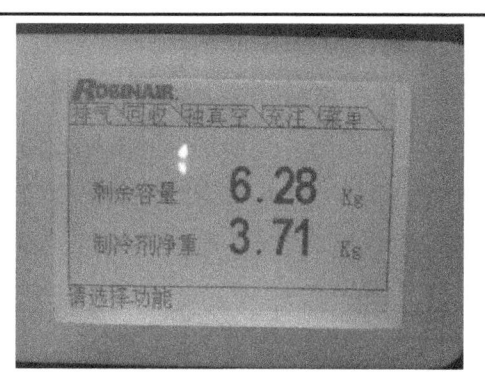 图 3-307 检查罐内制冷剂净重	7. 检查罐内制冷剂净重。 注意：制冷剂净重不超过罐体标称质量的 80%，即不大于 8kg。也不能低于 3kg，否则不能加注，如图 3-307 所示。 请记录你的仪器制冷剂净重为＿＿＿。 合格□ 不合格□

五、制冷剂回收操作

用回收充注机进行回收制冷剂的目的，一方面可以避免制冷剂直接排入大气造成污染，另一方面可以知道有多少冷冻油被抽出，从而向系统内加入同量的冷冻油，还有就是可以降低维修成本。

 图 3-308 制冷剂鉴别	1. 制冷剂回收前必须先进行制冷剂鉴别，如图 3-308 所示。 注意：如果制冷剂纯度低于 96%，就不能回收，否则可能会污染回收机内的制冷剂，造成严重损失。 特别强调：由于现在市场上假冒伪劣制冷剂较多，如果没有进行制冷剂鉴别，建议不要进行回收操作。
 图 3-309 运行制冷装置	2. 制冷剂鉴别后起动汽车，运行制冷装置 3～5min。这样制冷剂回收量就比较多，如图 3-309 所示。 注意：要开外循环，鼓风机开最大，温度开最冷，打开 AC 开关。
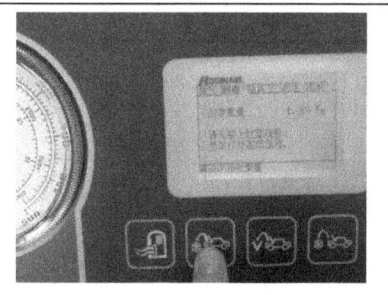 图 3-310 按"回收"键	3. 按"回收"键，进入回收程序，如图 3-310 所示。

续表

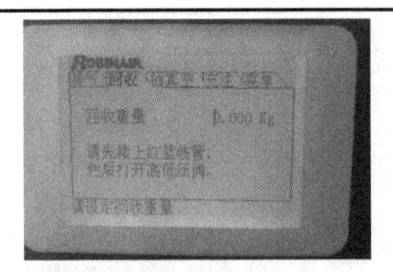 图 3-311 看屏幕提示	4．看屏幕提示：连接红、蓝管路，然后打开高、低压阀，如图3-311所示。
 图 3-312 管路连接	5．按菜单要求，进行管路连接，将红色高压快速接头、蓝色低压快速接头正确连接至制冷系统的检测接口，如图 3-312 所示。
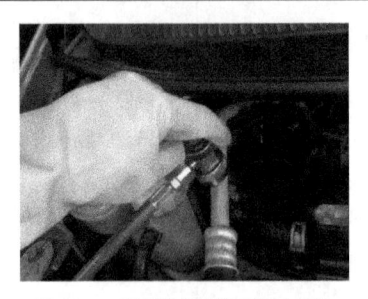 图 3-313 顺时针拧下低压快速接头	6．观察压力表顺时针拧下高压和低压快速接头，如图3-313所示。 注意：顺时针拧开高压和低压手轮时，速度应慢一些，防止冷冻机油被制冷剂带出系统，观察压力表，直到指针不再上升为止。 为防止损坏阀芯，手轮不要拧到底，距离底部约1mm即可停止，否则损坏阀芯后，会导致制冷剂喷出，造成危险。
 图 3-314 打开仪器上的高、低压阀	7．打开仪器上的高、低压阀，如图3-314所示。
 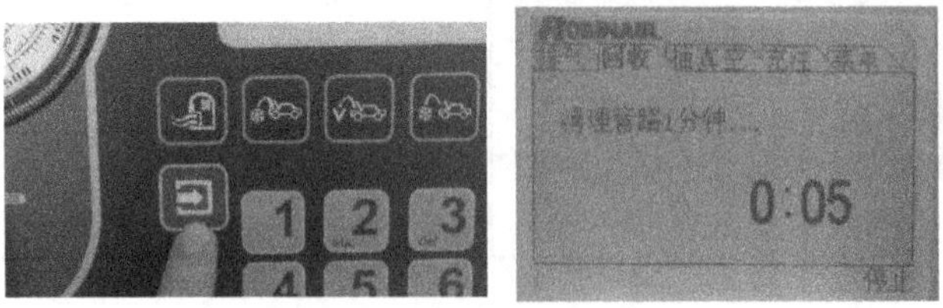 图 3-315 自我清洁管路功能	8．按下绿色"确定"键后，设备自动起动自我清洁管路功能，清理 1min，如图3-315所示。

续表

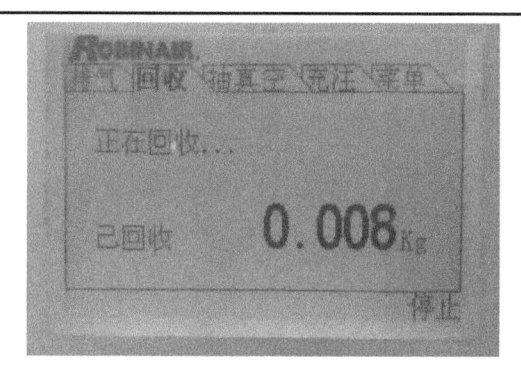 图 3-316 制冷剂回收	9．进行制冷剂回收，如图 3-316 所示。
 图 3-317 观察压力表指针	10．在回收过程中，应不断地观察压力表指针，当压力到达-10inHg 后，保持一分钟，再按"取消"键，停止回收，时间不要过长，防止损坏回收机中的压缩机，如图 3-317 所示。
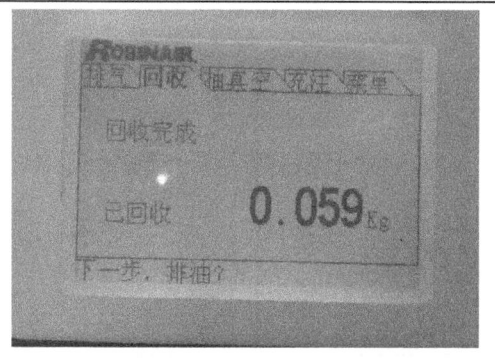 图 3-318 显示回收的制冷剂量	11．回收结束后，显示回收的制冷剂量，仪器准备进行排废油。 请记录你操作仪器回收的制冷剂量为_____，如图 3-318 所示。
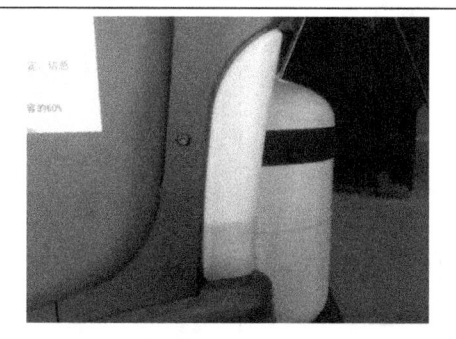 图 3-319 查看排油瓶内的废油液面高度	12．排油瓶表面有刻度，查看排油瓶内的废油液面高度并记录。 请记录你的仪器在排油前废油液面高度为_____，如图 3-319 所示。

续表

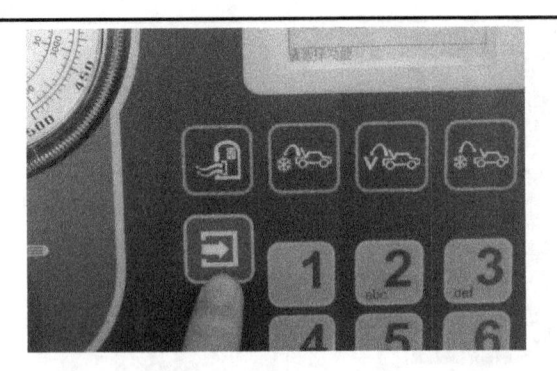 图 3-320 按确认键，进行排油	13．按"确认"键，进行排油，如图 3-320 所示。
 图 3-321 仪器显示正在排废油	14．仪器显示正在排废油，如图 3-321 所示。
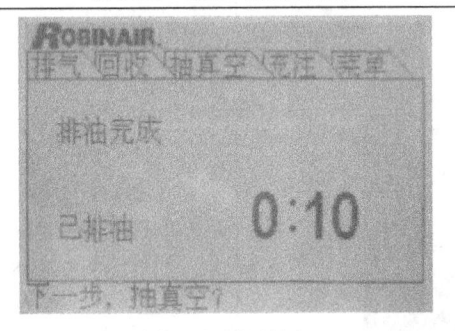 图 3-322 排油结束	15．排油结束，仪器自动停止，如图 3-322 所示。
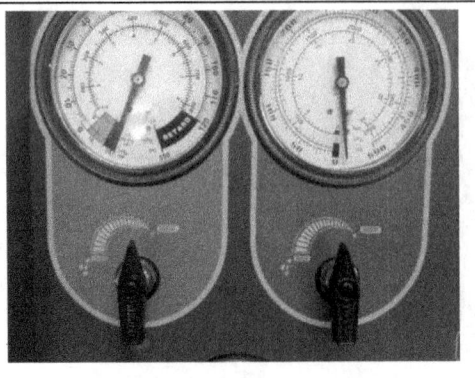 图 3-323 关闭控制面板上的阀门	16．关闭控制面板上的阀门，如图 3-323 所示。

续表

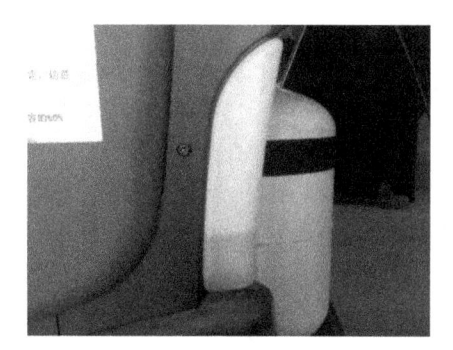

图 3-324 查看排油瓶废油液面高度	17. 等待一段时间，废油无气泡后，查看排油瓶废油液面并记录，计算出排出的冷冻机油量（废油），如图 3-324 所示。 请记录你的仪器排出冷冻机油液面高度为_____。 注意： 冷冻机油回收量等于回收后的液面刻度值减去回收前的液面刻度值。 请记录你的仪器冷冻机油回收量为_____。 计算冷冻机油回收量的目的是为了以后要向系统内加入同量的冷冻油。
图 3-325 记录制冷剂净重	18. 按"取消"键返回主菜单，如果要精确计算回收量，如图 3-325 所示。 请记录制冷剂净重_____。 用以下计算： 制冷剂回收量等于回收后的罐重减去回收前的罐重。 请记录精确回收制冷剂量为： _____

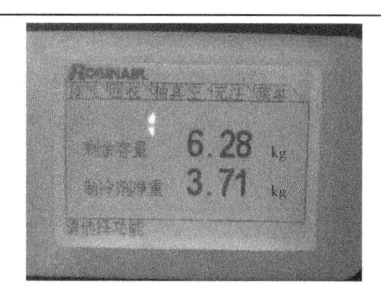

六、第一次抽真空及保压

为什么要第一次抽真空和保压呢？第一次抽真空主要是利用真空进行检漏，为制冷系统加注制冷剂打好基础。

图 3-326 抽真空前需要确认压力低于 70kPa	1. 抽真空前需要确认汽车空调系统中的压力低于 70kPa，否则回收充注机会拒绝抽真空，如图 3-326 所示。 如果压力大于 70kPa，是汽车空调系统没有回收完制冷剂导致的，可回收后再抽真空。
图 3-327 按"抽真空"键	2. 按"抽真空"键，仪器进行抽真空，如图 3-327 所示。

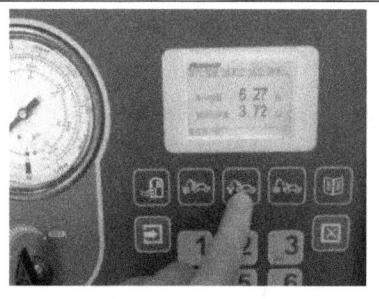

续表

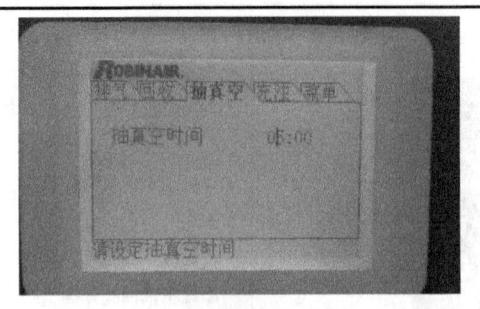 图 3-328　选择抽真空时间	3．按数字键，选择抽真空时间。按"确认"键进行抽真空，如图 3-328 所示。 注意：时间可以选择少些，如 5min。
 图 3-329　打开高、低压阀	4．打开高、低压阀，如图 3-329 所示。
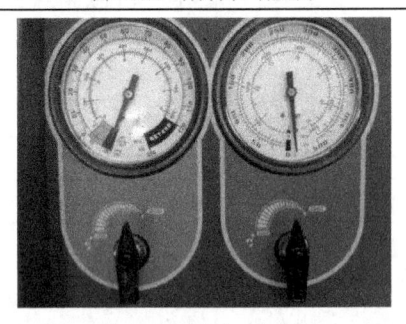 图 3-330　关闭高、低压阀	5．抽真空至系统真空低于 90kPa，到时间后关闭高、低压阀，停止抽真空，再按确认键进行保压，如图 3-330 所示。
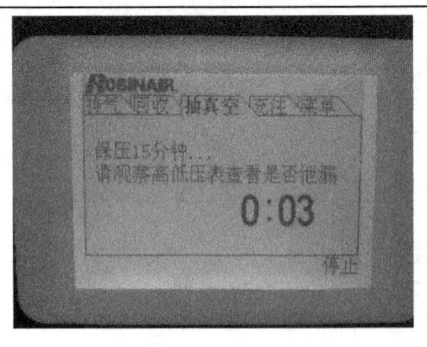 图 3-331　保压	6．保持真空至少 15min，检查压力表示值变化，如图 3-331 所示。 （1）如压力未上升，还要进行微小泄漏量的检查；即电子检漏、加压检漏和荧光检漏。 （2）如压力有回升，则继续抽真空，如累计抽真空时间超过 30min，压力仍回升，则可以判定制冷装置有泄漏，应检修制冷装置。

七、加注冷冻机油

为什么要加注冷冻机油？因为压缩机在工作期间，其运动部件必须获得润滑，以防损坏。此外，有少量的润滑油与制冷剂混合一起，在系统内进行循环。这种制冷剂与润滑油的混合物有助于使恒温膨胀阀和其他系统内运动部件保持在正常工作状态。汽车空调系统必须使用专用润滑油（冷冻润滑油），加注量应为排油量加 20mL。

续表

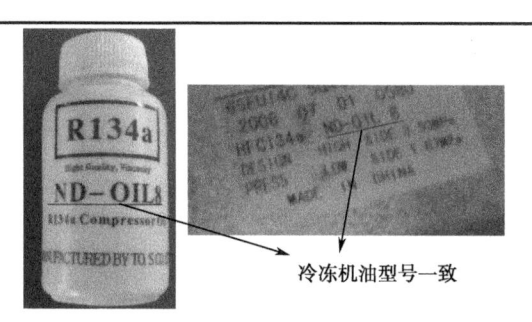 图 3-332　冷冻机油型号	1. 选择与系统同一型号的冷冻机油。在压缩机的标牌上查找系统冷冻机油的型号，如图 3-332 所示。 计算加注量：加注量=排油量+20mL
 图 3-333　冷冻机油加入注油瓶内	2. 将适量的冷冻机油加入注油瓶内，如图 3-333 所示。 注意：冷冻机油尽量用小瓶，大瓶的用后及时密闭，不应长时间将冷冻机油暴露在空气中，使冷冻机油被空气氧化。
 图 3-334　安装注油瓶	3. 安装注油瓶，如图 3-334 所示。 注意：必须拧紧，防止空气进入。
 图 3-335　关闭低压阀	4. 采用单管加注，关闭低压阀（防止冷冻机油进入压缩机），打开高压阀，如图 3-335 所示。

续表

 图 3-336　按"确认"键进行注油操作	5．在保压结束后按"确认"键进行注油操作，如图 3-336 所示。
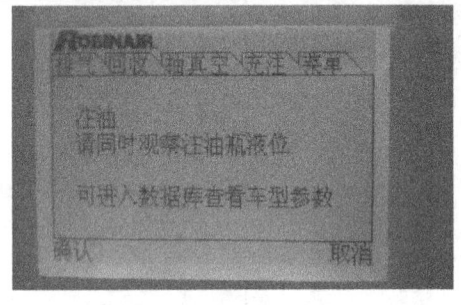 图 3-337　查看界面提示	6．根据界面提示，查看注油瓶的液面位置，如图 3-337 所示。 按加注量=排油量+20mL 的公式加冷冻机油。
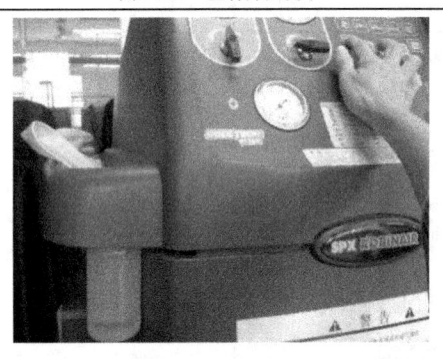 图 3-338　看着加注瓶加注	7．看着加注瓶，并按"确认"键进行加注，如图 3-338 所示。 注意：在加注过程中，必须一直观察注油瓶内的液面。
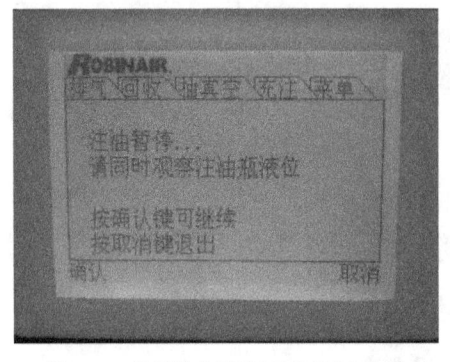 图 3-339　达到补充量后及时按"确认"键	8．达到补充量后及时按"确认"键，暂停加注冷冻机油，确认加注量达到要求后，按"取消"键结束加注冷冻机油，如图 3-339 所示。 注意：按一次"确认"键是加注，再按一次"确认"键只是暂停，如果多按一次又会继续加注，可能会导致多加冷冻机油。 不要多加冷冻机油，否则会导致压缩机不能正常工作，制冷效果不良，严重时会使压缩机损坏。

续表

八、第二次抽真空

第一次抽真空主要为了检漏，第二次抽真空是为了充分排除制冷装置中的空气和水分，防止管路发生"冰堵"。

 图 3-340　确认汽车空调系统中的压力低于 70kPa	1．抽真空前需要确认汽车空调系统中的压力低于 70kPa，否则回收充注机会拒绝抽真空，如图 3-340 所示。
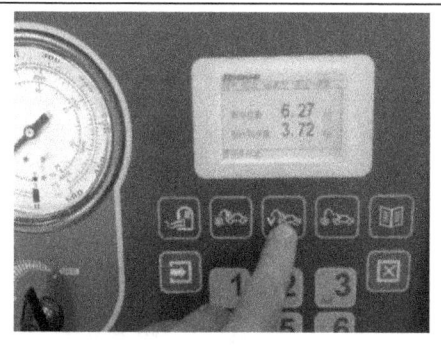 图 3-341　按"抽真空"键	2．按"抽真空"键，仪器进行抽真空，如图 3-341 所示。
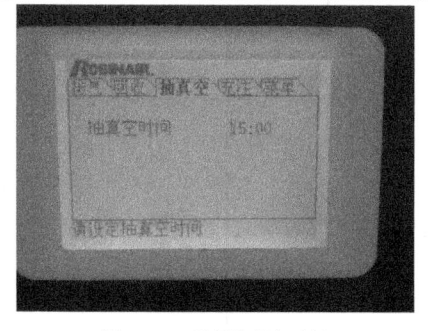 图 3-342　选择抽真空时间	3．按"数字"键，选择抽真空时间。按"确认"键进行抽真空，如图 3-342 所示。 注意：持续时间应不少于 15min。以充分排除制冷装置中的水分。
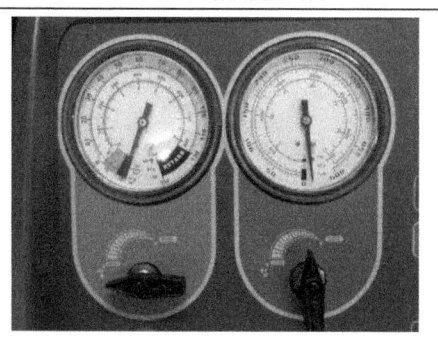 图 3-343　打开低压阀	4．打开低压阀。 因为前面通过高压管进行加注冷冻机油，为防止冷冻机油回流，因此只能从低压管中抽真空，如图 3-343 所示。 注意：如果单独使用回收充注机的抽真空功能，则打开高、低压阀同时抽真空。

续表

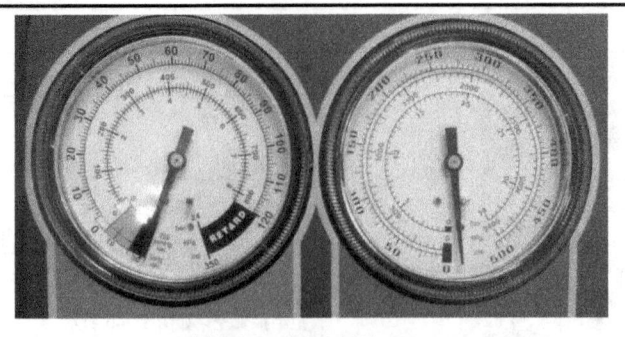 图 3-344　真空应低于 90kPa	5．抽真空至系统真空应低于-90kPa，如图 3-344 所示。 说明：真空的含义是在给定的空间里低于大气压的压力为真空，即表上低于 0kPa 为真空。 　　在该仪器上未标明 0 以下真空的 kPa 单位，-90kPa 只能估算。
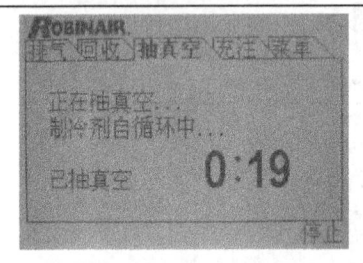 图 3-345　仪器同时进行工作罐中制冷剂的净化	6．在抽真空时，仪器同时进行工作罐中制冷剂的净化，如图 3-345 所示。
 图 3-346　抽真空完成	7．抽真空时间到后，仪器自动停止真空泵工作，如图 3-346 所示。
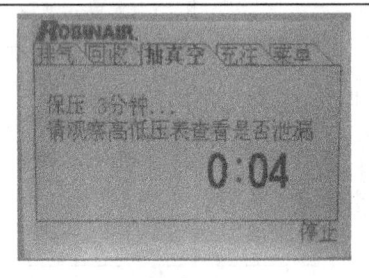 图 3-347　保压	8．按"确认"键，仪器对系统进行泄漏检测，保压 3～5min，如图 3-347 所示。 注意：观察高、低压表，表针无回升。
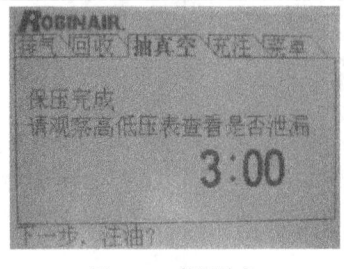 图 3-348　检漏结束	9．检漏结束，准备加注制冷剂，这时按"取消"键，以免进入注油程序，如图 3-348 所示。

续表

九、制冷剂加注

制冷剂加注罐充注有两种方法：动态充注（发动机运行）和静态充注（发动机不运行）。回收充注机采用静态充注，即在汽车空调系统抽真空后，从高压侧加入制冷剂。用这种方法加注制冷剂注意不要起动发动机及开空调，以确保安全。

图示	说明
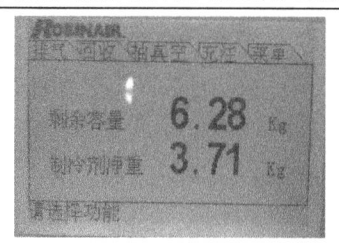 图 3-349　检查制冷剂净重	1. 抽真空和冷冻机油加注后才能加注制冷剂。 　加注前先检查工作罐中的制冷剂质量，如图 3-349 所示。当制冷剂净重不足 3kg 时，应予以补充。
 图 3-350　查看汽车铭牌	2. 查看汽车铭牌，记录生产厂名、品牌、生产年月、排量，如图 3-350 所示。
 图 3-351　查找数据库	3. 按"数据库"键，根据车型，查找数据库，如图 3-351 所示。
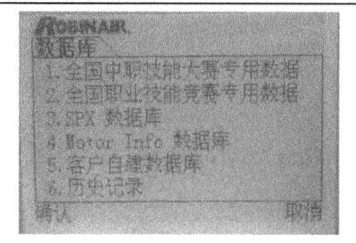 图 3-352　选择 SPX 数据库	4. 按"数字"键，选择 SPX 数据库，如图 3-352 所示。
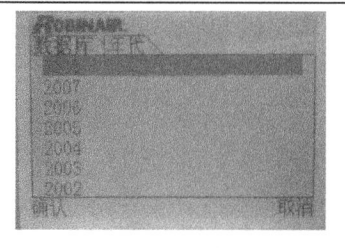 图 3-353　选择年代	5. 根据汽车制造年月，在数据库中选择年代，如图 3-353 所示。

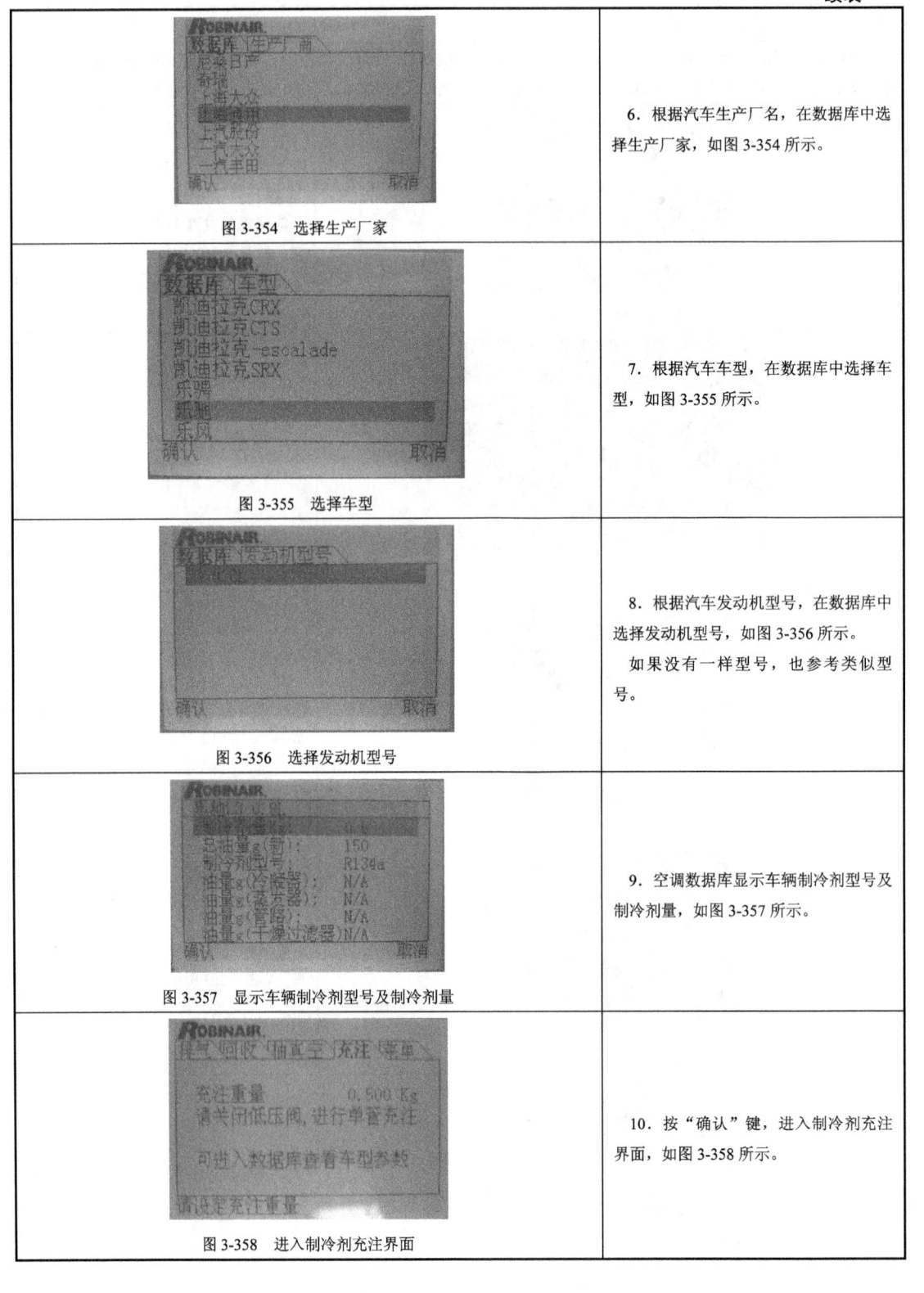

续表

图 3-354 选择生产厂家	6. 根据汽车生产厂名，在数据库中选择生产厂家，如图 3-354 所示。
图 3-355 选择车型	7. 根据汽车车型，在数据库中选择车型，如图 3-355 所示。
图 3-356 选择发动机型号	8. 根据汽车发动机型号，在数据库中选择发动机型号，如图 3-356 所示。 如果没有一样型号，也参考类似型号。
图 3-357 显示车辆制冷剂型号及制冷剂量	9. 空调数据库显示车辆制冷剂型号及制冷剂量，如图 3-357 所示。
图 3-358 进入制冷剂充注界面	10. 按"确认"键，进入制冷剂充注界面，如图 3-358 所示。

续表

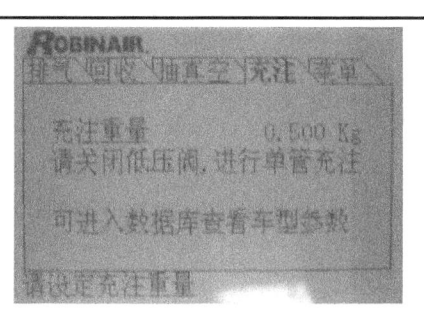 图 3-359 输入加注制冷剂量	11．按"数字"键，输入加注制冷剂量，如图 3-359 所示。
 图 3-360 关闭低压阀，打开高压阀	12．根据界面要求，采用单管加注，关闭低压阀，打开高压阀，如图 3-360 所示。 注意：不要弄错，以防止液态制冷剂进入压缩机。
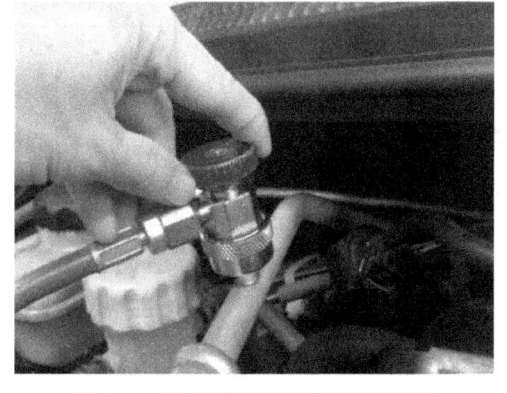 图 3-361 逆时针旋转低压快速接头的手轮	13．逆时针旋转低压快速接头的手轮，关闭低压管，防止加注的制冷剂从低压检测口出来，如图 3-361 所示。
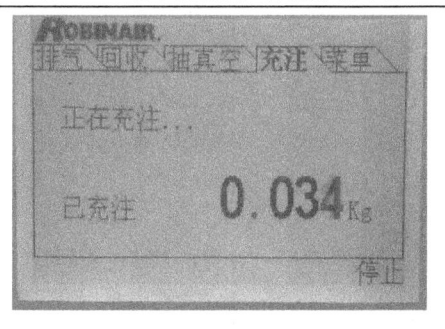 图 3-362 按"确认"键进行制冷剂充注	14．按"确认"键进行制冷剂充注，如图 3-362 所示。

续表

 图 3-363　将高压快速接头逆时针旋转	15．加注结束，根据界面显示，将高压快速接头逆时针旋转，如图 3-363 所示。
 图 3-364　将高、低压加注管与制冷系统断开	16．将高、低压加注管与制冷系统断开，准备对管路清洁，如图 3-364 所示。
 图 3-365　对高、低压检修阀进行检漏	17．注意：每次拆快速接头后，都要对高、低压检修阀进行检漏，如图 3-365 所示。 高、低压检修阀进行检漏有两种方法：一种是用电子检漏仪进行检漏，另一种是用冷冻机油滴入高、低压检修阀进行检漏。
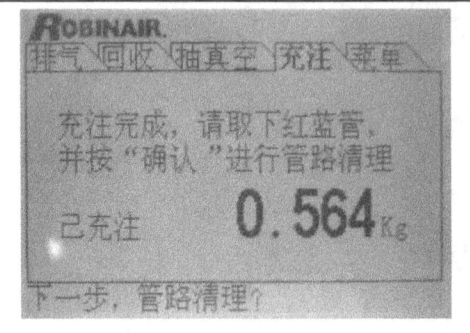 图 3-366　进行管路清理	17．取下红、蓝高、低压管后，按"确认"键，进行管路清理，如图 3-366 所示。 注意：必须取下高、低压管后才能进行管路清理，否则将会使加注到汽车管路中的制冷剂又被抽出来。

续表

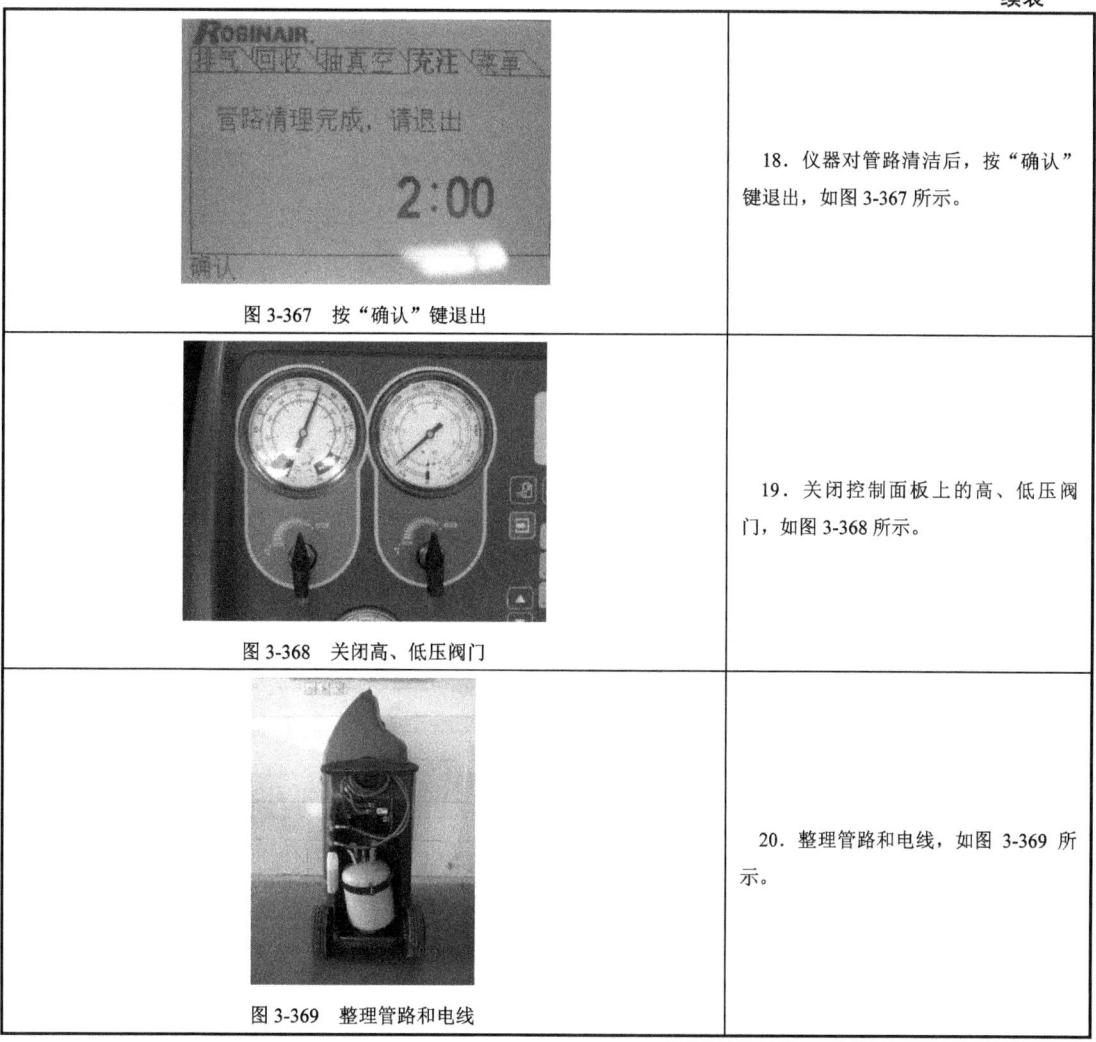

图 3-367 按"确认"键退出	18．仪器对管路清洁后，按"确认"键退出，如图 3-367 所示。
图 3-368 关闭高、低压阀门	19．关闭控制面板上的高、低压阀门，如图 3-368 所示。
图 3-369 整理管路和电线	20．整理管路和电线，如图 3-369 所示。

任务考核单 3-9　汽车空调回收充注机的使用（见表 3-11）

表 3-11　考核表

班　级		姓　名		学　号	
规定考核时间				分钟	
实际考核时间					
序号	操作步骤		考核及评分记录		扣分（每错一处扣 10 分）
1．	安装座椅套等防护用品、车轮挡块				
2．	检查压力表的管子是否有破裂，表头指针的位置，手动阀位置，管路接头，手轮位置				
3．	开机、排气				

续表

班　级		姓　名		学　号	
规定考核时间			分钟		
实际考核时间					
序号	操作步骤		考核及评分记录		扣分（每错一处扣10分）
4.	检查制冷剂净重是否符合要求				
5.	回收制冷剂、排油（口述回收前必须进行鉴定）				
6.	第一次抽真空5min、保压15min				
7.	加注冷冻机油=排出量+20mL，注意用高压管加注				
8.	第二次抽真空5min（应抽15min）、保压3～5min				
9.	加注制冷剂，查数据库确定加注量，注意用高压管加注				
10.	清洗管路、关机				
11.	防护措施得当，作业过程零件清洁及最后整理到位				
	工具、零件不落地				
考核分数					
教师签名		考核日期		年　月　日	

任务十　汽车空调回收充注机加注制冷剂

● 任务要求

1．能正确对空调回收充注机加注制冷剂。
2．能说出空调回收充注机加注制冷剂的注意事项。

● 情境创设

汽车4S店使用的空调回收充注机制冷剂不足，需要添加制冷剂，请你给空调回收充注机充注制冷剂。

● 任务引导

相关知识点学习：要求学生实训课前预习课本，独立完成。
1．如果制冷剂净重低于_____将无法加注制冷剂，低于_____时加注缓慢，这时需要向回收充注机内加注制冷剂。
2．向回收充注机内加注制冷剂前先对新13.6kg制冷剂罐内制冷剂进行_____，以免加入不合格制冷剂，造成重大损失。

项目 三 汽车空调制冷系统检修

3. 如果鉴别结果 R134a 纯度大于_____，就可以向回收充注机内加注。
4. 一般加注量能使回收充注机内的制冷剂净重达到_____为宜。

● 任务实施

具体维修操作步骤及技术要求如下。

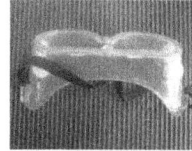

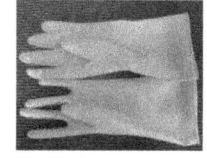

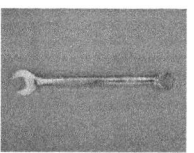

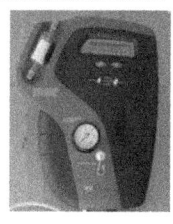

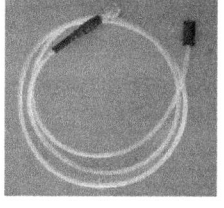

一、准备工作	
图 3-370 准备工具	准备工具：SPX 回收充注机（型号 AC350C）、13.6kg 罐装制冷剂、护目镜、手套、18mm 扳手、制冷剂鉴别仪、R12 采样管、R134a 储罐接头，如图 3-370 所示。
二、理论知识准备	
汽车空调回收充注机的维护工作主要包括回收充注机加注制冷剂，回收充注机自检漏，回收充注机内的制冷剂的净化作业。如果制冷剂净重低于 3kg 将无法加注制冷剂，低于 4kg 时加注缓慢，这时需要向回收充注机内加注制冷剂。	
三、回收充注机加注制冷剂	
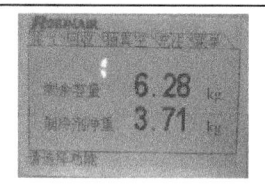 图 3-371 检查制冷剂净重	1. 如果制冷剂净重低于 3kg 将无法加注制冷剂，低于 4kg 时加注缓慢，这时需要向回收充注机内加注制冷剂，如图 3-371 所示。
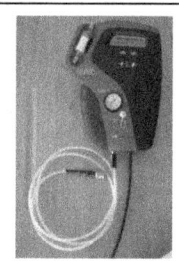 图 3-372 制冷剂鉴别仪通电预热	2. 先将制冷剂鉴别仪通电预热。将 R12 采样管一端接到制冷剂鉴别仪采样入口，如图 3-372 所示。 注意：向回收充注机内加注制冷剂前先对新 13.6kg 制冷剂罐内制冷剂进行纯度鉴定，以免加入不合格制冷剂，造成重大损失。 如果已鉴定过是合格的制冷剂则不必再次鉴定。

续表

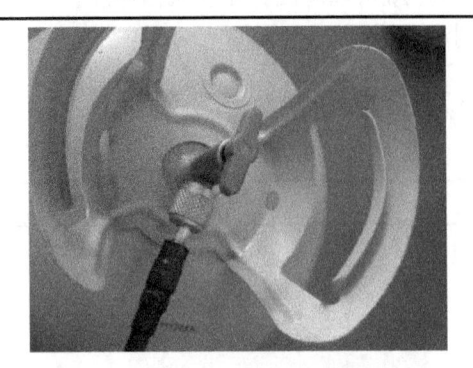 图 3-373　R12 连接采样管	3．制冷剂鉴别仪预热完成后，绿灯闪时，拧下防尘盖，将 R12 采样管另一端接到 13.6kg 制冷剂罐上，如图 3-373 所示。
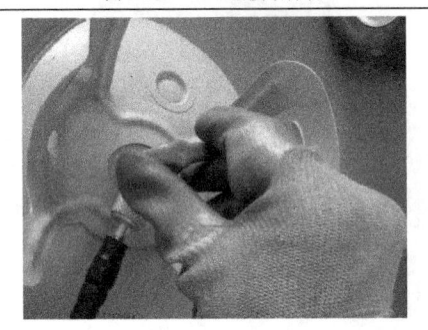 图 3-374　打开 13.6kg 制冷剂罐上开关	4．打开 13.6kg 制冷剂罐上开关，如图 3-374 所示。
 图 3-375　按制冷剂鉴别仪上"A"键	5．按制冷剂鉴别仪上"A"键，对制冷剂进行鉴别，如图 3-375 所示。
 图 3-376　鉴别结果	6．如果鉴别结果 R134a 纯度大于 96%，就可以向回收充注机内加注；如果制冷剂纯度低于 96%，则不能向回收充注机内加注，以免造成重大损失，如图 3-376 所示。

续表

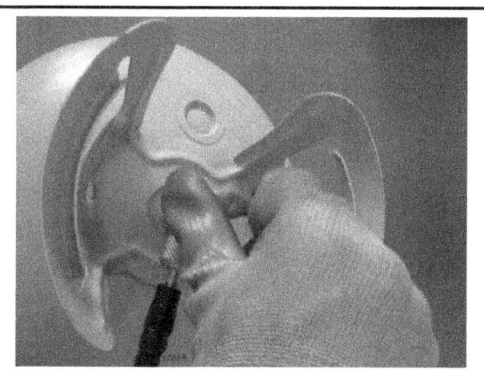 图 3-377 关闭 13.6kg 制冷剂罐上的开关	7. 鉴定完成后，关闭 13.6kg 制冷剂罐上的开关，如图 3-377 所示。
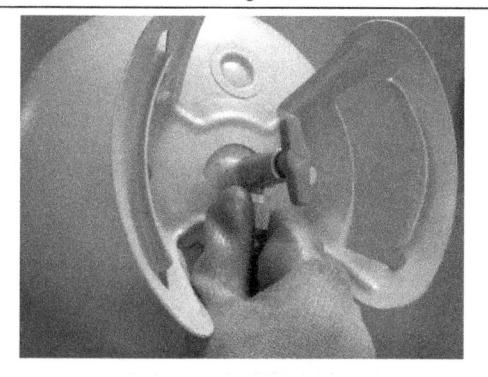 图 3-378 拧下 R12 采样管	8. 拧下 R12 采样管，如图 3-378 所示。
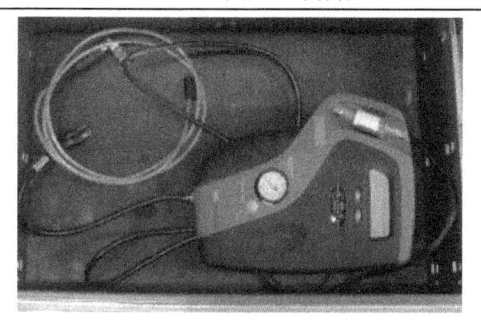 图 3-379 放回工具车	9. 清洁并将制冷剂鉴别仪和采样管放回工具车，如图 3-379 所示。
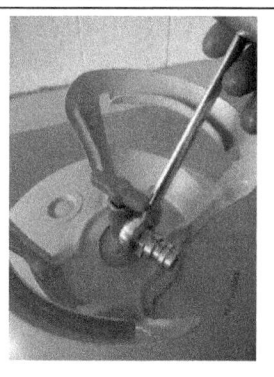 图 3-380 扳手拧紧接头	10. 如果 13.6kg 制冷剂罐的制冷剂合格，则可以向回收充机内加注。 首先，将 R134a 储罐接头用 18mm 的扳手拧紧到 13.6kg 制冷剂罐的接头上，如图 3-380 所示。 注意：R134a 储罐接头内有橡胶密封垫，接之前必须检查，如果没有会造成泄漏。

续表

图	说明
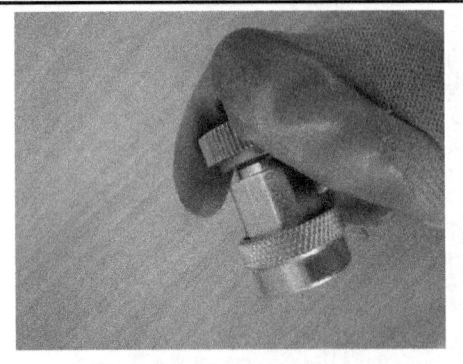 图 3-381 红色快速接头的手轮逆时针拧到最高位置	11．将回收充注机高压红色快速接头的手轮逆时针拧到最高位置，如图 3-381 所示。
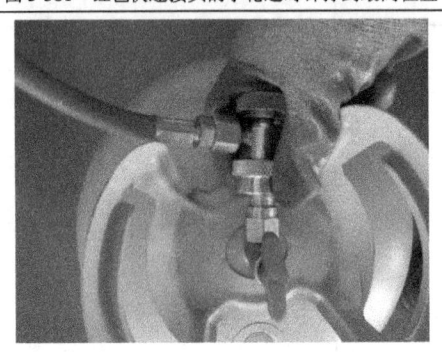 图 3-382 高压红色快速接头接到 R134a 罐	12．将回收充注机高压红色快速接头接到 R134a 罐接头上，如图 3-382 所示。
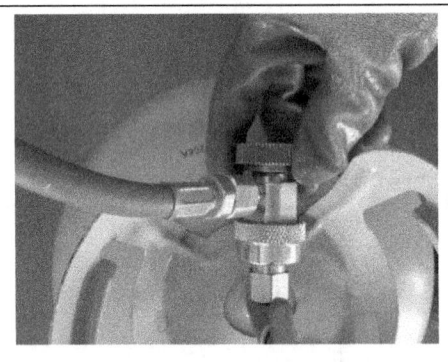 图 3-383 手轮顺时针拧到底	13．将红色快速接头的手轮顺时针拧到底，如图 3-383 所示。
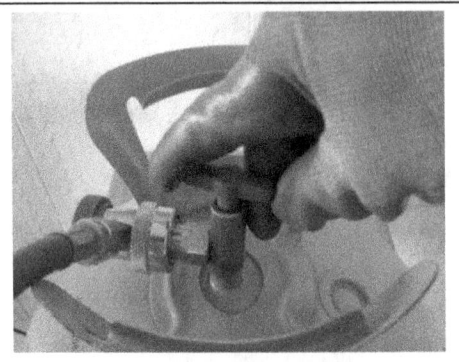 图 3-384 打开 13.6kg 制冷剂罐的开关	14．打开 13.6kg 制冷剂罐的开关，如图 3-384 所示。

项目三 汽车空调制冷系统检修

续表

图示	说明
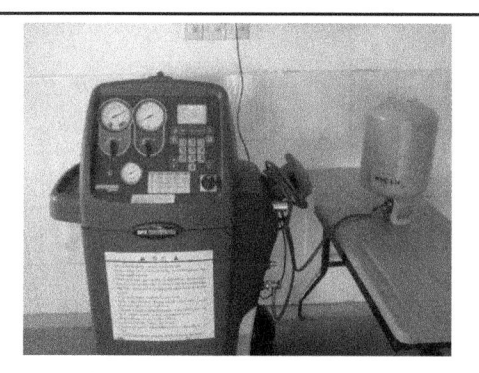 图 3-385 将 13.6kg 制冷剂罐倒放	15．将 13.6kg 制冷剂罐倒放在桌子上或工具车上，如图 3-385 所示。 注意：倒放的目的在于能快速加入制冷剂，并且不会使回收充注机内的压力升高太快。
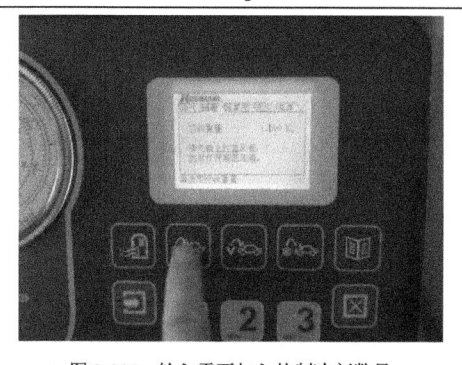 图 3-386 输入需要加入的制冷剂数量	16．按回收充注机上的"回收"按键，并按"数字"键输入需要加入的制冷剂数量，如图 3-386 所示。 注意：一般加注量能使回收充注机内的制冷剂净重达到 6kg 为宜。 例如：原回收充注机内有 3.4kg 制冷剂，则需要加入 2.6kg 制冷剂。
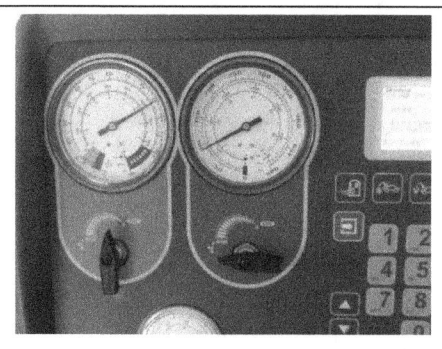 图 3-387 打开回收充注机上的高压阀	17．打开回收充注机上的高压阀，如图 3-387 所示。
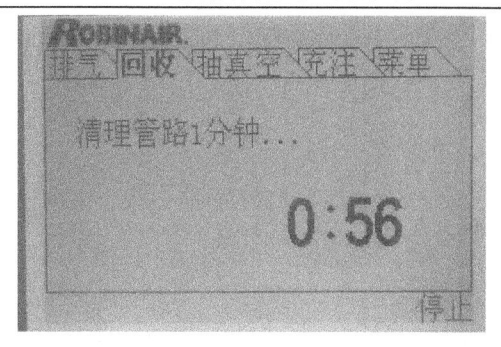 图 3-388 进行管路清理 1 分钟	18．按"确定"键，先进行管路清理 1min，以排除管路中的空气，如图 3-388 所示。

续表

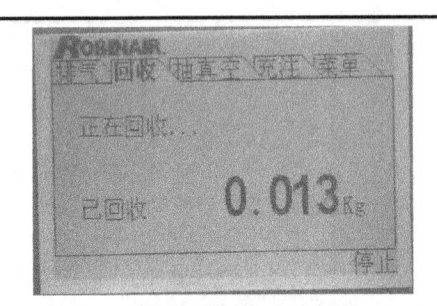 图 3-389　观察已回收重量	19．观察已回收重量，如图 3-389 所示。
 图 3-390　按"取消"键，返回主界面	20．当回收到指定重量时，回收充注机会自动停止，按"取消"键，返回主界面，如图 3-390 所示。
 图 3-391　关闭高压阀	21．关闭高压阀，如图 3-391 所示。
 图 3-392　关闭电源开关	22．关闭电源开关，如图 3-392 所示。

项目 三　汽车空调制冷系统检修

续表

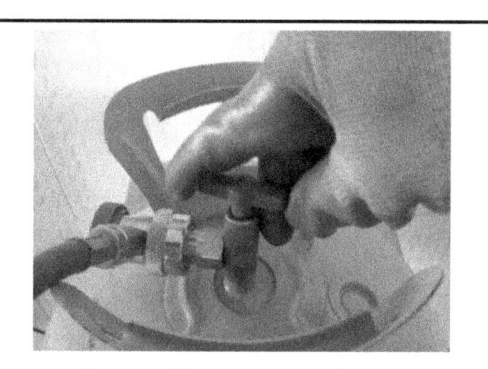 图 3-393　关闭 13.6kg 制冷剂罐的开关	23．关闭 13.6kg 制冷剂罐的开关，如图 3-393 所示。
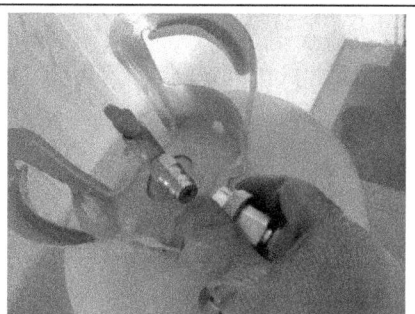 图 3-394　取下高压快速接头	24．取下高压快速接头，如图 3-394 所示。
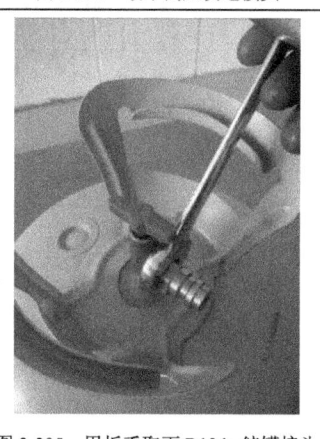 图 3-395　用扳手取下 R134a 储罐接头	25．用 18mm 的扳手取下 R134a 储罐接头，如图 3-395 所示。
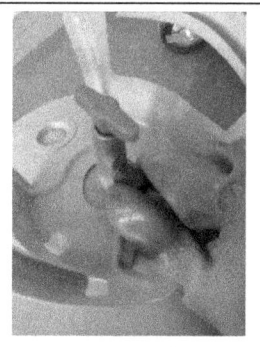 图 3-396　拧上 13.6kg 制冷剂罐的防尘盖	26．拧上 13.6kg 制冷剂罐的防尘盖，如图 3-396 所示。

续表

图 3-397 整理并放回原位	27. 整理回收充注机的管路和电源线，放回原位，如图 3-397 所示。

任务考核单 3-10　汽车空调回收充注机加注制冷剂（见表 3-12）

表 3-12　考核表

班　级		姓　名		学　号	
规定考核时间				分钟	
实际考核时间					
序号	操作步骤	考核及评分记录		扣分（每错一处扣 10 分）	
1.	安装座椅套等防护用品、车轮挡块				
2.	检查压力表的管子是否有破裂，表头指针的位置，手动阀位置，管路接头，手轮位置				
3.	检查制冷剂净重低于 4kg 需要添加				
4.	先将制冷剂鉴别仪通电预热。将 R12 采样管一端接到制冷剂鉴别仪采样入口				
5.	将 R12 采样管另一端接到 13.6kg 制冷剂罐上。打开 13.6kg 制冷剂罐上开关				
6.	按制冷剂鉴别仪上 "A" 键，对制冷剂进行鉴别				
7.	如果鉴别结果 R134a 纯度大于 96%，就可以向回收充注机内加注				
8.	关闭 13.6Kg 制冷剂罐上的开关，拧下 R12 采样管				
9.	向回收充机内加注，将 R134a 储罐接头用 18mm 的扳手拧紧到 13.6kg 制冷剂罐的接头上				
10.	将回收充注机高压红色快速接头接到 R134a 储罐接头上，将 13.6kg 制冷剂罐倒放在桌子上或工具车上				

续表

班级		姓　名		学　号	
规定考核时间			分钟		
实际考核时间					
序号	操作步骤		考核及评分记录		扣分（每错一处扣10分）
11.	按回收充注机上的"回收"键，并按"数字"键输入需要加入的制冷剂数量				
12.	打开回收充注机上的高压阀。当回收到指定重量时，回收充注机会自动停止，按取消键，返回主界面				
13.	关闭高压阀，关闭13.6kg制冷剂罐的开关。整理，放回原位				
14.	防护措施得当，作业过程零件清洁及最后整理到位				
	工具、零件不落地				
	考核分数				
教师签名		考核日期		年　月　日	

任务十一　汽车空调性能检验

● 任务要求

1．能正确熟练对汽车空调性能进行检验。
2．能说出汽车空调性能检验的注意事项。

● 情境创设

有一辆汽车已维修空调，请你对车辆进行空调性能鉴定，你该如何操作？

● 任务引导

相关知识点学习：要求学生实训课前预习课本，独立完成。
1．加注后应至少等待_____分钟，让制冷剂在管路中充分流动后，然后进行检验。
2．车辆准备：_____
_____。
3．设置空调操作面板：_____
_____。
4．将温度计探头放置在空调出风口内_____处进行检测。
5．空调性能检测记录数据有_____
_____。

● 任务实施

具体维修操作步骤及技术要求如下。

一、准备工作	
 图 3-398 放好三角木	1．按要求把车泊在规定空车位，放好三角木。泊车人要持有驾驶证，如图 3-398 所示。
 图 3-399 放车外三件套和车内五件套	2．套入方向盘套、手刹套、变速杆套、座椅套，放上地板垫。 放前格栅布和前翼子板布，如图 3-399 所示。
图 3-400 准备工具	3．准备工具：空调压力表、橡胶手套、护目镜、毛巾，如图 3-400 所示。
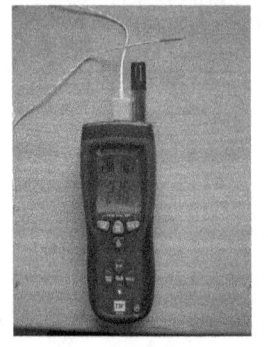 图 3-401 温度计和湿度计	4．准备工具：温度计和湿度计，如图 3-401 所示。

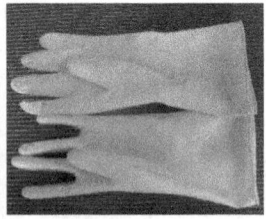

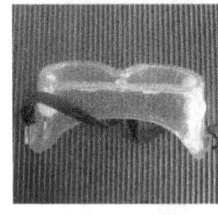

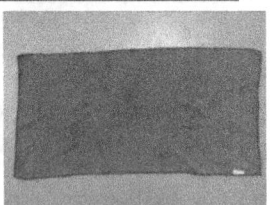

续表

二、汽车空调性能检验		
	 图 3-402　检测加注阀处有无泄漏	1. 完成制冷剂加注作业后，用检漏设备检测加注阀处有无泄漏，如图 3-402 所示。 注意：加注后应至少等待两分钟，让制冷剂在管路中充分流动后，然后应进行检验。 检验应根据汽车制造厂商的要求进行。可参照以下方法。
	 图 3-403　车辆准备	2. 车辆准备。 （1）车辆停放在阴凉处。 （2）打开车窗、车门。 （3）打开发动机盖。 如图 3-403 所示。
	 图 3-404　在车上装上空调压力表	3. 戴手套和护目镜，在车上装上空调压力表，如图 3-404 所示。
	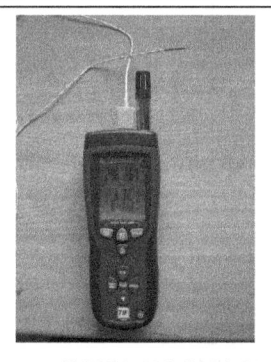 图 3-405　检测并记录车外温度和湿度	4. 在车外 2m 外检测并记录车外温度和湿度，如图 3-405 所示。 温度：_____。 湿度：_____。

续表

 图 3-406　设置空调操作面板	5．设置空调操作面板，如图 3-406 所示： 外循环位置； 风机转速最高； 强冷； A/C 开； 注意：若是自动空调应设为手动并将温度设定为最低值。
 图 3-407　发动机转速控制在（1500～2000）r/min	6．起动发动机，将发动机转速控制在（1500～2000）r/min，使压力表指针稳定，如图 3-407 所示。
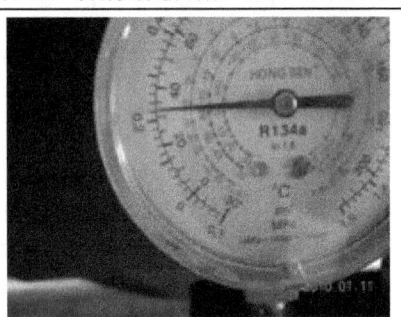 图 3-408　读取压力表的高、低侧压力	7．待压力表显示数值趋于稳定后，读取压力表的高、低侧压力，如图 3-408 所示。 高压侧压力：_____。 低压侧压力：_____。
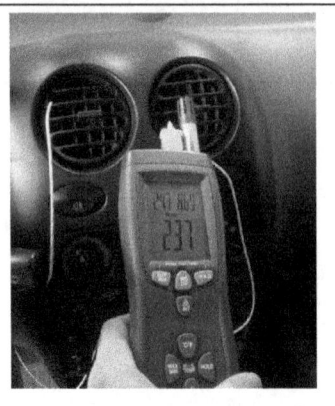 图 3-409　读取温度和湿度的显示值	8．将温度计探头放置在空调出风口内 50mm 处，待显示数值趋于稳定后，读取温度和湿度的显示值，如图 3-409 所示。 温度：_____。 湿度：_____。

续表

	9. 收拾工具，清理工位，做 5S 工作，如图 3-410 所示。

图 3-410 清理工位

10. 将所测得的高、低侧压力以及相对湿度、空调进风温度、出风温度与汽车制造商提供的空调性能参数或图表上的参数比较（见图 3-411、图 3-412），如压力表、温度计显示的高、低侧压力和空调出风温度不在规定的范围内，应对制冷装置做进一步的诊断和检修。

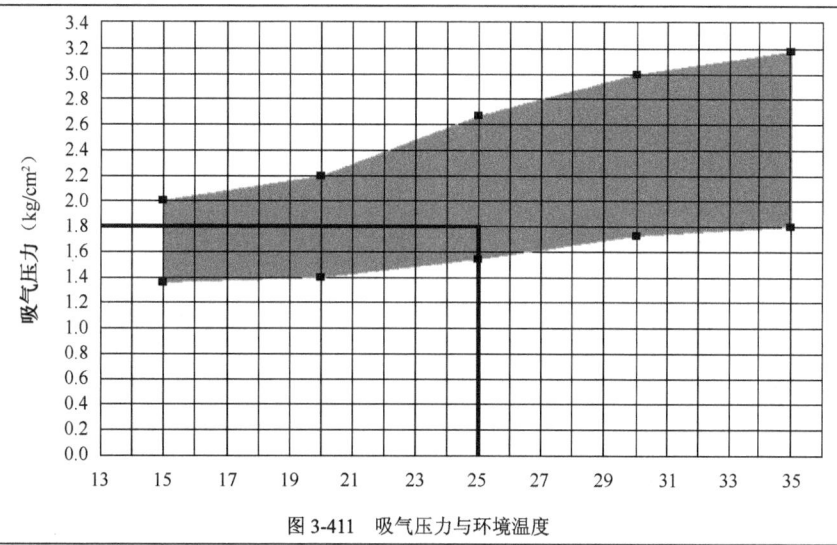

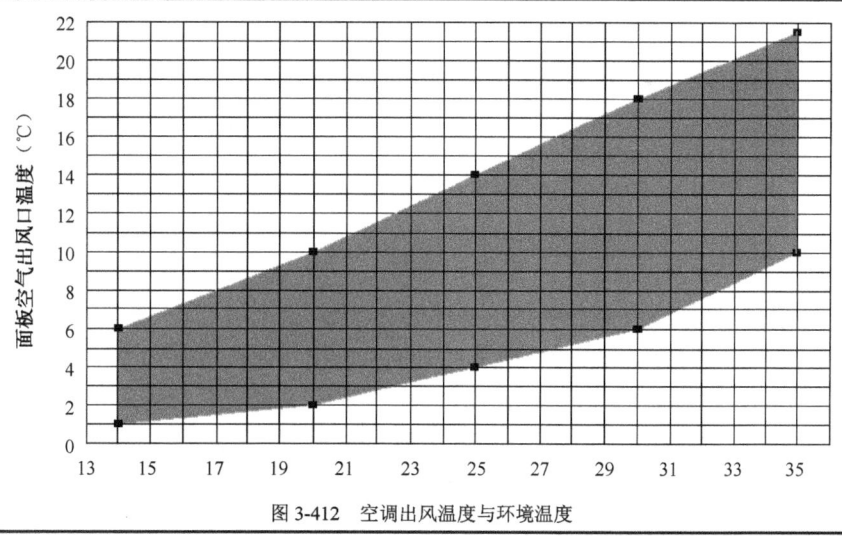

图 3-411 吸气压力与环境温度

图 3-412 空调出风温度与环境温度

任务考核单 3-11 汽车空调性能检验（见表 3-13）

表 3-13 考核表

班　级		姓　　名		学　　号	
规定考核时间			分钟		
实际考核时间					
序号	操作步骤		考核及评分记录	扣分（每错一处扣 10 分）	
1.	放好三角木，装好车内五件套				
2.	叙述加注后应至少等待两分钟，让制冷剂在管路中充分流动后，然后应进行检验				
3.	车辆准备：（1）车辆停放在阴凉处；（2）打开车窗、车门；（3）打开发动机盖				
4.	戴手套和护目镜，在车上装上空调压力表				
5.	在车外 2m 外检测并记录车外温度和温度				
6.	设置空调操作面板：外循环位置；风机转速最高；强冷；A/C 开				
7.	起动发动机，将发动机转速控制在（1500～2000）r/min，使压力表指针稳定				
8.	读取压力表的高、低侧压力				
9.	待显示数值趋于稳定后，读取温度和湿度的显示值				
10.	收拾工具，清理工位，做 5S 工作				
11.	与空调性能参数或图表上的参数比较并得出结论				
考核分数					
教师签名		考核日期		年　月　日	

思考与练习

一、判断题（对的画"√"，错的画"×"）

1. （　　）空调电子检漏计探头长时间置于制冷剂严重泄漏的地方会损坏仪器。
2. （　　）卤素检漏仪是行业标准推荐的制冷剂检漏仪之一。
3. （　　）小型制冷装置可充入一定压力的氧气进行检漏。
4. （　　）在使用气体泄漏测试仪（卤素检测仪）进行检漏时，应将探测头接触到部件表面进行检测。
5. （　　）在使用荧光检漏仪进行检漏时，应将注射器连接到空调高压检修阀上，注入正确的量后断开注射器。
6. （　　）真空检漏：起动回收/净化/加注设备的真空泵，抽真空至系统真空低于 90kPa。关闭歧管表阀门，停止抽真空，并保持真空至少 30min，检查压力表示值变化。

7. （　　）制冷剂检漏设备应与制冷剂的类型以及所采用的检漏方法相适应。
8. （　　）HFC-134a 系统快速接头的内螺纹是英制规格的。
9. （　　）空调系统正常工作时，低压侧的压强在 0.2MPa 左右属正常现象。
10. （　　）歧管压力表组是汽车空调系统维修中必不可少的设备。
11. （　　）在把软管接到压力表时，必须用工具拧紧，防止漏气。
12. （　　）如果怀疑是系统中的空气导致的高压故障，那么可以通过压力表的特殊操作方法排放出空气，而不必重新抽真空和加制冷剂。
13. （　　）如设备功能允许，制冷剂净化操作可与抽真空操作同步进行。
14. （　　）在制冷系统抽真空时，只要系统内的真空达到规定值时，即可停止抽真空。
15. （　　）真空泵通过降低真空而除去空调管路中的水分。其工作机理是在真空下，水分将沸腾变为水蒸气，再被真空泵吸走。
16. （　　）制冷系统抽真空终了，应先关闭真空泵电源，然后关闭高、低压手动阀。
17. （　　）R12 不溶水，如在制冷系统中有水分存在就会引起冰堵现象。
18. （　　）R134a 系统与 R12 系统的冷冻机油可以互相使用。
19. （　　）R134a 与 R12 制冷系统都可以使用矿物冷冻机油。
20. （　　）R13a 空调制冷系统压力比 R12 系统压力低。
21. （　　）不应使用 CFC-12、HFC-134a 等制冷剂对制冷装置进行开放性清洗。
22. （　　）采用回收/净化/加注设备进行制冷剂回收，应按设备使用手册进行管路连接及操作。回收前，应将软管中的空气排尽。
23. （　　）当制冷剂纯度不低于 96%时，可结束净化过程。
24. （　　）根据制冷剂检测结果：制冷剂纯度低于 96%时，在完成回收操作后，应再次采用制冷剂鉴别设备检测已回收到贮罐中的制冷剂纯度。当纯度仍低于 96%时，应按要求进行净化操作；当纯度不低于 96%时，可不执行净化操作过程。
25. （　　）含有甲烷的制冷剂可以用于汽车空调系统。
26. （　　）环保制冷剂 R134a，温室效应指数（GWP）= 0，所以对大气臭氧层的危害很小。
27. （　　）回收的制冷剂无论在何种情况下，严禁排放到大气中。
28. （　　）加第一罐制冷剂时，将制冷剂罐倒立，打开高、低压手动阀，并且开启空调。
29. （　　）检查制冷剂量时，歧管压力表的压力正常则系统内的制冷剂是正常的。
30. （　　）空调压缩机是靠制冷剂将冷冻机油带入各润滑部位进行润滑的。
31. （　　）空调制冷剂补充充注时，一般是先打开空调系统，然后从高压侧注入液态制冷剂。
32. （　　）冷冻机油不参与制冷，过多反而会妨碍热交换器的换热效果。
33. （　　）冷冻机油极易吸水，所以使用后应马上拧紧冷冻机油的瓶盖。
34. （　　）冷冻机油是不制冷的，还会妨碍热交换器的换热效果。
35. （　　）冷冻机油起润滑和密封作用。
36. （　　）连接制冷管路时必须先在接头的 O 形圈上涂专用的冷冻机油。
37. （　　）汽车空调冷冻机油容易吸收水气，故在保存中和使用后无须将瓶盖密封。
38. （　　）汽车空调用制冷剂 R12，也称氟里昂，蒸汽无色，有刺激性，会破坏大气层。
39. （　　）汽车空调制冷剂回收/净化/加注设备，按工作系统分为单系统和双系统的。

40．（　）汽车空调制冷剂回收/净化/加注设备可由经过相关专业培训但无上岗证书的维修人员进行操作。

41．（　）汽车空调制冷剂回收/净化/加注设备使用的环境温度为 10～49℃。

42．（　）汽车空调制冷剂回收/净化/加注设备，应符合相关标准并通过质量合格评定，称重装置应在检定有效期内。

43．（　）如制冷剂的回收与净化是连续地操作，在回收操作完成后，应尽快进行纯度指标检测，以保证检测结果的准确性。

44．（　）使用 R-12 制冷剂的汽车空调制冷系统，可直接换用 R-134a 制冷剂。

45．（　）使用 R134a 制冷剂的空调系统不可以使用铜管作为连接管。

46．（　）使用 R134a 制冷剂的空调系统中储液干燥器罐一般采用铝罐。

47．（　）完成制冷剂净化操作后，应将分离出来的冷冻机油排入排油壶中，无需进行计量。

48．（　）压缩机工作时，打开高压手动阀，快速向空调系统中加注制冷剂。

49．（　）压缩机排出的 R12 气体在压力不变时温度从 70℃降到 50℃时就能变成液体。

50．（　）因被污染或其他原因不能确定其成分且不能净化利用的制冷剂，应排放到大气中。

51．（　）应按制冷剂的类型分类回收，不应将 HFC-134a 与 CFC-12 混装在一个贮罐中。

52．（　）用于 R-12 和 R-134a 制冷剂的干燥剂是不相同的。

53．（　）用于制冷剂 R12 或 R134a 的空调压力表一旦使用，是不可互换使用的，原因是这两种制冷剂和冷冻机油不能混用，否则会对空调制冷系统造成严重伤害。

54．（　）由于酒精能够降低水的凝点，因此可以向空调系统中加入少量酒精，以防止因水分冻结导致的故障。

55．（　）允许使用一次性钢瓶对制冷剂进行回收。

56．（　）在 R12 制冷剂附近进行焊接作业会引起毒气的形成。

57．（　）在环境温度为 25℃±5℃进行制冷剂回收作业时，应能回收制冷系统内 95% 以上的制冷剂。

58．（　）在加注制冷剂时，如果以液体的方式加入，可以从低压侧加入，也可从高压侧加入。

59．（　）在进行制冷性能测试时，应将空调设置在最大冷却状态，同时将鼓风机的风量设置在最高挡。

60．（　）在使用专用仪器对制冷剂进行鉴别时，应确保出口处样品为气态，不允许有液态样品或油流出来。

61．（　）在向压缩机加注冷冻机油时，可通过抽真空的方式加注，其加注量可随意。

62．（　）制冷剂的净化是指用专用设备对回收的制冷剂进行循环过滤，去除其中的油、水、酸和其他杂质，使其能够重新利用的过程。

63．（　）制冷剂回收/净化/加注设备与制冷装置连接前，应进行制冷剂类型的鉴别和纯度的检测。

64．（　）制冷剂加注完成，在断开加注设备与制冷装置的连接管后，应用检漏仪检测检修阀有无泄漏。

65．（　）制冷剂鉴别设备应具备检测制冷剂类型、纯度、非凝性气体以及其他杂质的功能。

66．（　）制冷剂净化过程所需时间的长短，取决于回收的制冷剂中水分等杂质的含量及净化装置的吸收（干燥）能力。

67．（　）制冷剂有较高的稳定性，对金属、橡胶和润滑油无明显腐蚀。

68．（　）制冷剂蒸发时的潜热越大，制冷剂的循环量越可以增加。

69.（　　）制冷剂中破坏臭氧层的成分是氯。

70.（　　）制冷剂注入量越多，则制冷效果越好。

71.（　　）制冷剂贮罐存放时应竖直向上放置，不得倾斜或倒置。

72.（　　）制冷装置中存在"未知制冷剂"或两种以上类型的制冷剂，表明制冷装置中是多种制冷剂的混合物。这时可以使用回收/净化/加注设备进行净化操作。

73.（　　）制冷装置中存在一种制冷剂（HFC-134a 或 CFC-12），且与制冷装置规定的制冷剂类型相符，应进行回收。纯度低于 96%时，应按要求进行净化。

二、单一选择题

1．R12 系统制冷剂泄漏点查找最为准确的方法是：（　　）。
 A．肥皂泡法　　　　　B．卤素灯法　　　　　C．电子检漏法　　　　　D．油污法

2．根据《汽车空调制冷剂回收、净化、加注工艺规范》，可采用哪些方法进行检漏？（　　）。
 A．卤素检漏　　　　　　　　　　　　　　　B．气泡（肥皂水）检查
 C．荧光检查　　　　　　　　　　　　　　　D．本题其他答案都可采用

3．利用真空检漏时，空调系统内的真空要达到-0.948bar 的压力（真空），在 20min 内变化率应小于（　　）。
 A．0.50%　　　　　　　B．1%　　　　　　　C．1.50%　　　　　　　D．2%

4．汽车空调压缩机泄漏检查方法有多种，但下列方法中（　　）不能采用。
 A．卤素检漏仪　　　　B．电子检漏仪　　　　C．肥皂泡　　　　D．水压法

5．汽车空调压缩机泄漏检查方法有多种，但下列方法中（　　）不能采用。
 A．卤化器检测器　　　B．电子检漏器　　　　C．肥皂泡　　　　D．水压法

6．汽车制冷系统中的制冷剂年泄漏量不得大于充填量的（　　）。
 A．15%　　　　　　　B．10%　　　　　　　C．5%　　　　　　　D．1%

7．使用电子检漏仪进行检漏时，其探头不得直接接触元器件或接头，并置于检测部位的（　　）。
 A．上部　　　　　　　B．侧部　　　　　　　C．中部　　　　　　　D．下部

8．在检修汽车空调时，技师甲说，如果发现有油渍，则有油渍处可能渗漏，技师乙说，储液干燥瓶进出管处温度一样，应该是堵塞了。你认为（　　）。
 A．甲正确　　　　　　B．乙正确　　　　　　C．两人均正确　　　　　D．两人都不正确

9．在检修汽车空调时，技师甲说，对制冷系统加压检漏，最好使用工业氮气；技师乙说，检漏时加压应加到 1.5MPa，左右。你认为（　　）。
 A．甲正确　　　　　　B．乙正确　　　　　　C．两人均正确　　　　　D．两人都不正确

10．在实际的维修工作中，经常使用的检漏方法是：（　　）。
 A．电子检漏（卤素检漏）检查法　　　　　　B．气泡（肥皂水）检查法
 C．荧光检漏法　　　　　　　　　　　　　　D．染料溶液检查法

11．下列（　　）是检查真空系统泄漏的好方法？
 A．追踪"嘶嘶"声的源头　　　　　　　　　B．在可疑的区域泼水
 C．用好的真空管或元件逐一替换　　　　　　D．逐一夹紧真空软管或堵住相关部件

12．下列（　　）是常用的制冷剂检漏方法？
 A．卤素　　　　　　　B．卤化物　　　　　　C．超声波　　　　　　D．荧光

13. 空调制冷系统泄漏检查方法包括：（　　）。
   A．电子检漏　　　　　　　　　　　　B．加压检漏
   C．荧光检漏　　　　　　　　　　　　D．卤化物检漏设备检漏

14. 可以使用（　　）对空调系统进行密封性检查。
   A．氧气　　　　B．氮气　　　　C．氦气　　　　D．氢气

15. 符合行业标准的制冷剂检漏方法是：（　　）。
   A．荧光剂检漏　　B．肥皂水检漏　　C．真空检漏　　D．加压检漏

16. 对 R12 制冷系统进行检漏时，应重点检查以下（　　）部位？
   A．散热风扇　　　　　　　　　　　　B．压缩机的轴封、密封件和维修阀
   C．冷凝器和蒸发器被划伤的部位　　　D．有油迹处

17. 不是压力的单位为（　　）。
   A．牛/米²　　　B．帕（Pa）　　　C．公斤　　　D．千帕（kPa）

18. R12 空调系统，低压侧的正常压力，一般应为（　　）兆帕。
   A．0.10～0.20　　B．0.15～0.20　　C．1.50～1.60　　D．1.45～1.50

19. 技师 A 说，单气室真空马达不受大气压力影响。技师 B 说，双气室真空马达不受大气压力影响。谁说得对？（　　）。
   A．仅技师 A 对　　　　　　　　　　　B．仅技师 B 对
   C．技师 A 和 B 都对　　　　　　　　D．技师 A 和 B 都不对

20. 技师 A 说，如果真空泵润滑油混浊或者呈乳白色必须更换。技师 B 说，真空泵润滑油工作 25 小时后必须更换。谁说得对？（　　）。
   A．仅技师 A 对　　　　　　　　　　　B．仅技师 B 对
   C．技师 A 和 B 都对　　　　　　　　D．技师 A 和 B 都不对

21. 甲说真空泵用来清除系统中的湿气；乙说真空泵用来抽出系统中的空气。谁正确？（　　）。
   A．甲正确　　　B．乙正确　　　C．两人均正确　　　D．两人都不正确

22. 歧管压力表的低压表还包括一个（　　）。
   A．低压表　　　B．真空表　　　C．高压表　　　D．低压手动阀

23. 歧管压力表中的蓝色软管是与（　　）连接的。
   A．制冷剂罐　　B．真空泵　　　C．高压检修阀　　　D．低压检修阀

24. 歧管压力表组的蓝色软管与（　　）连接。
   A．低压检修阀　　B．高压检修阀　　C．真空泵　　　D．加液制冷剂容器

25. 歧管压力表组的组成不包括（　　）。
   A．低压表　　　B．注入阀　　　C．软管　　　D．高压手动阀

26. 汽车空调维护时，以下哪种操作不规范。（　　）。
   A．戴防护眼镜　　　　　　　　　　　B．在通风处
   C．雨天作业　　　　　　　　　　　　D．用冷水冲洗被制冷剂溅到的皮肤

27. 使用温度测试仪测量空调出风温度，应将温度探头装在：（　　）。
   A．左侧除霜出风口　　　　　　　　　B．左侧脚部出风口
   C．左侧中央出风口　　　　　　　　　D．右侧脚部出风口

28. 维修汽车空调制冷系统，当手动高、低压阀均关闭时，可检测（　　）侧的压力。

A．高压 B．高、低压 C．低压 D．不到两

29．温度单位可以用华氏（℉）和摄氏（℃）表示，计算公式为℉=（℃×9/5）+32。100℃等于（   ）。

A．112℉ B．212℉ C．202℉ D．前面3个值都不对

30．物体吸收或放出热的多少叫做热量，热量的单位是：（   ）。

A．kg B．J C．m D．K

31．用歧管压力表对空调系统进行抽真空时，应将高低压侧的手动阀门都打开；检测系统压力时，高低压力侧的手动阀门应分别是：（   ）。

A．关闭；打开 B．打开；打开 C．打开；关闭 D．关闭；关闭

32．在把软管接在压力表上时，下列说法正确的是（   ）。

A．红、蓝、黄管分别接在低压、高压、和中间接头上
B．红、蓝、黄管分别接在中间、高压、和低压接头上
C．红、蓝、黄管分别接在高压、低压、和中间接头上
D．红、蓝、黄管分别接在低压、中间、和高压接头上

33．在抽真空后检查压力表示值变化时，如压力稍有回升，最有可能是：（   ）。

A．抽真空不彻底 B．制冷装置中存在空气
C．制冷装置中存在水分 D．制冷装置中存在制冷剂

34．在环境温度相同的情况下，空气的相对湿度越大，测量到的空调管路内部的制冷剂压力（   ）。

A．越大 B．越小
C．不变 D．本题其他答案都不对

35．在进行空调大修竣工检验时，起动发动机，将发动机转速控制在（   ）r/min，压力表指针应稳定。

A．800~1200 B．1000~1500 C．1500~2000 D．1800~2000

36．在压力表的单位中，与101 kPa相等的数据是：（   ）。

A．1kg/cm² B．10 kg/cm² C．10bar D．1MPa

37．对制冷系统抽真空时，压力表的高压手阀和低压手阀的状态是（   ）。

A．都打开 B．都关闭
C．高压手阀打开、压手阀关闭 D．高压手阀关闭、低压手阀打开

38．甲说：制冷剂加注前的空调系统抽真空时间最少要30min；乙说：如果抽真空时间为1至2小时，则抽真空效果会更好。谁正确？（   ）。

A．甲正确 B．乙正确 C．两人均正确 D．两人都不正确

39．汽车空调系统经维修后，长时间给系统抽真空的目的是（   ）。

A．使水分变成液体便于抽出 B．使空气被彻底抽出
C．使水分变成蒸汽便于抽出 D．使水分变成固体便于抽出

40．制冷剂加注前的抽真空持续时间应不少于（   ）min。

A．20 B．25 C．30 D．35

41．制冷系统抽真空的目的是为了降低水的沸点，让水在较低的温度下（   ）。

A．结冰 B．沸腾 C．分解 D．升华

42．《汽车空调制冷剂回收、净化、加注工艺规范》中，制冷剂回收作业工艺过程不包含哪方面的操作？

( )。
  A．回收作业准备   B．制冷剂回收原则判定
  C．制冷剂泄漏检测   D．制冷剂回收操作

43．《汽车空调制冷剂回收、净化、加注工艺规范》中，制冷剂加注作业工艺过程不包含哪方面的操作？( )。
  A．加注作业准备   B．补充冷冻机油
  C．视情清洗   D．制冷剂纯度检测

44．《汽车空调制冷剂回收、净化、加注工艺规范》中，制冷剂净化作业工艺过程不包含哪方面的操作？( )。
  A．净化作业准备   B．纯度指标检测   C．制冷剂泄漏检测作   D．完成净化作业

45．R134a 的 ODP 值为零，所以 R134a 对臭氧层无破坏作用。这种说话( )。
  A．正确   B．错误   C．无法确定   D．以上都不是

46．HFC-134a 贮罐的颜色是( )。
  A．白色   B．淡蓝色   C．灰色   D．红色

47．R12 与 R134a 制冷系统，( )是可以互换使用的。
  A．冷冻机油   B．干燥剂   C．风机   D．制冷剂

48．R12 制冷剂中污染大气的主要成分是( )。
  A．氟   B．氯   C．氢   D．溴

49．车外温度传感器信号传给空调 ECU 后，ECU 会( )调整各风门的开度。
  A．立即   B．定时   C．根据程序控制   D．无序

50．抽完真空后加注第一小罐制冷剂，应将制冷剂罐( )，打开( )手动阀，并且不能起动空调系统
  A．直立，低压   B．倒立，低压   C．倒立，高压   D．直立，高压

51．从高压端加注制冷剂时，小包装制冷剂贮罐应( )。
  A．侧置   B．倒置   C．正置   D．没有要求

52．当 R12 含有水分时，对金属有很大腐蚀性，尤其是对铅、镁及含镁的铝合金更为明显。这种说法是( )。
  A．正确的   B．错误的   C．无法确定   D．以上都不是

53．当制冷剂罐为空或者罐内制冷剂容量超过( )时，制冷剂回收/净化/加注设备自动报警或自动停机。
  A．60%   B．70%   C．80%   D．90%

54．对于 2000 年后生产的乘用车，技师 A 说，可用 R12 制冷剂进行泄漏检查；技师 B 说，可用 R134a 进行泄漏检查。谁说得对？( )。
  A．仅技师 A 对   B．仅技师 B 对
  C．技师 A 和 B 都对   D．技师 A 和 B 都不对

55．氟利昂制冷剂 R12 的危害是( )。
  A．有辐射   B．有毒性   C．破坏大气臭氧层   D．破坏自然生态

56．更换全新空调压缩机，应补充( )mL 冷冻机油。
  A．100   B．150   C．0   D．50

57. 关于O形密封圈的讨论，技师甲说，R134a的O形密封圈都是黑色的；技师乙说R12的O形密封圈是蓝色或绿色的。谁说得正确？（　　）。
　　A．甲正确　　　　　B．乙正确　　　　　C．两人均正确　　　　D．两人都不正确
58. 技师A说，R12制冷系统使用PAG冷冻机油；技师B说，R134a制冷系统使用POE冷冻机油。谁说得对？（　　）。
　　A．仅技师A对　　　　　　　　　　　　B．仅技师B对
　　C．技师A和B都对　　　　　　　　　　D．技师A和B都不对
59. 技师A说，R134a制冷系统的O形圈安装前需涂抹矿物基冷冻机油；技师B说，制冷系统的O形圈安装前需涂抹一种专用润滑剂。谁说得对？（　　）。
　　A．仅技师A对　　　　　　　　　　　　B．仅技师B对
　　C．技师A和B都对　　　　　　　　　　D．技师A和B都不对
60. 技师A说，如果制冷剂被回收就可以重复利用。技师B说，如果冷却液被回收必须进行适当处理。谁说得对？（　　）。
　　A．仅技师A对　　　　　　　　　　　　B．仅技师B对
　　C．技师A和B都对　　　　　　　　　　D．技师A和B都不对
61. 技师A说，所有压缩机中的冷冻机油都可以通过低压侧的检修阀和高压侧的检修阀放出来。技师B说，大部分压缩机都有一个放油塞，拆下放油塞即可放出冷冻机油。谁说得对？（　　）。
　　A．仅技师A对　　　　　　　　　　　　B．仅技师B对
　　C．技师A和B都对　　　　　　　　　　D．技师A和B都不对
62. 技师A说，在更换暖风水箱之前必须回收冷却液。技师B说，在更换蒸发器之前必须回收制冷剂。谁说得对？（　　）。
　　A．仅技师A对　　　　　　　　　　　　B．仅技师B对
　　C．技师A和B都对　　　　　　　　　　D．技师A和B都不对
63. 技师甲说，液态制冷剂溅入眼睛会造成冻伤，应立即用水清洗，并及时就医；技师乙说，制冷剂处于气态时是无害的。谁说得正确？（　　）。
　　A．甲正确　　　　　B．乙正确　　　　　C．两人均正确　　　　D．两人都不正确
64. 甲说：R12制冷剂与明火接触会产生有害气体；乙说：制冷剂与明火接触会爆炸。谁正确？（　　）。
　　A．甲正确　　　　　B．乙正确　　　　　C．两人均正确　　　　D．两人都不正确
65. 甲说：充注制冷剂过多可能引起压缩机噪声；乙说：加注冷冻机油过多可能引起压缩机噪声。谁正确？（　　）。
　　A．甲正确　　　　　B．乙正确　　　　　C．两人均正确　　　　D．两人都不正确
66. 检修时，技师甲说，空调真空控制的真空源可来自进气歧管；技师乙说，冷冻机油加注应适量，既保证润滑压缩机，又能有较好的制冷。你认为（　　）。
　　A．两人都不正确　　B．两人均正确　　　C．乙正确　　　　　　D．甲正确
67. 空调制冷系统中不能凝结为液态的气体为非凝性气体，下列属于非凝性气体的有：（　　）。
　　A．空气、冷冻机油蒸汽　　　　　　　　B．制冷剂R134a
　　C．制冷剂R12　　　　　　　　　　　　D．不纯净的R134a
68. 空调制冷制R134a是（　　）。

A．高压低温制冷剂　　　B．低压高温制冷剂　　　C．中压低温制冷剂　　　D．中压中温制冷剂

69．起动回收/净化/加注设备的真空泵，抽真空至系统真空低于（　　）kPa。关闭歧管表阀门，停止抽真空，并保持真空至少（　　）min，检查压力表示值变化：（　　）。

A．-90kPa，15min　　B．-80kPa，20min　　C．90kPa，15min　　D．80kPa，20min

70．汽车空调制冷剂回收/净化/加注机工作的相对湿度应（　　）。

A．小于60%　　B．不大于80%　　C．不大于85%　　D．小于90%

71．使用温度测试仪测量空调出风温度，应将温度探头装在：（　　）。

A．左侧除霜出风口　　B．左侧脚部出风口　　C．左侧中央出风口　　D．右侧脚部出风口

72．使用制冷剂回收/净化/加注设备回收制冷剂时已完成一次净化循环。为提高净化效果，在制冷剂回收过程全部结束后，如纯度仍低于（　　）时，应再次对回收的制冷剂进行净化循环，并符合纯度要求。

A．95%　　B．96%　　C．98%　　D．90%

73．下列对于补充冷冻机油的说法，哪种正确？（　　）。

A．制冷装置应处于真空状态　　　　　　B．当制冷装置中存有高压时，才能打开注油阀
C．当制冷装置中存有低压时，才能打开注油阀　　D．可以随时加注冷冻机油

74．下列何种方法不能防止冷冻油变质？（　　）。

A．提高贮存温度　　　　　　　　　　　B．减少与空气接触时间
C．防止混入水分或机械杂质　　　　　　D．防止混油

75．一般情况下，R134a空调系统的高压端压力（　　）R12空调系统的高压端压力。

A．略高于　　B．略低于　　C．等于　　D．小于

76．以下说法错误的是：（　　）。

A．CFC-12系统配置管带式或管片式冷凝器
B．CFC-134a系统配置平行流式冷凝器
C．CFC-12系统配置快速接头内螺纹形式的检修阀口
D．CFC-134a系统的管接头是公制的

77．在发动机不工作时加注制冷剂，应该：（　　）。

A．从低压侧注入　　　　　　　　　　　B．从高压侧注入
C．可以从高、低压两侧任意注入　　　　D．必须同时从高、低压两侧注入

78．在更换压缩机油封时，技师甲认为可用冷冻机油来清洗轴封腔；技师乙认为也可用酒精进行清洗。谁说得正确？（　　）。

A．甲正确　　B．乙正确　　C．两人均正确　　D．两人都不正确

79．在加注制冷剂前，应补充冷冻机油，建议的补充量为：（　　）。

A．制冷剂净化时的排出量+20mL　　　　B．制冷剂净化时的排出量
C．制冷剂净化时的排出量+40mL　　　　D．制冷剂净化时的排出量+50mL。

80．在检修时，技师甲说，开启A/C后，可以从高压端加注制冷剂；技师乙说，启动压缩机后，可以从低压端加注液态制冷剂。你认为（　　）。

A．甲正确　　B．乙正确　　C．两人均正确　　D．两人都不正确

81．在检修时，技师甲说，空调真空控制的真空源来自发动机进气歧管或来自真空泵；技师乙说，冷冻机油注入越多对压缩机的润滑就越好，制冷量就越大。你认为（　　）。

A．甲正确　　B．乙正确　　C．两人均正确　　D．两人都不正确

82．在交通部《汽车空调制冷剂回收、净化、加注工艺规范》中，制冷剂回收是指哪一个过程？（　　）。

A．用专用设备将制冷装置中的制冷剂收集到特定外部容器中的过程

B．用专用设备对回收的制冷剂进行循环过滤，去除其中的非凝性气体、油、水、酸和其他杂质，使其能够重新利用的过程

C．用专用设备将制冷剂加注到制冷装置中的过程

D．用专用设备和指定方法对制冷装置内部进行清洁的过程

83．在净化过程中测量制冷剂纯度，当纯度大于或等于（　　）时，可结束净化过程。

A．80%　　　　　　B．85%　　　　　　C．90%　　　　　　D．96%

84．在哪个操作前，需要进行制冷剂类型的鉴别和纯度的检测。（　　）。

A．制冷剂回收/净化/加注设备与制冷装置连接前　　　B．准备进行加注操作前

C．准备进行回收操作前　　　D．需要进行散热系统的修理前

85．在汽车维修过程中，为了减小对环境的污染，下列哪种作业需对制冷剂进行回收？（　　）。

A．凡涉及制冷剂循环系统的作业　　　B．凡涉及空调系统维修的作业

C．凡涉及制冷不好的项目作业　　　D．凡涉及制热不好的项目作业

86．制冷剂 R12 是使用广泛的一种制冷剂，被 R134a 取代的主要原因是：（　　）。

A．R12 破坏大气臭氧层　　　B．R12 对人体伤害太大

C．R12 的物理性质不稳定　　　D．本题其他答案都正确

87．制冷剂的加注是在制冷剂贮罐与制冷装置间的压差下进行的。下列说法错误的是：（　　）。

A．高压端加注时，应关闭发动机，防止制冷剂贮罐压力过高

B．不建议采用低压端加注，以避免产生"液击"现象，损坏压缩机

C．高、低压同时加注提高速度

D．低压端加注时，应起动发动机，并注意控制低压表压力不要过高

88．制冷剂的净化是对回收的制冷剂进行循环过滤，使其能够重新利用的过程，净化操作过程不能排除下列哪些物质？（　　）。

A．非凝性气体　　　B．油

C．水、酸和其他杂质　　　D．R12 或者其他非 R134a 制冷剂

89．制冷剂回收的英文是（　　）。

A．refrigeration device　　　B．refrigerant recovery

C．refrigerant recycling　　　D．refrigerant recharge

90．制冷剂贮罐的存放温度不应超过（　　）。

A．40℃　　　　　　B．50℃　　　　　　C．60℃　　　　　　D．70℃

91．贮罐内的液体制冷剂质量应不超过罐体标称灌装质量的（　　）。

A．70%　　　　　　B．75%　　　　　　C．80%　　　　　　D．85%

三、多选题

1．将空调压力表上两个手动阀关闭后：（　　）。

A．两表均不显示系统压力　　　B．高压表显示高压侧压力

C．低压表显示低压侧压力　　　D．两表均显示大气压力

2. 对于标准大气压，以下说法正确的是：（   ）。
   A. 1个标准大气压约等于101kPa   B. 1个标准大气压可用1bar来表示
   C. 1个标准大气压约等于14.7psi   D. 1个标准大气压约等于760mmHg
3. 对于R134a制冷系统，下列压力（   ）不在正确压力值范围内？
   A. 低压0.2MPa   B. 低压0.28MPa   C. 高压1.45MPa   D. 高压1.98MPa
4. 对R12制冷系统进行检漏时，应重点检查以下（   ）部位？
   A. 散热风扇   B. 压缩机的轴封、密封件和维修阀
   C. 冷凝器和蒸发器被划伤的部位   D. 有油迹处
5. 属于制冷剂回收工作流程的操作包括：（   ）。
   A. 制冷剂类型鉴别   B. 制冷剂净化   C. 抽真空   D. 注油
6. 直接使用回收但未净化的制冷剂很危险，这是因为其可能含有：（   ）。
   A. 湿气   B. 非凝性气体   C. 有机杂质   D. 金属屑
7. 在加注制冷剂时，如果以液体方式注入，则不可：（   ）。
   A. 从低压侧注入   B. 从高压侧注入
   C. 从高低压两侧任意注入   D. 同时从高低压两侧注入
8. 用无压力的冷冻机油容器给空调系统加油时，（   ）操作是不妥当的？
   A. 在充入制冷剂的过程中加入   B. 在测试系统是否泄漏之前加入
   C. 在排空和抽真空操作之间加入   D. 在抽真空和加注制冷剂的操作之间加入
9. 以下叙述，正确的是：（   ）。
   A. 完成制冷剂类型鉴别后，如制冷剂种类单一，可进行净化
   B. 完成制冷剂类型鉴别后，如无法判别制冷剂种类或鉴别仪显示"未知气体"，则不可进行净化
   C. 制冷剂贮罐允许混用
   D. 装有制冷剂的贮罐应放置在阴凉处，不得在阳光下暴晒
10. 以下（   ）情况需要对废旧制冷剂进行回收？
    A. 制冷装置发生故障，需要通过拆换零部件或拆卸零部件进行维修
    B. 制冷装置存在部分泄漏，需要通过气密性试验查找漏点
    C. 更换空调进风口滤芯
    D. 更换贮液器
11. 以下（   ）情况需要对车辆的制冷剂进行回收？
    A. 在维修过程中，需要拆卸制冷装置时（如空调压缩机、空调管路、蒸发器、冷凝器等部件）
    B. 制冷装置存在泄漏，需要通过气密性试验查找故障点时（装置有部件制冷剂）
    C. 视液镜中有气泡、泡沫、润滑油（冷冻油）条纹、污浊迹象，吸、排气压力不正常时
    D. 空调系统的熔丝损坏时
12. 以下（   ）情况下应补充冷冻机油？（   ）。
    A. 更换冷凝器   B. 对制冷剂进行了回收
    C. 更换压缩机（不含油）   D. 严重泄漏后充注制冷剂
13. 下列加注冷冻机油的方法中正确的是：（   ）。
    A. 根据压缩机体积大小加注冷冻机油
    B. 应补加与制冷装置内原有润滑油相同型号的冷冻机油

C．按汽车制造厂或压缩机、配件制造商的冷冻机油推荐加注量进行补充

D．根据更换部件的数目加注冷冻机油

14．下列（　　）是加注制冷剂的正确操作事项？

A．应确保同工质加注，不得将 HFC-134a 与 CFC-12 混用

B．按制冷装置要求的加注量定量加注，不得过量加注

C．低压端加注时，应启动发动机（压缩机运转），制冷剂贮罐可侧置或倒置

D．高压端加注时，应关闭发动机（压缩机停止运转）

15．下列（　　）是符合 HFC-134a 制冷系统要求的冷冻机油？

A．矿物基类　　　　　　　　　　B．聚烯基乙二醇类（PAG）

C．多元醇脂类（POE）　　　　　　D．多羟基化合物类

16．下列（　　）措施能保证制冷剂钢瓶的安全？

A．充注量低于钢瓶容量的 80%　　　B．存放温度低于 50℃

C．在 54.4℃时蒸汽压力不得超过 2193kPa　　D．远离热源

17．若有液态制冷剂溅入人的眼睛，采取下列（　　）措施是不妥当的？

A．立即召集有关人员开现场会说明意外事故确实会发生

B．保持受伤者情绪稳定并使其确信事故不严重

C．批评受伤者太不小心

D．立即将大量的冷水清洗受伤者的眼睛

18．汽车制冷系统所使用的制冷剂类型，可采用以下（　　）方法识别？

A．检查汽车发动机舱内的空调系统标识、标牌或标签

B．查看压缩机的标牌或标识

C．根据制冷装置组成部件的结构

D．查看节流元件上的标牌或标识

19．汽车上标注制冷剂类型的标签颜色有：（　　）。

A．黑色　　　　B．金黄色　　　　C．浅蓝色　　　　D．白色

20．空调系统中制冷剂加注过量，可能会产生以下（　　）现象？

A．制冷不足　　B．压缩机产生液击　　C．贮液器堵塞　　D．管路过热

21．关于制冷系统使用的 O 形圈，下列说法（　　）是正确的？

A．用于 R134a 系统的 O 形圈也可用于 R12 系统

B．用于 R12 系统的 O 形圈也可用于 R134a 系统

C．R12 的 O 形圈通常都是黑色的

D．R134a 的 O 形圈是蓝色的或绿色的

22．关于 R134a，下列（　　）说法是正确的？

A．它的工作压力比使用 R12 时高　　B．它比 R12 更容易泄漏

C．对环境的污染要大一些　　　　　D．与 R12 系统比较要用不同的控制阀

23．对于制冷剂净化，哪些说法是正确的（　　）。

A．具有净化功能的设备应设置油分离器、换热器和过滤器

B．具有净化功能的设备应具有排出非凝聚气体的功能

C．制冷剂净化后纯度不低于 96%

D．制冷剂净化后纯度不低于95%

24．不允许制冷剂直接接触的物品包括：（   ）。

A．明火 B．炽热的金属 C．铝 D．铜

25．不同的制冷剂不可混用，以下（   ）方法可用于识别制冷剂的类型？

A．查阅《车辆使用手册》

B．检查汽车发动机舱内的空调系统标识、标牌或标签，查看压缩机、膨胀阀等部件上的标牌或标识

C．采用制冷剂鉴别设备检测

D．由检修阀的形状判别

项目四

汽车空调电磁离合器电路及综合故障诊断与排除

● 教学建议

1. 教学环境：要求在理论实践一体化的专业教室中完成，最好能实现小班制教学。
2. 教材使用：
（1）任务引导——引导文，由学生根据"知识链接"和教师讲解在实训前完成。
（2）任务实施——实训任务，先由教师示范关键步骤，再由学生根据具体步骤完成实训任务，也可以由学生自行探索，教师在组织过程中根据需要示范和讲解。
（3）实训考核——记录实训结果，教师对学生进行考核评价，任务完成后上交。

● 知识目标

1. 能识读汽车空调电磁离合器电路图，并能分析电磁离合器不工作的故障原因。
2. 能学会分析汽车空调各系统常见综合故障。

● 能力目标

1. 能排除汽车空调电磁离合器不工作常见故障。
2. 能辨认汽车空调电磁离合器相关部件，并会检测。
3. 能排除汽车空调简单综合故障。

● 情感目标

1. 体验安全生产规范，遵守操作规程，感受合作与交流的乐趣。
2. 在任务学习中让学生有排除故障的成就感，使学生愿意学习相关知识。
3. 在操作学习中不断积累维修经验，从个案中寻找共性。

任务一　汽车空调电磁离合器控制电路的故障诊断与排除

● **任务要求**

1．能够正确弄清电路图中各组成部件工作原理。
2．能够根据电路图分析电路走向。
3．能够正确分析电路故障。
4．能够正确排除电路故障。

● **情境创设**

有一辆汽车空调不制冷，经初步检查电磁离合器不工作，请你检查并排除故障。

● **任务引导**

相关知识点学习：要求学生实训课前参考课本知识独立完成。

1．在下述情况时，压缩机是否工作？
（1）鼓风机开关位于 OFF 位置，压缩机处于＿＿＿＿＿＿＿＿状态。
（2）蒸发器温度降至 3℃ 或以下，压缩机处于＿＿＿＿＿＿＿＿状态。
（3）压力开关由于压力过高或压力过低会＿＿＿＿＿＿，压缩机处于＿＿＿＿＿＿状态。
（4）检测到发动机转速过低、冷却液温度过高时压缩机处于＿＿＿＿＿＿状态。

2．电磁离合器不吸合的电路常见故障原因可能有：
_____
_____
_____
_____。

● **任务实施**

以五菱鸿途汽车为例，进行如下任务实施，养成合作完成工作任务的习惯，请将工作分工与完成时间记录在表 4-1 中。

表 4-1　组员工作分工表

姓　　名	任 务 分 工	完 成 时 间	备　注

项目四　汽车空调电磁离合器电路及综合故障诊断与排除

 图 4-1　工位准备	1. 车辆开进工位；　　　　　□合格 2. 停车，检查空调各开关外观　□完成 如图 4-1 所示。
 图 4-2　打开点火开关	3. 验证故障情况。 把钥匙插进点火开关并转到"ON"挡，起动发动机，如图 4-2 所示。
 图 4-3　验证故障	4. 打开风机开关，按下 A/C 开关，验证故障情况，如图 4-3 所示。 故障现象_____ _____。
 图 4-4　检查熔丝	5. 压缩机电磁离合器控制电路不工作的故障检测步骤。 （1）电磁离合器继电器的故障诊断。 ① 检查熔丝 FU1（冷凝风扇）与 FU9（风机），如图 4-4 所示。 熔丝 FU1 与 FU9：正常□，不正常□

239

续表

 图 4-5 检查电磁离合器继电器	② 先检电磁离合器继电器，看是否损坏。继电器电磁线圈电阻是 83Ω左右。如电阻值正常，检查（通电或去壳）触点是否烧蚀。如果损坏，直接更换继电器，如图 4-5 所示。 电磁线圈的电阻值为_____Ω。 电阻：正常□，不正常□ 触点：正常□，不正常□
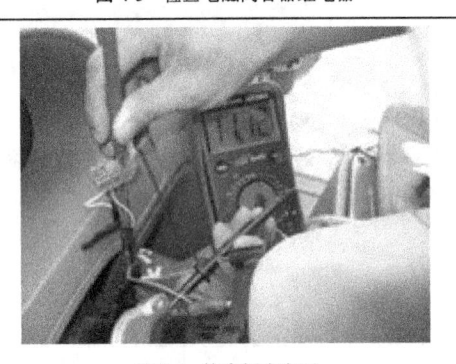 图 4-6 检查插座电压	③ 如果继电器正常，检查继电器插座上是否有电，如图 4-6 所示。 继电器线圈插座电压：正常□，不正常□ 主触点插座电压：正常□，不正常□
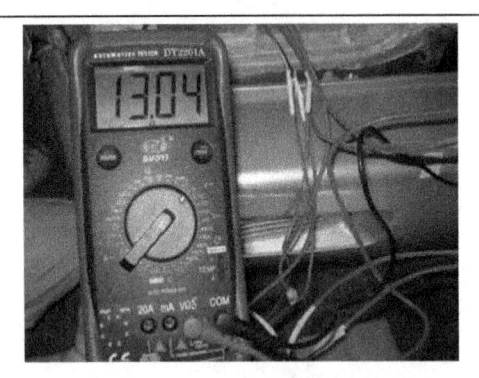 图 4-7 检查连线	④ 若只有主触点插座电压不正常，且风机及冷凝风扇能正常运转侧检查插座到熔丝 FU1 与 FU9 的连接线。 若风机及冷凝风扇运转不正常检查保险 FU1 与 FU9，如图 4-7 所示。 线路电压：正常□，不正常□ 想一想：用试灯检查可以吗？怎么检查？
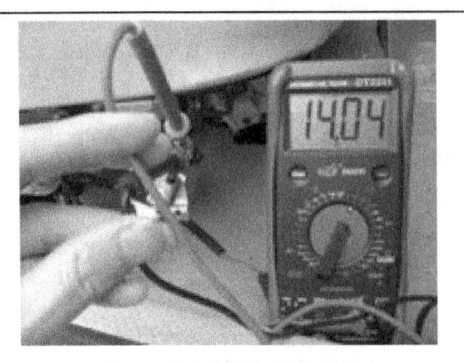 图 4-8 检查电源线对地电压值	⑤ 电磁离合器电源线与地线间是否有电压，检查电源线对地电压值，如图 4-8 所示。 电源线对地电压值为_____V。 电源线电压：正常□，不正常□ 想一想：用试灯检查可以吗？怎么检查？ 如果电源线有到电。可能的故障点有哪些？

项目 四 汽车空调电磁离合器电路及综合故障诊断与排除

续表

 图 4-9　检查电磁离合器线圈电	⑥ 压缩机电磁离合器线圈，如图 4-9 所示。 离合器线圈电阻值为_____Ω。 电阻值：正常□，不正常□ 说明：表值显示"1"，表示线路断路，当表值显示 3.0～4.8Ω左右，表示线圈良好。 想一想： 用试灯检查可以吗？怎么检查？
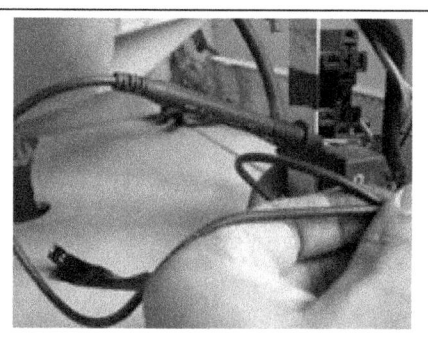 图 4-10　检查蓄电池电压	（2）电磁离合器继电器正常，但触点不闭合。 ① 先给继电器线圈一端搭铁。若触点能闭合，可能出现的故障有：空调保险、压力开关、A/C 开关、风机开关、蒸发器温度传感器、冷却液温度传感器、怠速提升装置、ECU，如图 4-10 所示。 继电器工作：正常□，不正常□
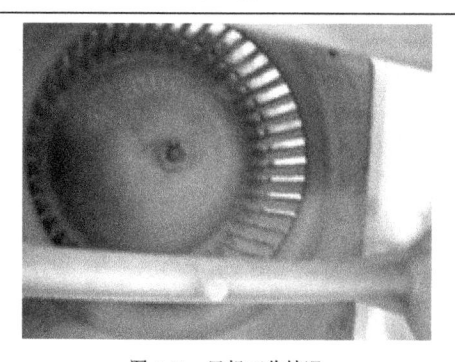 图 4-11　风机工作情况	② 观察风机是否正常工作，可判断风机开关好坏，如图 4-11 所示。 风机工作：正常□，不正常□ 若不正常检查风机熔丝 FU9。
 图 4-12　检查 A/C 开关	③ 观察空调指示灯可判断 A/C 开关好坏，若不亮，说明 A/C 开关损坏或无电到，线检查同前面所述，如图 4-12 所示。 空调指示灯：正常□，不正常□

续表

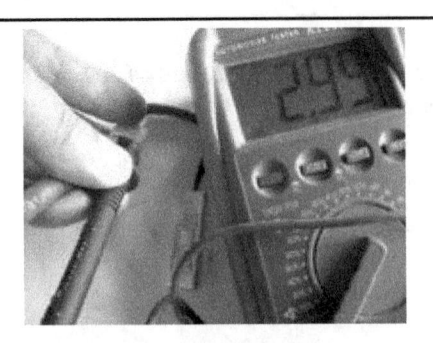 图 4-13 检查蒸发器温度传感器	④ 检查蒸发器温度传感器，是一个具负温度系数的电阻，先测时其在常温下的电阻值，然后放到 80℃ 的热水中再测量其阻值，两者有较大变化为正常，如图 4-13 所示。 检查蒸发器温度传感器：正常□，不正常□
 图 4-14 检查压力开关	⑤ 压力开关检查。 拔出与压力开关连接的插座，用一根导线接通线束端插座，若由压力开关引起电磁离合器不工作，此时应恢复正常，如图 4-14 所示。 温度和压力过高、压力过低、制冷系统冷媒过少及压力开关本身损坏会导致其工作失效。 检查情况：正常□，不正常□
 图 4-15 ECU 检查	⑥ 其他方面检查。空调熔丝检查同前面所述；冷却液温度可通过观察仪表盘的温度表来判断； 在所有信号都正常的情况下，通过压缩机电磁离合器磁力线圈直接搭铁，若压缩机电磁离合器能正常工作，则说明 ECU 有故障，如图 4-15 所示。 检查情况：正常□，不正常□
 图 4-16 按下 A/C 开关	⑦ 观察空调指示灯可判断 A/C 开关好坏，若不亮，说明 A/C 开关损坏，检查同前面所述，如图 4-16 所示。 空调指示灯：正常□，不正常□

续表

	6. 现场 5S。 （1）收集整理车辆护套和工具。 （2）清洁车辆，清理现场。 （3）车辆开出工位，交车。 如图 4-17 所示。
图 4-17 完成任务，交车	

任务考核单 4-1 汽车空调电磁离合器控制电路的故障诊断与排除（见表 4-2）

表 4-2 考核表

班级		姓名		学号	
规定考核时间			分钟		
实际考核时间					
序号	操作步骤		考核及评分记录		扣分（每错一处扣 10 分）
1.	安装车轮挡块，打开发动机引擎盖，安装翼子板布、前格栅布				
2.	安装方向盘套、手刹套、变速杆套、座椅套，放上地板垫				
3.	检查熔丝				
4.	检查电磁离合器继电器				
5.	检查继电器插座				
6.	检查线路				
7.	检查电磁离合器线圈是否到电				
8.	检查电磁离合器线圈电阻				
9.	继电器搭铁检查				
10.	风机开关检查				
11.	A/C 开关检查				
12.	蒸发器传感器检查				
13.	压力开关检查				
14.	ECU 检查				
考核分数					
教师签名		考核日期		年　月　日	

● 知识链接

为保证带空调的汽车正常工作，需要对压缩机的运行及发动机供油系统采取相应的控制措施，如怠速继电器、怠速提升装置（TP）、超车停转继电器等。

对于压缩机的工作，一般是通过电磁离合器的控制来实现的。风门的控制依靠电气系统、真空系统的控制作用来实现。

现在很多高级车辆上采用了微型计算机控制，真正实现了空调的自动控制。全自动空调的实现（制冷、采暖、通风统一控制）使温度调节的内容和方法变得繁杂多了。由于对空调的要求越来越高，有些高级车辆还装备了空气净化、烟度控制等高质量空气调节装置。

汽车空调种类繁多，电路形式各不相同，但其电气系统都有一定规律可循，分析电路时，抓住其主要部分，即可清楚了解其电路控制原理。汽车空调控制系统电路控制主要分为三种：一是压缩机电磁离合器控制电路、二是冷凝器风扇控制电路、三是蒸发器鼓风机控制电路。空调系统要正常工作，压缩机、冷凝器风扇、蒸发器鼓风机必须同时正常工作。除以上三种主控制电路外，还要熟悉汽车空调控制系统的各种控制元件。

一、汽车空调控制系统元件

汽车空调控制系统的控制元件有：温度控制组件、压力控制组件、电磁离合器、车速调节装置、真空控制组件等等。

1. 温度控制组件。

温度控制组件，又称恒温器、温度开关，它是汽车空调系统中温度控制部件，感受的温度有蒸发器表面温度、车内温度、大气温度等。一般所指的恒温器是指感受蒸发器表面温度从而控制电磁离合器控制系统中压缩机的开与停，起到调节车内温度及防止蒸发器结霜的电气开关装置。检测大气温度和车厢内温度时，一般用于空气混合调节风门的控制，由风门开度的大小调节车厢内的温度。恒温器更多地用于手动空调中电磁离合器控制系统中控制电磁离合器的通断。此时，恒温器被放置在蒸发器内或靠近蒸发器的冷气控制板上。当蒸发器表面温度或车厢内温度低于设置温度时，恒温器断开，电磁离合器分离，压缩机停止工作；反之电磁离合器吸合，压缩机开始工作，由此而防止蒸发器表面结霜，也调节了车厢内的温度。

恒温器有三种形式：波纹管式、双金属片式和热敏电阻式，现在常用热敏电阻式。

（1）热敏电阻式恒温器。

热敏电阻是一种阻值随温度变化而改变的电阻元件。热敏电阻有两种：一种具有负温度特性，即随温度升高，电阻值减小；一种具有正温度特性，即随温度升高，电阻值增大。热敏电阻式恒温器正是利用了热敏电阻的这种特性，把它作为传感器放置在被测温度之处，如空调系统的风道内、蒸发器内等，同时用导线与晶体管放大电路相连，如图4-18所示。

工作原理：当空调工作时，电源的12V电经过R13→R15→R16→R1→VT1的基极，使VT1导通，VT2、VT3、VT4也相继导通；另一路电流经电磁离合器继电器线圈4→VT4→R17→搭铁，电磁离合器继电器触点5闭合，电磁离合器通电，压缩机工作。当车内温度下降到调定值时，热敏电阻3的阻值增大，使VT1的基极电位降低，导致VT1截止，VT2、VT3、VT4也相继截止，电磁离合器继电器线圈无电流通过，触点断开，电磁离合器断电，压缩机停止工作。

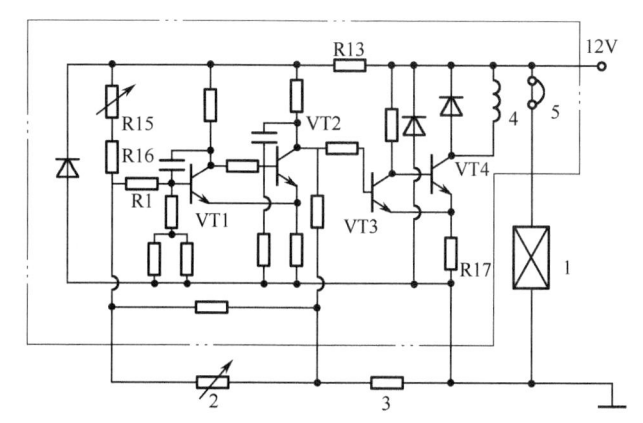

项目四 汽车空调电磁离合器电路及综合故障诊断与排除

1—电磁离合器线圈；2—可变电阻；3—热敏电阻；4—电磁离合器继电器线圈；5—电磁离合器继电器触点

图 4-18 热敏电阻式恒温器电路原理

温度的变化转变为电阻值的变化，进而转变为电压的变化，通过放大器控制电磁离合器动作，由此达到控制温度的目的。温度调节是靠一个附加的调温电阻器调整的。恒温器中使用的热敏电阻通常采用负特性电阻，由于热敏电阻性能的好坏直接影响到温度调节的精度，因此，在选用时要精心挑选。

（2）波纹管式恒温器。

波纹管式恒温器由感温驱动机构、温度设定机构和触点三部分组成。

感温驱动机构。组成如图 4-19 所示。感温驱动机构本身是一个由波纹管、毛细管和感温包组成的封闭系统，内部装有感温介质。感温包作为传感器放置在被测部位，温度的变化使得波纹管内压力发生变化，导致波纹管伸长或缩短，并将此位移信号通过顶端作用点 A 传递出去。在弹簧力的作用下，A 点的位移与感温介质压力变化呈线性关系。

温度设定机构。主要由凸轮、调节螺钉和调节弹簧等组成，如图 4-19 所示。其功能是使恒温器在一定温度范围内的任一设定温度起控制作用。温度的设定主要是通过调节凸轮改变主弹簧对波纹管内作用力的大小来决定，它的外部调节有刻度盘、控制杆和旋具调节等形式。

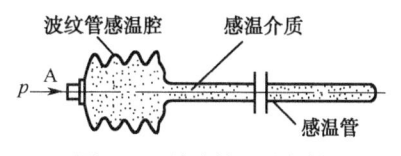

图 4-19 波纹管驱动机构

当主弹簧被拉紧时，感温包内要有比较高的温度才能使触点闭合，即车厢内温度较高。恒温器内的另一个弹簧用于调节触点断开时的温度范围，此范围通常是 4~6℃，这样为蒸发器除霜提供了足够的时间。

触点开闭机构。主要由固定和活动触点、弹簧、杠杆等组成。通过触点的开闭，控制着压缩机上电磁离合器电路的通断。

波纹管式恒温器的工作原理：图 4-20 中触点处于断开位置，压缩机也处于停止状态。当蒸发器表面温度逐渐升高时，感温包内温度也随着升高，同时压力增高使波纹管伸长。波纹管与摆动框架相连，框架上装有一动触点，而恒温器壳体上有一定触点。波纹管的伸长使得触点闭合，电磁离合器电路被接通，使压缩机工作。反之，温度下降后压缩机停止工作。

波纹管式恒温器的特点是工作可靠，价格低廉，安装方便。但在使用中要注意，毛细管弯成直角。另外，如果毛细管发生泄漏，应更换整个恒温器。

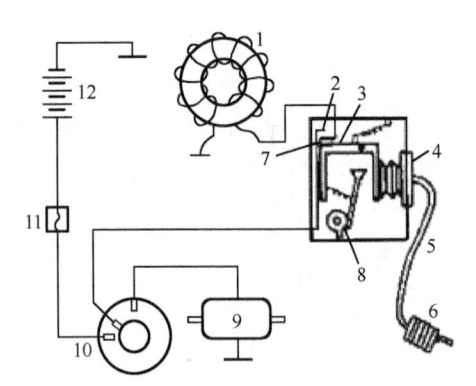

1—电磁离合器线圈；2—触点；3—摆动架；4—波纹管；5—毛细管；6—感温包；7—绝缘块；8—冷点调节；
9—风机电动机；10—开关；11—熔丝；12—电源

图 4-20 波纹管温控器工作原理

（3）双金属片式恒温器。

双金属片式恒温器由两种不同材料的金属片组成，两金属片的热膨胀系数相差较大。在双金属片的端部有一动触点，而在壳体上有一定触点。这种恒温器没有毛细管和感温包，直接靠空气流过其表面感受温度而工作。它的温度设定方法与波纹管式恒温器相同。

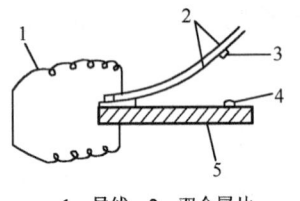

双金属片恒温器工作原理如图 4-21 所示。

1—导线；2—双金属片；
3—动触点；4—定触点；5—壳体

图 4-21 双金属片恒温器

工作原理：在设定温度范围内，双金属片平伸，两触点闭合。此时，电磁离合器电路接通，压缩机工作。当流过恒温器的空气温度低于所设定温度时，由于两种金属片的热膨胀系数不同，膨胀系数大的金属片收缩得多，这样就造成了双金属片弯曲，触点断开，电磁离合器分离，压缩机停止工作。当温度上升后，金属片受热后逐渐平伸，触点又闭合，从而接通电路。如此反复达到控温的目的。

双金属片式恒温器的特点是结构简单、不宜损坏且价格便宜。但作为直接感受温度的部件，必须整体放置在蒸发箱内，因此，为安装带来了不便。也正是这个原因，波纹管式恒温器的应用要比双金属片式恒温器广泛。

空调上的温度开关有环境温度开关、水温开关、蒸发器表面温度开关、除霜开关等。

过热开关（过热保护装置），有两种，一种是装在压缩机缸盖上，作用结果是使电磁离合器电源中断，压缩机停转，如图 4-22 所示，一种是装在蒸发器出口管路上，作用结果是泄漏报警灯亮。这两种结构的目的都是防止由于缺少制冷剂，造成压缩机因缺乏润滑油而过热损坏。过热开关是一种温度—压力感应开关。在正常情况下，此开关处于断开位置。

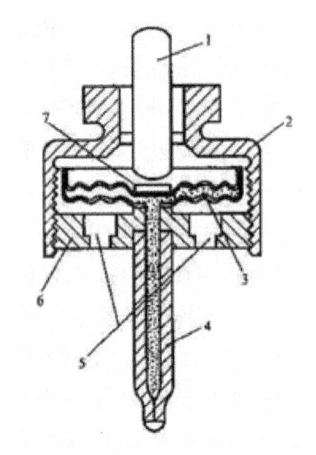

当系统处在高温高压或者低温低压状态时，此开关保持常开。当系统处于高温低压状态时，此开关闭路。系统的高温低压状态通常是在缺少制冷剂的时候出现的。此时若压缩

1—拉线柱；2—壳体；3—膜片总成；
4—感应管；5—底座孔；6—膜片底；
7—电触点

图 4-22 过热开关

机继续保持运转，将会因缺少润滑及过热而损坏。过热开关使压缩机停止转动，直到故障排除再恢复运转，起到自动保护作用。

热力熔断器是与过热开关配套工作的，由温度感应熔丝和线绕电阻器（加热器）组成如图 4-23 所示。

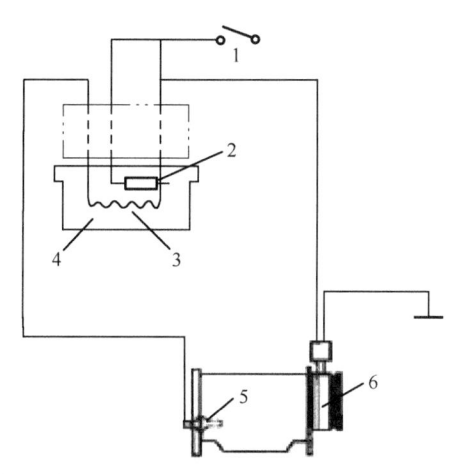

1—环境温度开关；2—熔断器；3—加热器；4—热力熔断器；5—过热开关；6—离合器线圈

图 4-23　热力熔断器

当过热开关闭路时，通向电磁离合器的电流通过热力熔断器中的加热器，使加热器温度升高，直到把熔断器熔化。这样电磁离合器电路中断，压缩机停止转动。

因熔化熔丝需要一定的时间，对于短时间（例如三分钟）内的高温低压现象是不起作用的。短时间异常现象未必会对系统工作产生影响。

2．压力控制组件。

压力控制组件可分为两类，一类是通断型，也称压力开关，即对于所设定的压力执行通或断的指令，如高、低压开关等；另一类是压力传感器型，空调压力传感器检测到制冷剂压力，并将其以电压变化的形式输出至空调电脑。

压力开关属于保护元件，是一种随压力变化而断开或闭合触点的元件，又称压力继电器。它由压力引入装置、动力器件和触点等组成，在系统中感受着制冷剂压力的变化，当系统中压力过高或过低时压力开关起作用，防止系统在异常压力情况下工作，起到了保护作用。

（1）高压压力开关。

高压压力开关装在压缩机至冷凝器之间的高压管路上，其作用是防止系统在异常的高压压力下工作。当因冷凝器散热不良、散热堵塞和风扇损坏等，导致冷凝压力出现异常上升时，开关自动切断电磁离合器的电路，使压缩机停转，或接通冷却风扇高速挡电路，自动提高风扇转速，以降低冷凝温度和压力。在汽车空调系统中，高压开关的压力控制范围为：2.82～3.10MPa 时断开，1.03～1.73MPa 时接通。

（2）低压压力开关。

低压开关有两种，一种是安装在系统的高压回路中，防止压缩机在压力过低的情况下工作。因为，高压回路中压力过低，说明缺少制冷剂。缺少制冷剂将影响润滑效果，久而久之将损坏压缩机。另一种低压开关是设置在低压回路中，直接由吸气压力控制。当低压低于某一规定值时，接通高压旁通阀（电磁阀），让部分高压蒸汽直接进入蒸发器，以达到除霜的目的。这种装置一般用于大、中型客车的空调制冷系统中。低压开关的工作范围一般为：80～110kPa时断开；150～290kPa时接通。

(3) 高、低压复合开关（三位压力开关）。

高、低压力开关用于保护作用时，通常都安装在系统的高压侧，因此，为了结构紧凑，减少接口，把高、低压力开关做成一体，形成了高、低压复合开关。这样就可以作为一体安装在贮液干燥器上，起到保护作用。如上海桑塔纳2000轿车、南京依维柯客车上就采用它。

三位压力开关的作用是：

① 防止因制冷剂泄漏而损坏压缩机。

② 当系统内制冷剂高压异常时，保护系统不受损坏。

③ 在正常工作状况下，冷凝器风扇低速运转，实现低噪声，节省动力；当系统内高压升高后，风扇高速运转，以改善冷凝器的散热条件，实现了风扇的二级变速。

三位压力开关一般安装在储液干燥器上，感受制冷剂高压回路的压力信号，如图4-24所示是高、低压复合开关示意图。图4-24（a）为电磁离合器控制触点接通，冷却风扇高速控制触点断开。图4-24（b）为电磁离合器控制触点断开，冷却风扇高速控制触点接通。

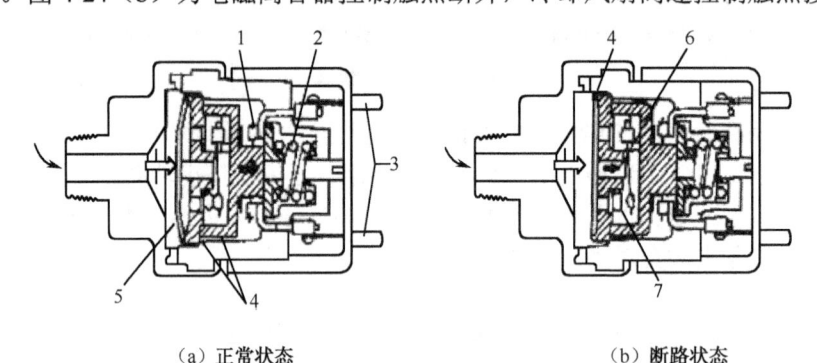

(a) 正常状态　　(b) 断路状态

1—触点；2—弹簧；3—接线柱；4—动触点；5—金属膜片；6—销子；7—触点

图4-24 高、低压开关

低压保护——当制冷剂压力低于低限值（196kPa），由于弹簧的压力大于制冷剂压力，因此触点7和触点1断开，电流中断，压缩机停止工作。

正常工作——当制冷剂压力为正常值时（0.2～3MPa），制冷剂压力超过弹簧力，弹簧受压缩，而金属膜片不变形，动触点向箭头方向移动，触点7接通，压缩机正常工作。

高压保护——当制冷剂压力高于高限值时（3.14MPa），此时制冷剂压力不仅高于弹簧压力，而且高于金属膜片的弹力。这时，金属膜片由拱形变平，推动销子6向箭头方向移动，并使得高于触点7，电路断开，压缩机停止工作，同时1触点闭合冷却风扇高速运行。

(4) 泄压阀。

过去，在汽车空调系统中，为了防止高压侧温度和压力异常升高造成系统损坏，常常用易熔合金做成易熔塞，当温度和压力异常升高时，易熔塞熔化，释放出制冷剂。但这种方法付出的代价是经济上的损失和对环境的污染，同时空气将进入空调系统。因此，目前大多采用泄压阀替代易熔塞，其结构如图4-25所示。

项目四　汽车空调电磁离合器电路及综合故障诊断与排除

泄压阀一般安装在压缩机高压侧或储液干燥器上。正常情况下，弹簧力大于制冷剂压力，密封塞被压紧密封。当高压侧压力异常升高时（此值为设定值，不同系统和厂家，设定值也不同），弹簧被压缩，密封塞被打开，制冷剂释放出来，压缩机压力立即下降。当压力低于设定值后，弹簧又立即将密封圈压紧。目前，在北京切诺基吉普车空调系统的贮液干燥器及长春奥迪 100 轿车的压缩机上都装有此种泄压阀。

现代很多轿车采用电控可变排量压缩机，控制可变排量压缩机的重要依据之一就是压力传感器。压力传感器它可以检测到制冷剂压力，并将其以线性电压变化的形式输出至空调电脑，从而控制压缩机工作。如图 4-26 所示。

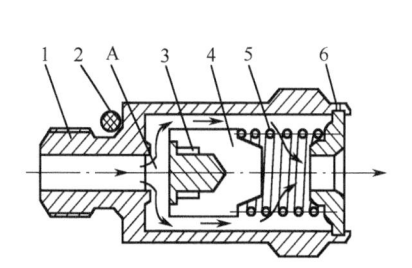

1—阀体；2—O 形密封圈；3—密封塞；4—下弹簧座；5—弹簧；6—上弹簧认座

图 4-25　泄压阀

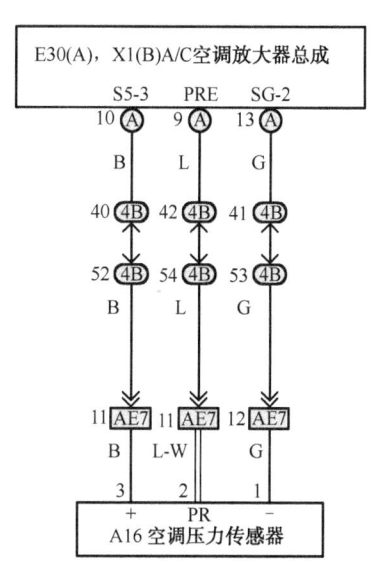

图 4-26　压力传感器

3．电磁离合器。

电磁离合器，前面已有介绍，其结构不再重述。电磁离合器同时又是一个执行元件，受温度开关、压力开关、怠速调节装置、空调 ECU、电源开关等元件的控制。

4．车速调节装置。

非独立式空调系统，由于发动机的功率一定，这样，空调系统的工作对发动机功率输出的分配有一定影响；反过来，发动机转速的变化同样影响空调系统的工作性能。因此，为达到汽车在不同运行情况下既保证车速的要求，又保证空调系统的正常工作就出现了车速调节装置。

（1）发动机怠速提升装置。

发动机在怠速运转时往往影响到空调系统的正常工作。一方面压缩机转速过低，造成制冷量严重不足；另一方面对于小排量发动机来说，怠速时发动机功率较小，不足以带动制冷压缩机并补偿因电力消耗给发电机增加的负荷。同时，由于发动机转速过低，冷却风扇的风压和风量均不充足，使得发动机和冷凝器散热受到影响。冷凝器温度和冷凝压力异常升高后，压缩机功耗迅速增大。这样，一是增加了发动机在怠速时的负荷，导致工作不稳定，甚至熄火；二是会引起电磁离合器打滑或传动皮带损坏。因此，在非独立式空调系统中一般都装有怠速调节装置。

在发动机怠速运转时，加大油门，以增加发动机的输出功率，并使发动机转速稍有提高，达到带负荷的低速稳定运转的目的。这类装置称为怠速提升装置。

现代轿车上的空调系统大多采用怠速提升装置，以保证怠速时能带空调稳定运转。怠速提升装置有多种型式，早期车辆的怠速提升装置，如图 4-27 所示：该装置主要由真空促动器和真空电磁阀二部分组成。真空促动器的拉杆与化油器的节气门拉杆相连，真空电磁阀的电路与压缩机电磁离合器电路并联。在汽车怠速时，如果空调电磁离合器电源接通，真空电磁阀同步工作，真空阀门被打开，来自发动机进气管路的真空度通过真空电磁阀到真空促动器，吸引拉杆向加大节气门的方向移动，从而提升怠速。拉杆的行程要调整到使发动机在怠速时带动压缩机运行，并能保持稳定运转。这种装置现在已较少采用。

现在多数是利用发动机 ECU（或空调 ECU）对节气门步进电机的驱动来提升怠速。

（2）加速断开装置。

在汽车加速超车时，为了保证发动机有足够的动力，应当切断压缩机离合器电路，这样就卸除了压缩机的动力负荷，以尽量大的发动机功率来供汽车加速所需。常用的加速断开装置（也称超速控制器）是由超速开关及延迟继电器组成。超速开关一般装在加速踏板下，当加速踏板被踩下时，电磁离合器电路断开，压缩机停止工作，使发动机的输出功率全部用于加速，而 6s 后电路又自动接通，空调系统恢复工作。高档轿车为提高超车能力常加装这种装置。

5．真空控制组件。

以前的的轿车空调系统采用真空装置作为控制元件，控制某些风门或阀门的开、闭。这是由于一方面汽车上有现成的真空来源，更主要的是真空控制装置结构简单、经济。

（1）真空马达。

真空马达又称真空促动器，如图 4-28 所示由真空盒、膜片、弹簧和传动杆组成。真空盒被膜片分为两个不相通的腔室，一侧与发动机真空管相连，另一侧通过空气泄漏孔与大气相通。真空马达不工作时，弹簧处于松弛状态，传动杆伸长[见图 4-28（a）]；工作时，上腔室具有一定真空度，上、下腔室的压差使得弹簧被压缩，传动杆向上移动，带动风门（阀门）动作[见图 4-28（b）]。

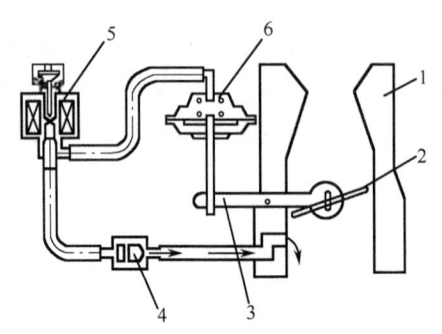

1—化油器；2—节气门；3—拉杆；4—阻尼阀；
5—真空电磁阀；6—真空促动器

图 4-27　真空怠速提升装置

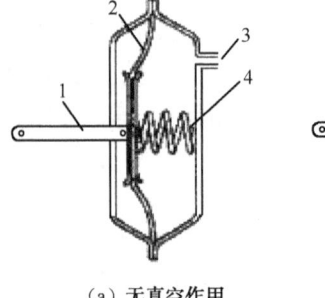

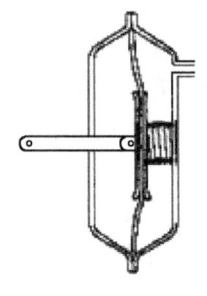

（a）无真空作用　（b）全真空作用

1—传动杆；2—膜片；3—接真空源；4—复位弹簧

图 4-28　真空马达

（2）真空控制水阀。

在汽车空调系统中也常常用真空膜盒直接作为阀门的控制动力，图 4-29 就描述了一个典型的用真空控制阀控制水加热器流量阀的工作过程。图 4-29（a）表示无真空时，图 4-29（b）表示部分真空时，图 4-29（c）表示完全真空时的工作情况。

(a) 无真空　　(b) 部分真空　　(c) 完全真空

1—真空马达；2—阀体

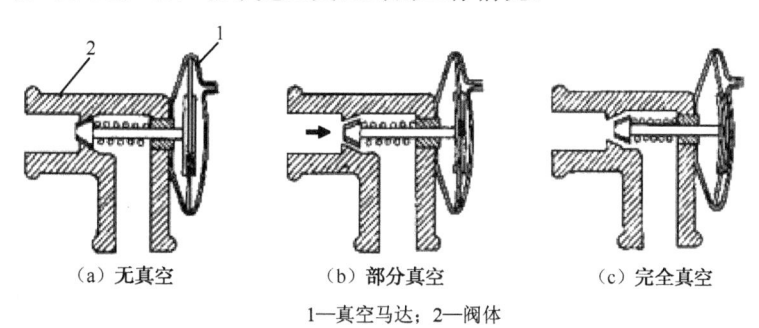

图 4-29　热水节流阀真空控制装置

二、鼓风机控制电路

根据控制方法的不同可分为以下三种形式。

1．由鼓风机开关和调速电阻联合控制。
2．电控模块通过大功率晶体管控制。
3．晶体管与调速电阻器组合型。

（1）由鼓风机开关和调速电阻联合控制。

风机的控制挡位一般有二、三、四、五速四种，最常见的是四速，如图 4-30 所示，通过改变风机开关与调速电阻的接通方式可令风机以不同转速工作。风机开关处于Ⅰ位置时，至电动机的电流须经过三个电阻，风机低速运行，开关调至Ⅱ位置，至电动机的电流须经两只电阻，风机按中低速运转，开关拨至Ⅲ位置时，至电动机的电流只经过一个电阻，风机按中高速运转，选定位置Ⅳ时，线路中不串任何电阻，加至电动机的是电源电压，风机以最高速运转。

调速电阻一般装在空调蒸发器组件上，利用气流进行冷却。风机开关一般装在操作面板内，设置不同挡位，供调速用，在设置时，风机开关可控制鼓风机电源正极，也可控制鼓风机电路搭铁。

（2）电控模块通过大功率晶体管控制。

现代中高档轿车为实现风速的自动控制，风机的转速一般由电控模块通过大功率晶体管控制，控制原理如图 4-31 所示。

功率组件控制风机的运转，它把来自程序机构的风机驱动信号放大，放大器的输出信号根据车内情况，按照指令提供不同的风机转速，如果车内温度比所选定的温度高很多，在空调工作状态下，风机将高速运转；而当车内温度降低时，风机速度又降为低速。

相反地，如果车内温度比所选定的温度低得多，在加热状态下，风机将被起动为高速；而当车内温度上升后，风机速度降为低速。

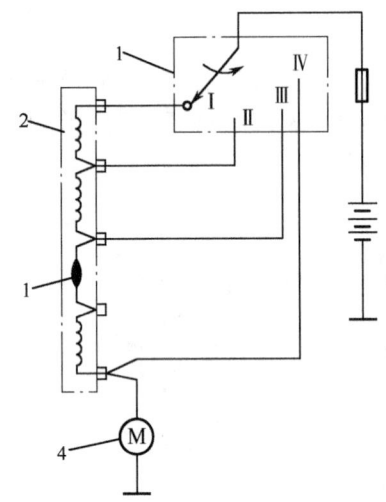

1—风机开关；2—调速阻；3—限温开关；4—风机

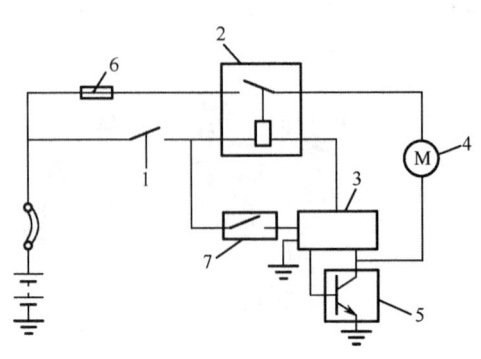

1—点火开关；2—加热继电器；3—空调控制器；4—风机；
5—晶体管；6—熔丝；7—风机开关

图 4-30 风机电阻调速控制电路　　图 4-31 晶体管控制的风机调速控制电路

（3）晶体管与调速电阻器组合型。

鼓风机控制开关有自动（AUTO）挡和不同转速的人工选择模式，如图 4-32 所示，当鼓风机转速控制开关设定在"AUTO"挡时，鼓风机的转速由空调电脑根据车内、车外温度及其他传感器的参数控制。若按动人工选择模式开关，则空调电路取消自动控制功能，执行人工设定功能。

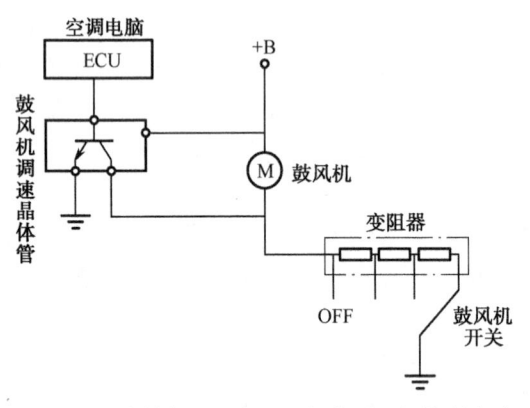

图 4-32 晶体管与调速电阻器组合型风机控制电路

三、冷凝器散热风扇控制电路

对于一般小客车和大中型客车，由于车辆底盘结构跟轿车有很大的不同，其冷凝器一般不装在水箱前，故冷凝器风扇须单独设置。一般只受空调开启信号控制，轿车空调的冷凝器一般都装在水箱前，为了减少风扇的配置，使结构简化，轿车在设计上一般都将水箱冷却风扇和冷凝器风扇组装在一起，利用一个或二个风扇对水箱和冷凝器进行散热。车型不同，则配置风扇的数量不同，控制线路设计方面差异也很大，但其控制方式则大同小异，一般根据水温信号和空调信号共同控制，同时满足水箱散热和冷凝器散热需要，下面就一些较典型的冷凝器散热风扇电路进行分析。

1．A/C开关直接控制型。

这种控制电路比较简单，其控制原理如图4-33所示，空调开关打至"ON"的位置，在供电给压缩机电磁离合器的同时，加电源至冷凝器风扇继电器线圈，继电器触头开关闭合，冷凝器风扇高速运转。

2．A/C开关和水温开关联合控制型。

有些汽车的发动机冷却系统和空调冷凝器共用一个风扇进行散热，如图4-34所示，这种风扇有两种转速，即低速和高速。风扇电动机转速的改变是通过改变线路中电阻值的方法实现的。从图中可看出，起关键控制作用的是A/C开关和水温开关。当空调开关开启时，常速风扇继电器通电工作。由于线路中串联了一个电阻，风扇低速运转。当冷却系统水温达到89～92℃时，水箱风扇也是低速运转；一旦发动机水温升至97～101℃时，水箱风扇高速运转，以加强散热效果。

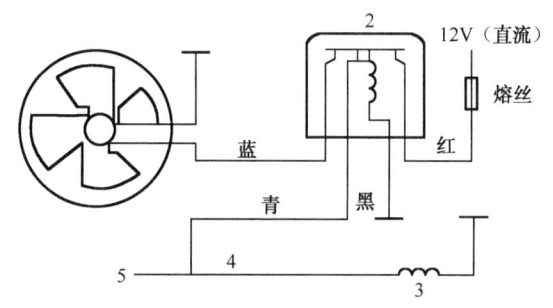

1—冷凝器散热风扇；2—冷凝器散热风扇继电器；3—电磁离合器；4—温度控制器；5—接A/C开关

图4-33 A/C开关直接控制型冷凝器风扇控制电路

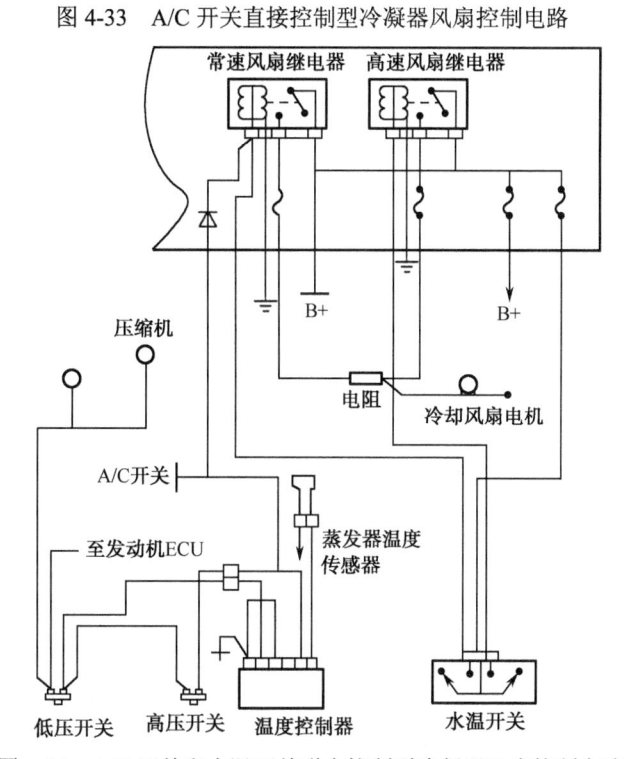

图4-34 A/C开关和水温开关联合控制型冷凝器风扇控制电路

3. 制冷剂压力开关与水温开关控制组合型。

目前很多轿车采用制冷剂压力开关和水温开关组合的方式对冷却风扇系统进行控制，如图 4-35 所示为丰田 LS400 冷却风扇系统电路图，从该图可看出，起控制作用的是水温开关和高压开关，水温开关和高压开关处于不同状态，则控制继电器形成不同组合，从而控制两个并排的风扇不运转、低速运转或高速运转。

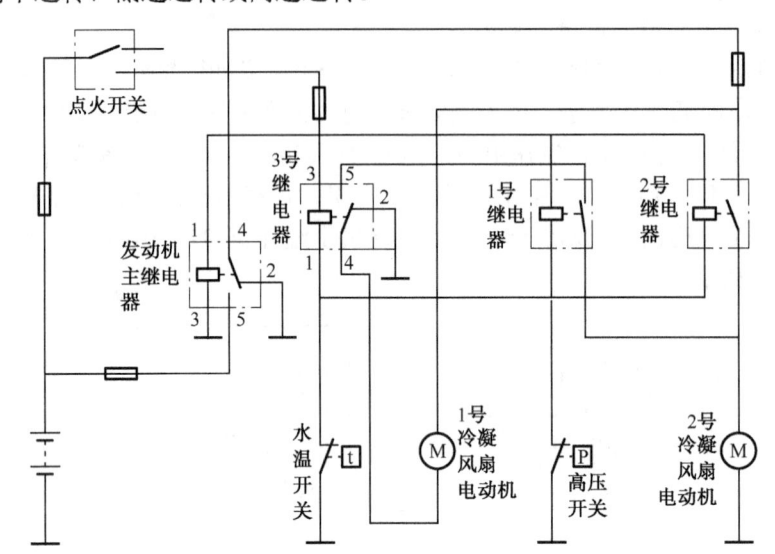

图 4-35 制冷剂压力开关与水温开关组合型冷凝器风扇控制电路

下面分三种状态分别介绍。

（1）空调不工作时。

在不开空调的情况下，风扇的工作取决于发动机水温。

① 发动机冷却水温低于 93℃。这时，由于水温较低，水温开关处于闭合状态，3 号冷却风扇继电器和 2 号冷却风扇继电器工作。其中，3 号冷却风扇继电器 4 与 5 接通。2 号冷却风扇继电器常闭触头被打开。同时，由于空调不工作，高压开关处于常闭合状态，1 号冷却风扇继电器通电工作，使常闭触头打开，这时两个冷却风扇均不工作，使发动机尽快暖机。

② 发动机水温高于 93℃。这时，水温开关打开，2 号和 3 号继电器回到原始状态，即不工作。虽然这时高压开关使 1 号继电器常闭触点打开，但并不影响风扇的工作。加至 1 号冷却风扇电机和 2 号风扇电动机的都是 12V 电压，此时，两风扇同时高速运转，以满足发动机冷却系散热需要。

（2）空调工作时。

空调工作时，水温控制器回路仍然起作用，这时冷却风扇受空调和水温控制回路的双重控制。

① 开空调，高压端压力大于 13.5kPa，且水温低于 93℃。这种情况下，水温开关处于闭合状态，而高压开关打开，这时 2 号和 3 号继电器受控动作，而 1 号继电器不工作，即触头处于常闭状态，这样，继电器使两冷凝风扇电动机串联工作，故两冷凝风扇同时低速运转，以满足冷凝器散热需要。

项目 四　汽车空调电磁离合器电路及综合故障诊断与排除

② 开空调，高压端压力大于 13.5kPa，且水温高于 93．5℃。这种情况下，高压开关和水温开关都打开，1、2、3 号继电器均不工作，加至两冷凝风扇电动机的都是 12V 电压，故两冷凝风扇同时高速运转。

综上所述可知，两冷凝风扇的工作同时受水温和空调信号影响，而处于同时不转、同时低速转或同时高速转三种状态之间循环。其串并联如图 4-36 所示。

4．水温传感器和制冷剂压力开关控制组合型。

除采用继电器完成风扇的转速控制方法外，还可采用专用控制器对风扇进行控制。它根据空调信号和水温信号进行联合控制。

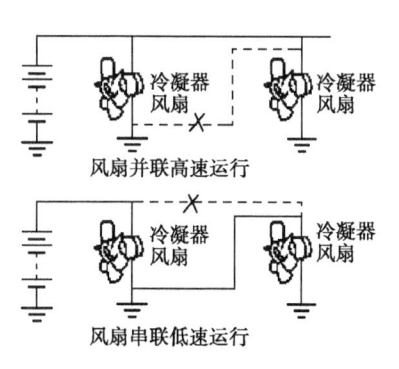

图 4-36　两散热风扇串并联电路

如图 4-37 所示，风扇控制单元控制水箱风扇和冷凝器风扇的运转，控制单元根据水温传感器及空调系统的空调压力开关的输入信号决定是否转动风扇及转动的速度。除此之外，水温高于 109℃时，则温度开关关闭空调的工作。若空调系统压力高于正常压力时，则压力开关 A 关闭且风扇高速转动。水温控制水箱风扇、冷凝器风扇及空调系统的过程如下：

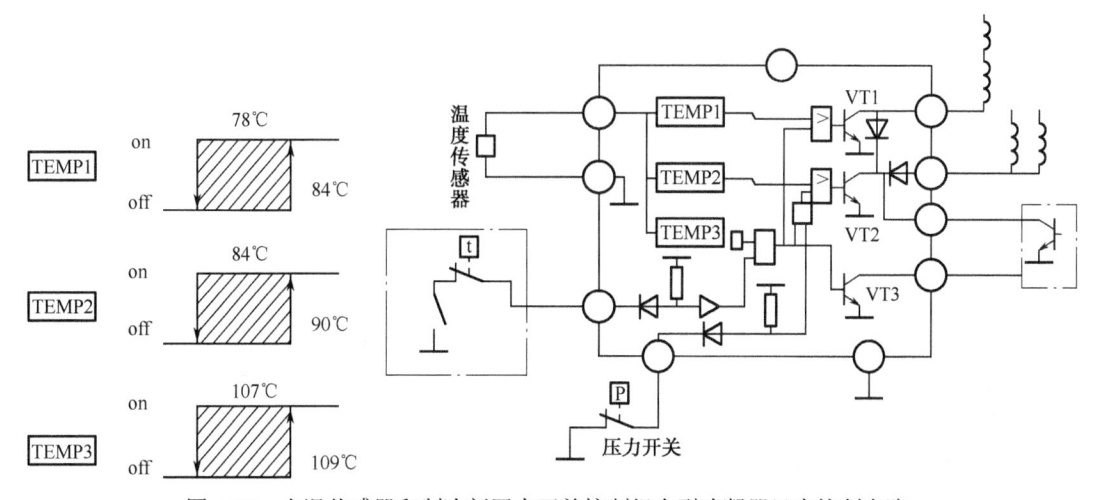

图 4-37　水温传感器和制冷剂压力开关控制组合型冷凝器风扇控制电路

（1）TEMP1。当水箱冷却水温高于该范围时，控制单元会将 VT1 打开，而使水箱风扇（低速）和冷凝器风扇（低速）运转。

（2）TEMP2。当水箱冷却水温高于该范围时，控制单元会将 VT2 打开，而使水箱风扇（高速）和冷凝器风扇（高速）运转。

（3）TEMP3。当水箱冷却水温高于该范围时，控制单元会将 VT3 关闭，而使空调压缩机停止运转。

5．制冷剂压力开关与微电脑控制组合型。

大多数高级轿车都采用这种布置和控制方式，如图 4-38 所示，两个散热风扇有三种不同的运转工况。

工作如下：

(1）空调开关已接通，但制冷剂压力未达到1.81MPa时，只有辅助散热风扇马达运转。

(2）一旦制冷剂压力达到1.81MPa时，主、辅风扇电动机同时运转。

(3）无论空调开关是否接通，只要发动机水温达到98℃以上，主散热风扇（水箱风扇电动机）高速运转。

除上述几种典型散热风扇控制电路外，还有些车型采用不同的控制方式，如丰田公司在部分1UZ—FE和1MZ—FE发动机上采用了电控液力马达冷却风扇系统，用于凌志400、凌志300、佳美3.0L等车型，与一般的电控风扇系统有较大差异。在此系统中，电脑通过电磁阀控制作用在液力马达上油液压力，这样就可以根据发动机工况和空调状态而自动控制冷却风扇的转速。其工作过程如下。

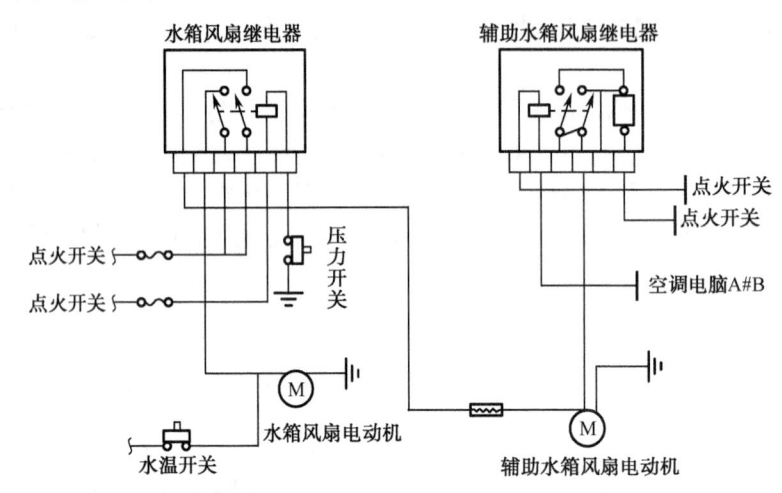

图4-38 制冷剂压力开关与微电脑控制组合型冷凝器风扇控制电路

液力泵单独设计或与动力转向泵组合为一体，由传动带驱动，建立一定油压，受电脑控制，电磁阀调节从液力泵到液力马达的油量，该马达直接驱动风扇。

四、压缩机电磁离合器控制电路

压缩机的控制方式，根据控制开关的位置分为两种：即控制电源型和控制搭铁型。电源控制方式是由开关直接控制电源，当开关闭合时，大电流流经开关至执行器构成回路，长期工作后容易造成触点烧蚀，如图4-39（a）和图4-39（b）所示的最基本的电磁离合器控制电路。

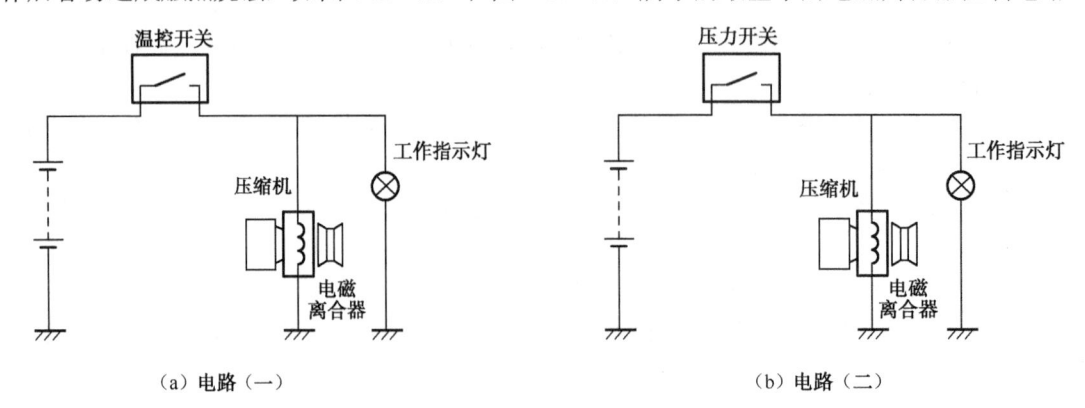

图4-39 最基本的压缩机电磁离合器控制电路

项目四　汽车空调电磁离合器电路及综合故障诊断与排除

现在大多数轿车均不采用这种控制方式。搭铁控制方式，由开关控制继电器线圈的回路，这种控制方法的优点是以小电流信号控制大电流通断，从而有效地防止触点烧蚀，目前大多数轿车采用这种控制方法。基本电路如图 4-40 所示。

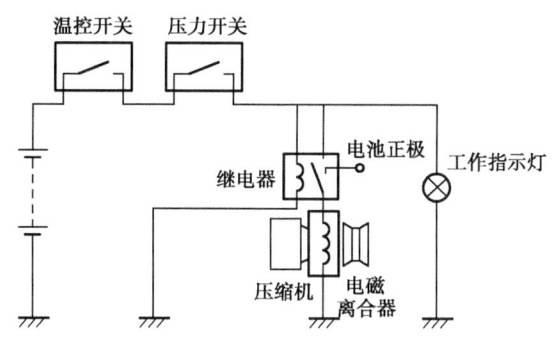

图 4-40　最基本继电器控制电磁离合器电路

控制压缩机工作时机的方式可分为三种：手动空调压缩机的控制、半自动空调压缩机的控制、全自动空调压缩机的控制。

1. 手动空调压缩机的控制电路。

如图 4-41 所示，压缩机工作的必备条件是空调开关（A/C 开关）闭合、温度开关闭合、压力开关闭合、鼓风机开关闭合。此时压缩机电磁离合器继电器工作（冷气继电器），蓄电池电源才能提供给压缩机电磁离合器线圈。

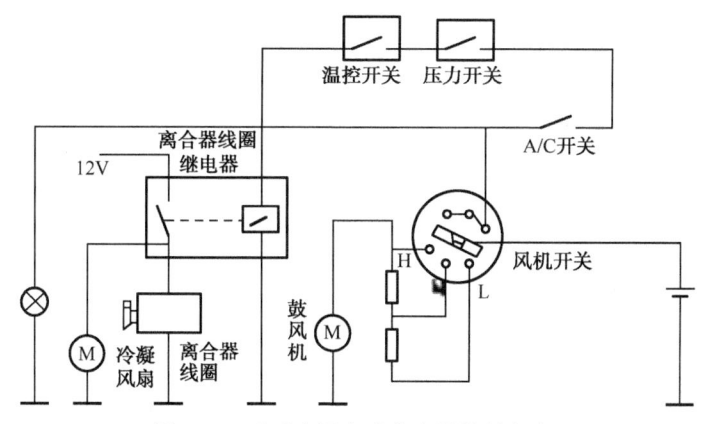

图 4-41　手动空调电磁离合器控制电路

2. 半自动空调压缩机的控制电路。

半自动空调压缩机工作的必备条件是空调开关（A/C 开关）闭合、温度开关（热敏电阻）工作、压力开关闭合、鼓风机开关闭合、发动机转速信号、压缩机转速信号、发动机冷却液温度开关闭合，当点火开关和鼓风机开关接通时，如空调器开关此时接通，则压缩机电磁离合器继电器由空调器放大器或 ECU 通过计算比较，满足条件的情况下接通，从而使压缩机电磁离合器接合，压缩机工作。与手动空调有较大区别的是各种开关或传感器并不是直接串接在压缩机电磁离合器继电器线圈上，而是与空调器放大器或 ECU 连接，向其提供信号。

3. 典型汽车空调电路分析。

如图 4-42 所示是五菱之光汽车空调电路。

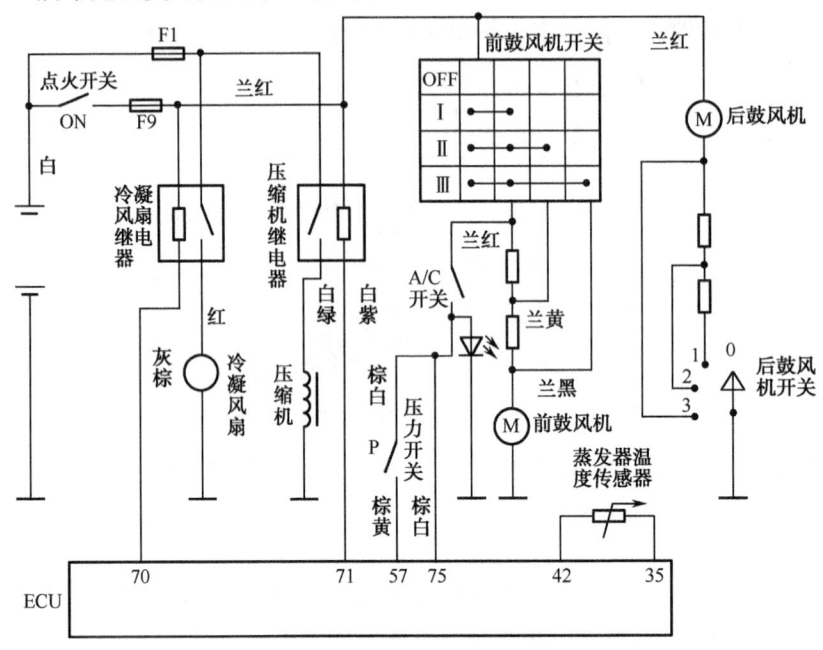

图 4-42　五菱之光汽车空调控制电路

（1）蒸发器鼓风机控制电路。

五菱之光汽车蒸发器鼓风机控制电路分为前后鼓风机控制电路。

① 前鼓风机的控制电路。

控制风机电机的正极，通过控制串入电路中电阻的大小来控制流电机的电流的大小，从而控制风机的转速。串入电路的电阻越大，流过风机的电流就越小，风机的转速就越慢；相反串入电路的电阻越小，流过风机的电流就越大，风机的转速就越快。

② 后鼓风机的控制电路。

控制风机电机的负极，通过控制串入电路中电阻的大小来控制流电机的电流的大小，从而控制风机的转速。串入电路的电阻越大，流过风机的电流就越小，风机的转速就越慢；相反串入电路的电阻越小，流过风机的电流就越大，风机的转速就越快。

③ 鼓风机电阻检查，测量如图 4-43 所示风机调速电阻的几个接脚，电阻值如表 4-3 所示。

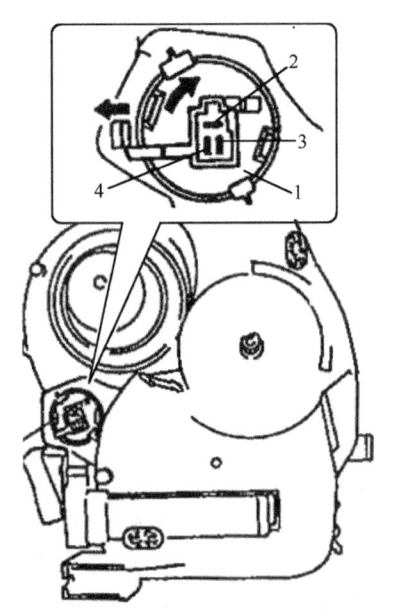

图 4-43　蒸发器风机调速电阻

（2）压缩机控制电路。

如图 4-42 所示，只有当 ECU 给压缩机继电器提供负极控制信号，压缩机继电器才能被吸合从而给压缩机供电，使压缩机电磁离合器吸合。而 ECU 是否给压缩机继电器提供负极

控制信号主要取决于以下几个因素:

表4-3 鼓风机电阻检查记录表

端子-端子	电阻Ω
H-M	1.2
H-L	2.9
M-L	1.7

① A/C 开关信号:如图 4-42 所示,只有打开前风机开关才能给 A/C 开关供电,所以开空调一定要先开前风机。ECU 接收到 A/C 开关信号后,还会提高发动机的转速(增加 100r/min 左右)。

② 压力开关信号:如图 4-42 所示,ECU 只有接收到压力开关的电信号,才能给压缩机继电器提供负极控制信号。同时如果 ECU 接收到 A/C 开关的信号而无法接收到压力开关的信号,还会控制冷凝风扇旋转,以降低系统内的压力。某些车型的压力开关与压缩机电磁离合器串联,这种电路特点要求压力开关能承受更大的电流,压力开关也更容易损坏。压力开关的导通压力如表4-4 所示。

表4-4 压力开关压力值——开关状态对应关系

压力开关压力值	高低压开关状态
3200kPa 以上	不导通
200kPa 以下	不导通

③ 蒸发器温度传感器信号:当 ECU 根据蒸发器温度传感器的电压信号判断蒸发器内的温度低于 2℃时,ECU 停止给压缩机继电器提供负极控制信号,切断压缩机电磁离合器电路,使压缩机停转,以控制蒸发器温度不低于 0℃。控制电路如图 4-44 所示。蒸发器温度传感器是负温度系数的热敏电阻。随着蒸发器温度的逐渐降低,蒸发器温度传感器的电阻逐渐增大,ECU 检测到的信号电压也逐渐增大。当信号电压增大到 ECU 设定值时,ECU 控制三极管截止。ECU 就是根据变化的信号电压来控制压缩机继电器搭铁电路的。如果蒸发器温度传感器超过检测范围或线路断路短路,则空调不制冷。

检测方法:检查蒸发器温度传感器和空调控制器总成之间的连接器及导线连接情况,如果导线和连接器正常,用万用表测量传感器连接器接头端子 1 和 2 之间的电阻,在 0℃时,电阻值为 4.5~5.2kΩ;在 15℃时,电阻值为 2.0~2.7kΩ,当温度升高时,其电阻值逐渐降低。测量时可用冰水辅助降温检测。注意各车蒸发器温度传感器电阻值在各温度时可能会有一些差别。

④ 转速是否低于规定值:ECU 根据发动机转速信号确定是否给压缩机继电器提供负极控制信号,因为如果转速太低的话,压缩机电磁离合器吸合会造成发动机负荷太大,容易使发动机熄火。五菱之光 1.05L 汽车要求发动机转速在 750 r/min,ECU 才会给空调压缩机提供负极控制信号。

⑤ 发动机工作温度是否高于规定值:当 ECU 根据发动机冷却水信号确定发动机工作温度超过 110℃时,ECU 停止给压缩机继电器提供负极控制信号。因为如果发动机冷却水温度过高后还使用空调,会使发动机的负荷增加,可能会使发动机温度继续升高,容易造成发动机出现严重的机械事故。

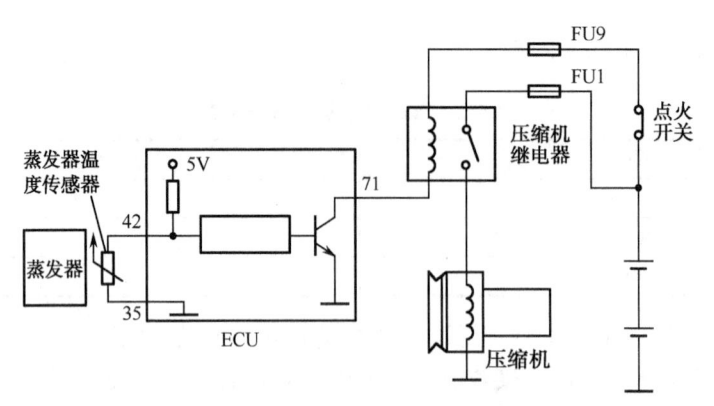

图 4-44 空调蒸发器温度传感器控制电路

（3）冷凝风扇控制电路。

如图 4-42 所示，只有当 ECU 给压缩机继电器提供负极控制信号，压缩机继电器才能被吸合从而给压缩机供电，使压缩机电磁离合器吸合。一般来说，冷凝风扇继电器负极控制信号和压缩机继电器负极控制信号是同时提供的。不同的是，A/C 开关处于打开状态时，如果压力开关断开，会造成压缩机电磁离合器不工作，但 ECU 会控制冷凝风扇工作。

任务二　汽车空调系统的常见故障诊断与分析

● 任务要求

1．学会分析汽车空调制冷系统常见故障。
2．学会分析汽车空调控制系统常见故障。
3．学会分析汽车空调各系统常见综合故障。

● 任务引导

相关知识点学习：要求学生实训课前参考课本知识独立完成。

1．汽车空调故障分析与排除具体见如下各表说明原因及处理方法，如表 4-5 所示。

表 4-5　通风、风扇电机控制检查

序　号	异 常 结 果	原　因	处 理 方 法
1	暖风机电动机在任何速度下都不能工作		
2	暖风机电动机仅在高速度下工作		
3	空气不从仪表板中央送风口中流出		
4	把通风模式选择旋钮调到"除霜"模式时，空气不从前挡风玻璃下的除霜风口中流出		
5	当旋钮旋至兰色区域，有热风吹出		

2．压力表组读数与故障原因分析，如表 4-6 所示，说出原因及处理方法。

项目 四 汽车空调电磁离合器电路及综合故障诊断与排除

表 4-6 压力表组读数与故障原因分析

| 歧管压力表（MPa） ||问 题|原 因|处 理 方 法|
低	高			
0.15~0.3	1.5~2.0	正 常 状 况		
负压力	0.5~0.8	低压侧读出负压力，高压侧读出极限低压力 干燥器及膨胀阀进出管道周围冻结		
正常：0.15~0.3 异常：负压力	正常：1.5~2.0 异常：0.6~1.0	在空调工作期间，低压侧有时显示负压有时显示正常压力 高压侧重复显示异常及正常压力		
0.05~0.1	0.69~1.0	低压及高压侧均显示低压读数 通过观察孔可以看到持续不断的气泡		
0.4~0.6	0.69~1.0	低压侧压力偏高 高压侧压力偏低		
0.3~0.45	1.9~2.5	在低压侧和高压侧上压力均偏高 即使发动机转动缓慢，也看不见气泡		
0.3~0.45	1.9~2.5	在低压侧和高压侧上压力均偏高 低压侧管道摸起来不冷 通过观察孔可看见气泡		

● 任务实施

在电磁离合器不工作的综合故障的分析中，学会区分属于制冷静系统还是控制系统故障，把故障缩小在小范围内进行进一步分析排除。

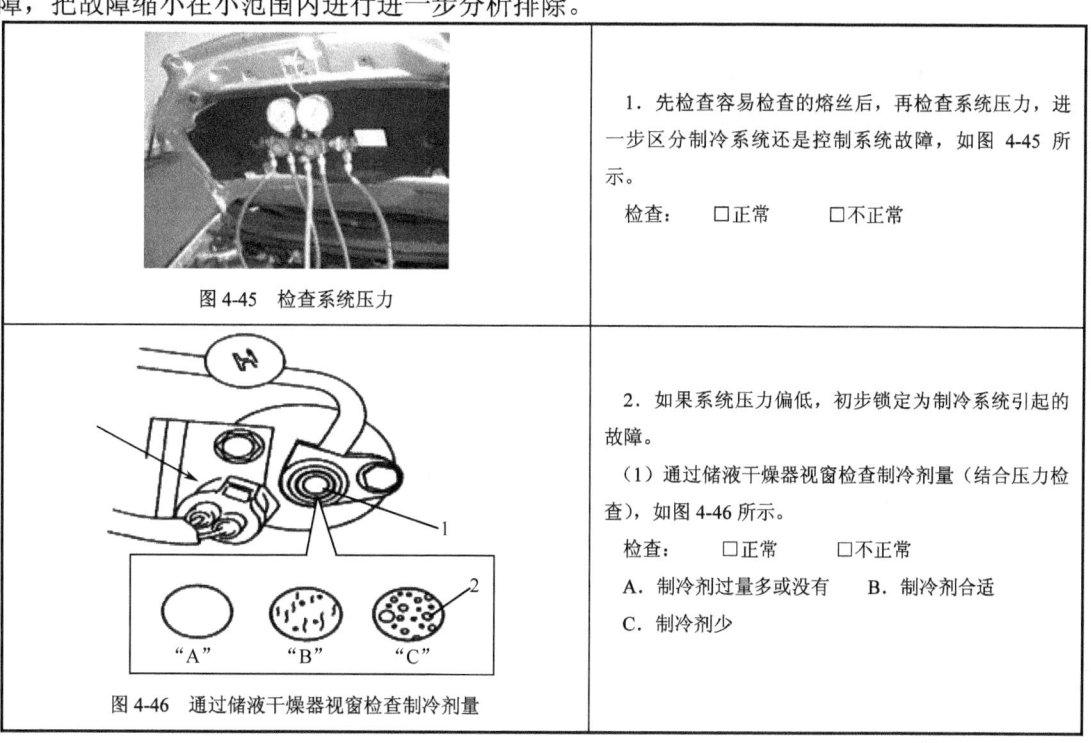

图 4-45 检查系统压力	1. 先检查容易检查的熔丝后，再检查系统压力，进一步区分制冷系统还是控制系统故障，如图 4-45 所示。 检查： □正常　　□不正常
图 4-46 通过储液干燥器视窗检查制冷剂量	2. 如果系统压力偏低，初步锁定为制冷系统引起的故障。 （1）通过储液干燥器视窗检查制冷剂量（结合压力检查），如图 4-46 所示。 检查： □正常　　□不正常 A. 制冷剂过量多或没有　　B. 制冷剂合适 C. 制冷剂少

261

 图 4-47 补充制冷剂	（2）若风制冷剂不足给系统补充制冷剂，如图 4-47 所示。 检查： □正常　　□不正常
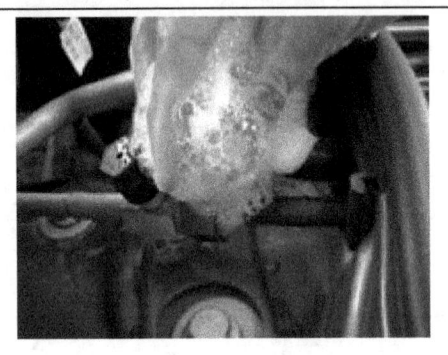 图 4-48 制冷剂检漏	（3）若因泄漏引起制冷剂不足，应进行检漏，如图 4-48 所示。 检查： □正常　　□不正常
 图 4-49 检查电磁离合器控制电路	3．若系统压力正常，重点放在电磁离合器控制电路上，如图 4-49 所示。
 图 4-50 电磁离合器间隙检查	4．除电路外还有电磁离合器的间隙也不能忽视，吸盘与皮带轮的间隙一般为 0.4～0.6mm 之间。若超宽，将导致电磁离合器不能吸合。 如图 4-50 所示。 检查： □正常　　□不正常

任务考核单 4-2　汽车空调系统的常见故障诊断与分析（见表 4-7）

表 4-7　考核表

班　级		姓　名		学　号	
规定考核时间				分　钟	
实际考核时间					
序　号	操作步骤		考核及评分记录		扣分（每错一处扣10分）
1	安装车轮挡块，打开发动机引擎盖，安装翼子板布、前格栅布				
2	安装方向盘套、手刹套、变速杆套、座椅套，放上地板垫				
3	检查熔丝的通断				
4	检查系统压力				
5	检查制冷剂量				
6	检漏				
7	检查鼓风机电路				
8	检查电磁离合器控制电路				
9	检查电磁离合器间隙				
10	检查压缩机				
11	检查压力开关				
考核分数					
教师签名		考核日期		年　月　日	

● 知识链接

一、汽车空调制冷系统故障分析

在系统正常工作的情况下可进行以下几方面检查诊断：看、听、摸、测。

1．看。

（1）看视窗。

① 空调起动时有气泡然后消失且清澈→系统良好。

② 一直有气泡→制冷剂少。

③ 一直无气泡→无制冷剂或制冷剂过多。

（2）看管接口：看是否有渗漏痕迹。

（3）看冷凝器具：散热片是否变形脏堵。

2．听。

（1）压缩机是否有异响（液击声）。

（2）电磁离合器有无吸合声、皮带打滑尖叫声。

3．摸。

（1）储液干燥器：进出口应无温差，若有温差，储液干燥器可能堵塞。

（2）压缩机：摸进出口管路，若温差不大，压缩机可能工作不良。

（3）膨胀阀：摸高低压管路，正常情况下高压管暖，低压管凉。

（4）冷凝器：正常情况下压缩机至冷凝器的管路温度较高，冷凝器出口至储液干燥器的管路温度较前面低。否则冷凝器散热不良。

4．测。

（1）高压异常高。

① 若压缩机停转后，高压压力迅速下降→系统管路有空气。

② 到冷凝器管路温度高→冷凝器可能堵塞。

③ 风扇工作正常，冷凝器过热→制冷剂过量。

（2）高低压均偏高。

① 制冷剂过量（结合观察视窗无气泡）。

② 冷凝器散热不良。

③ 系统内有空气。

④ 膨胀阀开度过大（结合观察蒸发器表面有结霜）。

（3）高低压均偏低。

① 视窗有气泡→制冷剂过少。

② 储液干燥器到膨胀阀管路有霜或露水→储液干燥器脏堵。

（4）低压侧有时出现真空有时正常→系统有水份，出现"冰堵"。

（5）低压侧压力高，高压侧压力低，高低压表表针抖动→压缩机有故障：磨损、串气或泄漏等。

二、制冷系统的常见故障和排除（见表 4-8）

表 4-8　制冷系统的常见故障和排除

故　障	故　障　原　因	检　查　与　排　除
系统噪声太大	离合器结合时打滑	清洗、修理或更换
	离合器轴承磨损，间隙过大	更换离合器轴承
	离合器电磁线圈磁力太小或间隙太大	更换电磁离合器
	传动皮带预紧度太小，造成打滑	重新调整或更换皮带
	压缩机异响	更换压缩机
	冷冻油过多，造成液击	排放制冷剂后再补足
	风扇变形	更换风扇叶片
制冷效果不好	压缩机损坏	检修或更换
	压缩机未工作	检修电路
	蒸发器堵塞	清洁蒸发器
	制冷剂不足	补充制冷剂
	皮带太松，无法带动压缩机	调整或更换皮带
	冷凝器冷却效果不好	查找原因并排除
	蒸发器到出风口之间的管路漏气	检查并排除
	冷暖转换阀密封不严，造成空气流过暖风机后被升温	检查阀门关闭是否严密
	制冷剂纯度不够	新的制冷剂
	系统中有空气	更换新的制冷剂

三、观察窗状态与故障原因分析（见表 4-9）

表 4-9　观察窗状态与故障原因分析

序　号	观察孔内的现象	其他现象	结　　论
1	观察孔清晰，无气泡	出风口是冷的	系统工作正常
		出风口不冷	制冷剂漏光
2	关闭压缩机后冷却剂立即消失，观察孔保持清晰	出风口不够冷	制冷剂冲注过量
3	偶尔出现气泡	时而伴有膨胀阀结霜	系统中有水分
		无膨胀阀结霜	制冷剂略缺或有空气
4	有泡沫，气泡不断流过		制冷剂不足
5	有长串油纹，偶尔带有成块机油条纹		几乎没有制冷剂、冷冻油太多或干燥剂散了

四、汽车空调风量不足的故障分析表（见表 4-10）

表 4-10　汽车空调风量不足的故障分析表

序　号	故障原因	维修方法
1	送风栅格或空调过滤器被灰尘或异物堵塞	除去异物，清洗送风栅格或过滤器，使风道畅通
2	蒸发器翅片被灰尘堵塞	定期清除翅片上灰尘
3	蒸发器结霜堵塞蒸发器通道	查明原因，定期除霜
4	鼓风机转速不够，造成蒸发器大量结霜，出风不冷	检查风机开关、继电器或更换风机
5	空调新鲜空气风门关不严	更换新风门
6	空调送风管道被异物堵塞，造成风量减小，噪声增加	清除管道异物

五、汽车空调机风量正常而冷气不足的故障分析表（见表 4-11）

表 4-11　汽车空调机风量正常而冷气不足的故障分析表

序　号	故障原因	维修方法
1	制冷剂过少，视液镜中有气泡，高低压力都偏低	检漏、修补，重新加注制冷剂，直至气泡消失，压力读数正常
2	制冷剂过多，视液镜中无气泡，停机后立即清晰，高低压力均偏高	从低压侧放出多余制冷剂
3	系统有空气，视液镜中有气泡，高低压力都过高，压力表抖动厉害	更换储液干燥器，检漏，反复抽真空，加注制冷剂
4	系统有水分，工作一段时间后，低压压力表成真空状，膨胀阀结霜、冰堵，出风不冷，停机一会后，工作又正常，不久又重复出现上述故障。可能是真空没抽彻底，或漏入潮湿空气，或制冷剂、冷若冰霜冻油含有水分	更换储液干燥器，检漏，反复抽真空，重新加注制冷剂
5	系统有脏物，低压侧呈真空，高压侧压力很低，储液干燥器或膨胀阀前后管路结霜，出风不冷关机后情况不能改善，可以确定是脏堵	更换或清洗储液干燥器及膨胀阀

续表

序 号	故 障 原 因	维 修 方 法
6	压缩机损坏，内部有泄漏，表现低压侧压力过高，高压侧压力过低，压缩机有不正常敲击声。可能是压缩机阀片击碎，轴承损坏，密封垫破损	修理或更换压缩机
7	压缩机传动皮带过松，造成压缩机转速过低，出风不冷，并发出不正常声音	张紧或更换皮带
8	压缩机离合器打滑，造成压缩机不正常运转	修理或更换离合器
9	冷凝器散热风量过小，造成高低压压力均过高	检查风机转速是否正常、风速开关是否灵活
10	冷凝器翅片被灰尘堵塞，造成高压过高，散热效果不好	清理冷凝器上灰尘
11	膨胀阀中的滤网堵塞，使吸气压力稍低，排气压力稍高	回收制冷剂，清洗或更换膨胀阀
12	膨胀阀开度过大，表现为高低压力都过高，使过多的制冷剂流过蒸发器来不及完全蒸发	调整或更换膨胀阀
13	膨胀阀感温包有泄漏	更换膨胀阀
14	膨胀阀感温包包扎不好，绝热层松开	重新包扎好感受温包
15	温控开关调整不当	调整或更换温控开关
16	蒸发压力调节阀损坏或调整不当	更换或重新调整蒸发压力调节阀
17	系统中冷冻油过多，视液镜中有混浊的油纹	放出多余的冷冻润滑油

六、汽车空调不制冷的故障分析表（见表4-12）

表4-12 汽车空调不制冷的故障分析表

序 号	故 障 原 因	维 修 方 法
1	熔丝烧断进行守热保护	检查压缩机过热原因，进行检修并更换熔丝
2	断路器有故障	有问题予以检修并更换新的熔断器
3	电线折断	修理并更换电线
4	电线断路	重新连接电路
5	电线被腐蚀（形成高阻抗）	清洁和重新连接或更换接线柱
6	离合器线圈有故障	更换离合器线圈
7	离合器电刷组件有故障或磨损	更换电刷组
8	风机电动机有故障，不能正常转动	更换风机电动机
9	温控开关有故障	更换温控开关
10	低压开关或高压开关有故障	更换低压或高压开关
11	压缩机传动皮带松动	张紧传动带，但不能过紧
12	传动皮带折断	更换传动带
13	压缩机吸气阀盘有故障	更换吸气阀盘和垫片
14	压缩机排气阀盘有故障	更换排气阀盘和垫片
15	压缩机盖或阀盘有列缝	更换机盖和阀盘垫片
16	压缩机有故障	更换压缩机
17	制冷剂加注量不足或无加注制冷若冰霜剂	确定泄漏部位并修理

项目四　汽车空调电磁离合器电路及综合故障诊断与排除

思考与练习

一、判断题（对的画"√"，错的画"×"）

1. （　　）空调压缩机的电磁离合器线圈两端并联的二极管是为了防止线圈极性接反。
2. （　　）空调压缩机的电磁离合器线圈两端并联的二极管是为了抑制线圈断电时所产生的瞬间高电压。
3. （　　）空调压缩机的电磁离合器线圈两端并联的二极管是为了整流。
4. （　　）汽车空调温控器的作用是通过感受蒸发器的温度，从而控制压缩机的工作。
5. （　　）汽车空调系统中，压力保护开关可控制电磁离合器的分离或接合。
6. （　　）如果低压开关断开，导致压缩机电磁离合器断电，原因可能是制冷剂过多。
7. （　　）为确保发动机的负荷最大时能有效冷却，压缩机在冷却液温度过高时会关闭。A/C 工作时，干燥瓶两边的管道温差大，出现露水，则可判断干燥瓶有堵塞。
8. （　　）低压侧压力高，高压侧压力低，此故障多数为压缩机内部有泄漏。
9. （　　）当环境温度低于 4℃时，汽车空调压缩机电路一般不会闭合。
10. （　　）低压开关的作用是在系统低压管路中压力过低时，切断压缩机电磁离合器的电路。
11. （　　）干球温度和湿球温度的差值越大，说明温度越大。
12. （　　）接上压力表时，空调系统高压侧压力与低压侧压力一样都为 5Bar，说明空调系统制冷剂过多，致使高低压间损坏相互串通。
13. （　　）节流元件进口的管口处结霜，说明系统内制冷剂充注过量。
14. （　　）空调系统的冰堵多发生在干燥罐处。
15. （　　）空调压缩机不工作的原因可能是低压开关接通。
16. （　　）空调压缩机运转，但制冷不足的原因是进气压力过低，而排气压力过高。
17. （　　）空调在运行中，如果低压表指示过高，高压表指示过低，说明压缩机有故障。
18. （　　）汽车空调系统的转速控制电路是防止发动机熄火或过热的装置。
19. （　　）汽车空调系统内，凡是有堵塞的地方，该处的外表均会结霜。
20. （　　）若听到汽车空调压缩机离合器的间歇闭合和分离声响，说明该空调系统有故障。
21. （　　）手动空调风速挡位开关只有最高挡有风吹出，其它的各挡都无风吹出，说明挡位开关损坏。
22. （　　）压缩机不停机的原因是波纹管式恒温器的波纹管内制冷剂泄漏。
23. （　　）压缩机运转时制冷不足原因是进气压力过低，而排气压力过高。
24. （　　）一滴水进入空调系统不足以对空调系统造成不良的影响。
25. （　　）在空调故障检修作业中，应确保选择适当品牌和等级的冷冻机油，以保证与所使用的制冷剂的相容性。
26. （　　）在汽车维修过程中，凡涉及制冷剂循环系统的作业，在维修前均应对制冷装置中的制冷剂进行回收。
27. （　　）制冷系统中含有过量空气，会使排气温度、冷凝压力升高，可提高制冷量。
28. （　　）制冷系统中含有过量污物，会使过滤、节流元件堵塞，形成"脏堵"。

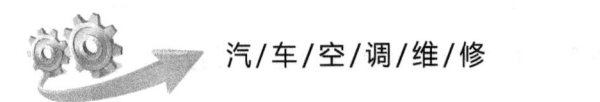

29.（　　）作业时，维修人员应配备必要的安全防护设施，如防护手套和防护眼镜等，避免接触或吸入制冷剂和冷冻机油的蒸汽及气雾。

二、单一选择题

1. 空调控制电路中，温控开关、压力开关与压宿机的磁吸线圈是（　　）。
　　A．串联　　　　　　B．并联　　　　　　C．混联　　　　　　D．以上都不是
2. 空调系统的过热开关是一种保护性开关，其作用是（　　）。
　　A．安装在贮液干燥器上，防止过高的管道温度
　　B．安装在压缩机尾部，防止压缩机过热
　　C．检测制冷剂过量造成的系统过热
　　D．检测制冷剂过少造成的系统过热
3. 某空调系统当高压侧压力达到规定值后，其压缩机离合器分离。甲说：高压开关致使离合器电路断开引起；乙说：安全阀起作用导致压缩机离合器断路引起。谁正确？（　　）
　　A．甲正确　　　　　B．乙正确　　　　　C．两人均正确　　　D．两人都不正确
4. 某些汽车空调在系统管路中装有三重压力保护开关，用来控制冷凝器风扇的是（　　）。
　　A．高压开关　　　　B．低压开关　　　　C．中压开关　　　　D．高、低压开关
5. 汽车空调高、低压力开关动作时，切断的电路是（　　），保护制冷系统不受损坏。
　　A．鼓风机电路　　　B．电磁离合器电路　　C．温控器电路　　　D．冷凝器风扇电路
6. 汽车空调控制器能在车内温度降至规定值时，自动切断压缩机电磁离合器使之不能工作，压缩机电磁离合器工作受（　　）的影响。
　　A．蒸发器温度传感器　B．双重压力开关　　　C．制冷剂流量　　　D．温度调节开关
7. 一般汽车空调工作时，压缩机电磁离合器能按照车厢内温度的高低,自动分离和吸合，是受（　　）控制。
　　A．低压保护开关　　B．高压保护开关　　　C．A/C 开关　　　　D．温控开关
8. 在 R134a 系统中，高压侧压力≥（　　）kPa 时，压缩机电磁离合器离开。
　　A．2300　　　　　　B．2500　　　　　　C．3140　　　　　　D．4130
9. 在某些空调制冷系统中，安装在一个低压开关和（或）高压开关，用作压力控制和系统保护。对此技师甲说，低压开关一定安装在低压侧管路中。技师乙说有的低压开关也可以安装在高压管路中。谁说的正确？（　　）。
　　A．甲正确　　　　　B．乙正确　　　　　C．两人均正确　　　D．两人都不正确
10. 在压缩机的电磁离合器线路中，通常会跨接有一个二极管。技师甲说，二极管用于保证电磁离合器线圈两端电压为12V；技师乙说，二极管用于防止离合器极性反。谁说的正确？（　　）。
　　A．甲正确　　　　　B．乙正确　　　　　C．两人均正确　　　D．两人都不正确
11. 在以下各种开关中，能控制空调压缩机电磁离合器动作的是（　　）；①压力保护开关；②水温开关；③恒温器（恒温开关）；④环境温度开关；⑤空调开关；⑥除霜开关。
　　A．①④⑤⑥　　　　B．②③⑤⑥　　　　C．①③④⑤⑥　　　D．①②③④⑤⑥
12. 正温度系数热敏电阻随温度升高阻值（　　）。
　　A．不变　　　　　　B．下降　　　　　　C．上升　　　　　　D．不确定
13. 宝马、奔驰等豪华轿车的空调鼓风机调速装置多采用（　　）。

项目四 汽车空调电磁离合器电路及综合故障诊断与排除

　　A．功率晶体管　　　　B．调速电阻器　　　　C．空调放大器　　　　D．空调 ECU

14．对于空调制冷系统中的少量水分，技师甲认为可以通过加注新的制冷剂而除去；技师乙认为可利用车辆上的空调压缩机进行除湿处理。正确答案是：（　　）。

　　A．甲正确　　　　　　B．乙正确　　　　　　C．两人均正确　　　　D．两人都不正确

15．测量空调系统压力时，如果低压侧压力偏低，高压侧压力正常。甲说：表明制冷剂充注不足；乙说：表示高压侧有堵塞现象。谁正确？（　　）。

　　A．甲正确　　　　　　B．乙正确　　　　　　C．两人均正确　　　　D．两人都不正确

16．大多数固定孔管制冷系统的维修项目是：（　　）。

　　A．清洁滤网　　　　　B．清洁孔管　　　　　C．清洁滤网和孔管　　D．清洗接头

17．当制冷剂含有水分时会出现（　　）现象。

　　A．脏堵　　　　　　　B．冰堵　　　　　　　C．气阻　　　　　　　D．水堵

18．电阻丝式汽车空调鼓风机调速器，应安装在鼓风机（　　）上。

　　A．出风口风道　　　　B．进风口风道　　　　C．电机　　　　　　　D．扇叶

19．对于同一个干湿球温度计周围的空气，干湿球温差越小，空气的湿度越（　　）。

　　A．大　　　　　　　　B．小　　　　　　　　C．没有变化　　　　　D．不一定

20．对于装有电子空气过滤器的汽车空调系统，在讨论外界空气通风门关闭的原因时，甲说：是由于空气清洁度传感器污染所致；乙说：当车内的一氧化碳浓度高时，此门关闭是正常现象。谁正确？（　　）。

　　A．甲正确　　　　　　B．乙正确　　　　　　C．两人均正确　　　　D．两人都不正确

21．技师 A 说，当压缩机发生故障时，可以预料冷冻机油中含有金属颗粒；技师 B 说，故障压缩机内的冷冻机油将会有刺鼻的气味。谁说得对？（　　）。

　　A．仅技师 A 对　　　　B．仅技师 B 对　　　　C．技师 A 和 B 都对　　D．技师 A 和 B 都不对

22．技师 A 说，间歇制冷可能是由空调系统中有空气引起的。技师 B 说，空调系统中的湿气会导致制冷不足。谁说得对？（　　）。

　　A．仅技师 A 对　　　　B．仅技师 B 对　　　　C．技师 A 和 B 都对　　D．技师 A 和 B 都不对

23．技师甲认为空气在常温下具有非凝性，因此空调管路中残留的空气会造成高温、高压；技师乙认为当空调系统关闭之后，空调管路中残留的空气会集结在蒸发器中。正确答案是：（　　）。

　　A．甲正确　　　　　　B．乙正确　　　　　　C．两人均正确　　　　D．两人都不正确

24．甲说：空调系统的问题能引起冷却系统问题；乙说：冷却系统问题能引起空调系统的问题。谁正确？（　　）

　　A．甲正确　　　　　　B．乙正确　　　　　　C．两人均正确　　　　D．两人都不正确

25．节流装置内的滤网堵塞会引起：（　　）。

　　A．吸气压力过低　　　B．吸气压力过高　　　C．压缩机出口压力过高　D．发动机过热

26．开空调时，鼓风机有高速无低速，可能原因是：（　　）。

　　A．熔丝坏　　　　　　B．调速电阻坏　　　　C．A/C 开关坏　　　　D．空调继电器坏

27．开启空调后发现蒸发器排水管口有水滴出，说明（　　）。

　　A．发动机漏水　　　　B．R12 液体泄漏　　　C．制冷循环良好　　　D．加热器芯漏水

28．开汽车空调时，鼓风机只有高速而无低速，可能的原因是（　　）。

　　A．鼓风机开关损坏　　B．空调开关损坏　　　C．调速电阻损坏　　　D．电磁离合器损坏

29．空调出风量不足的原因不包括下列哪一项？（　　）。

A. 空调滤芯堵塞　　　B. 压缩机皮带打滑　　　C. 鼓风机调速电阻失效　　D. 蒸发器结冰

30. 空调系统工作时，若蒸发器内制冷剂不足，离开蒸发器的制冷剂会是处于（　　）状态。

A. 高于正常压力，温度较低的气态　　　　B. 低于正常压力，温度较低的液态
C. 低于正常压力，温度较高的气态　　　　D. 高于正常压力，温度较高的液态

31. 空气中的（　　），就会导致空调的潜热负荷加大。

A. 温度增高　　　B. 湿度增大　　　C. 压力上升　　　D. 比容减少

32. 某空调系统工作时出风口温度显得不够凉，关闭压缩机后出风口有热气。甲说：可能是发动机过热或制冷剂加得过量引起；乙说：可能是暖水阀关闭不严引起。谁正确？（　　）。

A. 甲正确　　　B. 乙正确　　　C. 两人均正确　　　D. 两人都不正确

33. 汽车空调检测合格出风口温度范围应为（　　）℃。

A. 0～4　　　B. 4～10　　　C. 10～15　　　D. 15～20

34. 汽车空调冷凝器电动风扇不工作时，将会引起（　　）问题。

A. 冷气不足　　　B. 冷却系统水温偏低　　　C. 高压端压力偏低　　　D. 冷气过量

35. 汽车空调系统运行几分钟后，干燥器外壳就结一层白霜，这种现象说明（　　）。

A. 制冷剂过量　　　B. 干燥器脏堵　　　C. 制冷剂泄漏　　　D. 干燥器老化

36. 汽车空调压缩机常见的故障不包括（　　）。

A. 离合器打滑　　　B. 漏油　　　C. 吸气阀破裂　　　D. 排气阀破裂

37. 汽车空调制冷系统完全没有冷气的故障原因可能有（　　）。

A. 压缩机的传动皮带断裂　　　　B. 离合器的电磁线圈烧损
C. 制冷剂完全泄漏　　　　　　　D. 以上都是

38. 如果发现温度调整不当，那么最有可能需要更换的部件是：（　　）。

A. 恒温器　　　B. 低压开关　　　C. 恒温膨胀阀　　　D. 压缩机电磁离合器

39. 塑料真空罐泄漏可以使用下列哪种方法修理最好？（　　）。

A. 环氧树脂胶粘　　　B. 玻璃纤维填塞　　　C. 电焊　　　D. 肥皂堵漏

40. 下列哪一项不是空调压缩机的故障类型？（　　）。

A. 泄漏故障　　　B. 机械故障　　　C. 电磁离合器故障　　　D. 堵塞故障

41. 下面（　　）原因会导致空调系统制冷时高压管路的压力过低。

A. 压缩机的电磁离合器的线圈损坏　　　　B. 高压管路堵塞
C. 蒸发器堵塞　　　　　　　　　　　　　D. 制冷剂过多

42. 以下哪一种故障最有可能引起液体制冷剂在压缩机中流动？（　　）。

A. 贮液干燥器滤网堵塞　　　　B. 贮液器滤网堵塞
C. 恒温膨胀阀失调　　　　　　D. 节流管堵塞或受限

43. 以下哪一种故障最有可能导致空调制冷系统产生噪音以及间断制冷、制冷不足或不制冷？（　　）。

A. 熔断器熔断　　　B. 制冷剂加注过多　　　C. 恒温器损坏　　　D. 传动带过松

44. 以下哪一种故障最有可能引起发动机过热或过冷故障？（　　）。

A. 传动带磨损　　　B. 发动机点火正时不当　　　C. 风扇离合器有故障　　　D. 蜡式节温器有故障

45. 引起制冷系统发生异响的原因主要发生在（　　）。

A. 压缩机　　　B. 冷凝器　　　C. 低压开关　　　D. 蒸发器

项目四 汽车空调电磁离合器电路及综合故障诊断与排除

46. 在抽真空后检查压力表示值变化时，如压力稍有回升，最有可能是：（   ）。
    A．抽真空不彻底　　　　　　　　　　　B．制冷装置中存在空气
    C．制冷装置中存在水分　　　　　　　　D．制冷装置中存在制冷剂

47. 用歧管压力表诊断制冷系统，低压侧压力负值的原因是（   ）。
    A．干燥瓶堵塞　　　B．冷凝管散热不良　　　C．制冷剂过少　　　D．膨胀阀结冰

48. 用歧管压力表诊断制冷系统，高压侧压力偏高的因素有（   ）。
    A．干燥瓶堵塞　　　B．冷凝器散热不良　　　C．膨胀阀工作不良　　　D．以上都有可能

49. 用压力表检测系统压力时，发现低压表指示接近零或负值、高压表指示正常或高一点，且又吹出气不冷，可能的故障原因是（   ）。
    A．制冷剂过多　　　　　　　　　　　　B．系统内有水分，膨胀阀发生冰塞
    C．制冷剂过少　　　　　　　　　　　　D．高压管路堵塞

50. 由于蒸发器表面温度低，容易出现（   ）现象，影响制冷效果。
    A．结露　　　　　B．结冰　　　　　C．结霜　　　　　D．结水

51. 在环境温度为32℃、怠速工况的条件下，R134a制冷系统的低压侧压力为138kPa，高压侧压力达到1937kPa甚至更高，最有可能的故障原因是：（   ）。
    A．冷冻机油型号不对　　B．高压侧管路有阻塞　　C．压缩机过度磨损　　D．制冷剂过多

52. 在环境温度为32℃、怠速工况的条件下，R134a制冷系统的低压侧压力为262kPa或更高些、高压侧压力为1269 kPa，最有可能的故障原因是：（   ）。
    A．节流元件失效或调节不良　　　　　　B．节流管堵塞
    C．风扇散热不良　　　　　　　　　　　D．制冷剂过多

53. 在环境温度为32℃、怠速工况的条件下，R134a制冷系统的低压侧压力为296 kPa或更高、高压侧压力为1034 kPa或更低，那么最不可能的故障原因是：（   ）。
    A．压缩机损坏　　　B．电气类故障　　　C．节流元件阻塞　　　D．压缩机离合器磨损

54. 在环境温度为32℃、怠速工况的条件下，R134a制冷系统的低压侧压力为83kPa、高压侧压力为1434 kPa，可能是什么原因导致的？（   ）。
    A．系统中残留有空气　　　　　　　　　B．系统中残留有水气
    C．节流元件堵塞或温度调节功能不正确　D．B和C两种情况都有可能

55. 在诊断挡风玻璃内水雾较多的故障时，甲说：由于蒸发器排水管阻塞造成空气湿润所致；乙说：可能是由于加热器芯漏水引起。谁正确？（   ）。
    A．甲正确　　　　B．乙正确　　　　C．两人均正确　　　　D．两人都不正确

56. 制冷系统高、低侧工作压力都偏低，下述可能的原因是（   ）。
    A．制冷剂过多　　　B．制冷剂过少　　　C．散热不良　　　D．以上都不是

57. 制冷系统高压侧工作压力偏低、而低压侧的偏高，可能的原因是（   ）。
    A．制冷剂过多　　　B．压缩机不良　　　C．散热不良　　　D．制冷剂过少

三、多选题

1. 若空调压缩机离合器接合后听到"哒哒"声，可能原因是：（   ）。
   A．压缩机轴承故障　　　B 冷凝器堵塞　　　C．张紧轮损坏　　　D．冷冻机油太少

2. 如果低压开关断开，导致压缩机电磁离合器断电，原因不可能是：（   ）。

A．制冷剂过量　　　　B．制冷剂严重不足　　C．冷凝器冷却不良　　D．鼓风机不转

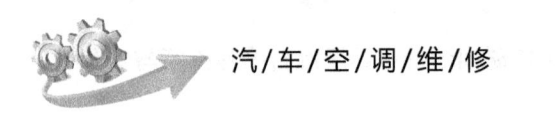

3．空调压缩机电磁离合器电路在下列（　　）情况下会被切断？

A．空调开关断开　　　B．双重压力开关断开　C．制冷剂温度过高　　D．蒸发器温度过高

4．空调压缩机的电磁离合器线圈两端并联的二极管是为了：（　　）。

A．整流　　　　　　　　　　　　　　　　B．防止线圈极性接反

C．抑制线圈断电时所产生的瞬间高电压　　D．减少对控制元件的损害

5．制冷系统内有空气可能会引起下列（　　）故障？

A．发动机过热　　　　　　　　　　　　　B．空调压缩机噪声

C．空调系统性能得不到有效发挥　　　　　D．低压侧压力异常值

6．造成冷气风量不足的原因有：（　　）。

A．空调滤清器严重脏堵　B．蒸发器表面脏　C．蒸发器表面结冰　　D．冷凝器风扇不工作

7．造成空调结冰的原因有：（　　）。

A．制冷系统中充入的制冷剂过少　　　　　B．环境温度过低

C．蒸发器的热交换不良　　　　　　　　　D．压缩机不良

8．在空调运行中，如果低压表指示过高，高压表指示过低，说明故障不在：（　　）。

A．压缩机　　　　　　B．膨胀阀　　　　　C．蒸发器　　　　　　D．鼓风机

9．在交通部《汽车空调制冷剂回收、净化、加注工艺规范》中，空调作业基本条件包括：（　　）。

A．设备、仪器、工具及材料　　　　　　　B．人员条件

C．环境条件　　　　　　　　　　　　　　D．车辆条件

10．在环境温度为 32℃、怠速工况的条件下，R134a 制冷系统的低压侧压力为 255kPa 或更高些，高压侧压力达到 1813 kPa 甚至极高，可能的故障原因是：（　　）。

A．系统中有空气　　　　　　　　　　　　B．过量的制冷剂或冷冻机油

C．系统散热不良　　　　　　　　　　　　D．压缩机性能下降

11．以下对安全事项的解释，（　　）是正确的？

A．打开制冷系统时要戴防风眼镜与防护手套

B．在通风良好的环境中进行制冷剂相关作业，避免吸入制冷剂蒸汽

C．在进行加压检漏时应使用指定的气体，例如氢气或氧气

D．即使在发动机关闭的情况下，电动冷却风扇也有可能运转，因此不可随意触及电动冷却风扇

12．以下出风口温度检查条件正确的是：（　　）。

A．选择内循环方式　　　　　　　　　　　B．温度选择器为最凉

C．完全打开所有车门　　　　　　　　　　D．发动机转速为（1500～2000）r/min

13．下列（　　）原因会导致真空马达不工作？

A．真空管裂纹或其他形式的损坏　　　　　B．止回阀失效

C．真空开关失效　　　　　　　　　　　　D．真空管弯折或其他形式的堵塞

14．下列（　　）因素不会造成制冷剂回收/净化/加注机内的湿度显示器呈现黄色？

A．回收机内的过滤器堵塞　　　　　　　　B．制冷剂贮罐已满

C．制冷剂可以再用　　　　　　　　　　　D．制冷剂的湿度超标

15．使用汽车故障电脑诊断仪对自动空调系统进行诊断时，若诊断通信失败，可能的原因是：（　　）。

A．环境温度传感器损坏　　　　　　　　B．网关模块损坏
C．空调控制模块损坏　　　　　　　　　D．诊断通信线路连接不良

16．某空调系统高压侧压力偏低，而低压侧压力偏高，可能原因是：（　　）。
A．系统的高压侧有堵塞　　　　　　　　B．膨胀阀被卡在打开位置
C．压缩机簧片阀损坏　　　　　　　　　D．压缩机磨损

17．某空调系统高压侧和低压侧压力均偏高，可能原因有：（　　）。
A．冷凝器外表脏污　　B．系统内有空气　　C．膨胀阀开度过小　　D．制冷剂过量

18．某空调系统高压侧和低压侧压力均偏高，可能原因是：（　　）。
A．冷凝器外表脏污　　B．系统内有空气　　C．膨胀阀开度过小　　D．制冷剂过量

19．空调与暖风系统的暖气热量不足时，不应首先检查的项目有哪些？（　　）。
A．暖水阀是否卡住　　　　　　　　　　B．空气混合阀门是否卡住
C．鼓风机转速是否过低　　　　　　　　D．空调滤清器是否堵塞

20．空调系统在环境温度为26.5℃时，高压侧压力值是1700kPa，低压侧压力值为300kPa，表明：（　　）。
A．制冷剂过量　　　　　　　　　　　　B．制冷剂不足
C．蒸发器的压力调节器损坏　　　　　　D．系统正常

21．空调系统高压侧压力高于正常值，可能原因是：（　　）。
A．制冷剂加注过量　　B．压缩机有故障　　C．冷却系统不良　　D．冷凝器受阻

22．空调系统高压部分压力过高，可能原因是：（　　）。
A．制冷剂过量　　　　B．系统内有空气　　C．膨胀阀开度太大　　D．压缩机不良

23．节流装置内的滤网堵塞不会引起下列哪些现象？（　　）。
A．吸气压力过低　　　B．吸气压力过高　　C．压缩机出口温度过高　　D．发动机过热

24．对制冷装置内部和维修配件进行清洗，目的是以去除内部的（　　）。
A．杂质　　　　　　　B．空气　　　　　　C．酸　　　　　　　　D．冷冻机油

25．当汽车高速行驶时制冷良好，但中、低速制冷效果差，下列（　　）原因不会造成此现象？
A．冷凝器脏堵　　　　B．冷凝器风扇不工作　　C．膨胀阀故障　　　　D．蒸发器脏堵

26．当空调系统管路中有湿气时，可能会产生以下（　　）现象？
A．制冷剂罐堵塞　　　B．间歇性制冷　　　　C．系统腐蚀　　　　　D．管路过热

27．拆下节温器后，可能引起的冷却系故障有：（　　）。
A．暖风工作性能变差　　　　　　　　　B．燃油消耗增加
C．比正常的工作温度低　　　　　　　　D．比正常的工作温度高

项目五

汽车自动空调检修

● **教学建议**

1. 教学环境：要求在理论实践一体化的专业教室中完成，最好能实现小班制教学。
2. 教材使用：
（1）任务引导——引导文，由学生根据"知识链接"和教师讲解在实训前完成。
（2）任务实施——实训任务，先由教师示范关键步骤，再由学生根据具体步骤完成实训任务，也可以由学生自行探索，教师在组织过程中根据需要示范和讲解。

● **知识目标**

1. 能简单叙述自动空调基本组成及各部件工作原理。
2. 能分析自动空调各部份电路的组成及电路图的电流流向。

● **能力目标**

1. 会对自动空调基本组成零件进行检测。
2. 能理解和应用自动空调故障排除步骤。

● **情感目标**

在项目学习中逐步养成自主学习新知识、新技术的良好习惯。

任务一　自动空调基本原理

● **任务要求**

1. 能简单叙述自动空调基本组成及各部件工作原理。
2. 会对自动空调基本组成零件进行检测。

项目五 汽车自动空调检修

● 情境创设

展示自动空调汽车或自动空调台架，提问手动空调电路有哪些主要元件？自动空调有什么优点？自动空调增加了哪些元件？

● 任务引导

相关知识点学习：要求学生实训课前预习课本，独立完成。

1. 请补充填写图 5-1 和图 5-2 中的元件名称。

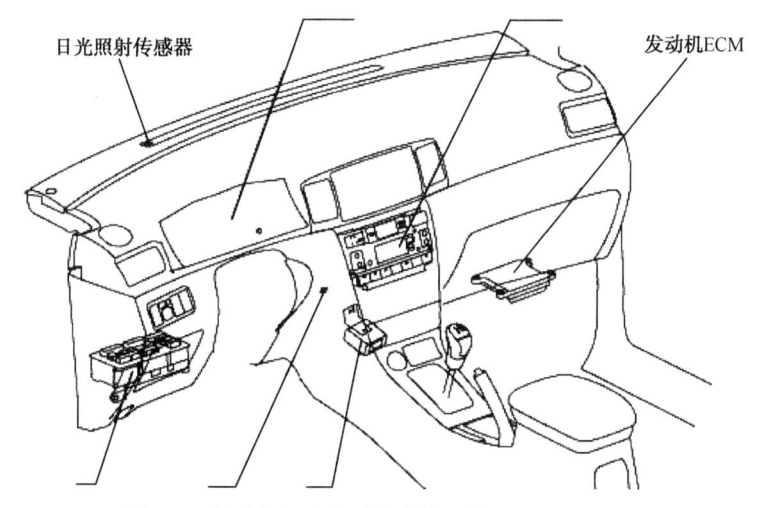

图 5-1 自动空调电控系统电控元件位置图（一）

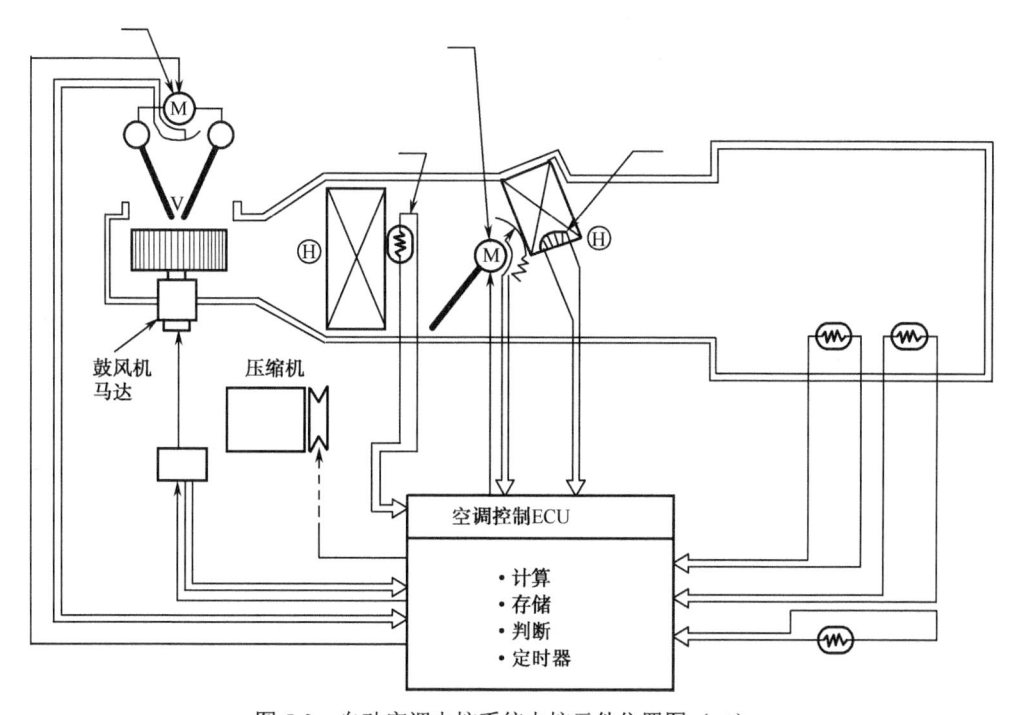

图 5-2 自动空调电控系统电控元件位置图（二）

● **任务实施**

随着微型计算机的发展，以及人们对操作系统简单化的要求，汽车空调系统的控制正在朝自动化或半自动化的方向发展，微机控制系统使之成为现实。微机控制系统不但减少了驾驶人员繁琐的操作过程，使注意力更加集中于汽车的驾驶，而且由于其控制精度高、功能强，因此所营造出的环境更加舒适，空调系统各部件的性能得到了更好的发挥。

自动空调的特点是：控制系统采用专用空调电脑板或与发动机电控单元集成在一起，送风系统的空气混合门、循环模式及送风模式都由伺服电机根据需要或设定进行自动控制。

自动空调具有空调控制、节能控制、故障安全报警、故障诊断存储和显示的功能。微机控制系统主要是把传感器采集到的各个部位的各种参数，包括车外温度、车内温度、风道温度、发动机冷却液温度、蒸发器表面温度、太阳辐射温度等，和给定指令加以对比处理，然后对风机转速、热水阀开度、空气在车厢内的循环方式选择、温度混合门的开度、压缩机停转、各送风口的选择等进行控制，以保证最佳的舒适性要求。同时，由于系统可根据环境温度的变化，自动改变蒸发器温度、改变压缩机运行时间，因此又起到了节能的作用。除上述功能外，还可有故障监测（自诊）和安全保护功能，如制冷剂不足，高、低压异常及各种控制器的故障判断、报警和保护等。微机控制系统也可显示出空调系统的工作状况，如给定温度、控制方式、运行方式等。总之，微机控制系统的应用，使控制更为简便和智能化。自动空调结构原理如图 5-3 所示。

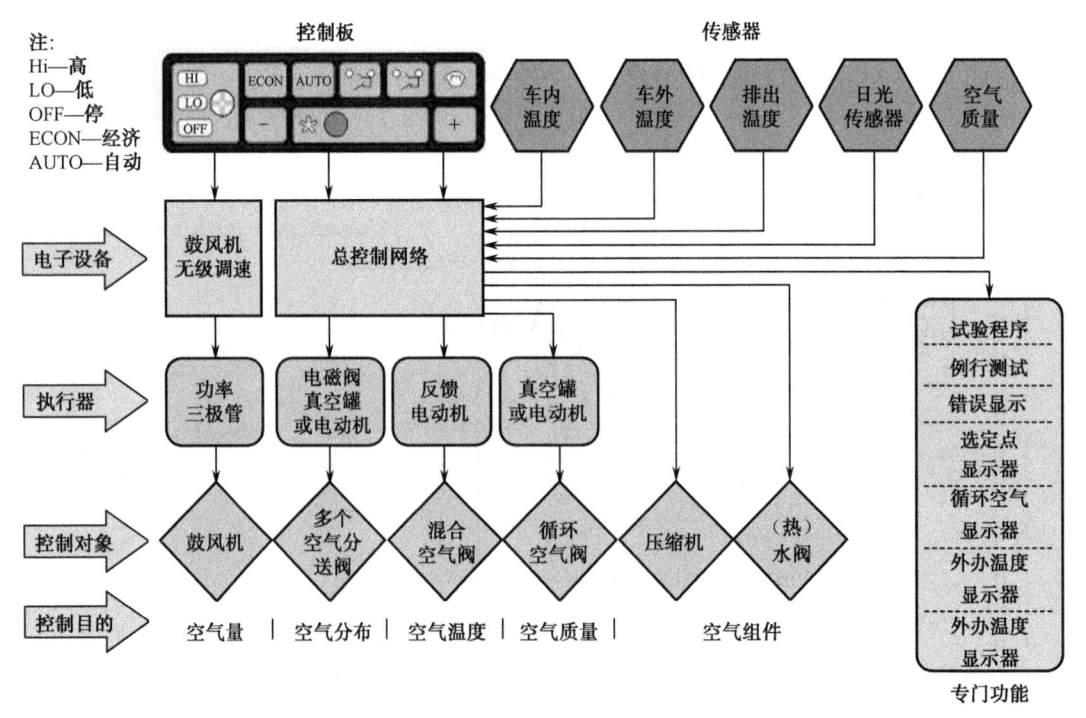

图 5-3　自动空调结构原理图

一、自动空调电控系统电控元件位置

如图 5-4、图 5-5、图 5-6 所示。

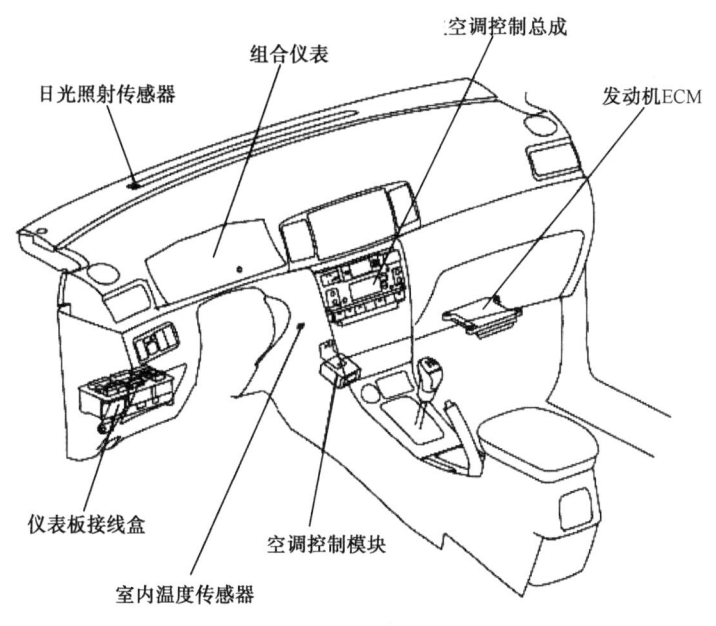

图 5-4　自动空调电控系统电控元件位置图（一）

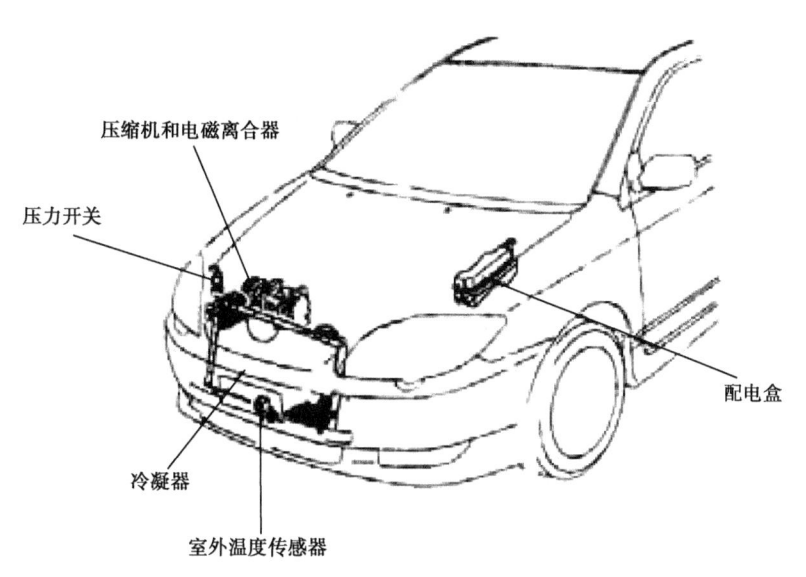

图 5-5　自动空调电控系统电控元件位置图（二）

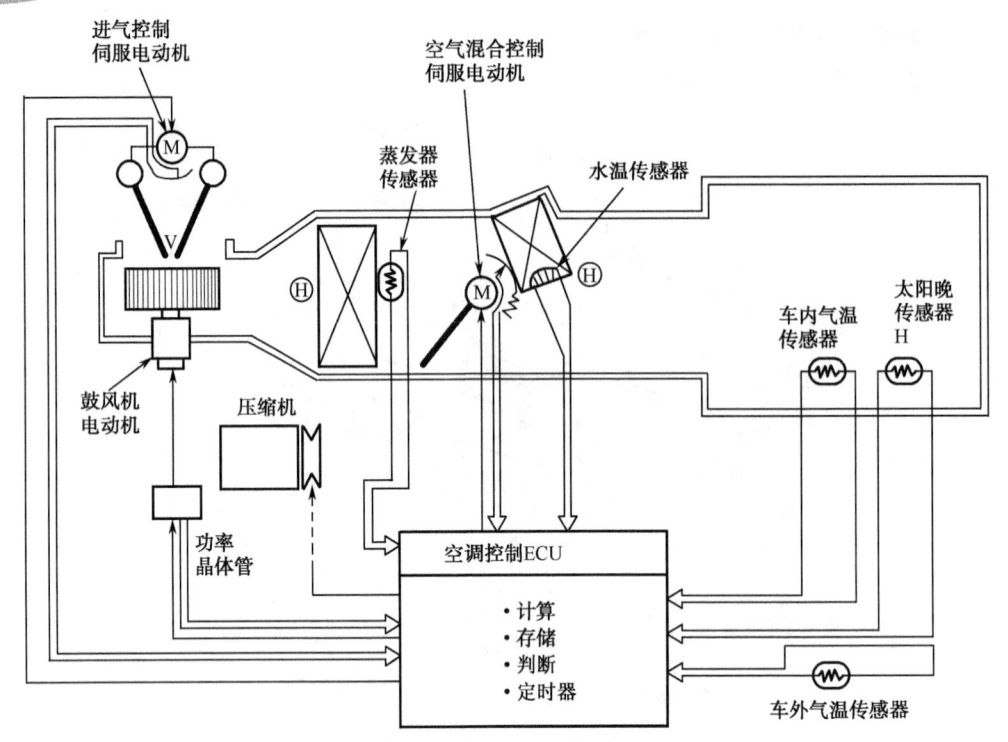

图 5-6 自动空调电控系统电控元件位置图（三）

二、传感器

1. 车内温度传感器。

车内温度传感器是一个具有负温度系数的热敏电阻，一般装在仪表板下端。当车内温床发生变化时，热敏电阻的阻值改变，向电控单元（ECU）输送车内温度信号，如图 5-7 所示。

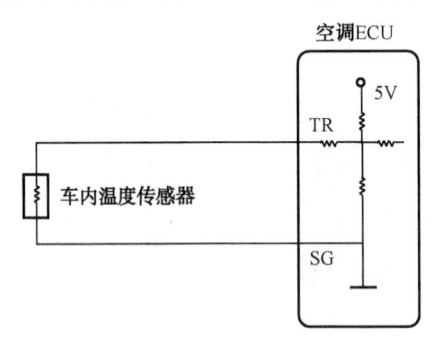

图 5-7 车内温度传感器

2. 环境温度传感器。

车外环境温度传感器一般安装在前保险杠的下端。车外环境温度传感器也是一个负温度系数的热敏电阻，输出信号是"TAM"其电路图如图 5-8 所示。

3. 蒸发器温度传感器。

蒸发器温度传感器也是一个负温度系数的热敏电阻，安装在蒸发器上，用以检测制冷装置内部的温度变化。当蒸发器周围温度发生变化时，传感器电阻的阻值随之改变，并向空调 ECU 输送电信号"TE"。蒸发器温度传感器电路如图 5-9 所示。

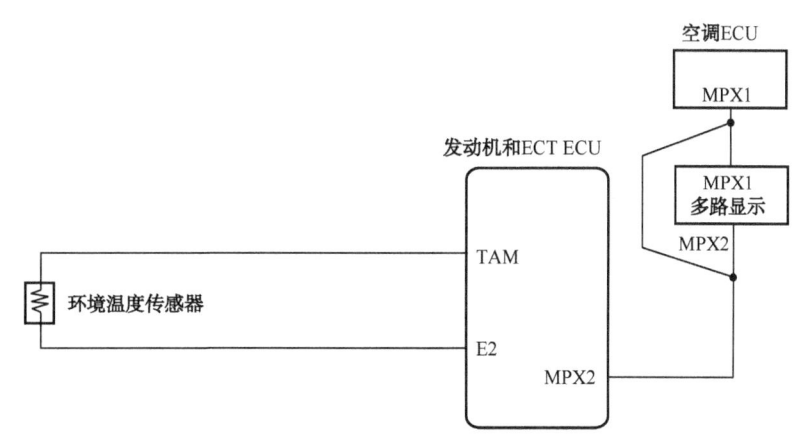

图 5-8　环境温度传感器

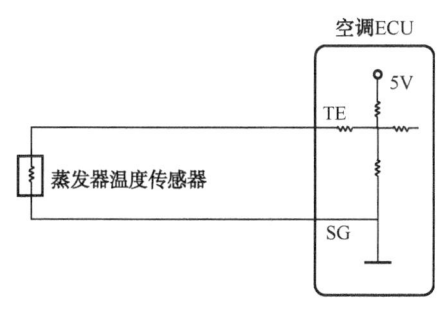

图 5-9　蒸发器温度传感器电路

4．日光传感器。

日光传感器是一个光敏二极管，安装在汽车前风窗玻璃下面，利用光电效应，将阳光的辐射程度转变成电信号"S5"，输送给空调 ECU，如图 5-10 所示。

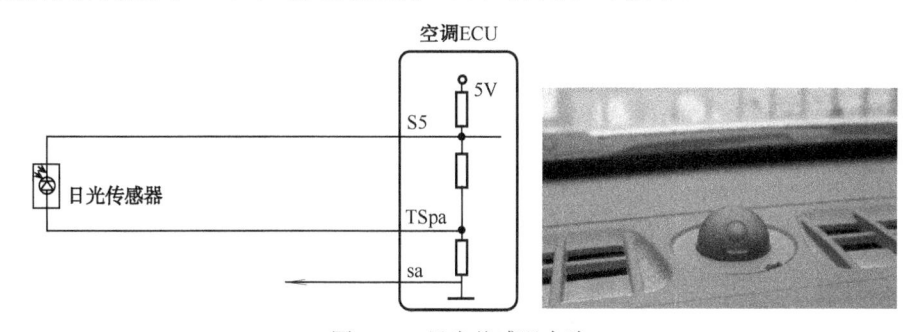

图 5-10　日光传感器电路

5．压缩机锁上传感器。

发动机每旋转一周即向发动机电控单元（ECU）发送 4 个脉冲。如果压缩机转速与发动机转速的比值比预设值小，则说明压缩锁上或传动皮带打滑。此时自动空调电控单元（ECU）将关闭压缩机，且指示灯以约 1s 时间间隔闪烁，以保护空调系统，如图 5-11 所示。

6．进风门位置传感器。

该传感器位于进气风门控制伺服电动机总成内，用来检测进气风门位置并将信号发送至空调 ECU，电路如图 5-12 所示。

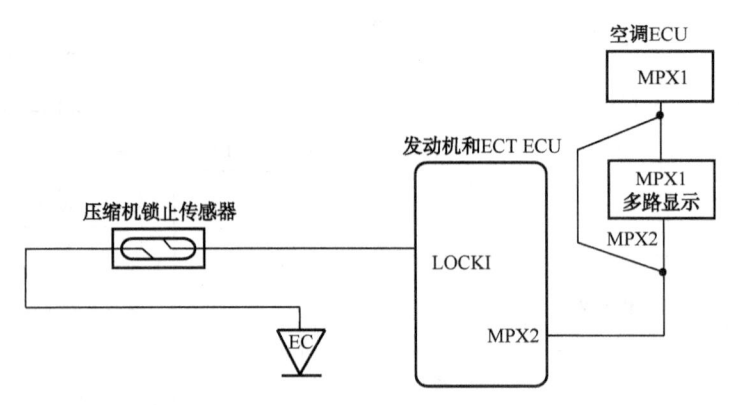

图 5-11　压缩机锁上传感器电路

图 5-12　进气风门位置传感器电路

7．水温传感器。

水温传感器一般安装在加热器芯底部的水道上，用来检测冷却液温度。产生的水温信号输送给空调 ECU，用于低温时风机的转速控制。

8．空调压力传感器。

空调压力传感器检测到制冷剂压力，并将其以电压变化的形式输出至空调放大器。

三、执行元件

1．进气风门控制伺服电动机。

用来控制风门进气方式，步进电动机的转子经连杆与进气风门相连。当按下"外循环模式"或"内循环模式"按钮时，空调 ECU 控制进气风门控制伺服电动机，带动连杆顺时针或逆时针旋转，从而带动进气风门闭合或开启，达到改变风门进气方式的目的。该伺电动机总成内装有一个电位计（传感器），随电动机转动，并向空调 ECU 反馈电动机活动触位置情况。进气风门控制伺服电动机电路如图 5-14 所示。

图 5-13　空调压力传感器

2．空气混合风门控制伺服电动机。

进行温度控制时，自动空调电控单元（ECU）首先根据驾驶员设置的温度及各传感器输送的信号，计算出所需的送风温度，控制空气混合伺服电动机顺时针或逆时针转动，改变空气混合门的开启角度,从而改变冷暖风的混合比例,调节送风温度与计算值相符。电动机内电位计的作用是向自动空调电控单元(ECU)输送空气混合风门的位置信号。空气混合风门控制伺服电动机电路如图 5-15 所示。

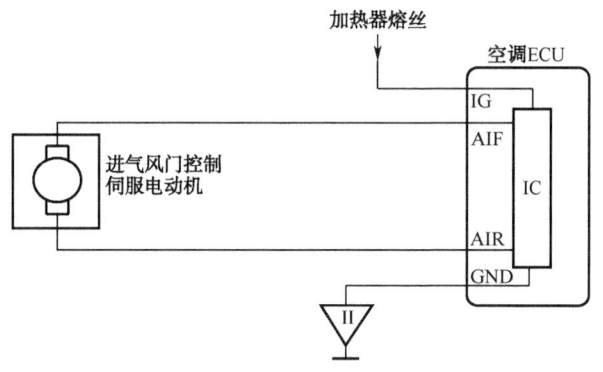

图 5-14 进气风门控制伺服电动机电路

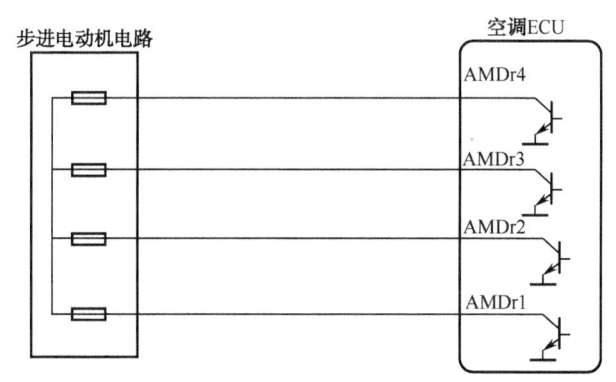

图 5-15 空气混合风门控制伺服电动机电路

3．送风模式控制伺服电动机。

当按下操纵面板上某个送风模式键时,自动空调电控单元(ECU)使电动机上的相应端子接地,从而驱动相应连杆转动,将送风控制风门转到相应的位置上,打开某个送风通道。当按下"自动控制"键时,自动空调电控单元(ECU)根据计算结果(送风温度),在吹脸、身、和吹脚三者之间自动改变送风模式,送风模式控制伺服电动机电路与空气混合风门控制伺服电动机电路基本相同,如图 5-16 所示。

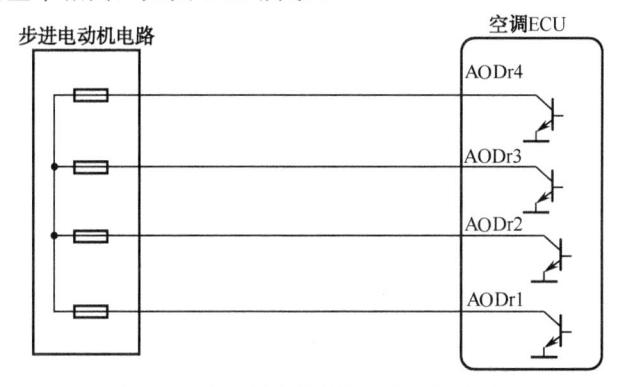

图 5-16 送风模式控制伺服电动机电路

任务二　自动空调检修

● **任务要求**

1. 能分析自动空调各部份电路的组成及电路图的电流流向。
2. 能理解和应用自动空调故障排除步骤。

● **情境创设**

有一台汽车的自动空调不能制冷，故障灯闪亮，请问该如何处理？

● **任务引导**

相关知识点学习：要求学生实训课前预习课本，独立完成。

1. 室内温度传感器开路有可能故障原因是：＿＿＿＿＿＿＿＿＿＿＿＿＿＿＿＿＿＿＿＿
＿＿＿＿＿＿＿＿＿＿＿＿＿＿＿＿＿＿＿＿＿＿＿＿＿＿＿＿＿＿＿＿＿＿＿＿＿＿。

2. 冷暖风门电机故障原因可能是：＿＿＿＿＿＿＿＿＿＿＿＿＿＿＿＿＿＿＿＿＿＿＿
＿＿＿＿＿＿＿＿＿＿＿＿＿＿＿＿＿＿＿＿＿＿＿＿＿＿＿＿＿＿＿＿＿＿＿＿＿＿。

3. 检测室内温度传感器端子 1 与 2 间的电阻。在＿＿＿＿＿＿时，电阻为＿＿＿＿＿，在＿＿＿＿时，电阻为＿＿＿＿＿ Ω。

4. 拆下日光照射传感器，串接一个＿＿＿＿＿左右电阻，接到＿＿＿＿＿电源上，用＿＿＿＿照射日光传感器，用数字万用表检测日光照射传感器端子 1 与 2 间的电压值，约为＿＿＿＿。

● **任务实施**

一、自动空调检查及故障码读取

1. 预热发动机。
2. 换挡杆置于空挡位置，并拉紧手刹。
3. 怠速提升试验。
（1）鼓风机开关置于最高挡位；
（2）温度开关置于最冷位置；
（3）根据发动机转速，判定空调工作状况，并记录。
4. 按下送风模式开关，观察送风模式是否改变，共有同种变换，并记录。
5. 按下循环模式按键，观察循环模式工作状态。

自动空调的故障码一般可以用解码仪读出，有些旧车的空调微机内存贮的故障代码可由仪表板上的温度显示屏进行显示。显示的故障代码有两种：一种是曾经存在但已排除的故障（历史故障）；另一种是目前仍存在的故障（现存故障）。

6．A/C 控制开关的操作。

（1）将点火开关转至 ON 位置，同时按住 AUTO 和 OFF 按键 5s 后进入指示灯检查。如果 AUTO 和 OFF 开关没有同时被按下，则取消检查模式并开始 A/C 控制。

（2）指示灯检查结束后，则自动进入故障码检查（传感器检查）连续操作模式。

（3）在故障码检查（传感器检查）模式下，按下 FRONT 开关，则进入调节器检查连续操作方式。按下 OFF 开关，则取消检查模式并能开始 A/C 控制。

（4）在调节器检查连续操作模式下，按下 AUTO 开关，则进入故障码检查（传感器检查）连续操作模式，按下 OFF 开关，则取消检查模式并能开始 A/C 控制。

7．指示灯检查。

同时按下 AUTO 和 OFF 开关，将点火开关转至 ON 位置，所有的指示灯在 1s 内应亮灭 4 次。完成指示灯检查后，系统自动进入故障码检查模式。

8．故障码检查（传感器检查）。

在结束指示灯检查后，系统自动进入到故障码检查模式，这时可通过控制面板的显示屏读出故障码。

9．故障码清除。

目前的故障码检测是实时控制的，故障码不存取，显示完成后故障码自动清除。

10．调节器检查。

进入故障码检查（传感器检查）模式下，按下 FRONT 开关，则进入调节器检查连续操作方式，这时可通过控制面板的显示屏读出故障码。

11．读取空调系统故障代码时应注意两个问题：

（1）当环境温度为-30℃时，即使空调系统正常，仍可能会有故障码被输出显示。

（2）如果在黑暗的地方读取故障码，可能会出现日光传感器的故障码，此时应该有灯光照在日光传感器上，如果仍出现故障码，说明日光传感器电路有问题，应检查日光传感器电路。

12．故障码表（见表 5-1）。

表 5-1　故障码表

故障码	故障诊断	故障说明
00	正　常	—
10	室内温度传感器短路	室内温度传感器故障 A/C 控制模块故障 室内温度传感器与 A/C 控制模块间的线束和连接器有故障
11	室内温度传感器开路	室内温度传感器故障 A/C 控制模块故障 室内温度传感器与 A/C 控制器间的线束和连接器有故障
20	室外温度传感器短路	室外温度传感器故障 A/C 控制模块故障 室外温度传感器与 A/C 控制器间的线束和连接器有故障

续表

故 障 码	故 障 诊 断	故 障 说 明
00	正　常	—
21	室外温度传感器开路	室外温度传感器故障 A/C 控制模块故障 室外温度传感器与 A/C 控制模块间的线束和连接器有故障
30	蒸发器温度传感器短路	蒸发器温度传感器故障 A/C 控制模块故障 蒸发器温度传感器与 A/C 控制模块间的线束和连接器有故障
31	蒸发器温度传感器开路	蒸发器温度传感器故障 A/C 控制模块故障 蒸发器温度传感器与 A/C 控制模块间的线束和连接器有故障
40	模式风门电动机故障	模式风门电动机有故障 A/C 控制模块有故障 模式风门电动机与 A/C 控制模块间的线束和连接器有故障
50	冷暖风门电动机故障	冷暖风门电动机有故障 A/C 控制模块有故障 冷暖风门电动机与 A/C 控制模块之间的线束和连接器有故障

注：车内外温度约为 -40℃ 或更低，则即使 A/C 系统是正常的，故障码 10、11、20、21 仍可能出现。

如果正在检查的车辆在黑暗处，则故障码 40 可能出现。

二、故障码和电路检查

1. 故障码 10、11 检查。

故障码 10、11 检查电路如图 5-17 所示，检查步骤如表 5-2 所示。室内温度传感器连接器如图 5-16 中的 A19 所示。

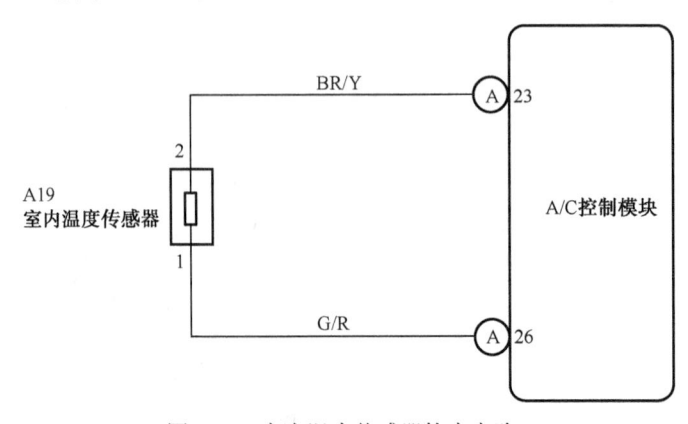

图 5-17　室内温度传感器检查电路

表 5-2 室内温度传感器检查步骤表

（1）检查室内温度传感器	
拆下室内温度传感器，检测室内温度传感器端子 1 与 2 间的电阻。在 20℃时，电阻为 12.37～12.67kΩ，在 40℃时，电阻为 5.225～5.397kΩ	
若正常，则进行下一步检查	若异常，则更换室内温度传感器
（2）检查室内温度传感器与 A/C 控制模块间的线束和连接器	
脱开室内温度传感器连接器 脱开 A/C 控制模块连接器 检测室内温度传感器端子 1 与 A/C 控制模块端子 A26 间的电阻，应小于 1Ω 检测室内温度传感器端子 2 与 A/C 控制模块端子 A23 间的电阻，应小于 1Ω 检查线束是否短路或开路	
若正常，则更换 A/C 控制模块	若异常，则修理或更换线束或连接器

2．故障码 20、21 检查。

故障码 20、21 检查电路如图 5-18 所示，检查步骤如表 5-3 所示。室外温度传感器连接器如图 5-17 中的 A1 所示。

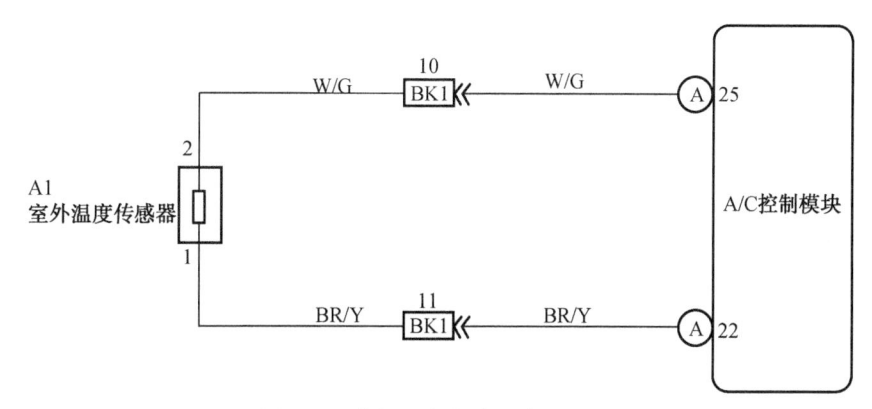

图 5-18 室外温度传感器检查电路

表 5-3 室外温度传感器检查步骤表

（1）检查室外温度传感器	
拆下室外温度传感器，检测室外温度传感器端子 1 与 2 间的电阻。在 20℃时，电阻为 12.37～12.67kΩ，在 40℃时，电阻为 5.225～5.397kΩ	
若正常，则进行下一步检查	若异常，则更换室外温度传感器
（2）检查室外温度传感器与 A/C 控制模块间的线束和连接器	
脱开室外温度传感器连接器 脱开 A/C 控制模块连接器 检测室外温度传感器端子 1 与 A/C 控制模块端子 A22 间的电阻，应小于 1Ω 检测室外温度传感器端子 2 与 A/C 控制模块端子 A25 间的电阻，应小于 1Ω 检查线束是否短路或开路	
若正常，则更换 A/C 控制模块	若异常，则修理或更换线束或连接器

3. 故障码 30、31 检查。

故障码 30、31 检查电路如图 5-19 所示，检查步骤如表 5-4 所示。蒸发器温度传感器连接器如图 5-18 中的 A18 所示。

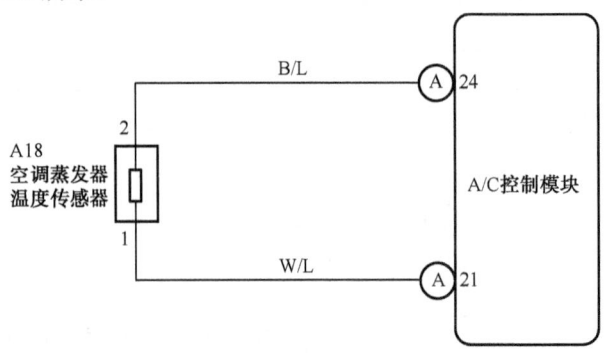

图 5-19　蒸发器温度传感器检查电路

表 5-4　蒸发器温度传感器检查步骤表

（1）检查蒸发器温度传感器	
脱开蒸发器温度传感器连接器，检测蒸发器温度传感器端子 1 与 2 间的电阻。在 10℃时，电阻为 3.101～3.359kΩ，在 20℃时，电阻为 1.964～2.106kΩ	
若正常，则进行下一步检查	若异常，则更换蒸发器温度传感器
（2）检查蒸发器温度传感器与 A/C 控制模块间的线束和连接器	
脱开蒸发器温度传感器连接器 脱开 A/C 控制模块连接器 检测室内温度传感器端子 1 与 A/C 控制模块端子 A21 间的电阻，应小于 1Ω 检测室内温度传感器端子 2 与 A/C 控制模块端子 A24 间的电阻，应小于 1Ω 检查线束是否短路或开路	
若正常，则更换 A/C 控制模块	若异常，则修理或更换线束或连接器

4. 故障码 40 检查。

故障码 40 检查电路如图 5-20 所示，检查步骤如表 5-5 所示。通风模式控制伺服电机连接器如图 5-19 中的 A24 所示。

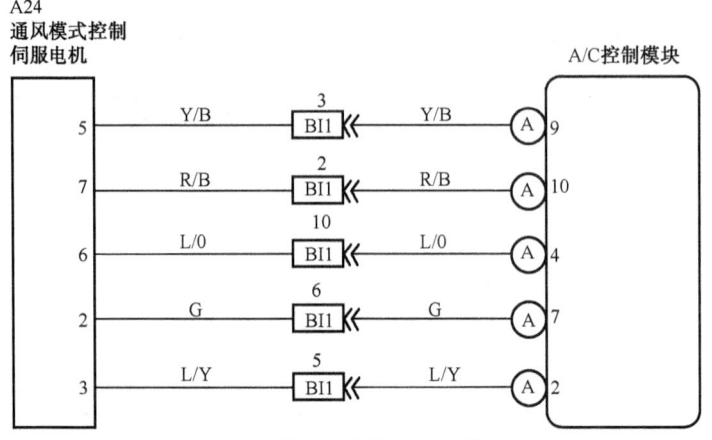

图 5-20　通风模式控制伺服电机检查电路

表 5-5　通风模式控制伺服电机检查步骤表

（1）检查空调控制模块	
拆下 A/C 控制模块但连接器仍然连着，将点火开关转至 ON 位置，检测 A/C 控制模块端子 A2 与 A7 间的电压，应为 5V 左右；检测 A/C 控制模块端子 A2 与 A4 间的电压，出风口在面部（FACE）位置时应为 3.5~4.5V，出风口在除雾（DEF）位置时应为 0.5~1.5V	
若正常，则按故障症状表进行下一电路检查	若异常，则进行下一步检查
（2）检查模式风门电机	
脱开模式风门电机连接器 将蓄电池正极与 5 相连，蓄电池负极与 7 相连，控制杆应转至除雾（DEF）位置；将蓄电池正极与 7 相连，负极与 5 相连，控制杆应转至面部（FACE）位置。 检测风门电机端子 2 和端子 3 间的电阻，应在 10kΩ 左右，检测端子 6 与 2 的电阻，出风口在面部（FACE）位置时为 0.5~2kΩ 之间，出风口在除霜（DEF）位置时为 7~9kΩ 之间。	
若正常，则进行下一步检查	若异常，则更换模式风门电机
检查模式风门电机与 A/C 控制模块间的线束和连接器 脱开模式风门电机连接器 脱开 A/C 控制模块连接器 检测模式风门电机端子 2 与 A/C 控制模块端子 A7 间的电阻，应小于 1Ω 检测模式风门电机端子 3 与 A/C 控制模块端子 A2 间的电阻，应小于 1Ω 检测模式风门电机端子 5 与 A/C 控制模块端子 A9 间的电阻，应小于 1Ω 检测模式风门电机端子 6 与 A/C 控制模块端子 A4 间的电阻，应小于 1Ω 检测模式风门电机端子 7 与 A/C 控制模块端子 A10 间的电阻，应小于 1Ω 检查线束是否短路或开路	
若正常，则更换 A/C 控制模块	若异常，则修理或更换线束或连接器

5．故障码 50 检查。

故障码 50 检查电路如图 5-21 所示，检查步骤如表 5-6 所示。混合气控制伺服电机连接器如图 5-20 中的 A23 所示。

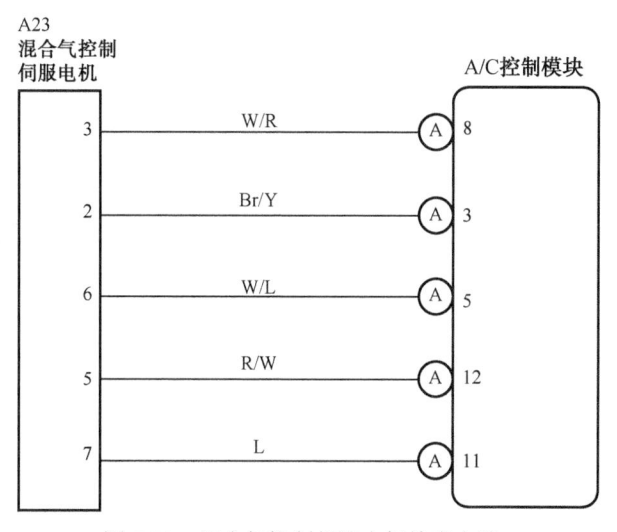

图 5-21　混合气控制伺服电机检查电路

表 5-6 混合气控制伺服电机检查步骤表

（1）检查 A/C 控制模块	
拆下 A/C 控制模块但连接器仍然连着，将点火开关转至 ON 位置，检测 A/C 控制模块端子 A8 与 A3 间的电压，应为 5V 左右；检测空调 A/C 控制模块端子 A5 与 A3 间的电压，制冷调最大时应为 3.5~4.5V，制热调最大时应为 0.5~1.5V	
若正常，则按故障症状表进行下一电路检查	若异常，则进行下一步检查
（2）检查冷暖风门电机	
脱开冷暖风门电机连接器 ① 将蓄电池正极与 5 相连，蓄电池负极与 7 相连，控制杆应转至冷侧位置；将蓄电池正极与 7 相连，负极与 5 相连，控制杆应转至热侧位置 ② 检测风门电机端子 2 和端子 3 间的电阻，应在 10kΩ 左右，检测端子 6 与 2 间的电阻，出风口在冷侧位置时应为 0.5~2kΩ 之间，出风口在热侧位置时应为 7~9kΩ 之间	
若正常，则进行下一步检查	若异常，则更换冷暖风门电机
（3）检查冷暖风门电机与 A/C 控制模块间的线束和连接器	
脱开冷暖风门电机连接器 脱开 A/C 控制模块连接器 检测冷暖风门电机端子 2 与 A/C 控制模块端子 A3 间的电阻，应小于 1Ω 检测冷暖风门电机端子 3 与 A/C 控制模块端子 A8 间的电阻，应小于 1Ω 检测冷暖风门电机端子 5 与 A/C 控制模块端子 A12 间的电阻，应小于 1Ω 检测冷暖风门电机端子 6 与 A/C 控制模块端子 A5 间的电阻，应小于 1Ω 检测冷暖风门电机端子 7 与 A/C 控制模块端子 A11 间的电阻，应小于 1Ω 检查线束是否短路或开路	
若正常，则更换 A/C 控制模块	若异常，则修理或更换线束或连接器

6. 日光照射传感器故障检查。

故障码 40 检查电路如图 5-22 所示，检查步骤如表 5-7 所示。日光照射传感器连接器图如图 5-22 中的 A20 所示。

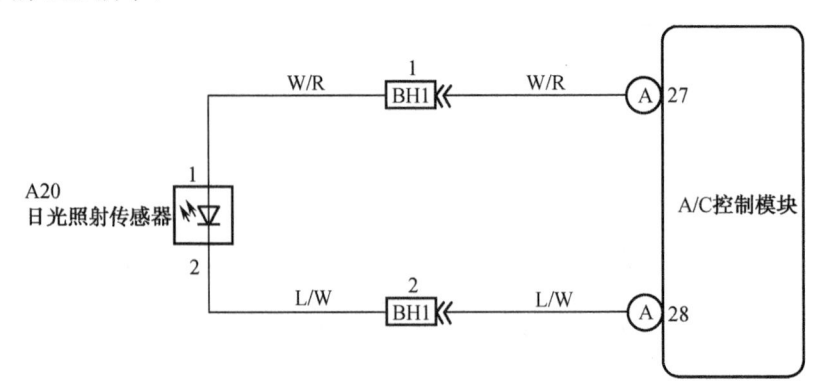

图 5-22 日光照射传感器检查电路

表 5-7 日光照射传感器检查步骤表

（1）检查日光照射传感器	
拆下日光照射传感器，串接一 36kΩ 左右电阻，接到 5V 电源上，用日光照射日光传感器（光照强度约为 3～5 万勒克司），用数字万用表检测日光照射传感器端子 1 与 2 间的电压值，约为 0.7～1.5V	
若正常，则进行下一步检查	若异常，则更换日光照射传感器
（2）检查日光照射传感器与 A/C 控制模块间的线束和连接器	
脱开日光照射传感器连接器 脱开 A/C 控制模块连接器 检测日光照射传感器端子 1 与 A/C 控制模块端子 A28 间的电阻，应小于 1Ω 检测日光照射传感器端子 2 与 A/C 控制模块端子 A27 间的电阻，应小于 1Ω 检查线束是否短路或开路	
若正常，则更换 A/C 控制模块	若异常，则修理或更换线束或连接器

7. 压力开关故障检查。

压力开关故障检查电路见图 5-23，检查步骤见表 5-8。压力开关连接器图见图 5-23 中的 A4。

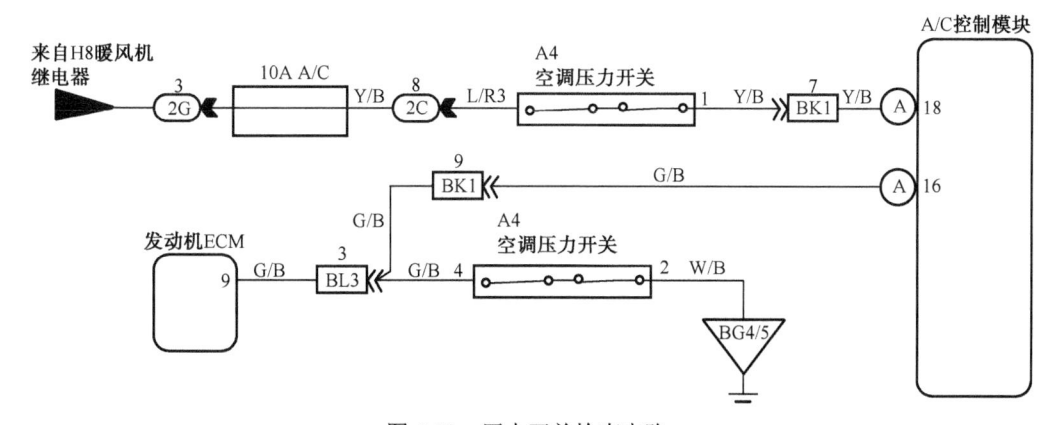

图 5-23 压力开关检查电路

表 5-8 压力开关检查步骤表

（1）检查制冷剂是否泄漏或过多	
若正常，则进行下一步检查	若异常，则进行维修
（2）检查三态压力开关	
所用压力开关为三态压力开关，分别为低压（LP）、中压（MP）、高压（HP）三个开关，其中，LP 与 HP 串连，为端子 1 （3）MP 端子为 2 和 4 三态压力开关压力（ON 为接通，OFF 为断开） HP OFF≥（3.14±0.2）MPa ON≤（2.44±0.2）MPa MP：ON≥（1.77±0.1）MPa OFF≤（1.37±0.12）MPa LP：OFF≤（0.196±0.02）MPa ON≥（0.206±0.03）MPa 正常状况下，空调充注好制冷剂时，端子 1 与 3 接通，端子 2 与 4 断开；在气温很高或制冷剂充注过多时，空调运行，端子 1 与 3 接通，端子 2 与 4 可能断开，也有可能接通 检查端子 1 和 3、端子 2 和 4 间的通断情况	
若正常，进行下一步检查	若异常，则更换三态压力开关

续表

（4）检查三态压力开关与 A/C 控制模块间的线束和连接器	
检测三态压力开关端子 1 与 A/C 控制模块端子 A18 间的电阻，应小于 1Ω	
检测三态压力开关端子 2 与车身接地间的电阻，应小于 1Ω	
检测三态压力开关端子 3 与空调保险 10A 间的电阻，应小于 1Ω	
检测三态压力开关端子 4 与 A/C 控制模块端子 A16 间的电阻，应小于 1Ω	
检测线束是否开路或短路	
若正常，则更换 A/C 控制模块	若异常，则修理或更换线束或连接器

如果是使用空调压力传感器（见图 5-24）的车型，如卡罗拉轿车，检测方法如下：

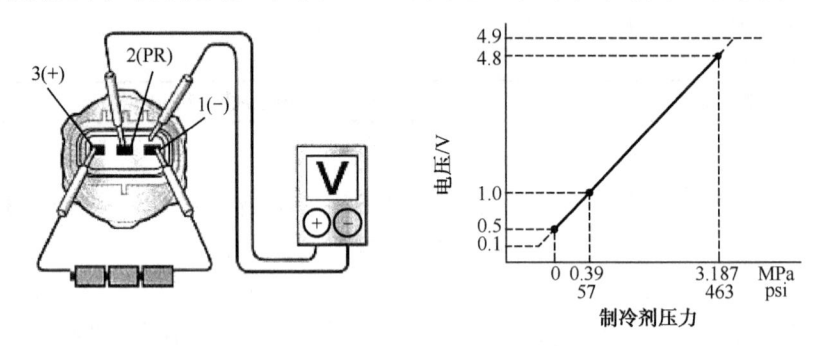

图 5-24　空调压力传感器

（1）安装歧管压力表组件。
（2）将连接器从空调压力传感器上。
（3）将 3 节 1.5V 干电池的正极（负极（-）引线连接到端子 1。
（4）将电压表正极（+）引线连接到接到端子 1 上。
（5）根据表 5-9 中的值测量电压，如图 5-24 所示。

表 5-9　标准电压

检测仪连接	条　件	规 定 状 态
2 - 1	制冷剂压力：0.39 至 3.187 MPa	1.0 至 4.8 V

8. 备用电源电路。

备用电源电路如图 5-25 所示，检查步骤如表 5-9 所示。

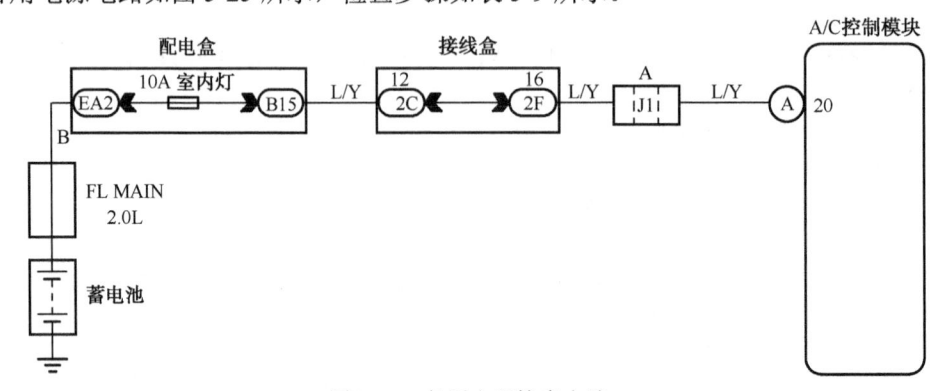

图 5-25　备用电源检查电路

项目 五 汽车自动空调检修

表 5-10 备用电 R 源检查步骤表

（1）检查室内灯 15A 熔丝	
拆下室内灯 15A 熔丝，检查熔丝的导通性，应导通	
若正常，则进行下一步检查	若异常，则更换熔丝
（2）检查 A/C 控制模块	
拆下 A/C 控制模块但连接器仍连接着，检测 A/C 控制模块连接器端子 A20 与车身接地间的电压，应为 10～14V	
若正常，则按故障症状表进行下一步电路检查	若异常，则修理或更换线束或连接器

9. IG 电源电路。

IG 电源电路如图 5-26 所示，检查步骤如表 5-11 所示。

图 5-26 IG 电源电路

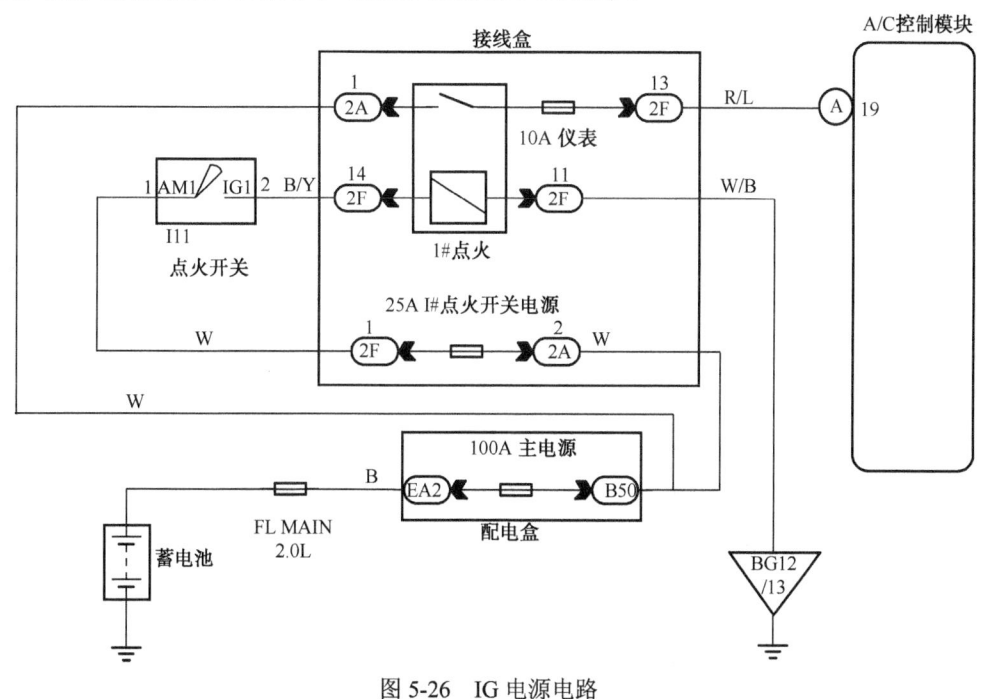

表 5-11 IG 电源电路检查步骤表

1. 检查仪表熔丝	
拆下仪表板接线盒内的仪表熔丝，检查仪表熔丝的导通性，应导通	
若正常，则进行下一步的检查	若异常，则更换仪表熔丝
2. 检查 A/C 控制模块	
拆下 A/C 控制模块但仍连接着，检测 A/C 控制模块连接器端子 A19 与车身接地间的电压，应为 10～14V	
若正常，则进行下一步检查	若异常，则修理或更换线束或连接器
3. 检测 A/C 控制模块连接器端子 A1 与车身接地间的线束和连接器	
若正常，则按故障症状表进行下一步电路检查	若异常，则修理或更换线束或连接器

10. ACC 电源电路。

ACC 电源电路见图 5-27，检查步骤见表 5-12。

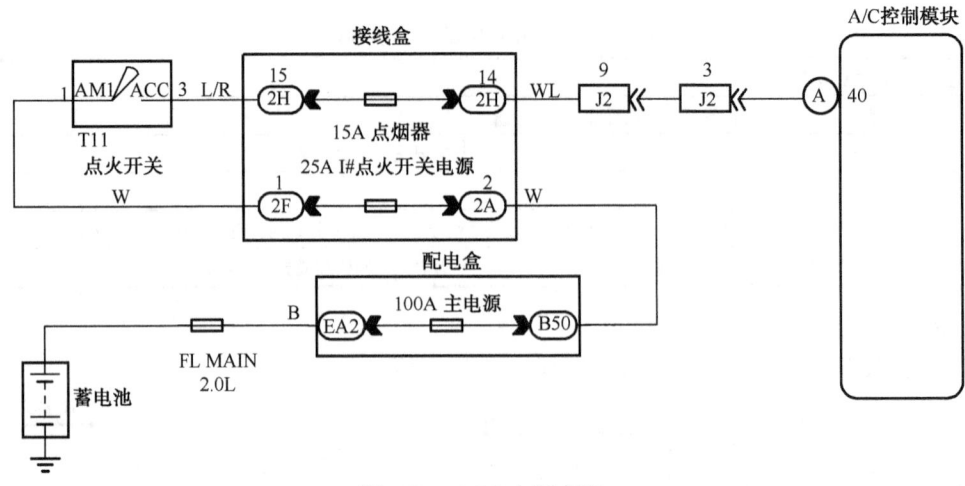

图 5-27 ACC 电源电路

表 5-12　ACC 电源电路检查步骤表

1. 检查点烟器熔丝	
拆下点烟器 15A 熔丝，检查点烟器熔丝的导通性，应导通	
若正常，则进行下一步的检查	若异常，则更换熔丝
2. 检查 A/C 控制模块	
拆下 A/C 控制模块但仍连接着，检测 A/C 控制模块连接器端子 A40 与车身接地间的电压，应为 10～14V	
若正常，则按故障症状表进行下一步电路检查	若异常，则修理或更换线束或连接器

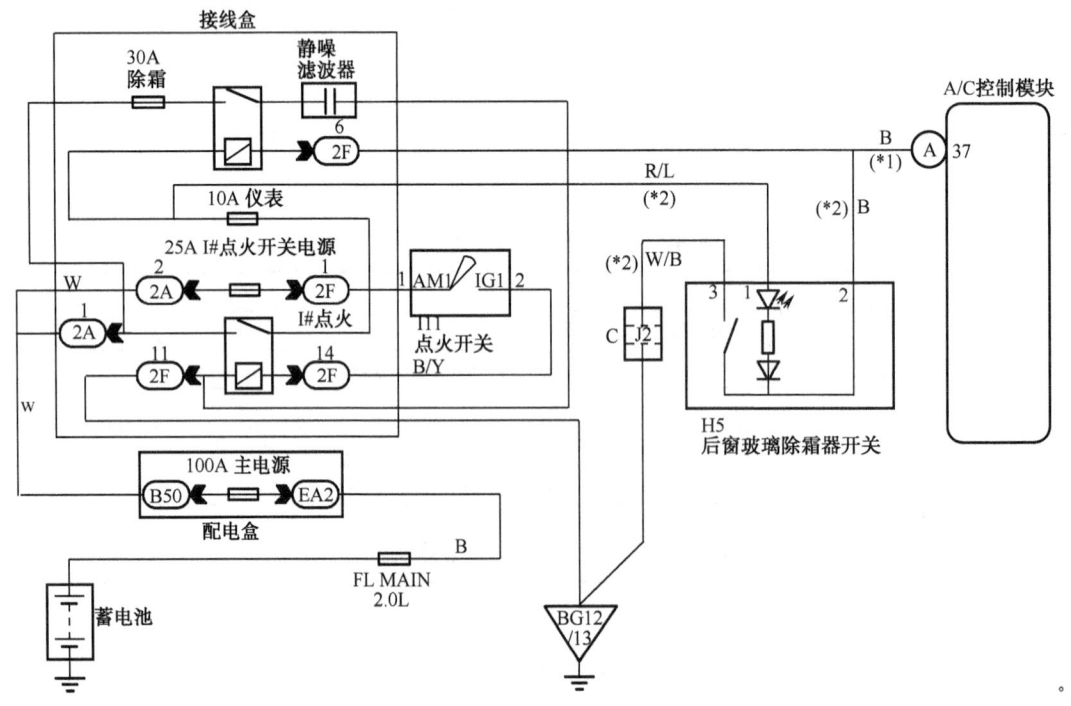

11. 后风挡加热继电器电路。

后风挡加热继电器电路如图 5-28 所示，检查步骤如表 5-13 所示。

图 5-28　后风挡加热继电器电路

表 5-13 后风挡加热继电器电路检查步骤表

(1) 检查 A/C 控制模块	
拆下 A/C 控制模块但连接器仍连接着，点火开关在 OFF 位置，检测 A/C 控制模块端子 A37 与车身接地间的电压，应为 0V；点火开关转至 ON 位置，A/C 控制模块端子 A37 与车身接地间的电压应为 10～14V；点火开关在 ON 位置且后风挡加热开关 ON，A/C 控制模块端子 A37 与车身接地间的电压应为小于 1V	
若正常，则按故障症状表进行下一步检查	若异常，则进行下一步检查
(2) 检查加热器继电器	
若正常，则进行下一步检查	若异常，则更换继电器
(3) 检查修理加热器电路的线束和连接器	

12. 鼓风机电动机电路检查。

鼓风机电动机电路如图 5-29 所示，检查步骤如表 5-14 所示。

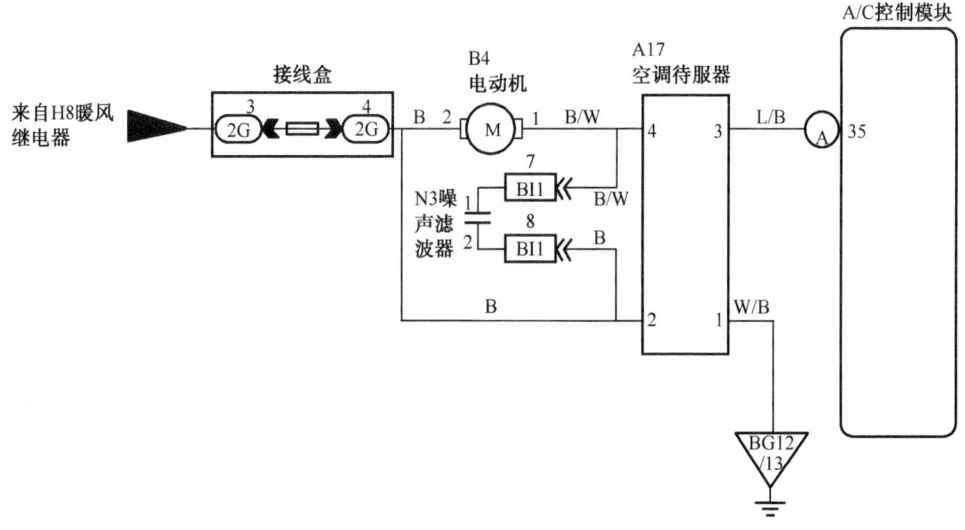

图 5-29 鼓风机电动机电路

表 5-14 鼓风机电机电路检查步骤表

(1) 检查鼓风机电动机	
脱开鼓风机电动机连接器，将蓄电池正极与鼓风机电动机端子 2 相连，负极与 1 相连，鼓风机电动机应平稳转动	
若正常，则进行下一步检查	若异常，则修理或更换鼓风机电机
(2) 检查鼓风机调速模块与蓄电池间的线束和连接器	
若正常，则进行下一步检查	若异常，则修理或更换线束或连接器
(3) 检查鼓风机调速模块与 A/C 控制模块间的线束和连接器	
若正常，则检查或更换鼓风机调速模块	若异常，则修理或更换线束或连接器

13. 压缩机电路检查。

压缩机电路如图 5-30 所示，检查步骤如表 5-15 所示。

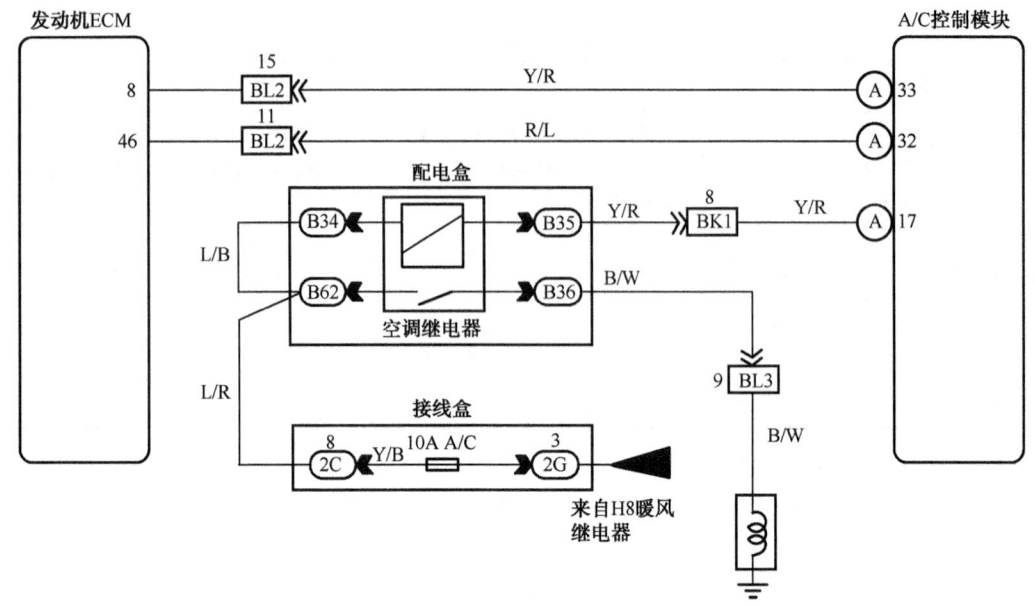

图 5-30　压缩机电路

表 5-15　压缩机电路检查步骤表

（1）检查 A/C 控制模块	
拆下 A/C 控制模块但连接器仍连接着，启动发动机并按下 AUTO（自动）开关，检查 A/C 控制模块连接器端子 A17 与车身间的电压，打开空调开关时应小于 1V，关闭空调开关时应为 10～14V	
若正常，则进行下一步检查	若异常，则进行第 5 步检查
（2）检查电磁离合器继电器	
① 拆下发动机室继电器盒内的电磁离合继电器，电磁离合器继电器端子 1 与 2 间的电阻应为 5～6.5Ω，端子 3 与 4 间应不导通 ② 将蓄电池电压施加在电磁离合器继电器端子 1 与 2 间，端子 3 与 4 间应导通	
若正常，则进行下一步检查	若不正常，则更换电磁离合继电器
（3）检查电磁离合器	
脱开压缩机电磁离合器连接器，将蓄电池正极与电磁离合器端子 1 相连，负极与车身相连，电磁离合器应啮合	
若正常，则进行下一步检查	若不正常，则更换电磁离合器
（4）检查电磁离合器继电器与压缩机及压缩机与车身间的配线和连接器	
若正常，则按故障症状表进行下一电路检查	若不正常，则修理或更换配线和连接器
（5）检查 A/C 控制模块	
脱开 A/C 控制模块连接器 A33，将点火开关转至 ON 位置，检查 A/C 控制模块连接器端子 A33 与车身间的电压，应为 10～14V	
若正常，则进行下一步检查	若不正常，则检查并更换 A/C 控制模块

续表

（6）检查 A/C 控制模块	
插回 A/C 控制模块连接器 A33，启动发动机，按下 AUTO 开关，检查 A/C 控制模块连接器端子 A33 与车身间的电压，电磁离合器啮合时应小于 1V，电磁离合器断开时应为 10~14V	
若正常，则进行下一步检查	若不正常，则检查并更换发动机和 ECM
（7）检查 A/C 控制模块	
起动发动机，按下 AUTO 开关，检查 A/C 控制模块连接器端子 A32 与车身间的电压，打开空调开关时应为 10~14V，关闭空调时应小于 1V	
若正常，则进行下一步检查	若不正常，则修理或更换发动机 ECU 与空调放大器间的配线和连接器
（8）检查 A/C 控制模块与发动机 ECU 间的配线和连接器。	
若正常，则更换空调放大器	若不正常，则修理或更换配线和连接器

思考与练习

一、判断题（对的画"√"，错的画"×"）

1．（　　）汽车自动空调通过改变鼓风机转速和车内温度设定来实现自动调节出风温度。
2．（　　）自动空调控制系统，俗称恒温空调系统。

二、单一选择题

1．车外温度传感器信号传给空调 ECU 后，ECU 会（　　）调整各风门的开度。
A．立即　　　　　　　　　　B．定时
C．根据程序控制　　　　　　D．无序
2．技师 A 说，所有恒温器的工作范围都是可调的。技师 B 说，一部分恒温器可以调节触点打开与闭合之间的温度范围。谁说得对？（　　）。
A．仅技师 A 对　　　　　　　B．仅技师 B 对
C．技师 A 和 B 都对　　　　　D．技师 A 和 B 都不对
3．汽车空调使用的日光传感器一般安装在（　　）。
A．前保险杠内或水箱前　　　B．仪表板后面
C．仪表台上面（靠近挡风玻璃的底部）　D．暖风装置里面
4．汽车空调系统温度控制电路的作用是（　　）。
A．防止膨胀阀结冰　　　　　B．防止蒸发器表面挂霜或结冰
C．防止压缩机产生液击现象　D．防止冷凝器表面结冰
5．汽车空调自动控制系统中使用了很多不同类型的传感器，下列各传感器中不同于其他类型的是（　　）。
A．车内温度传感器　　　　　B．环境温度传感器
C．蒸发器温度传感器　　　　D．日光传感器

6. 汽车自动空调的控制系统可以进行（　　）。
   A．温度控制　　　　　　　　　　B．鼓风机转速控制
   C．进气控制　　　　　　　　　　D．以上都是

7. 下述（　　）不是提供输入信号给自动空调控制系统的传感器。
   A．氧传感器　　　　　　　　　　B．车外温度传感器
   C．阳光传感器　　　　　　　　　D．车内温度传感器

8. 下述（　　）是向自动空调 ECU 提供温度控制信号的传感器。
   A．发光二极管　　　　　　　　　B．光敏二极管
   C．蒸发器热敏电阻　　　　　　　D．A/C 开关

9. 下述（　　）项不是提供输入信号给自动空调控制系统的传感器。
   A．阳光传感器　　　　　　　　　B．车外温度传感器
   C．氧传感器　　　　　　　　　　D．车内温度传感器

10. 在（　　）状况时，自动空调电脑控制压缩机电磁离合器工作。
    A．节气门全开　　　　　　　　　B．车外温度≤设定值
    C．发动机高速运转　　　　　　　D．车内温度≥设定值

11. 在（　　）状况时，自动空调电脑则切断压缩机电磁离合器的电流。
    A．车外温度=设定温度值　　　　 B．车外温度≤设定温度值
    C．车内温度≤设定温度值　　　　 D．车内温度≥设定温度值

12. 在自动空调系统中，空调电脑通常与哪个部件集成为一个总成部件？（　　）。
    A．压缩机继电器　　B．空调操作面板　　C．车身电脑　　D．熔丝/继电器模块

13. 自动空调的车内温度传感器安装在什么位置？（　　）。
    A．中央出风口　　B．除霜出风口　　C．吸气管道入口　　D．外循环空气入口

三、多选题

1. 在对自动空调系统进行故障诊断时，若检测到的故障码内容是风门伺服电机卡住或无电压，则可能的故障原因包括：（　　）。
   A．风门伺服电机与空调控制模块之间线路连接不良
   B．风门伺服电机损坏
   C．风门伺服电机的传动机构卡滞或损坏
   D．空调控制模块损坏

2. 阳光传感器可用（　　）灯光进行检测。
   A．荧光灯　　　　　B．白炽灯　　　　　C．日光　　　　　D．紫外线灯

3. 对于自动空调系统，如果蒸发器温度传感器损坏或性能不良，则有可能导致（　　）问题。
   A．空调压缩机不工作或工作异常　　　B．鼓风机不工作
   C．空调压缩机机械性损坏　　　　　　D．蒸发器结冰

四、分析题

1. 图 5-31 为凌志 LS400 自动空调电路。请用不同颜色的彩笔在较上画出各传感器和执行器电路，小组合作分析其工作原理。

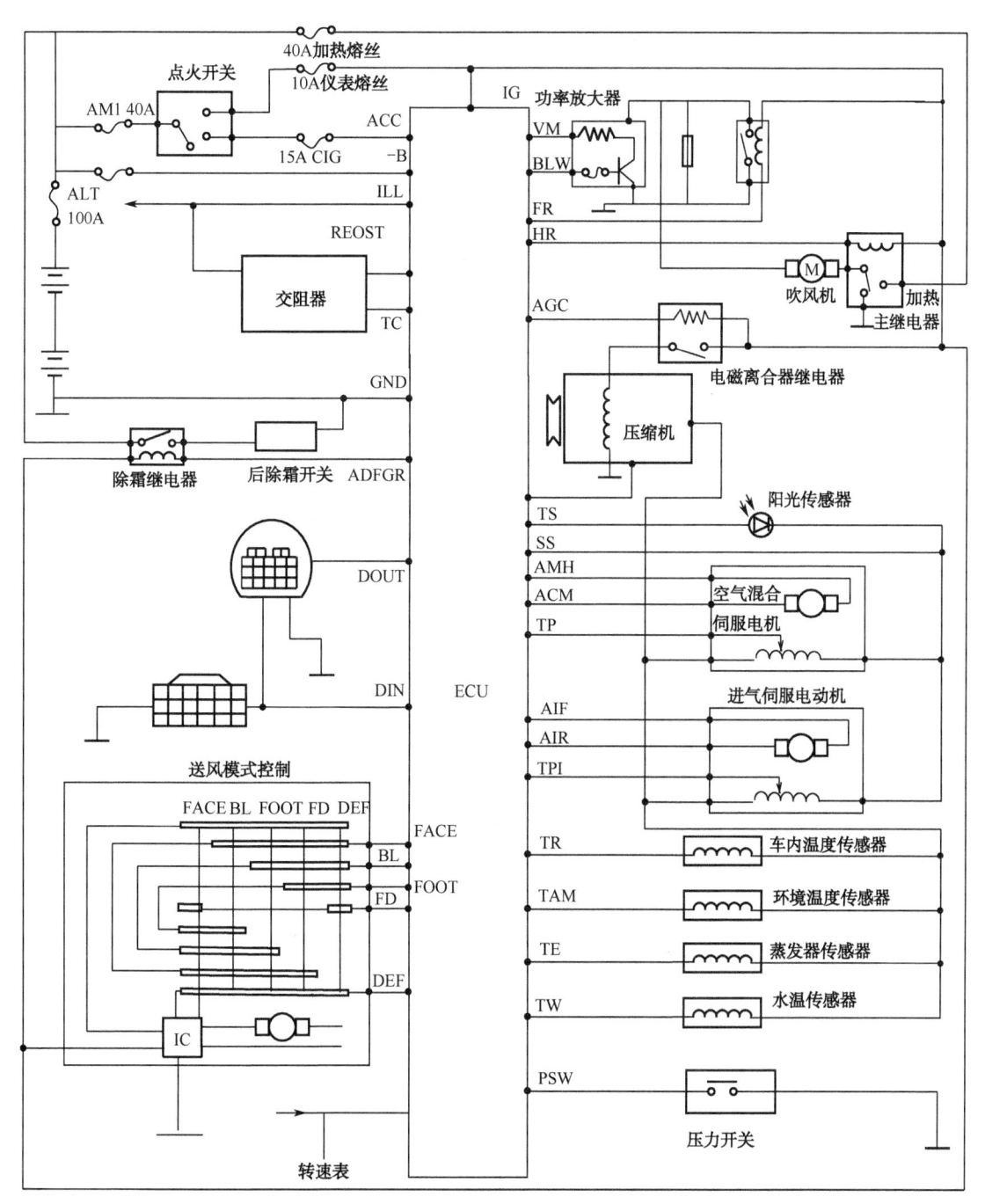

图 5-31 凌志 LS400 自动空调电路图

2. 图 5-32 为丰田卡罗拉自动空调电路，小组合作分析其工作原理。

图5-32 丰田卡罗拉自动空调电路

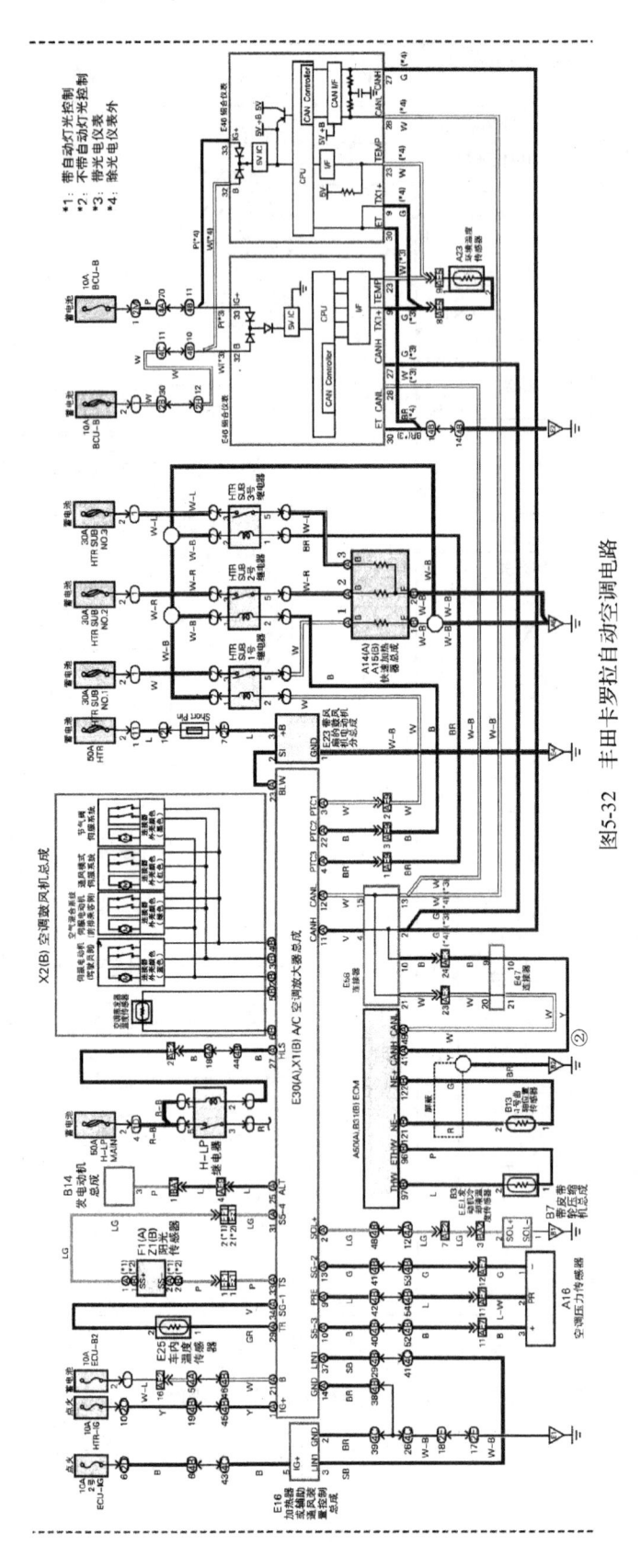

参考文献

[1] 江帆．汽车车身电气检测与维修．北京:电子工业出版社，2011．

[2] 中华人民共和国交通行业标准．JTT_774-2010_汽车空调制冷剂回收、净化、加注工艺规范．2010

[3] 斯必克（SPX）公司．电子检漏仪使用说明．

[4] 斯必克（SPX）公司．AC350C 制冷剂回收/再生/充注机用户手册．2009

[5] 斯必克（SPX）公司．16900 冷媒鉴别仪中文说明书．2007

[6] 天津一汽丰田汽车有限公司．卡罗拉轿车维修手册．

[7] 中国汽车维修行业协会．职业院校汽车运用与维修专业教材·汽车电器常见维修项目实训教材．北京：人民交通出版社，2008

[8] 广州凌凯汽车资料编写组．一汽丰田卡罗拉彩色电路图集．辽宁：辽宁科学技术出版社．

反侵权盗版声明

电子工业出版社依法对本作品享有专有出版权。任何未经权利人书面许可,复制、销售或通过信息网络传播本作品的行为,歪曲、篡改、剽窃本作品的行为,均违反《中华人民共和国著作权法》,其行为人应承担相应的民事责任和行政责任,构成犯罪的,将被依法追究刑事责任。

为了维护市场秩序,保护权利人的合法权益,我社将依法查处和打击侵权盗版的单位和个人。欢迎社会各界人士积极举报侵权盗版行为,本社将奖励举报有功人员,并保证举报人的信息不被泄露。

举报电话:(010)88254396;(010)88258888
传　　真:(010)88254397
E-mail：　dbqq@phei.com.cn
通信地址:北京市海淀区万寿路 173 信箱
　　　　　电子工业出版社总编办公室
邮　　编:100036